Kohlhammer

Alexander von Gontard

Theorie und Praxis der Sandspieltherapie

Ein Handbuch aus kinderpsychiatrischer und analytischer Sicht

2. Auflage

Verlag W. Kohlhammer

Gewidmet meinen Lehrern:
Dr. Heinz Bau
Sigrid Löwen-Seifert
Eva Sigg
Christopher Titmuss

Dieses Werk einschließlich aller seiner Teile ist urheberrechtlich geschützt. Jede Verwendung außerhalb der engen Grenzen des Urheberrechts ist ohne Zustimmung des Verlags unzulässig und strafbar. Das gilt insbesondere für Vervielfältigungen, Übersetzungen, Mikroverfilmungen und für die Einspeicherung und Verarbeitung in elektronischen Systemen.

2. Auflage 2013

Alle Rechte vorbehalten
© 2007/2013 W. Kohlhammer GmbH Stuttgart
Umschlag: Gestaltungskonzept Peter Horlacher
Gesamtherstellung:
W. Kohlhammer Druckerei GmbH + Co. KG, Stuttgart
Printed in Germany

ISBN 978-3-17-022497-1

Inhalt

Vorwort		7
1	Einleitung	11
2	Sandspieltherapie im Kontext anderer Formen der Spieltherapie	15
2.1	Definition von Psychotherapien mit dem Medium des Spiels	15
2.2	Neuere Trends und empirische Daten	17
2.3	Personenzentrierte Spieltherapie	19
2.4	Analytische Formen der Spieltherapie	23
2.5	Andere Spieltherapien	29
2.6	Verhaltenstherapeutische Ansätze	31
2.7	Familientherapeutische Ansätze	36
2.8	Spieltherapien für Kleinkinder	38
3	Unterschiedliche Zugänge zur Sandspieltherapie	42
3.1	Verstehende Auslegung (Hermeneutik) und kausalwissenschaftliche Analyse	42
3.2	Empirische Psychotherapieforschung	54
3.3	Begründung: Warum Sandspieltherapie?	63
4	Sandspieltherapie – theoretischer Hintergrund	67
4.1	Geschichte der Sandspieltherapie	67
4.2	Methode der Sandspieltherapie	69
4.3	Literaturüberblick	80
4.4	Symbolik	88
4.5	Beispiel: Symbol des Vogels	91
4.6	Analytische Psychologie C.G. Jungs	105
4.7	Spirituelle Traditionen und Psychotherapie	120

5	**Praxis der Sandspieltherapie**. 135
5.1	Diagnostik: Kinderpsychiatrische Sicht. 135
5.2	Diagnostik, Deutung, Interpretation. 138
5.3	Therapeutisches Vorgehen 151
5.4	Prozessverläufe. 155

6	**Sandspiel bei speziellen Störungsbildern**. 161
6.1	Hyperkinetisches Syndrom 165
6.2	Emotionale Störung mit sozialer Ängstlichkeit 180
6.3	Depressive Störung. 194
6.4	Funktionelle Harninkontinenz 209
6.5	Organische Harninkontinenz 221
6.6	Atypische Essstörung 232

7	**Zusammenfassung und Ausblick**. 248

Literatur. 249
Anhang 263
Stichwortverzeichnis. 264

Vorwort

Eine Beschäftigung mit der Sandspieltherapie löst immer noch Verwunderung und Unverständnis aus. Wie kann ein Spielen mit Sand und kleinen Figuren eine „richtige Therapie" sein? Sind es nicht „nur" Sandkastenspiele? Und wie kommt ein Arzt dazu, sich gerade mit dieser Materie zu befassen – wo es so viele andere, wichtigere Aufgaben zu erforschen und zu bewältigen gibt?

Als Autor ist es nicht leicht, die eigene Entwicklung zu dieser Therapieform hin schlüssig nachzuzeichnen: Viele „zufällige" Ereignisse und Begebenheiten führten zu der persönlichen Erkenntnis, dass diese Therapieform die beste für die Problematik vieler zu behandelnder Kinder ist und gleichzeitig die passendste für die eigene Persönlichkeit. Wie in diesem Buch dargestellt, wurde die Sandspieltherapie von Dora Kalff begründet und beruht auf drei Grundlagen: Der analytischen Psychologie C.G. Jungs; der „Welttechnik" M. Lowenfelds, einer primär diagnostischen, später therapeutischen Methodik; und spirituellen Traditionen, vor allem des Buddhismus.

Obwohl für alle Altersstufen offen, sind nicht-verbale therapeutische Zugänge für Kinder besonders wichtig, da alleine die Sprache als Medium für diese Altersgruppe nicht ausreicht. Sie muss durch Spiel und andere symbolische Formen des Gestaltens ergänzt werden. Die Sandspieltherapie als eine Form der nicht-verbalen Psychotherapie ist besonders effektiv, wenn die Indikation korrekt gestellt ist – sie ist bei introversiven Störungen besonders geeignet. Sie wirkt besonders dann, wenn der Therapeut den Patienten so begleitet, dass unbewusste Schichten der Psyche berührt werden und sich dadurch Änderungen vollziehen können. Die Sandspieltherapie findet natürlich nicht in einem kontextlosen Raum statt. Eltern, Lehrer und andere Personen der Umwelt werden einbezogen, soweit dies erforderlich ist. Andere kinderpsychiatrische und -psychotherapeutische Interventionen können für Teilaspekte der Problematik kombiniert werden, wenn diese wirksamer sind als die Sandspieltherapie alleine. Selbst Pharmakotherapie und Verhaltenstherapie können gut mit der Sandspieltherapie verbunden werden.

Doch zur eigenen Entwicklung: Als Jugendlicher fand ich in einem englischen Antiquariat ein Werk von C.G. Jung mit dem Titel „Modern man in search of a soul" (1935) (deutsch: „Der moderne Mensch auf der Suche nach einer Seele") – eine richtungsweisende Lektüre. Die „Suche nach der Seele", Jungs Umschreibung der Individuation, ist in der aktuellen Kinderpsychiatrie als Therapieziel vernachlässigt, zugunsten von pragmatischen Konzepten der „Verhaltensmodifikation". Nach intensiver Beschäftigung mit der Freud'schen Psychoanalyse und einer langen eigenen Analyse, schloss sich der Bogen viel später mit einem Wiederentdecken von C.G. Jung und einer noch längeren, zweiten Jung'schen (Lehr-)Analyse. Parallel zu dieser Analyse erfolgten tiefe (Einsichts-)Meditationserfahrungen – so dass die Spannung zwischen dem therapeutischen Weg ins Unbewusste und meditativen, spirituellen Erkenntnissen immer präsent war. Über Seminare, Lektüre und persönliche Begegnungen kam es zu einer Ausbildung in Sandspieltherapie mit der sicheren, intuitiven Überzeugung, dass dies ein außergewöhnlich guter therapeutischer Zugang zur Seele ist.

Weitere Gegensätze bestimmten den beruflichen Weg. Als Arzt erhielt ich eine naturwissenschaftliche Ausbildung in Humangenetik, wurde Facharzt für Kinderheilkunde, Kinder- und Jugendpsychiatrie und zuletzt für Psychotherapeutische Medizin. Als Forscher bin ich der nüchternen, exakten, empirischen Überprüfung von Hypothesen anhand von erhobenen Daten verpflichtet und wenig geneigt, Annahmen anderer, selbst anerkannter Autoritäten, ungeprüft zu übernehmen. Diesem wissenschaftlichen Zugang sind so wichtige medizinische Fortschritte der letzten Jahrzehnte zu verdanken, wie die zunehmende Überlebensrate von Frühgeborenen oder die hohen Heilungschancen für viele Kinder mit Krebserkrankungen. Auch in der Kinder- und Jugendpsychiatrie konnten viele irrige Annahmen wie z. B. die der Psychogenese des Autismus widerlegt und empirisch begründete Therapieformen entwickelt werden. Leider ist – bei allem wissenschaftlichen Erfolg – dabei das subjektive Erleben und Verstehen als Forschungsgegenstand und Therapieziel verlorengegangen, etwas, was die analytische Psychologie und andere Verstehenszugänge bieten können.

Diese Gegensätze sind primär methodischer Natur, wie in diesem Buch dargestellt werden soll. Analytische, hermeneutische Zugänge können ein tiefes Verständnis ermöglichen, nicht jedoch allgemeingültige Fakten oder Zusammenhänge vermitteln. Medizin, Psychologie, Naturwissenschaften und andere kausalwissenschaftliche Zugänge beschreiben nachprüfbare Zusammenhänge – können allein durch ihre Methode nicht die subjektive Bedeutungsebene erfassen. Beide Zugänge sind notwendig und können sich nicht gegenseitig ersetzen. Die Gegensätze müssen auch von der Sandspieltherapie ausgehalten werden – zu lange hat sie sich auf hermeneutische Zugänge zurückgezogen. Erst in letzter Zeit werden andere Forschungsergebnisse rezipiert, die Anwendung der Sandspieltherapie in anderen Kontexten mit schwerer gestörten Patienten beschrieben und ihre Wirksamkeit überprüft.

Die Gegenüberstellung dieser beiden Zugänge sollte ursprünglich das leitende Prinzip in diesem Buch sein. Es war als gemeinsames Werk geplant: Frau Dr. Dipl. päd. Christel Senges sollte aus ihrer langjährigen Erfahrung und ihrem Wissen die analytische Sicht beitragen, während ich die medizinisch-wissenschaftlich-psychotherapeutische Sicht übernehmen wollte. Aufgrund einer schweren Erkrankung war es Frau Senges nicht möglich, diesen Plan zu verwirklichen. Statt eines umfassenden Handbuches ist dieses Buch ein anderes, bescheideneres geworden, da die profunden analytischen Kenntnisse von Frau Senges nicht wirklich zu ersetzen waren. Ich möchte ihr in diesem Zusammenhang sehr danken für ihre Freundschaft und für ihre Anregungen in der Konzeptualisierung dieses Buches. Um zu gewährleisten, dass die analytische Psychologie C.G. Jungs und die Sandspieltherapie Dora Kalffs korrekt dargestellt wurden, erklärte sich Frau Löwen-Seifert freundlicherweise bereit, das Manuskript Korrektur zu lesen. Für ihre Mühen und vielen Anregungen bin ich sehr dankbar.

Auch anderen gebührt mein Dank. Durch viele Vorträge, Seminare und Diskussionen der C.G. Jung-Gesellschaft Köln wurde mein Verständnis der Jung'schen Sichtweise vertieft. Kontakte mit Kollegen der DGST (Deutschen Gesellschaft für

Sandspieltherapie) und der ISST (International Society for Sandplay Therapy) zeigten mir die Bandbreite der Möglichkeiten der Sandspieltherapie auf. Über viele Jahre hinweg hatte ich zudem das Privileg, Supervisionsgruppen in Köln zu leiten: Durch die offene und mutige Diskussion von Therapieverläufen und herausfordernde Fragen habe ich von allen Teilnehmern viel gelernt.

Auch danke ich Herrn Dr. Ruprecht Poensgen vom Kohlhammer-Verlag, der dieses Projekt sofort unterstützte und mit viel Verständnis begleitet hat. Frau Sandra Dech möchte ich für ihren Einsatz beim Schreiben des Manuskriptes danken, was die Arbeit enorm erleichtert hat.

Besonders danken möchte ich meinen Lehrern, Dr. Heinz Bau, Frau Sigrid Löwen-Seifert, Frau Eva Sigg und Christopher Titmuss, denen gemeinsam ich dieses Buch widme.

Zuletzt möchte ich meiner Frau Frigga danken, die die Begeisterung für die Sandspieltherapie teilt.

Homburg/Saar, im Frühjahr 2007   Alexander von Gontard

1 Einleitung

Miniaturwelten haben schon immer für Kinder und Erwachsene eine Faszination ausgeübt: Gerade Spielsachen sind in ihrer verkleinerten Abbildung der „realen Welt" so ansprechend – seien es die detaillierten Puppenstuben, die Gebirgslandschaften der Eisenbahnen, Autos oder Flugzeugmodelle, Indianerfiguren oder Puppen. Auch die Faszination von Freizeitparks wie „Legoland", beruht auf der Miniaturisierung, die einen Gesamtüberblick wie aus einer Vogelperspektive ermöglicht. In japanischen Gärten werden mit geschicktem Einsatz von perspektivischen Mitteln eine Landschaft oder sogar der Kosmos in einem kleinen umschriebenen Areal gebildet. Kultfiguren verschiedenster Religionen werden in Miniaturform – seien es Marien-, Jesus- oder Buddhafiguren – an Wallfahrtsorten verkauft und zu Hause aufgestellt.

Auch gehört der Kontakt mit dem Medium Sand in unserer Gesellschaft zu den ubiquitären Kindheitserfahrungen. Wer kann sich nicht an das Spiel mit Wasser und Sand erinnern, an die Türme, Berge, Burgen und Strassen aus feuchtem Sand und an das weiche Gefühl des trockenen Sandes? An das Herumtoben und Springen von Dünen?

Abb. 1.1: Victoria und Christiane, White Sands, 1972

1 Einleitung

Abb. 1.2: Sandgestaltung links Kinder, rechts Erwachsene: Der Sand lädt ein zu spontanen Gestaltungen – bei Kindern und Erwachsenen

Neben dem begrenzten Raum des Sandkastens bietet das Spielen am Meer ganz andere Assoziationen. Unendliche Weiten, das Rauschen der Wellen und blaue Farben. Mit großen Sandmengen werden Bauwerke geschaffen, in denen man selber stehen kann, die gegenüber der einströmenden Flut verteidigt, doch irgendwann von den Wellen angenagt werden und untergehen. Der Sand dient als Symbol des Entstehens und der Vergänglichkeit und wird als solches von allen verstanden – vielleicht gerade wegen den besonderen taktilen Eigenschaften dieses Mediums.

Diese Elemente kommen in der Sandspieltherapie zusammen – und dennoch sind es nicht die Figuren oder der Sand alleine, die eine Veränderung bewirken. Spiel an sich ist heilsam – aber nicht im therapeutischen Sinne. Therapie wird erst durch eine besondere Form der Beziehung ermöglicht. Dora Kalff sprach von einem „freien und geschützten Raum", der in der Sandspieltherapie entsteht. Frei bedeutet, dass der unmittelbare Ausdruck des bewussten, wie auch unbewussten Erlebens ohne Einschränkungen möglich ist. Die leeren Kästen dienen als Projektionsfläche, in denen die „Innenwelt" nach außen projiziert und mit Hilfe der Miniaturfiguren aufgebaut wird. Der Begriff „Seelenbilder" ist deshalb sehr zutreffend. Im Gegensatz zur Trauminterpretation oder zu Tagtraumtechniken sind die Symbole des intrapsychischen Geschehens offen sichtbar und können nicht bewusst abgestellt oder ausgewichen werden. Die Konfrontation mit dem Unbewussten ist konkreter, unmittelbarer und heftiger als bei anderen Therapieformen – und muss vom Patienten ausgehalten und verstanden werden. Hierzu ist der „geschützte" Raum notwendig. Der Therapeut setzt die Rahmenbedingungen (Ort, Zeit, Ablauf) und schützt den Patienten, so dass Gefühle, Impulse und Symbole integriert werden können. Die Sandspieltherapie ist in ihrer Wirkung eine sehr intensive analytische Methode, die über den „Umweg" des Sandbildes eine unmittelbare Äußerung von Übertragung und Gegenübertragung ermöglicht. Im Sandbild zeigt sich das Unbewusste von Patient und Therapeut, so dass in diesem Fall treffenderweise von einer „Co-Übertragung" gesprochen wird.

In diesem Buch soll versucht werden, diese faszinierende und wirksame Therapiemethode in einem klinischen Kontext darzustellen. Es geht dabei um die Sandspieltherapie als therapeutische Methode bei Patienten mit klinisch ausgeprägten psychischen Störungen, wie sehr eindrücklich von Zoja (2004) dargestellt – und nicht als Selbst- oder „Transformations"erfahrungen bei relativ gesunden Menschen. Auch wird sich auf die Altersgruppe der Kinder und Jugendlichen beschränkt, obwohl viele Aussagen und Beobachtungen auch für Erwachsenentherapien zutreffen.

Neben dem theoretischen Hintergrund wird ein Schwerpunkt auf die praktische Durchführung gesetzt, und zwar im Kontext anderer therapeutischer Methoden. Es geht nicht um eine Idealisierung der Sandspieltherapie, sondern um ihre Einbettung in die vielen wichtigen Erkenntnisse, die die Kinder- und Jugendpsychiatrie in den letzten Jahrzehnten gewonnen hat. So ist die Sandspieltherapie nicht bei allen Störungen gleichermaßen geeignet. Nach einer ausführlichen Diagnostik sollte immer eine differentielle Therapieindikation gestellt werden. Ist die Sandspieltherapie am besten für diese spezielle Störung geeignet, dann kann sie alleine durchgeführt werden. Ist eine Kombination mit anderen Therapieformen sinnvoller, dann sollte eine solche Verbindung gewählt werden. Sind aber andere Methoden, wie zum Beispiel verhaltenstherapeutische Zugänge wirksamer, dann sollten jene alleine bevorzugt werden.

Das Buch folgt folgendem Aufbau:

Im 2. Kapitel wird die Sandspieltherapie nach Dora Kalff im Kontext anderer Formen der Spieltherapie dargestellt. Nach einer allgemeinen Definition von Psychotherapien mit dem Medium des Spiels werden die verschiedenen spieltherapeutischen Zugänge zusammengefasst.

Wie im 3. Kapitel dargestellt, ist die Kenntnis der wissenschaftstheoretischen Hintergründe für die Sandspieltherapie als analytische, hermeneutisch-verstehende Therapieform von besonderer Bedeutung. Ebenso sind die Ergebnisse der empirischen Psychotherapieforschung bei Kindern und Jugendlichen nicht zu vernachlässigen.

Im 4. Kapitel werden die theoretischen Hintergründe der Sandspieltherapie vermittelt, ihre Geschichte, Methodik und ein Überblick über die bisher veröffentlichen Monographien leitet das Kapitel ein. Die Kenntnis der Symbolsprache und der analytischen Psychologie C.G. Jungs ist dabei unerlässlich. Auf einen vollständigen Überblick wurde in diesem Kontext verzichtet, stattdessen sollen die für Kinder und Jugendliche wichtigen Aspekte akzentuiert mit praktischen Hinweisen dargestellt werden. Ein besonderer Schwerpunkt dieses Kapitels ist die enge Verbindung von meditativen, spirituellen Traditionen und Therapie. Dieses mag für Jungianer vertraut sein, wird aber möglicherweise für Therapeuten anderer Richtungen ungewohnt wirken. Deshalb werden die Berührungspunkte von Psychotherapie und Spiritualität ausführlich behandelt.

Das 5. Kapitel widmet sich der Praxis der Sandspieltherapie. Vor jeder Behandlung sollte eine ausführliche Diagnostik erfolgen, sowohl aus kinderpsychiatrischer, als auch aus analytischer Sicht. Das therapeutische Vorgehen wird ausführlich und praxisnah im Verlauf dargestellt.

Im 6. Kapitel werden Sandspielprozesse bei speziellen Störungsbildern beispielhaft dargestellt und mit Bildern aus Therapiestunden illustriert. Gerade durch diesen optischen Eindruck kommt die Intensität des Prozesses zum Ausdruck. Wiederum gilt es in allen Kasuistiken, die Sandspieltherapie im relativen Kontext zu anderen Therapieformen zu zeigen.

Den Lesern wird eine anregende Lektüre, kritische Auseinandersetzung und eigene Weiterentwicklung der geäußerten Ideen gewünscht – für die eigene Individuation, wie auch die ihrer Patienten.

2 Sandspieltherapie im Kontext anderer Formen der Spieltherapie

2.1 Definition von Psychotherapien mit dem Medium des Spiels

Spieltherapien können als Psychotherapien mit dem Medium des Spiels definiert werden, die sich bezüglich der theoretischen Voraussetzung, wie auch der konkreten Praxis unterscheiden. Es gibt somit nicht „die Spieltherapie", sondern verschiedene Zugänge, die je nach Therapieschule eine unterschiedliche Gewichtung und Ausdifferenzierung erfahren haben.

Eine der allgemeinen Definitionen von Spieltherapie, wie sie von der „Association of play therapists" formuliert wurde, lautet: „Spieltherapie ist der dynamische Prozess zwischen Kind und Spieltherapeut, in dem das Kind jeweils in seinem eigenen Tempo und Art und Weise die gegenwärtigen und vergangenen, bewussten wie auch unbewussten Themen untersucht, die sein Leben beeinflussen. Die inneren Ressourcen des Kindes ermöglichen, dass die therapeutische Beziehung zu Wachstum und Veränderung beiträgt. Spieltherapie ist kindzentriert, Spiel ist das primäre und Sprache das sekundäre Medium" (West, 1996, S. xi).

In dieser komprimierten Definition klingen viele allgemeingültige Aspekte der Spieltherapien an. Im Zentrum steht die direkte Behandlung des Kindes, die als Einzel- oder Gruppentherapie durchgeführt werden kann. Elterngespräche begleiten in regelmäßigen Abständen (z. B. jede 4. oder 5. Stunde) die Therapie des Kindes – sie sind jedoch nicht das Hauptagens der therapeutischen Intervention, wie z. B. beim reinen Elterntraining.

Je nach Grad der Strukturierung bestimmt das Kind weitgehend den Inhalt, Ablauf und das Tempo der Therapie. In diesem Prozess ist tatsächlich das Spiel das primäre Medium, über das Phantasien und Konflikte symbolisch dargestellt werden. Gespräche können begleitend zum Spiel oder auch intermittierend auf Wunsch des Kindes geführt werden, stellen jedoch nicht das entscheidende therapeutische Agens dar. Es ist erstaunlich, wie wenig in manchen Therapien gesprochen wird und wie erleichtert manche Kinder darüber sind.

Das am besten geeignete Alter für eine Spieltherapie reicht vom Alter von 4–11 Jahren, mit einer maximalen Spanne von $2\frac{1}{2}$–$12\frac{1}{2}$ Jahren. Bei jüngeren Kindern ist eine Einzeltherapie nicht sinnvoll, da Trennungsängste des Kindes den therapeutischen Prozess eher negativ beeinflussen können. Je jünger das Kind ist, desto eher zeigt sich die Problematik in der direkten Beziehung zu den Eltern, die in den therapeutischen Prozess einbezogen werden müssen (Zero to Three, 1995). Bei Kleinkindern ist es durchaus möglich, dass die Einzeltherapie in Anwesenheit der Eltern durchgeführt wird. Für noch jüngere Kleinkinder und Säuglinge wurden spezielle Eltern-Kind-Interaktionstherapien entwickelt. Dagegen ist eine Spieltherapie bei älteren Kindern und sogar Jugendlichen oft möglich. Obwohl Jugendliche das Spiel zunächst als kindlich ablehnen, finden manche rasch einen Zugang, sobald sie sich sicher und geborgen fühlen und sich auf die Schweigepflicht des Therapeuten verlassen können. Manche Formen der Spieltherapie, z. B. die Sandspieltherapie, lassen sich während des gesamten Erwachsenenalters – sogar bis ins hohe Greisenalter – sinnvoll einsetzen.

Da die Interaktion zwischen Therapeut und Kind entscheidend ist und eine Veränderung des kindlichen Erlebens und Verhaltens über die therapeutische Beziehung erreicht werden soll, setzen alle Therapieformen eine intensive Ausbildung voraus. Diese schließt neben Theorie und Supervision immer auch eine eigene Selbsterfahrung mit ein. Ohne die letztere ist es nicht möglich, das Erleben des Kindes und die eigene psychische Problematik genügend zu differenzieren, um eine für das Kind produktive Veränderung zu ermöglichen. Wie es West (1996) treffend formulierte: „Jeder trägt Relikte seiner eigenen Kindheit und Familie mit sich, die den kindzentrierten Zugang des Therapeuten behindern, wenn sie nicht gelöst, bearbeitet oder neu formuliert werden" („everyone has relicts from their own childhood and family life that, if not released, resolved or refrained, might impair the inspiring play therapist's ability to be child centered").

Bei der Wahl der Spieltherapieform sind zwei Faktoren entscheidend: die Therapie muss für das Störungsbild des Kindes indiziert und wirksam sein; und sie muss der Persönlichkeit des Therapeuten entsprechen. Wie O'Connor und Braverman (1997, S. 1) es treffend ausdrückten: „Es ist unser Glaube, dass man als kompetenter Spieltherapeut ein Modell finden muss, das die eigene Persönlichkeit und die spezifischen Bedürfnisse der Klienten entspricht" („it is our belief that to become a competent play therapist, one must find a model that measures well with both one's personality and the needs of one particular client base").

Da keine Therapieform für alle Indikationen wirksam sein kann, ist es heutzutage wünschenswert, wenn ein Therapeut neben der eigenen Therapierichtung über Kenntnisse anderer Therapieschulen verfügt. In anderen Worten, sollte z. B. ein Therapeut mit einer Ausbildung in tiefenpsychologisch-fundierter Psychotherapie durchaus über Kenntnisse der Verhaltens- und Familientherapie verfügen – und vice versa. Dadurch erhöht sich die Flexibilität des therapeutischen Handelns erheblich, verschiedene Zugänge können kombiniert werden, und die Bedeutung der eigenen Therapieform wird relativiert.

Differenzen zwischen Spieltherapieansätzen

Neben diesen vielen Gemeinsamkeiten finden sich auch erhebliche Unterschiede zwischen den verschiedenen Spieltherapieschulen. Die Spieltherapien unterscheiden sich zunächst allgemein bezüglich ihres theoretischen Schwerpunktes, wie in den folgenden Kapiteln dargestellt. Folgende spezielle Unterschiede zeigen sich im direkten Vergleich verschiedener Zugänge: So ist bei manchen Spieltherapien das direkte, beobachtbare Verhalten des Kindes entscheidend – andere legen den Schwerpunkt auf das intrapsychische Erleben und weniger auf das manifeste Verhalten. Manche Therapieschulen fokussieren ausschließlich auf bewusste Inhalte, wie die personenzentrierten Zugänge, für andere dagegen sind unbewusste Determinanten entscheidend (tiefenpsychologische Schulen). Auch unterscheidet sich der Grad der Verbalisierung deutlich: bei verhaltenstherapeutischen Schulen wird eher viel und direkt mit dem Kind gesprochen, andere, wie beispielsweise die Sandspieltherapie, versuchen dem nichtverbalen Ausdruck möglichst breiten Raum zu geben. Daneben betonen manche Schulen die Notwendigkeit der raschen, intensiven Interpretation (z. B. die Schule von M. Klein), während andere eine Interpretation nur befürworten, wenn die Voraussetzungen dafür geschaffen sind (z. B. A. Freud). Auch wird der Stellenwert der therapeutischen Beziehung unterschiedlich gesehen: manche Schulen meinen, dass das Spiel an sich schon heilsam sei, während andere betonen, dass das Spiel ausschließlich im Kontext der therapeutischen Beziehung wirkt.

Praktische Differenzen der unterschiedlichen Zugänge beziehen sich auf die Zielgruppe der Patienten, z. B. Alter, Störungsform und Schweregrad. Die Auswahl des Spielmaterials variiert von spärlich eingerichteten, eher wenig ausdifferenziertem Spielmaterial, um der eigenen Phantasie des Kindes möglichst breiten Raum zur Projektion zu geben, bis hin zu reichhaltigem, ausdifferenziertem Spielmaterial, das gerade der jeweils aktuellen unbewussten Phantasie entsprechen soll (wie bei der Sandspieltherapie). Auch die Dauer der Therapie variiert von fokussierten Kurzzeittherapien über eine begrenzte Zahl von vorher festgelegten Stunden bis hin zu einer mehrjährigen tiefenpsychologisch-fundierten oder analytischen Spieltherapie. Auch die Intensität kann variieren, von einer Stunde alle 2–4 Wochen (wie bei manchen Gruppentherapien) bis hin zu 2 Stunden pro Woche bei tiefenpsychologisch-fundierten Therapien. Die hochfrequenten analytischen Therapien mit 4–5 Stunden pro Woche sind weitgehend verlassen worden. Auch die Intensität der Elternarbeit kann variieren, wobei das Verhältnis von 4–5 Einzelstunden mit dem Kind zu einer Elternstunde sich bei vielen Schulen eingebürgert hat. Die Form der Elternarbeit variiert nach thematischem Fokus und nach Grad der aktiven Einbeziehung in den Prozess.

Die Therapien unterscheiden sich ferner deutlich nach dem Grad der Strukturierung. Am wenigsten strukturiert sind die „nichtdirektiven", personen-zentrierten Therapien, die tiefenpsychologischen Schulen nehmen eine Zwischenstellung ein und die kognitiv-verhaltenstherapeutischen Therapien erreichen den höchsten Grad der Strukturierung.

Schließlich unterscheiden sich die Therapien nach Modalität, d. h. ob Einzel- oder Gruppentherapie, sowie nach Setting, ob ambulant (in der Praxis/Klinik oder zu Hause), tagesklinisch oder sogar stationär. Im Prinzip sollten natürlich möglichst alle Kinder ambulant behandelt werden, die teil- oder vollstationären Behandlungen sind den schwereren Störungen vorbehalten und immer mit anderen therapeutischen Zugängen kombiniert.

2.2 Neuere Trends und empirische Daten

Neben den wichtigen Entwicklungen in der Verhaltens- und Familientherapie hat die Spieltherapie in den letzten Jahren eine deutliche Renaissance erlebt. Drei wesentliche Gründe haben dazu beigetragen, dass die Spieltherapien wieder zunehmend in Theorie und Praxis an Bedeutung gewonnen haben:

1. Zum einen hat man erkannt, dass emotionale, intrapsychische Probleme bei Kindern nur durch eine Einzeltherapie direkt zu lösen sind und dies nur über ein kindgerechtes Medium wie das Spiel erreicht werden kann.
2. Auch innerhalb der Verhaltenstherapien wurde deutlich, dass eine Verhaltensmodifikation des Kindes am günstigsten erreicht werden kann, wenn das Kind über ein altersentsprechendes Spiel aktiv in die Therapie miteinbezogen wird.
3. Und zuletzt zeigte sich, dass traditionelle Familientherapien gerade für jüngere Kinder wenig geeignet sind. Die Therapie fand üblicherweise auf verbaler Ebene zwischen den Eltern alleine oder unter Einschluss der älteren Kinder und Jugendlichen statt. Neuere Entwicklungen dagegen beziehen auch jüngere Kinder über das Spiel in die Familieninteraktion während der Therapie ein.

Die zunehmende Bedeutung der Spieltherapien spiegelt sich in der großen Zahl von Publikationen und Handbüchern wieder, die in den letzten 15 Jahren erschienen sind. In englischer Sprache sind es vor allem die Bücher von Jennings (1993), Kaduson et al. (1997), Kissel (1990), Lanyado und Horne (1999), Mark und Incorvaia (1995), McMahon (1992), O'Connor (1991), Ryan und Wilson (1996), West (1996), Wilson, Kendrick und Ryan (1992) und viele andere mehr. In deutscher Sprache sind vor allem Handbücher zur personenzentrierten Spieltherapie erschienen, während die anderen Richtungen weniger berücksichtigt wurden (Boeck-Singelmann et al., 1996, 1997; Goetze & Jaede, 1998; Goetze, 2002; Petzold & Ramin, 1991; Schmidtchen, 1989, 1991). Das wohl wichtigste Werk überhaupt ist das einzigartige, grundlegende Werk von O'Connor und Braverman (1997), auf das immer wieder verwiesen wird. Anhand eines hypothetischen Fallbeispieles wurden Vertreter verschiedener spieltherapeutischer Schulen gebeten, ihr spezifisches Vorgehen zu erläutern und darzustellen. Es wird dabei deutlich, dass selbst bei der gleichen Grundproblematik verschiedenste therapeutische Zugänge denkbar und effektiv sind. Das Anliegen des Buches war es, die Pluralität verschiedener therapeutischer Zugänge darzustellen und darauf hinzuweisen, dass es keine allgemeine Überlegenheit einer spezifischen Therapieschule gibt.

In den nächsten Jahren wird es die Aufgabe der Psychotherapieforschung sein, die Frage der differentiellen Therapieindikation zu klären, d. h. welche Therapieform bei welchem Kind mit welcher Störung in welcher Familie effektiver und effizienter ist. In den Publikationen lassen sich folgende Trends ablesen: Enge, durch einzelne Therapieschulen definierte Sichtweisen werden verlassen. Stattdessen findet man nicht nur eine Integration von verschiedenen spieltherapeutischen Zugängen, sondern auch von anderen Therapieformen, vor allem der Verhaltenstherapie und der Familientherapie. Es wurden fokussierte Kurzzeittherapien mit einem umschriebenen Behandlungsziel, begrenzten Stundenzahlen und strukturierten Therapiemanualen entwickelt. Auch finden sich spezielle, störungsbezogene Spielangebote, z. B. für Kinder nach Trennung und Scheidung der Eltern, zur Vorbereitung vor Operationen und anderen medizinischen Eingriffen, oder nach erfahrener Misshandlung und Missbrauch. Zudem werden Spieltherapien zunehmend auch empirisch evaluiert. Dabei sind die personenzentrierte Spieltherapie und die Verhaltenstherapien sehr viel besser untersucht als die tiefenpsychologischen und familientherapeutischen Spieltherapien.

In den nächsten Kapiteln soll eine Auswahl der wichtigsten spieltherapeutischen Zugänge dargestellt werden. Eine Übersicht findet sich in der Tabelle 2.1. In einzelnen Kapiteln wird zunächst die personenzentrierte Spieltherapie, anschließend die tiefenpsychologischen und zuletzt alle weiteren dargestellt.

Tab. 2.1: Übersicht über verschiedene Formen der Spieltherapie (s. auch von Gontard & Lehmkuhl, 2003a, b)

2.3 Personenzentrierte (nicht-direktive) Spieltherapie

2.4 Analytische Formen der Spieltherapie
- Psychoanalytische Spieltherapie nach Anna Freud
- Psychoanalytische Spieltherapie nach Melanie Klein
- Andere psychoanalytische Spieltherapien (nach D.W. Winnicott, E. Erickson)
- Individualtherapie nach A. Adler
- Analytische Psychotherapie nach C.G. Jung
- Sandspieltherapie nach D. Kalff

2.5 Andere Spieltherapien
- Gestalttherapie
- Kunsttherapien
- Ecosystem Play Therapy
- Spieltherapie nach Milton Erickson
- Fokussierte Spieltherapien

2.6 Verhaltenstherapeutische Ansätze
- Cognitive-Behavioral Play Therapy (CBPT)
- Parent-Child Interaction Therapy (PCIT)

2.7 Familientherapeutische Ansätze
- Dynamische Familien-Spieltherapie
- Strategische Familien-Spieltherapie
- Familien-Spieltherapie mit jungen Kindern

2.8 Spieltherapien für Kleinkinder
- Filial Therapy (FT)
- Developmental Play Therapy (DPT)
- Theraplay

2.3 Personenzentrierte Spieltherapie

Die personen- oder kindzentrierte (früher nicht-direktive oder klienten-zentrierte) Spieltherapie ist eine sehr weit verbreitete Form der Spieltherapie. Ihre therapeutischen Grundprinzipien sind so weitsichtig und treffend formuliert, dass sie fast als allgemeingültige therapeutische Einstellung einem Kind gegenüber gelten darf.

Die personenzentrierte Spieltherapie beruht auf der Persönlichkeitstheorie von Carl Rogers, die von seiner Schülerin Virginia Axline 1947 für das Kindesalter erweitert wurde. Die wesentlichen Konstrukte dieser Persönlichkeitstheorie umfassen die Person, das phänomenologische Feld und das Selbst. Es wird angenommen, dass jede Person eine in ihr angelegte Tendenz zu innerem (positivem) Wachstum, Entwicklung, Unabhängigkeit und Reifung trägt. Jede Person versucht, innerhalb ihres phänomenologischen Feldes, das innere und äußere, bewusste und unbewusste Erfahrungen enthält, seine Bedürfnisse zu erfüllen. Die Erfahrungen mit diesem Feld führen zu einem Gefühl von Selbst, einer Wahrnehmung eigener Eigenschaften mit sich und dem Umgang mit der Umwelt. Ein gut integriertes, positives

Selbstkonzept führt zu besseren interpersonellen Beziehungen (Landreth & Sweeney, 1997; s. auch Boeck-Singelmann et al., 1996, 1997; Goetze & Jaede, 1988; Goetze, 2002; Schmidtchen, 1989, 1991).

Störungen werden als eine Inkongruenz zwischen dem Selbstkonzept des Kindes und den aktuellen Erfahrungen angesehen, also als Störungen des inneren Wachstumsdranges. Das Ziel der Behandlung liegt in einer Selbstaktualisierung und Kongruenzerfahrung, der Fokus der Therapie liegt dabei eindeutig auf dem bewussten Erleben und nicht – wie bei tiefenpsychologischen Schulen – auf unbewussten Determinanten (Biermann-Ratjen, 1995). Die Prinzipien der kindzentrierten Spieltherapie wurden in acht Grundregeln von Axline (1989, 1993; erstmals 1947 erschienen) zusammengefasst. Es lohnt sich, die Originaltexte von Axline zu lesen, da diese Grundprinzipien trotz aller Variationen in den letzten Jahrzehnten immer noch ihre Gültigkeit haben:

1. Aufnahme einer warmen, freundlichen Beziehung,
2. bedingungslose Annahme,
3. Ermöglichung eines freien Ausdrucks von Gefühlen,
4. Reflektion von wahrgenommenen Gefühlen des Kindes,
5. Respekt vor der eigenen Problemlösefähigkeit des Kindes,
6. Bestimmung des Therapieverlaufes durch das Kind,
7. keine Beschleunigung des Prozesses durch den Therapeuten,
8. Grenzen nur zur Verankerung in der Realität und zum Schutz des Kindes.

Dabei richtet sich die Strukturierung der Therapie nach den individuellen Bedürfnissen des Kindes, so dass der ursprüngliche Begriff „nicht-direktive Spieltherapie", den Axline prägte, durch die Bezeichnung „personen-" oder „kindzentrierte" Therapie ersetzt wurde.

Da die wesentlichen psychischen Veränderungen nur einer akzeptierenden, verständnisvollen Beziehung folgen können, legte die personenzentrierte Spieltherapie immer einen großen Wert darauf, heilsame Therapeutenvariablen zu definieren. Die wichtigsten Haltungen des Therapeuten wurden von West (1996) zusammengefasst:

- Die Fähigkeit zu Beziehung und Kommunikation mit Kindern,
- Echtheit, Authentizität und Kongruenz des Therapeuten,
- positive Akzeptanz, nicht besitzergreifende Wärme,
- exakte Empathie,
- Zuverlässigkeit,
- Respekt,
- keine Ausbeutung,
- die Wahrnehmung und Fähigkeit, auf eigene innere Gefühle und Repräsentanzen als Kind (das sogenannte „eigene innere Kind") einzugehen.

Indikationen und Kontraindikationen

Die Indikationen zur personenbezogenen Spieltherapie werden kontrovers diskutiert und von Vertretern der Schule z. T. zu weit gefasst. So wurden von Landreth et al. (1996) 97 vorher publizierte, exemplarische Spieltherapiefälle dargestellt und nach DSM-IV-Diagnosen klassifiziert. Die Spieltherapie wurde z. T. begleitend zu anderen Maßnahmen eingesetzt und diente nicht in jedem Fall als Haupttherapie. Dennoch finden sich Störungen aus dem gesamten Gebiet der Kinderpsychiatrie, die spieltherapeutisch behandelt wurden, unter anderem: Missbrauch und Vernachlässigung, aggressives Verhalten, Bindungsschwierigkeiten, Autismus, Verbrennungsfolgen, chronische Erkrankungen, Taubheit und körperliche Behinderung, Dissoziationen, Schizophrenie, emotionale Störungen, Enuresis und Enkopresis, Angststörungen, Trauer, Hospitalisation, Lernschwierigkeiten, geistige Behinderungen, Leseschwierigkeiten, elektiver Mutismus, Störungen des Selbstwertgefühls, Störungen des Sozialverhaltens, Sprachstörungen, posttraumatische Belastungsstörungen, zurückgezogenes, sozial ängstliches Verhalten. Schon bei der Durchsicht dieser Liste dürfte an Hand der neueren empirischen Therapieergebnisse eine erhebliche Skepsis aufkommen.

Nach eigener Erfahrung müssen die Indikationen sehr viel enger gefasst werden. Die personenzentrierte Spieltherapie ist am effektivsten bei leichten und mittleren Schweregraden von Störungen, die keine stationäre Therapie erfordern; vor allem bei emotionalen, introversiven Störungen; nur bei expansiven Störungen, die eine deutliche emotionale Komponente tragen; und nur, wenn andere Therapieformen nicht effektiver sind.

Die Kontraindikationen wurden von West (1996) sehr viel realistischer zusammengefasst. Kontraindikationen können durch Faktoren beim Kind, in der Familie, in der Umwelt und beim Spieltherapeuten begründet sein. Nach West mag eine Spieltherapie nicht geeignet sein:

- wenn das Kind geistig behindert ist,
- nicht zwischen Realität und Phantasie unterscheiden kann,
- unter Autismus, einem hyperkinetischen Syndrom, einer Persönlichkeitsstörung oder einer Psychose leidet,
- wenn eine Fremdplatzierung geplant ist
- und wenn das Kind die Spieltherapie ablehnt.

Auch ist die personenzentrierte Therapie nicht indiziert, wenn die Familie keine ausreichende Kooperationsbereitschaft zeigt und es ablehnt, Hilfe anzunehmen. Die Therapie ist auch dann wenig sinnvoll, wenn z. B. das Jugendamt oder Gerichte die Therapie nicht unterstützen, Informationen benötigen und die Vertraulichkeit, die eine Therapie erfordert, nicht gewährleistet ist. Zuletzt sollte sie nicht durchgeführt werden, wenn der Spieltherapeut nicht genügend Zeit hat und nicht adäquat supervidiert wird.

Ausstattung und Verlauf

Die Therapie wird in einem eigenen Spieltherapiezimmer durchgeführt, das kindgerecht eingerichtet ist und mit einem reichen Angebot von Spielmaterial ausgestattet ist. Sinnvoll sind nach eigener Erfahrung unter anderem ein Kindertisch mit Kinderstühlen, z. B. für Regelspiele und Malen; eine Liegeecke mit Matratzen, Kissen und Decken bei regressiven Bedürfnissen; offene Regale für frei zugängliches Spielmaterial und abschließbare Schränke, falls das Spielmaterial eingeschränkt werden soll; genügend Platz für Bewegungsspiele; thematisch geordnete Spielecken, z. B. für Puppenspiel, Kaufmannsladen usw.. Die Spielmaterialien sind nicht genormt und die Auswahl ist dem Therapeuten überlassen. Eine typische Auswahl umfasst z. B. Puppen, Puppenwagen, Puppenbett, Puppenhaus, Stofftiere, Handpuppen, Autos, Konstruktionsspiele, Regelspiele, Waffen, Kaufmannsladen, Malmaterial, Ton, Bücher.

Die Frequenz beträgt üblicherweise einmal pro Woche mit begleitenden Elterngesprächen ohne Kind jede 4. oder 5. Stunde. In einer Studie konnte Schmidtchen (1986) zeigen, dass die Therapiestunden (45–50 Minuten) überwiegend im Spiel verlaufen, während die Sprache nur ergänzend und begleitend eingesetzt wird: 93 % der Zeit ist reine Spielzeit und nur 7 % wird nicht-spielend verbracht. In nur 21 % der Therapiestunde wird gesprochen – zum Teil begleitend, zum Teil alleine ohne Spiel.

Die personenzentrierte Spieltherapie verläuft in typischen Stadien (West, 1996; Landreth & Sweeney, 1997):

- Die **Initialstunde** ist, wie in anderen Therapieformen besonders wichtig, da sie als Schlüssel für die gesamte folgende Therapie gelten darf.
- In der **ersten Phase** der Therapie zeigt das Kind oft ein höchst variables Verhalten. Die therapeutische Arbeit liegt in der Herstellung eines Arbeitsbündnisses mit Kind und Eltern.
- In der **zweiten Phase** entwickelt sich ein zunehmendes Vertrauen zum Therapeuten, die Gefühlsäußerungen des Kindes werden fokussierter, dagegen kann sich das äußere Verhalten verschlechtern. Da dieses für Eltern sehr beunruhigend sein kann, müssen sie auf mögliche Veränderungen vorbereitet werden.
- In der **dritten Phase** zeigt das Kind zunehmend offene und positive Gefühle, kann aber Ambivalenzen besser ertragen.
- In der **vierten Phase** tauchen realistische Gefühle auf, das Kind fühlt sich emotional wohler und kann mit den Schwierigkeiten des Lebens besser umgehen. Zu dem Therapeuten hat sich eine altersentsprechende Beziehung entwickelt, so dass die Ablösung vorbereitet werden kann.
- Die Therapie wird **beendet**, wenn die Therapieziele erreicht sind. Das Kind sollte in diesen Entscheidungsprozess eingebunden werden. Der bevorstehende Abschied sollte rechtzeitig vorbereitet und besprochen werden. Oft zeigen sich Rekapitulationen der vorherigen Stunden. Und obwohl die Übertragung endet, kann die reale Beziehung zum Therapeuten auch nach Ende der Therapie weiter bestehen.

Die Therapiedauer kann vorher festgelegt werden – oder nach den Bedürfnissen des Kindes offen gestaltet werden. Die übliche Dauer beträgt 10–40 Stunden, wobei auch kürzere Therapien durchaus effektiv sein können. Nach West (1996) zeigen sich partielle Verbesserungen schon nach 4 Wochen bei Kindern unter einem Alter von 6 Jahren, und nach 4–8 Wochen bei 10- bis 12-jährigen Kindern. Deutliche Besserungen können nach 2–4 Monaten bei Kindern unter 6 Jahren, nach 4–15 Monaten bei 10- bis 12-jährigen erreicht werden. Die Effektivität der personenzentrierten Therapie wurde in vielen empirischen Arbeiten nachgewiesen (Schmidtchen, 1986, 1991).

Zusammengefasst handelt es sich bei der personenzentrierten Spieltherapie um ein effektives „Breitbandverfahren", das für viele Störungen eingesetzt werden kann. Die Hauptindikation sind leichte bis mittelschwere emotionale Störungen. Die Grundhaltung zum Kind und heilsame Therapeutenvariablen wurden detailliert erfasst und beschrieben. Das Störungskonzept an sich ist jedoch relativ atheoretisch, berücksichtigt nur bewusste Aspekte und wird bei schweren Störungen nicht ausreichen, bei denen ein differenziertes Verständnis der Psychodynamik erforderlich ist. Die Grundkonzepte wurden erweitert, sowohl mit einer Integration von Verhaltenstherapie, Familientherapie, als auch tiefenpsychologischen Konzepten (West, 1996).

2.4 Analytische Formen der Spieltherapie

Die psychoanalytischen Spieltherapien haben historisch das Spiel als ideales therapeutisches Agens für das Kindesalter etabliert und sind auch heute weit verbreitet. Auch theoretisch wurde die Rolle des Spiels als entscheidender Wirkfaktor im analytischen Prozess differenziert ausgearbeitet (Berna, 1976; Bolland & Sandler, 1977; Bally, 1969; Eckstein, 1976; Fahrig, 1999; Pearson, 1983; Rambert, 1977; Rubner, 1988; Stork, 1976). Da die psychoanalytischen Spieltherapien die Basis vieler anderer Therapieformen darstellen, sollen die Grundprinzipien in diesem Kontext kurz erwähnt werden. Wegen der Fülle des Materials ist eine Übersicht nicht möglich, so dass immer wieder auf weiterführende Literatur verwiesen wird.

Die ursprüngliche psychoanalytische Auffassung der Persönlichkeitsentwicklung basiert auf der Theorie der infantilen Sexualität. Die kindliche Entwicklung wurde als ein dynamischer Prozess angesehen, der den Ausdruck dieser Triebe und deren Modulationen durch Ich-Instanzen beinhaltete, d. h. einer Verhandlung zwischen Lust- und Realitätsansprüchen. Im historischen Verlauf wurde die Psychoanalyse durch die Ich-, Objekt- und Selbstpsychologie ergänzt (Lee, 1997).

Die Kinderanalyse ist indiziert bei Konflikten der intrapsychischen Instanzen, bei inadäquaten Abwehrmechanismen, Ängsten, Fixierungen, Regressionen auf frühere Entwicklungsstufen und Unterdrückung von Aggressionen. Das Spiel ist das wichtigste Medium für Diagnostik und Therapie in der Kinderanalyse. Das Spiel drückt bewusste und unbewusste Phantasien aus und dient der Exploration neuer Erfahrungen. In der Therapie begleitet und fördert der Analytiker das Spiel, stellt eine Übertragungsbeziehung her und interpretiert unbewusste Zusammenhänge (Lee, 1997).

Sigmund Freud behandelte 1909 den Fall des kleinen Hans, einem 5-jährigen Jungen mit einer Pferdephobie, indirekt über seinen Vater. Dagegen behandelte er nie Kinder direkt. Auch entwicklungstheoretische Werke, die „Drei Abhandlungen zur Sexualtheorie" (1905) (s. Freud, 1975) beruhen nicht auf direkten Beobachtungen von Kindern, sondern auf retrospektiven Konstruktionen von Erwachsenen. Aufgrund der fehlenden empirischen Beobachtungen von Kindern konnte Dornes (1993) treffend drei Tendenzen der psychoanalytischen Theoriebildung identifizieren: nämlich den „Theoretikomorphismus", d. h. das Kind ist so, wie die Theorie es vorschreibt; den „Adultomorphismus", d. h. einer Beschreibung der kindlichen Entwicklung an Begriffen der Erwachsenenpsychologie; und der „Pathomorphismus", d. h. der Beschreibung der normalen kindlichen Entwicklung in Termini der Pathologie. Gerade die psychoanalytische Entwicklungspsychologie musste deshalb in den vergangenen Jahren anhand der neueren empirischen Befunde stark revidiert werden.

Entwicklung der Kinderanalyse

Zwei Personen sind bei der ursprünglichen Entwicklung der Kinderanalyse entscheidend: Anna Freud und Melanie Klein. Die wichtigsten Kontroversen der beiden, nach ihnen benannten Schulen, treffen das Verhältnis von Spiel und freier Assoziation, die Interpretation von Konflikten und die Frage, ob Kinder eine Übertragungsneurose entwickeln oder nicht (Holder, 1991).

Psychoanalytische Spieltherapie nach Anna Freud

Die wichtigsten Prinzipien der von Anna Freud gegründeten Therapieschule werden kurz dargestellt. Da das Kind oft wenig motiviert ist, muss als erstes und wichtigstes Therapieziel ein Arbeitsbündnis mit Kind und Eltern hergestellt werden (Freud, 1973; Holder 1991; Rubner, 1988). Erst im zweiten Schritt beginnt die eigentliche Therapie. Im Gegensatz zur Erwachsenenanalyse liegt das Therapieziel nicht in einer regressiven Begegnung und Auseinandersetzung mit verdrängten Inhalten, sondern im aktiven Erleben in der Gegenwart (Lee, 1997). Auch kann das Spielen nicht mit der freien Assoziation der Erwachsenen gleichgesetzt werden, da ungewiss bleibt, ob das Kind ein Stück äußere Realität oder seine innere Phantasie symbolisch mitteilt. Konflikte können reale Konflikte sein und nicht, wie bei Erwachsenen, internalisierte Konflikte der intrapsychischen Instanzen. Da direkte Deutungen Widerstand hervorrufen können, müssen Interpretationen langsam vorbereitet werden oder indirekt (über Puppenspiel, Geschichten von anderen Kindern) erfolgen (Bolland & Sandler, 1977). Neben einer Übertragungsbeziehung stellt das Kind auch reale Objektbeziehungen her. Der Therapeut ist nicht neutral, sondern aktiv im Spiel verwickelt, so dass eine Übertragung sich erst im Prozess zeigen kann. Erst wenn die Übertragung deutlich geworden ist, kann sie gedeutet werden.

Die Therapie findet in einem Spieltherapiezimmer statt, das individuell mit Spielmaterial bestückt wird (Sandler, Kennedy & Tyson, 1982). Der Therapeut bietet dem Kind maximale Ausdrucksmöglichkeiten und setzt Grenzen nur dort, wo eine Verletzungsgefahr gegeben ist. Er beobachtet und begleitet in Worten und Spiel und interpretiert vorsichtig, ohne den Fluss des Spiels zu unterbrechen. Diese gezielte Interpretation, d. h. die Übersetzung der beobachteten Spielinhalte zu ihren unbewussten Wurzeln, ist entscheidender als die therapeutische Wirkung des Spiels an sich.

Die Therapiefrequenz beträgt 2- bis 3-mal pro Woche, mit häufigen Elterngesprächen (1-mal alle 1–2 Wochen). Nach dem Erstgespräch erfolgt die Orientierungsphase, während der das praktische Vorgehen mit Eltern und Kind vereinbart wird. Mit dem Kind wird ein Arbeitsbündnis und eine vertrauenswürdige Beziehung zum Therapeuten aufgebaut. Negative Gefühle wie Ärger, Wut, Neid und Verlassenheitsängste können aktiviert werden und müssen in der Übertragung bearbeitet werden. Auch alle folgenden Hauptkonfliktpunkte müssen durchgearbeitet werden. Das Ende der Therapie wird vorbereitet und die Ablösung bearbeitet.

Psychoanalytische Spieltherapie nach Melanie Klein

Im Gegensatz zu Anna Freud führte Melanie Klein analytische Spieltherapien auch bei Kleinkindern durch (Klein, 1969, 1981). Sie glaubte, dass das kindliche Spiel der freien Assoziation der Erwachsenen entspricht und als unbewusstes Material betrachtet werden kann. Deshalb seien intensive, schnelle Interpretationen auch sexuellen Inhalts gerechtfertigt. Auch meinte sie, dass die Übertragung sich früh in der Analyse entwickelt und so früh wie möglich gedeutet werden muss, vor allem, wenn sie negativ ist (von Siebenthal, 1991). Daneben gehörte Melanie Klein zu den ersten, die den Wert eines speziellen Spieltherapiezimmers betonten (McMahon, 1992).

Andere psychoanalytische Spieltherapien

Andere Analytiker haben entscheidend zu der analytischen Spieltherapie beigetragen, ohne dass sie eine nach ihnen benannte Therapieschule initiiert hätten. D.W. Winnicott, Kinderarzt und Analytiker, betont, dass das Spiel an sich heilsam sei. Interpretationen seien weniger wichtig als eigene, spontane Entdeckungen des Kindes im Spiel. Damit grenzte er sich eindeutig von der Vorgehensweise von Melanie Klein ab (McMahon, 1992). Weitere entscheidende Beiträge Winnicotts beziehen sich auf die Bedeutung des Übertragungsobjektes und des „dritten Raum" zwischen Innen- und Außenwelt, in der die Ursprünge der Kreativität liegen (Davis & Wallbridge, 1981; Wilson, Kendrick & Ryan, 1992; Kahr, 1996). Die bleibende Aktualität von Winnicott beruht auf seiner exakten, nüchternen Beobachtung von Kindern und Müttern, seiner einfachen Sprache und seinem weitgehenden Verzicht auf psychoanalytischen Jargon. Seine Beobachtungen wirken auch heute aktuell und modern und werden zu Recht rezipiert.

Auf die wichtigen Beiträge von anderen Analytikern, wie Erik Erickson, kann in diesem Zusammenhang nicht eingegangen werden (McMahon, 1992). Für eine Übersicht der Geschichte der Kinderanalyse darf auf Geissmann und Geissmann (1998) und Hamann (1993) verwiesen werden. Neuere Entwicklungen finden sich unter anderem in dem Handbuch von Lanyado und Horne (1999).

Analytische Kinder- und Jugendlichenpsychotherapie in der Individualpsychologie (Alfred Adler)

Auch die Individualtherapie Alfred Adlers ist mit spieltherapeutischen Komponenten kombiniert worden (Bade, 1997; Kottmann, 1997; Stadler & Witte, 1991; Stadler, 1992). Wichtige Konstrukte der Adler'schen Persönlichkeitstherapie sind das „Zugehörigkeitsgefühl" und der „Lebensstil". Nach Adler hat jeder Mensch ein Grundbedürfnis, zu einer Gruppe zu gehören und eine Bedeutung zu haben. Adler nannte dies „das Zärtlichkeitsbedürfnis", d. h. ein Wunsch nach Bezogenheit und sozialem Austausch. Der Umgang mit diesem Bedürfnis, die Befriedigung bzw. Versagung stellt eine zentrale Erfahrung der frühen Kindheit dar. Nach Adler entwickelt ein Kind bis zum Alter von 6–7 Jahren seine eigenen Schlussfolgerungen über sich und die Welt. Es entwickelt seinen eigenen „Lebensstil" und spezifische Ziele. Wenn ein Kind nicht in einer positiven Art zur Familie gehören kann, dann wird es nach seinen eigenen Schlussfolgerungen es in einer negativen Art tun (sinnvoller oder destruktiver Lebensstil).

Ein weiteres individualpsychologisches Konstrukt geht davon aus, dass erlebte Kränkungen und Ohnmacht intrapsychisch kompensiert werden müssen, um das gefährdete Selbstbild zu stabilisieren. Symptome versuchen demnach, eine Art seelisches Gleichgewicht wiederherzustellen, so dass das Individuum wieder das Gefühl erhält, etwas bewirken zu können und nicht ganz ohnmächtig zu sein (Stadler, 1992). Der unbewusste Prozess der Symptombildung ist demnach als ein Selbstheilungsversuch zu verstehen. Nach dem Adler'schen Konstrukt, der „schöpferischen Kraft", sollen in der Therapie die individuellen Stärken gefördert werden. In der Therapie soll dem Kind Raum gegeben werden, seine beeinträchtigenden Konflikte darzustellen (Stadler, 1992). In der therapeutischen Beziehung finden Aktuelles und Vergangenes, Lösungsversuche für intrapsychische Konflikte, bisherige Kompensationsmechanismen sowie missglückte Selbstheilungsversuche ihren Raum. Das therapeutische Vorgehen umfasst spiegelndes Mitspielen, Deuten, Verbalisieren und Verarbeiten. Vor allem im symbolischen Spiel werden Elemente der Lebensgeschichte, innerseelische Konflikte und die Beziehung zum Therapeuten deutlich und können spielerisch bearbeitet werden (Bade, 1997). Eine umfassende Darstellung des individualpsychologischen, spieltherapeutischen Vorgehens finden sich bei Stadler und Witte (1991), Stadler (1992), Bade (1997) und Kottmann (1997).

Analytische Psychotherapie nach C.G. Jung

Obwohl Jung nicht direkt mit Kindern gearbeitet hat, ist seine Persönlichkeitstheorie für Therapien im Kindesalter gut geeignet, da die zentrale Aufgabe jedes Menschen in der Individuation gesehen wird – der Ablösung von den Eltern und der Entwicklung der eigenen Identität. Seine Ideen wurden von Schülern für das Kindesalter adaptiert (Allan, 1997; Fordham, 1974). Die analytische Psychologie Jungs wird in Kapitel 4.6 ausführlich dargestellt. Nur die wichtigsten Unterschiede zur Freud'schen Psychoanalyse sollen in diesem Kontext erläutert werden (s. Allan, 1997).

Die Freud'sche Psychoanalyse wird als Basis angesehen, aber um wichtige Punkte ergänzt. Die wichtigsten Konstrukte der Jung'schen Psychologie und Unterscheidungsmerkmale zur Freud'schen Psychologie umfassen folgende Annahmen:

- Das **Ich** ist das Zentrum des Bewusstseins und vermittelt zwischen inneren und äußeren Ansprüchen.
- Das **persönliche Unbewusste** enthält unterdrücktes und verdrängtes Material aus dem persönlichen Erleben, das **kollektive Unbewusste** dagegen enthält Bewusstseinsschichten, die allen Menschen gemeinsam sind und durch Archetypen geprägt sind.
- Der zentrale Archetyp ist das **Selbst**, das als Mittelpunkt, aber auch als Totalität der Psyche beschrieben wird. In der Entwicklung ist das Kind zunächst mit seinem Selbst verbunden, über eine De-Integration wird das Ich vom Selbst (durch Hunger, Schmerz usw.) getrennt und in der Re-Integration (durch Beruhigung, Befriedigung) angenähert entwickelt (Fordham, 1974).
- Die **Persona** oder Maske beschreibt den Anteil der Psyche, mit dem sich das Kind seiner Umwelt zeigt.
- Dagegen enthält der **Schatten** alle Anteile, die vom Bewusstsein noch nicht aufgenommen oder nicht akzeptiert werden können.
- Andere wichtige Archetypen sind die **Anima** und der **Animus**, die gegengeschlechtlichen Anteile der Psyche.

2.4 Analytische Formen der Spieltherapie

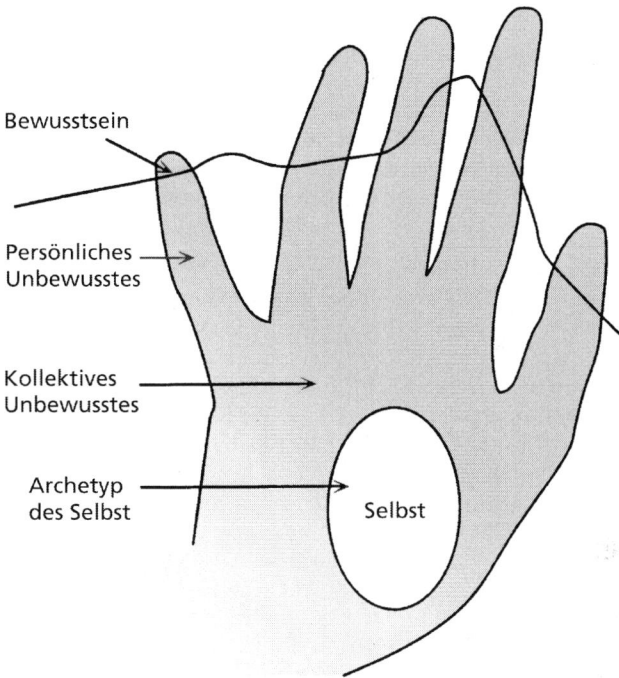

Abb. 2.1: Konzepte der analytischen Psychologie C.G. Jungs mit dem Symbol der Hand dargestellt (nach Allan, 1997)
Die Fingerspitzen, die am sensibelsten sind und die meisten Tastrezeptoren haben, repräsentieren das „Ich" als Zentrum des Bewusstseins. Die Linie symbolisiert die Grenze zwischen Bewusstem und Unbewusstem: der Bereich, der dem Ich bewusst zugänglich ist, ist von einem Menschen zum anderen ganz unterschiedlich – deshalb der divergente Verlauf der Linie.
Der untere Teil der Finger repräsentiert das persönliche Unbewusste, also Kondensate und Relikte der eigenen Lebensgeschichte. Sehr viel größer ist das kollektive Unbewusste, das alle Menschen in sich tragen. Unbewusstes ist sehr viel umfassender als das Bewusste. Der steuernde Archetyp in der Mitte der Hand ist das „Selbst" (durch die Hand verlaufen alle Nerven und Sehnen der Finger). Die Aufgabe der „Individuation" ist es, dass das „Ich" lernt, in dynamischem Kontakt mit dem Selbst zu stehen und seine relative Bedeutung zu erkennen, ohne sich aufzugeben.

- Ferner wird die **Libido** als Lebensenergie und nicht im engeren sexuellen Sinn gesehen.
- Die **Individuation** bedeutet nach Jung einen möglichst ungehinderten Fluss von Libido entlang der „Ich-Selbst-Achse" (Neumann, 1990a; Erstausgabe 1963) und ist durch tiefe spirituelle Erfahrungen wie auch Bezogenheit zu anderen Menschen gekennzeichnet. Psychische Störungen entstehen, wenn dieser Fluss behindert oder an Komplexe gebunden wird.

Das Ziel der Therapie ist die Aktivierung des Individuationsprozesses, so dass das Kind mit sich und seiner Umwelt in einer für das Individuum spezifischen und einzigartigen Art leben kann. Teilaspekte des therapeutischen Prozesses umfassen:

- die Aktivierung der Selbstheilungskräfte,
- die Stärkung der Ich-Selbst-Achse,
- die Stimulierung von Kreativität und Phantasie,
- die Heilung und Überwindung von psychischen Wunden,
- die Entwicklung einer psychischen Innenwelt,
- die Stärkung innerer Kompetenzen,
- die Stärkung der Fähigkeit, mit zukünftigen Problemen umzugehen,
- das Verständnis der Komplexität des Lebens und Offenheit für Veränderungen.

Analytische Kinder- und Jugendlichentherapie findet in einem „freien und geschützten Raum" (Kalff, 1996a; Erstausgabe 1966) statt, der eine Verschiebung vom Ich (Bewusstsein) zum Selbst ermöglicht. Die Therapie findet in einem speziellen Spieltherapiezimmer statt mit einer meist reichen Auswahl von symbolischem Spielmaterial, einschließlich Sandspielkästen und Miniaturfiguren. Die Frequenz liegt bei ein- bis zweimal die Woche mit begleitenden Elterngesprächen. Der Therapeut bleibt im engen, gefühlsmäßigen Kontakt mit dem kindlichen Spiel. Grenzen werden nur dann gesetzt, wenn sie benötigt werden. Die Beziehung wird als existenzielle Begegnung zweier Menschen aufgefasst, so dass der Therapeut sich aktiv in die Beziehung zum Kind einbringt. Entscheidend dabei ist die analytische Haltung, die ein tiefes Verständnis in allen symbolischen und direkten Äußerungen des Kindes zu erfassen sucht. Dabei ist es entscheidend, die eigenen Emotionen (Gegenübertragung) von kindlichen Gefühlen (Übertragung) zu unterscheiden. Die Interventionen umfassen: Beobachtung, verbale Reflektion, Klärung und Amplifikation von Symbolen, Interpretation und Herstellung eines größeren Zusammenhanges (z. B. zwischen Gegenwart und Vergangenheit, zwischen Bewusstem und Unbewusstem). Da die Individuation teleologisch als grundsätzliches Ziel von jedem Menschen angesehen wird, gibt das Selbst des Kindes die Richtung der Therapie vor. Die Heilung wird nicht primär durch Aufdecken und Interpretieren bewirkt, sondern durch den Kontakt des Ich mit den Symbolen des Unbewussten und durch den freien, libidinösen Fluss zwischen Ich und Selbst.

Nach Allan (1997) können drei Phasen der Therapie unterschieden werden:
- die Eingangsphase,
- die Arbeitsphase (mit drei Subphasen) und
- die Ausgangsphase (s. auch Kapitel 5.4).

Eschenbach (1978) beschrieb vier Phasen der Therapie:
- der Initialraum,
- die Latenz- oder Eroberungsphase (der Empfängnisraum),
- die Phase der positiven und negativen Regression und
- die Individuationsphase.

Analytische Kinder- und Jugendlichentherapie wurde auch außerhalb des klassischen klinisch-therapeutischen Settings im schulpsychologischen Bereich eingesetzt (Allan, 1988). Dabei können Zeichnung (Allan, 1988) wie auch das Erzählen und Schreiben von Geschichten (Allan und Bertoia, 1992) den Fluss zwischen Bewusstem und Unbewusstem ermöglichen, so dass auch schwierige Emotionen integriert werden können. Eine spezielle Form der Jung'schen Spieltherapie ist die Sandspieltherapie nach Dora Kalff (1996a), die in diesem Buch ausführlich dargestellt wird. Neben der analytischen Psychotherapie C.G. Jungs geht die Sandspieltherapie auf zwei weitere Ursprünge zurück, nämlich auf die Welttechnik von Margaret Lowenfeld und auf meditative, spirituelle Traditionen. In der klassischen Sandspieltherapie stehen der Aufbau und das Spiel mit Miniaturen in den vorgegebenen Sandkästen im Vordergrund, doch viele Jung'sche Therapeuten verwenden das Sandspiel als ergänzendes Spielmaterial in ihrer Praxis.

2.5 Andere Spieltherapien

Neben den klassischen tiefenpsychologischen und personenzentrierten Spieltherapien wurden in den letzten Jahrzehnten eine Reihe von Therapieformen entwickelt und beschrieben, die über das Medium des Spiels arbeiten. Von der Fülle der verschiedenen Therapierichtungen wurden einige herausgesucht und nach ihrer Bedeutung bzw. innovativen Ansätzen gewichtet und dargestellt.

Gestalttherapie

Die Gestalttherapie wurde ursprünglich von Fritz Perls auf tiefenpsychologischer Basis entwickelt und unter anderem von Oaklander (1981) für Kinder und Jugendliche adaptiert. Die Gestalttherapie zählt zu den sogenannten „humanistischen" Therapien, die eine Integration von Sinneswahrnehmungen, Körperwahrnehmungen, Emotionen und Intellekt bewirken wollen (Caroll & Oaklander, 1997). Eine der Hauptkonstrukte der Gestalttherapie ist die Selbstregulation, eine Grundfähigkeit, die jeder Mensch besitzt. Ferner wird angenommen, dass Menschen sich entsprechend ihrer Grundpersönlichkeit in der Auseinandersetzung (Kontakt) mit ihrem Erlebnisfeld in ihrer Umwelt entwickeln. Durch diesen Kontakt soll sich das Gefühl von dem eigenen Selbst in Abgrenzung und Beziehung zu anderen entwickeln. Gesundheit wird nach der Gestalttherapie sehr einfach als eine Integration aller Bereiche eines Individuums gesehen. Störungen dagegen sind durch Blockaden, Rigidität, Abspaltungen und Inbalancen gekennzeichnet. Folglich ist das Ziel der Behandlung die Entwicklung der eigenen Selbstregulation, das wichtigste Medium dabei ist die therapeutische Beziehung.

Die Gestalt-Spieltherapie wird in einem speziellen Zimmer mit einer großen Auswahl an Spielmaterial durchgeführt und umfasst unter anderem Geschichtenerzählen, Spiele, Schauspielen und Musik. Interpretationen werden möglichst zusammen mit dem Kind entwickelt. Neben Einzel- und Elternsitzungen können auch Familiensitzungen mit Geschwistern indiziert sein. In dem hervorragenden Werk von Oaklander (1981) werden eine Vielzahl von verschiedenen Anregungen und Techniken aufgezeigt, die vorbereitet werden und dann vorstrukturiert in Einzel- und Gruppentherapien mit Kindern und Jugendlichen eingesetzt werden können.

Zusammengefasst besteht die Gestalttherapie aus einem Konglomerat verschiedener, z. T. offener, z. T. vorstrukturierter Techniken, die anderen Therapierichtungen entlehnt wurden. Obwohl die sogenannte „humanistische" Gestalttherapie ein sehr positives Bild der menschlichen Entwicklung entwirft, sind ihre theoretischen Konstrukte wenig differenziert und dürften für das Verständnis einer tiefen intrapsychischen und interpersonellen Dynamik nicht ausreichen. Wie bei anderen Therapieformen ist gerade bei der Gestalttherapie die Therapeutenvariable das wirksamste Agens.

Kunsttherapien

Kunsttherapien gehören nicht zu den Spieltherapien im engeren Sinne, obwohl sie auch einen nicht-verbalen Zugang bieten. Sie kombinieren kreative Prozesse des Malens, Zeichnens und bildnerischen Schaffens mit unterschiedlichsten therapeutischen Zugängen (McMahon, 1992). Der Grad der Vorstrukturierung variiert sehr von offenen bis zu maximal vorstrukturierten kreativen Angeboten. Die therapeutische Ausrichtung umfasst unter anderem die nicht-direktive Spieltherapie, die Psychologie C.G. Jungs (Daniel, 1993; Riedel, 1992), verschiedenste analytische Schulen und auch die Sandspieltherapie (Steinhardt, 2000). Die volle Bandbreite dieser sehr effektiven Zugänge kann in diesem Zusammenhang nicht adäquat gewürdigt werden.

Ecosystem Play Therapy

Ecosystem Play Therapy ist eine Spieltherapieform, die in den USA entwickelt und in Europa bisher noch wenig rezipiert wurde (O'Connor, 1997). Das Hauptmerkmal dieser Therapieform liegt auf der sogenannten „öko-systemischen Perspektive": Das Kind ist eingebettet und wird beeinflusst durch die familiäre und schulische, aber auch die biologische, kulturelle, nationale, historische und religiöse Umwelt.

Das Ziel der Behandlung ist es, die kindliche Entwicklung im Rahmen seiner Umweltkontexte zu ermöglichen. Es handelt sich um eine strukturierte Therapieform, nach der neue Problemlösestrategien aktiv erarbeit und Ziele vertraglich vereinbart werden. Das Spielzimmer ist groß genug für körperliche Aktivitäten, aber eher spärlich eingerichtet, da der Schwerpunkt auf der therapeutischen Beziehung liegt. Der Therapeut strukturiert aktiv nicht nur die Auswahl des Spielmaterials, sondern auch den Ablauf der Stunden. In einer begrenzten Zahl von 10–15 Sitzungen werden konsekutiv Probleme in den verschiedenen Öko-Systemen des Kindes systematisch in Einzelsitzungen erarbeitet, später werden Eltern und Geschwister mit einbezogen.

Obwohl manche Spieltherapierichtungen tatsächlich den Blick auf das einzelne Kind verengen und seine Umwelt nicht genügend berücksichtigen, ist es dennoch fraglich, ob dies eine komplett neue Therapieform rechtfertigt. Mit Sicherheit wäre es günstiger, die umweltbezogene Perspektive von bereits bestehenden Therapieformen zu integrieren.

Spieltherapie nach Milton Erickson

Bei der Spieltherapie nach Milton Erickson handelt es sich um ein hypnotherapeutisch-suggestives Verfahren, bei dem unter anderem Puppenspiel, Metaphern und Geschichtenerzählen eingesetzt wird. Der Schwerpunkt liegt auf den aktuellen, gegenwärtigen Ressourcen und Problemlösefähigkeiten des Kindes. Unbewusste Zusammenhänge sollen nicht bearbeitet werden, auch wird die Entwicklung einer Übertragung nicht gefördert.

Die Therapieform gehört zu den theoretisch am wenigsten ausdifferenzierten Therapien. Ein spezielles Persönlichkeits- oder Beziehungsmodell liegt nicht vor. Der Ablauf der Stunden wie auch der Therapie ist ganz von den individuellen Vorlieben des Therapeuten abhängig. Zumindest in der Darstellung von Marvasti (1997) wirkt das therapeutische Vorgehen sehr willkürlich und wenig überzeugend – und kann als Haupttherapierichtung nicht empfohlen werden.

Fokussierte Spieltherapien

Fokussierte Therapien richten sich auf spezifische Probleme von Kindern in der realen Welt und verhelfen ihnen zu Lösungsmöglichkeiten. Die Inhalte sind eher bewusst und vorbewusst und konkrete Lösungsstrategien werden erarbeitet. Obwohl innere, unbewusste Konflikte nicht im Vordergrund stehen, können sie Kindern durchaus helfen, zwischen Realität und Phantasie zu unterscheiden (McMahon, 1992). Sie dürfen nicht mit tiefenpsychologisch-fundierten Kurzzeittherapien oder Fokaltherapien verwechselt werden. Der theoretische Hintergrund bezieht sich z. T. auf die personenzentrierte Spieltherapie, wobei die meisten thematisch hochstrukturiert die spezifische Problematik des Kindes im Fokus haben (Cittione & Madonna, 1996).

Nach McMahon (1992) wurden spezielle Programme auf folgende Patientengruppen bzw. Indikationen entwickelt: Für ängstliche Kinder; nach körperlicher Misshandlung und sexuellem Missbrauch (Wilson et al., 1992; Cattanach, 1992); bei körperlicher Behinderung; bei frühkindlichem Autismus; für somatisch-kranke Kinder in Kinderkliniken; zur Vorbereitung von medizinischen Eingriffen und Operationen; zur Bearbeitung von Trauer und Verlust; nach Trennung und Scheidung der Eltern. Nach Kaduson et al. (1997) müssen bei fokussierten Therapien je nach Indikationsstellung oft verschiedene Methoden und Theorien integriert werden. Dieses Vorgehen bezeichneten sie als „Synthetic eclectiscism". Im Prinzip können fokussierte Therapien für vier Gruppen von Störungen unterschieden werden:

- Introversive Störungen („internalizers": Depression, Angst und Phobien, elektiver Mutismus),
- Anpassungs- und Belastungsstörungen („stress reactions": Scheidung und Trennung, posttraumatische Störung, sexueller Missbrauch),
- expansive Störungen („externalizers": ADHD, Störung des Sozialverhaltens, Geschwisterrivalität) und
- andere Störungen (Bindungsstörungen, Adoptionsfolgen).

Es ist offensichtlich, dass sich Inhalt, Strukturierung und Ablauf der Therapien für diese vier Gruppen deutlich unterscheiden.

2.6 Verhaltenstherapeutische Ansätze

In den vergangenen Jahren wurde von der Verhaltenstherapie erkannt, dass gerade bei jüngeren Kindern Veränderungen am wirksamsten erreicht werden können, wenn sie über das Medium des Spiels angesprochen werden. Es wurden verschiedene Modelle entwickelt, nach denen verhaltens- und spieltherapeutische Elemente integriert wurden. Diese Entwicklung ist umso mehr zu begrüßen, als auch externalisierende Störungen explizit in das Indikationsspektrum aufgenommen wurden. Dabei zeigt sich, dass die Kombination von Spiel- und Verhaltenstherapien gerade bei externalisierenden sowie bei umschriebenen, monosymptomatischen Störungen effektiver ist als die weniger strukturierten, personenzentrierten und tiefenpsychologischen Spieltherapien. Wegen der hohen Persistenz von expansiven Störungen des Sozialverhaltens, z. T. vom Vorschul- bis zum Jugendalter, haben diese Kombinationen eine besonders hohe Relevanz und sollen ausführlicher besprochen werden. Zwei der wichtigsten Kombinationen wurden dabei herausgegriffen.

Cognitive-Behavioral Play Therapy (CBPT)

Bei der Cognitive-Behavioral Play Therapy (CBPT) werden kognitiv-verhaltenstherapeutische und spieltherapeutische Elemente in einer kindgerechten Form verbunden (Knell, 1993, 1997). Bei dieser Therapieform wird das Kind direkt über das Spiel in die Therapie einbezogen und die Veränderungen werden nicht ausschließlich über elterliche Interventionen bewirkt, wie es bei anderen Verhaltenstherapien üblich ist.

Ähnlich wie bei den personenzentrierten und tiefenpsychologischen Therapien wird am Anfang der Therapie zunächst eine tragfähige, therapeutische Beziehung über das gemeinsame Spiel hergestellt. Dabei wird das Spiel schon von Anfang an strukturiert. So werden Therapieziele vorgegeben und das Spielmaterial und Aktivitäten von Kind und Therapeut ausgewählt. Das Spiel wird in seiner pädagogischen Funktion eingesetzt, nämlich um neue Fähigkeiten und alternative Verhaltensweisen zu vermitteln. Konflikte werden durch den Therapeuten interpretiert, das Verhalten wird auch in Form von Lob positiv verstärkt (Knell, 1993).

Die CBPT ist demnach eine strukturierte und direktive Therapie, die in einem Spielzimmer in einer Frequenz von einer Stunde pro Woche durchgeführt wird, und die Eltern aktiv mit einbezieht. Dabei können verhaltenstherapeutische Interventionen, die auf das Verhalten direkt ausgerichtet sind, von kognitiver Interventionen, die auf irrationale, nicht bewusst wahrgenommene Denkstrukturen und -schemata ausgerichtet ist, unterschieden werden.

Verhaltenstherapeutische Interventionen der CBPT

Das gesamte Repertoire von verhaltenstherapeutischen Techniken wird auf den jeweiligen Entwicklungsstand des Kindes angepasst. Die Therapie ist damit explizit auch für Vorschulkinder geeignet.

- Bei hospitalisierten Kindern wird als Beispiel für ein **klassisches Konditionieren** die systematische Desensibilisierung eingesetzt. Bevorstehende Operationen und andere medizinische Interventionen werden mit dem Kind mehrfach durchgespielt. Durch das Spiel wird die Assoziation zwischen einem Stimulus und einer ungünstigen Reizantwort unterbrochen. Das Kind lernt dadurch, die Situation zu bewältigen und wird dafür positiv bestärkt.
- Beim **operanten Konditionieren** wird das Verhalten durch positive und negative Grenzen der Umwelt verändert. Beim Kontingenzmanagement wird ein erwünschtes Verhalten innerhalb der Therapie durch den Therapeuten, außerhalb

durch Eltern über soziale Verstärker wie Lob, aber auch materielle Verstärker, verändert. Beim Shaping wird langsam über viele Zwischenschritte das erwünschte Verhalten angebahnt. Bei der Extinktion wird die Verstärkung für ein negatives Verhalten entzogen, das vorher gefördert wurde. Im Gegenzug wird mit einer differentiellen Verstärkung das erwünschte Verhalten verstärkt.
- Beim **Time-out (Aus-Zeit)** wird das Kind aus einer bevorzugten, sozialen Umgebung in eine weniger angenehme entfernt, wenn es ein bestimmtes Verhalten zeigt. Dagegen werden andere aversive Techniken, wie Exposition und Reaktionsvermeidung, bei jungen Kindern nicht empfohlen (Knell, 1993).
- **Soziales Lernen** kann durch das Beobachten des Verhaltens anderer Personen (Modelling) oder über das Puppenspiel gefördert werden. Auch das Erzählen von Geschichten über die Erfahrung anderer Kinder kann zum Modelling beitragen. Das erwünschte Verhalten wird anschließend eingeübt und generalisiert, d. h. in einen anderen Kontext transferiert.

Kognitive Interventionen der CBPT

Kognitive Techniken wurden vor allem für Erwachsene entwickelt, für Jugendliche und Schulkinder variiert, aber bisher nur sehr selten im Vorschulalter eingesetzt (Knell, 1993). Kognitive Therapien beruhen auf der Annahme, dass das Verhalten über verbale Prozesse vermittelt wird, und dass Störungen dysfunktionalem Denken entsprechen. Die kognitive Therapie bei jungen Kindern hat eher zum Ziel, neue, adaptive Kognitionen zu entwickeln, als die fehlgeleiteten zu ersetzen.

- Eine kognitive Technik ist die **Selbstbeobachtung** (self-monitoring), die ab einem Alter von 4–5 Jahren eingesetzt werden kann. Für junge Kinder ist es leichter, konkrete Aktivitäten und Ereignisse zu beobachten als ihre Emotionen und Stimmungen. Konkrete Beispiele, Pläne und Skalen sind dabei hilfreich, wobei die Eltern aktiv mit einbezogen werden müssen.
- Eine weitere kognitive Technik ist das aktive **Planen von Aktivitäten** (activity scheduling). Und auch hierbei müssen Eltern mit einbezogen werden, wobei das Kind ein Gefühl der Kompetenz und aktiven Kontrolle behalten sollte. Nicht nur die konkreten Resultate, sondern der Einsatz und die Ausdauer des Kindes sollten positiv verstärkt werden.
- Im Gegensatz zur Therapie von Erwachsenen, ist eine **Selbstbeobachtung** dysfunktioneller Kognitionen oft nicht möglich und muss indirekt über die Eltern vorgenommen werden. Auch können die Eltern nicht die Kognitionen direkt beobachten, sondern nur die Äußerungen ihres Kindes.
- In der Therapie benötigen gerade junge Kinder eine besonders aktive Hilfe bei der Veränderung von Kognitionen. Über das Spiel kann eine Distanz zu den bisherigen Vorstellungen geschaffen und Alternativen erkundet werden. Negative Kognitionen wie abwertende Selbstbeurteilungen können selbst bei jungen Kindern ab dem dritten Lebensjahr modifiziert werden. Sie lernen dabei sehr einfache **Suggestionen**, die über Lob und Benennen (Labeling) von den Eltern verstärkt werden (z. B. „ich bin tapfer", „ich schaffe es").
- Eine weitere kognitive Technik, die Knell (1993) erwähnt, ist die **Bibliotherapie**, bei der Bilderbücher zu speziellen Problemen (wie Scheidung, Umzug und Tod) eingesetzt werden. Zusätzlich kann der Therapeut bei besonderen Themen

individuelle Geschichten für das spezielle Kind schreiben und in die Therapie integrieren.

Zusammengefasst handelt es sich bei der Cognitive Behavioral Play Therapy (CBPT) um eine gelungene Integration von kognitiven, verhaltenstherapeutischen Interventionen innerhalb eines spieltherapeutischen Paradigmas (Knell, 1993). Es berücksichtigt Entwicklungsaspekte des Kindes und ist somit auch für das Vorschulalter geeignet. Nicht nur introversive Störungen, sondern gerade externalisierende Störungen können behandelt werden. Von daher ist diese Therapie von besonderer klinischer Relevanz. Sie ist empirisch begründet und evaluiert mit deutlichen effektiven Wirkungen.

Parent-Child Interaction Therapy (PCIT)

Bei der Parent-Child Interaction Therapy (PCIT) handelt es sich um eine strukturierte Kurzzeittherapie von 10–16 Sitzungen für das Vorschulalter von 2–7 Jahren mit dem Schwerpunkt der Eltern-Kind-Interaktion (Hembree–Kigin & McNeil, 1995). Der spieltherapeutische Anteil des PCIT kann bei noch jüngeren Kindern unter zwei Jahren eingesetzt werden, der verhaltenstherapeutische Teil ist für dieses Alter nicht geeignet. Bei Kindern älter als 8 Jahre, sind andere Therapieprogramme spezifischer und effektiver.

In der PCIT werden operante, verhaltenstherapeutische und traditionelle spieltherapeutische Zugänge integriert, die Eltern in 2 Schritten vermittelt werden. Der erste Schritt dient immer dem spieltherapeutischen Aufbau einer warmen, unterstützenden Eltern-Kind-Beziehung. Erst wenn dies erreicht wird, folgt im zweiten Schritt das eigentliche Management des Verhaltens. Dabei werden Eltern unmittelbar in ihrer Interaktion mit ihrem Kind angeleitet und korrigiert (ein sogenanntes „Coaching").

Die Indikation für die PCIT umfassen:
- externalisierendes, oppositionelles, verweigerndes, aggressives Verhalten;
- Lügen, Stehlen, Zündeln;
- Aufmerksamkeitsstörungen und Hyperaktivität;
- internalisierendes Verhalten wie Ängste, niedriges Selbstwertgefühl und Perfektionismus;
- geistige Behinderung;
- Interaktionsprobleme im Kontext von Scheidung und Adoption;
- Zustand nach Vernachlässigung und Missbrauch.

Kontraindikationen werden vor allem durch familiäre Faktoren definiert, wie einer chronischen Streitbeziehung zwischen den Eltern, körperlicher Gewalt, Substanzmissbrauch und elterliche Psychopathologie wie eine schwere Depression. Es ist nachvollziehbar, dass bei einem Programm, das die elterliche Mitarbeit so intensiv benötigt, entsprechende elterliche und familiäre Rahmenbedingungen dafür vorhanden sein müssen. Auch weisen die Autoren darauf hin, dass bei autistischen Störungen andere Programme effektiver sind.

Das konkrete praktische Vorgehen wird von Hembree-Kigin und McNeil (1995) in einem Manual ausführlich und plastisch mit vielen Beispielen vermittelt. Vor Beginn der eigentlichen Therapie wird eine ausführliche Anfangsdiagnostik durchgeführt. Diese beinhaltet ein strukturiertes Elterninterview, Eltern-, Kindergärtnerinnen- und Lehrerfragebögen. Die Interaktion wird in 3 Situationen systematisch beobachtet und mit Video dokumentiert, nämlich jeweils ein kindgeleitetes, ein elterngeleitetes Spiel und eine Aufräumsequenz.

Erster Schritt der PCIT: Spiel und Beziehung

Am Anfang werden Eltern ohne Kind spieltherapeutische Grundfähigkeiten vermittelt, die sie zu Hause jeden Tag für fünf Minuten in einer besonderen, vom Kind geleiteten Spielzeit einsetzen sollen. Schon von Anfang an werden die Prinzipien direkt und aktiv mit Video, Modelling und Rollenspiel demonstriert. Die Instruktionen werden auf Kassette aufgenommen, damit die Eltern sie zu Hause anhören können. Die Erfahrungen werden von den Eltern dokumentiert und mit den Therapeuten in zukünftigen Stunden durchgesprochen.

Als Grundprinzip sollen Eltern lernen, eine warme, herzliche Beziehung mit ihrem Kind zu entwickeln. Dabei lernen sie ihre Aufmerksamkeit im Spiel mit ihrem Kind selektiv einzusetzen: prosoziale Verhaltensweisen werden durch Aufmerksamkeit verstärkt, während unerwünschtes Verhalten ignoriert wird. Auch lernen Eltern einfache Regeln im Umgang mit ihrem Kind. Dabei sollen sie auf Befehle, Anordnungen, Fragen oder Kritik verzichten. Erwünschtes Verhalten soll dabei beschrieben und imitiert werden. Die verbalen Äußerungen des Kindes sollen reflektiert werden, was Akzeptanz und Verständnis vermittelt. Prosoziales Verhalten soll häufig gelobt werden mit einer Zielvorgabe mit 3-mal pro Minute, was das Selbstwertgefühl steigern soll.

Anschließend folgen 2–4 Sitzungen direkt mit Eltern und Kind zum weiteren Einüben und der spieltherapeutischen Festigung. Diese Stunden sind genau strukturiert mit Durchsicht der elterlichen Hausaufgaben, Wiederholung der wichtigsten Inhalte und anschließenden Spielsequenzen in Anwesenheit des Therapeuten. Eltern werden gelobt und humorvoll angeleitet, wobei mit einfachen Haltungen (Lob und keine Fragen) begonnen wird und differenzierte Interaktionen, wie Körper- und Augenkontakt, Höflichkeit und Feinfühligkeit anschließend folgen.

Zweiter Schritt der PCIT: Verhaltenstherapie

Erst nachdem eine positive Eltern-Kind-Beziehung aufgebaut wurde, kann mit den verhaltenstherapeutischen Interventionen begonnen werden. Wiederum werden die Eltern zunächst ohne Kind in die Grundprinzipien eingeführt. Die Inhalte umfassen die Notwendigkeit von Struktur, Konsistenz und Vorhersagbarkeit des elterlichen Verhaltens sowie Kontrolle der kindlichen Reaktionen. Eltern lernen, Instruktionen an ihr Kind direkt, positiv, einfach, spezifisch, neutral, höflich und altersentsprechend zu richten und nur, wenn sie notwendig sind. Bei jüngeren Kindern kann es sinnvoll sein, zwei Handlungsalternativen anzubieten. Auch lernen Eltern zu erkennen, wenn ihr Kind die Anweisung nicht befolgt, d. h. wenn es etwas anderes tut, als verlangt, trödelt, ignoriert, die Instruktion nur partiell befolgt, sie zunächst durchführt und anschließend rückgängig macht (sogenanntes „undoing").

Besondere Sorgfalt wird auf die Planung Time-out(Auszeit)-Maßnahmen verwendet. Die Auszeit wird mit der Nennung von Handlungsalternativen und einem visuellen Zeichen angekündigt. Falls das Kind die Anweisung nicht befolgt, wird es auf einen großen Stuhl in der Mitte eines Raumes gesetzt, es soll drei Minuten sitzen bleiben und sich am Ende fünf Sekunden ruhig verhalten. Danach wird es nochmals aufgefordert, die ursprüngliche Anweisung zu befolgen. Probleme beim Time-out werden detailliert behandelt, so darf das Kind nicht vom Stuhl absteigen, sich draufstellen und sich selbst verletzen. Falls das Kind nicht kooperiert, wird die Zwei-Stuhl-Methode eingeführt. Dabei wird das Kind auf einen Stuhl gesetzt, die Eltern sitzen auf einem zweiten Stuhl dahinter und halten es 45 Sekunden von hinten mit überkreuzten Armen fest. Danach wird es zum ersten Stuhl wieder zurückgebracht.

Bevor das Time-out zu Hause eingesetzt wird, wird es in 4–6 Eltern-Kind-Sitzungen eingeübt und mit dem Kind durchgespielt. Das Verhalten der Eltern wird über Modelling verändert und positiv verstärkt. Dazwischen werden immer wieder Spielperioden eingebaut. Im häuslichen Rahmen erhalten Eltern und Kind Hausaufgaben, die sowohl Spielsequenzen als auch Einübung von erwünschtem Verhalten umfassen. Der Schweregrad der Aufgaben wird gesteigert und ihre Anwendung in der Öffentlichkeit generalisiert. Dabei kann ein „Time-out-Handtuch" statt eines Stuhles zur Auszeit eingesetzt werden.

Zum Abschluss der Therapie erfolgt eine ausführliche Evaluation, ähnlich wie die Anfangsdiagnostik. In der letzten Stunde erfolgt ein Feedback mit Rückblick, Videodemonstrationen der anfänglichen Stunden und weiterer positiver Verstärkung der Eltern. Mögliche zukünftige Probleme werden angesprochen und Verstärker-Sitzungen („Booster sessions") vereinbart, um die erreichten Fortschritte auch langfristig zu stabilisieren und aufrechtzuerhalten.

Zusammengefasst handelt es sich bei der PCIT um eine strukturierte Therapieform, die speziell für Interaktionsprobleme und externalisierende Störungen im Kleinkindalter geeignet ist und sich in empirischer Evaluation als hocheffektiv erwiesen hat. So konnten signifikante Verbesserungen vor allem bei oppositionellem und aggressivem Verhalten, weniger bei Aufmerksamkeitsproblemen und Hyperaktivität nachgewiesen werden. Auch konnte eine Generalisierung der Therapieerfolge auf den häuslichen Bereich, Kindergarten und Schule nachgewiesen werden, der bis zu 1–2 Jahre anhält. Ebenfalls trat eine Verbesserung des Verhaltens von nichtbehandelten Geschwistern auf. Somit ist die PCIT eine effektive, praxisorientierte Form der Therapie, deren möglichst weite Verbreitung zu wünschen wäre.

2.7 Familientherapeutische Ansätze

Verschiedene familientherapeutische Schulen haben spieltherapeutische Elemente integriert oder gar kombiniert. Ein Grund hierfür lag in der bisherigen Praxis der Familientherapie. So wurden in der Vergangenheit häufig jüngere Kinder aus der Familientherapie ausgeschlossen, da Familientherapeuten oft nicht die Erfahrung besaßen, auf Kinder als individuelle Patienten einzugehen. So werden viele Familientherapeuten nicht für den Umgang mit jüngeren Kindern ausgebildet (Gil, 1994). Nach einer kurzen diagnostischen Evaluation fand deshalb die eigentliche Familientherapie oft als Paar- oder als Familientherapie nur mit älteren Kindern oder Jugendlichen statt. Dadurch wurden wichtige Informationen und Signale der jungen Familienmitglieder nicht beachtet oder übersehen. Es wurden viele Kombinationen von Familien- und Spieltherapie entwickelt – davon sollen nur einige exemplarische Formen näher besprochen werden.

Dynamische Familien-Spieltherapie

Die dynamische Familien-Spieltherapie arbeitet mit dem spontanen, intuitiven Spiel zwischen Eltern und Kind (Harvey, 1997). Je nach Entwicklungsstand der Kinder wird ein altersentsprechendes Spiel gewählt und verstärkt: Mimikspiele bei Säuglingen, Verfolgungsspiel bei Kleinkindern, organisierte Spiele bei Schulkindern und Theaterspiele und humorvoller Austausch bei Jugendlichen. Die Spontanität in Familien soll dabei verstärkt und spielerische Symbole für Beziehungsschwierigkeiten gewonnen werden. Es wird Bezug genommen auf die Bindungstheorie von John Bowlby. Auf der Basis einer sicheren Bindung soll therapeutisch die unbehinderte Exploration innerhalb der Familie ermöglicht und verstärkt werden.

Die Therapie wird in einem relativ großen Raum durchgeführt, der unter anderem große Kissen, Spielzeugtiere, Stricke, Gymnastikbälle, Fallschirme und Malmaterial enthält. Die Therapie findet einmal pro Woche in unterschiedlichen Gruppenzusammensetzungen statt: Eltern alleine, Kinder alleine oder in Eltern-Kind-Subgruppen, wobei die Stunde geteilt werden kann. Die Stunden werden vorgeplant und strukturiert, negative Reaktionen werden direkt im Spiel bearbeitet und Hausaufgaben werden für den häuslichen Bereich mitgegeben. In der letzten Stunde wird die gesamte Familie zusammengeführt.

Strategische Familien-Spieltherapie

Die strategische Familien-Spieltherapie (Ariel, 1997) bezieht sich auf familientherapeutische, psychoanalytische, kognitiv-emotionale Theorien und Grundlagen. Sowohl das Familiensystem als Ganzes sowie auch die Psyche der einzelnen Mitglieder als Individuen werden berücksichtigt. Eine optimale Informationsbearbeitung wird erreicht, indem zentrale Emotionen einer Person in einer adäquaten Art angesprochen werden, ohne überstimuliert oder blockiert zu werden.

Das Hauptmedium ist das imaginative Spiel mit allen Familienmitgliedern zusammen. Spezifische therapeutische Elemente umfassen: Imitation des Spielverhaltens; verbale und spielerische Fokussierung; erklären, interpretieren; Puppenspiel; stimulieren; Alternativen anbieten; komplementäres oder passives Rollenspiel durch den Therapeuten. Auch bei der strategischen Spieltherapie werden die Stunden vorstrukturiert und übergeordnete Taktiken sowie spezifische Interventionen exakt vorgeplant.

Andere Familienspieltherapien

Andere Autoren wie Hardaway (1994), beginnen mit einem Spiel am Boden mit der gesamten Familie (auch mit Säuglingen und Kleinkindern) mit minimalen Anweisungen und Interpretationen. Es soll ausschließlich das spontane Spiel in der

Familie ermöglicht und gefördert werden. In der zweiten Hälfte der Stunde wird das Spielen mit Eltern und den älteren Kindern besprochen, wobei die jüngeren Kinder auf dem Boden weiterspielen.

Autoren wie Wachtel (1994) integrieren familientherapeutische, verhaltenstherapeutische und psychodynamische Konzepte. Das Ziel ist es, sowohl die Familienperspektive als auch die Einzelproblematik des Kindes zu beachten. Carey (1994, 1999) vertritt eine Kombination von personenzentrierter Spiel-, Sandspiel- und Familientherapie. Weitere Formen der Familienspieltherapie, wie die Object Relations Family Therapy, die auf der Objekttheorie Fairbairns beruht (Scharff, 1994), sind ausführlich in dem Sammelband von Schaefer und Carey (1994) dargestellt.

Zusammengefasst ist die Integration von Familientherapie und Spieltherapie ausdrücklich zu begrüßen. Die Kombinationen zeugen von hoher Experimentierfreude und Innovationsbereitschaft der initiierenden Familientherapeuten. Die Kombinationen sind noch nicht so systematisch ausgearbeitet und evaluiert wie die Integrationsmodelle der Verhaltens- und der Spieltherapie. Es wäre zu wünschen, dass in den kommenden Jahren Indikationen, Kontraindikationen und systematische Praxisanleitungen in Form von Manualen entwickelt werden.

2.8 Spieltherapien für Kleinkinder

Neben den verhaltenstherapeutischen Ansätzen wurden weitere Spieltherapieformen speziell für Kleinkinder und ihre Eltern entwickelt. Von den dargestellten drei Therapieformen ist die Filialtherapie auf der Basis der personenzentrierten Spieltherapie als psychoedukative Methode am meisten etabliert und bei entsprechender Indikation gut einsetzbar. Die Developmental Play Therapy und Theraplay dagegen erfordern eine kritische Überprüfung.

Filialtherapie (FT)

Bei der Filialtherapie handelt es sich um eine psychoedukative Methode für Eltern von Kindern im Alter von 3–10 Jahren. Eltern werden direkt unter Supervision instruiert und trainiert, mit ihren Kindern nach den Methoden und Prinzipien der personenzentrierten Spieltherapie zu spielen (Guerney, 1997; Goetze, 2002).

Es handelt sich dabei um eine Kurzzeittherapie von 10–12 Stunden in wöchentlichen Sitzungen von 1–2 Stunden Dauer. Obwohl möglichst beide Eltern und Kinder anwesend sein sollten, wird die aktuelle Spielfrequenz auf einen Elternteil und ein Kind beschränkt (Goetze, 2002). Die Therapie läuft in mehreren Stadien ab:

1. Den Eltern werden Grundprinzipien der personenzentrierten Spieltherapie beschrieben und direkt unter Einbezug der eigenen Kinder demonstriert.
2. Sie üben die Prinzipien ohne Kinder ein.
3. Sie spielen mit ihren eigenen Kindern unter Supervision mit anschließendem Feedback.

4. Die erlernten Fähigkeiten werden außerhalb der Spielsitzungen transferiert und generalisiert.
5. Der Therapieerfolg wird evaluiert und, falls erforderlich, werden Eltern weiter beraten.

Während der Therapie erhalten Eltern Hausaufgaben. So werden sie aufgefordert, mindestens 30 Minuten pro Woche ohne äußere Ablenkung mit ihrem Kind zu spielen und den Ablauf genau zu protokollieren (Goetze, 2002). Der Ablauf dieser häuslichen Spielstunden erfolgt nach vier Grundprinzipien: „Orientieren", d. h. Strukturierung der Spielstunde, notwendige Anweisungen, Beendigung der Stunde und Aufräumen. Die Eltern sollen „mitspielen" lernen, d. h. ohne eigene aktive Vorgaben auf die Vorschläge des Kindes einzugehen. Eltern sollen lernen, „aktiv zuzuhören" – mit Empathie, aber ohne Lob, Kritik oder Fragen. Sie müssen „Grenzen setzen" im Umgang mit dem Spielmaterial, bei körperlicher Verletzung und Nichteinhaltung des Zeitrahmens. Dabei werden die Eltern instruiert, die Grenzen zu benennen und Konsequenzen tatsächlich durchzuhalten.

Die Filialtherapie geht davon aus, dass das Erlernen von neuen, positiven Interaktionen eine Analyse oder Bearbeitung aktueller Probleme überflüssig macht. In empirischen Untersuchungen führt sie zu einer Reduktion von Symptomen und zu einer Verbesserung der Eltern-Kind-Beziehung. Als Indikation kommen eher leichtere Interaktionsstörungen in Frage. Als Kontraindikation werden kognitive Einschränkungen und die eigene Psychopathologie der Eltern, Ehekrisen und Verdacht auf Missbrauch und Misshandlung angegeben (Goetze, 2002).

Zusammengefasst handelt es sich bei der Filialtherapie um eine effektive psychoedukative Methode für Eltern von Vorschulkindern und jungen Schulkindern, die zudem auch präventiv die Erziehungskompetenzen der Eltern steigern kann.

Developmental Play Therapy (DPT)

DPT ist die einzige körperorientierte Form der Spieltherapie, die taktile Erfahrungen und Spiel verbindet (Brody, 1997a, b). Die zentrale Prämisse der DPT besagt, dass sich in einem Dialog zwischen Mutter und Kind über einen positiven, lustvollen, befriedigenden Körperkontakt, ein Bewusstsein für das eigene „Selbst" entwickelt. Die Developmental Play Therapy wird mit dem Kind wöchentlich über 12 Sitzungen mit begleitenden Elterngesprächen durchgeführt. Das Spielzimmer ist mit Couch, Schränken, Schaukelstuhl, Malmaterial und Massagecreme minimal ausgestattet. Über die therapeutische Berührung des Körpers (mit Ausnahme der Genitalregion) wird eine tiefe Regression indiziert, in der das Kind über den heilenden Effekt der Berührung ein Gefühl des inneren, zentralen „Selbst" erfahren soll. Alle Aktivitäten werden vom Therapeuten strukturiert und kontrolliert, die Berührungen werden aktiv eingesetzt und mit Sprache begleitet.

Im jetzigen Stadium muss die DPT äußerst kritisch gesehen werden. Es ist fraglich, ob eine Induktion einer Regression ohne entsprechende Aufarbeitungszeit therapeutisch sinnvoll ist. Auch erfordert der körperorientierte Zugang besondere Erfahrung und Supervision der Therapeuten und ist für möglichen Missbrauch mit allen folgenden juristischen Konsequenzen besonders gefährdet. Von daher dürfte zum jetzigen Zeitpunkt die Skepsis dieser Therapieform gegenüber überwiegen.

Theraplay

Das Ziel der Theraplay ist eine Verbesserung des Bindungsverhaltens (Koller & Booth, 1997; Jernberg & Booth, 1999). Es handelt sich um eine aktive, intensive, hochstrukturierte Kurzzeittherapie, die Eltern aktiv einschließt – zunächst als Zuschauer, später als Co-Therapeuten.

Theraplay beruht auf psychoanalytischen Grundlagen wie auch der Bindungstheorie von John Bowlby. Das übergeordnete Ziel von Theraplay liegt in der Entwicklung einer positiven Eltern-Kind-Beziehung. Dies soll durch eine tiefe Regression erreicht werden, die einen Neubeginn und eine Veränderung der negativen, inneren Repräsentanzen des Selbst ermöglichen soll. Der Fokus liegt auf konkretem, körperlichen Erleben und nicht auf der symbolischen Bedeutung oder einer Bearbeitung alter Konflikte. Das Spiel wird aktiv vorstrukturiert und ausschließlich vom Therapeuten initiiert und kontrolliert. Vorschläge des Kindes werden registriert, aber nicht aufgegriffen, sondern sogar unterbunden. Regression wird durch Berührung, Kleinkindspiele, Wiegenlieder, Füttern (auch mit Babyflaschen), Eincremen von Händen und Füssen, Hochwerfen usw. induziert. Konkret werden nach der anfänglichen Diagnostik 10–20 wöchentliche Sitzungen mit einer Dauer von 30–45 Minuten vereinbart, die je nach Bedarf erweitert werden können. Die Sitzungen werden minutiös von zwei Therapeuten vorbereitet: einer spielt mit dem Kind im Therapiezimmer, während der andere gleichzeitig mit den Eltern arbeitet, die das Spiel durch einen Einwegspiegel beobachten. Eltern werden aktiv unterstützt und negative Reaktionen durchgearbeitet. In späteren Stunden werden Eltern und Kind in den Spielsitzungen zusammengebracht.

Als Indikationen werden genannt: emotionale, Verhaltens-, Beziehungs- und Regulationsstörungen; Autismus und andere tiefgreifende Entwicklungsstörungen; körperliche Behinderungen; sowie spezielle Störungen bei adoptierten und Pflegekindern (Jernberg & Booth, 1999).

Zusammengefasst versteht sich Theraplay als eine auch für junge Kinder geeignete Therapie mit dem Ziel, die Eltern-Kind-Beziehung und die inneren Repräsentanzen zu verändern. Innovativ ist die simultane Arbeit getrennt mit Eltern und Kind durch zwei Therapeuten. Ansonsten muss auch hier kritisch angemerkt werden, dass das aktive, ausschließlich vom Therapeuten initiierte Spiel eher befremdlich wirkt. Auch ist es fraglich, ob die hohen therapeutischen Ziele der grundlegenden Änderung des Bindungsverhaltens und der Repräsentanzen ohne längeres Durcharbeiten innerer Konflikte in einer Kurzzeittherapie eingelöst werden kann. Auch bei Theraplay ist eine empirische Evaluation dringend notwendig, bevor ein genereller Einsatz empfohlen werden kann.

Zusammenfassung und Ausblick

In den letzten 3 Unterkapiteln wurden traditionelle wie auch neuere Formen der Spieltherapie ausführlich dargestellt. Es handelt sich dabei nicht um eine vollständige Übersicht, sondern es wurde eine Gewichtung nach Bedeutung und innovativen Ansätzen vorgenommen.

Nach wie vor stellen die personenzentrierten und analytischen Spieltherapien die Basis der therapeutischen Interventionsmöglichkeiten bei Kleinkindern und Schulkindern dar. Positive Entwicklungen sind vor allem in der Kombination mit verhaltenstherapeutischen Elementen zu sehen, wie auch in der Entwicklung von präventiven, psychoedukativen Zugängen wie der Filialtherapie. Nach einer Phase der Experimentier-Kombinier-Freude der 1990er Jahre steht nun die empirische Überprüfung der verschiedenen Spieltherapien an. Wie Knell (1993) betonte, gibt es kaum eine Prozess- und Outcome-Forschung bei Spieltherapien. Selbst in großen Metaanalysen (Weisz et al., 1995a) werden Spieltherapien nicht gesondert von allgemeinen Psychotherapieformen berücksichtigt. Wie in dem nächsten Kapitel erläutert wird, zeigen diese Metaanalysen wichtige Trends auf. Zum einen ist für manche Problembereiche die Integration von strukturierten, verhaltenstherapeutischen Elementen ohne Zweifel am effektivsten. Zum anderen können psychodynamische, einsichts-orientierte Therapien unter Berücksichtigung von methodischen Aspekten ähnlich effektiv sein wie verhaltenstherapeutische und können unter Umständen günstigere Langzeiteffekte zeigen. Zuletzt wurde deutlich, dass der aktive Einschluss von Eltern (als Eltern-Kind-Triaden oder als Familie) besonders effektiv ist – viel effektiver, als wenn die Therapie nur durch einen Therapeuten durchgeführt wird.

3 Unterschiedliche Zugänge zur Sandspieltherapie

3.1 Verstehende Auslegung (Hermeneutik) und kausalwissenschaftliche Analyse

In diesem Kapitel soll der Versuch unternommen werden, zwei verschiedene Zugänge zur Sandspieltherapie gegenüberzustellen: Einerseits die Psychoanalyse und analytische Psychologie, die sich mit inneren psychischen Prozessen beschäftigen, und andererseits die akademische Kinder- und Jugendpsychiatrie, die sich als empirisch begründeter Teil der medizinischen Wissenschaften versteht. Es soll gezeigt werden, dass diese grundverschiedenen wissenschaftlichen Zugänge zur Sandspieltherapie sich nicht widersprechen müssen, sondern, im Gegenteil, sich ausgesprochen sinnvoll ergänzen. Dies wird nur gelingen, wenn die Möglichkeiten und Grenzen der jeweiligen Methodik beachtet und respektiert werden.

Die Unterschiede der beiden Zugänge werden z. B. an Form und Inhalt der jeweiligen Fachtagungen deutlich. Bei den Sandspieltagungen (ISST und DGST) werden überwiegend Einzelkasuistiken, Symboldarstellungen, Aspekte der Jung'schen Psychologie (wie z. B. des Selbst oder des Schattens) und technische Probleme (wie die der Gegenübertragung) vorgestellt. Statistische Untersuchungen über größere Gruppen von Patienten sind die Ausnahme. Die Dauer der Vorträge beträgt üblicherweise 1–1,5 Stunden. Dieses Setting, kombiniert mit der Bereitschaft, sich offen auszutauschen, schafft eine tragende intensive Gruppenatmosphäre, die nicht nur die tiefen inneren Prozesse der Patienten würdigt, sondern auch den beteiligten Therapeuten die Möglichkeit gibt, ihre eigenen tiefen Erfahrungen auszutauschen. Manches wirkt jedoch auch befremdlich: bei manchen Vorträgen wird eine „pseudo-sakrale" Atmosphäre induziert, wo eine mehr nüchterne, aber durchaus empathische Distanz eher angebracht wäre. Auch entsprechen viele Kasuistiken nicht den aktuellen Standards, die z. B. in der Kinderpsychiatrie als selbstverständlich gelten. Oft fehlen eine genaue Anamnese, Diagnosen, testpsychologische Befunde, eine Formulierung der Psychodynamik und eine Einschätzung des Schweregrades der Störung. Oft wird nicht klar, ob die Kasuistik wirklich einem „klinischen Fall" entspricht, oder ob eher „subklinische Symptome" ohne entsprechenden klinischen Schweregrad behandelt werden. Untersuchungen mit Zahlen und Statistiken stoßen auf weniger Interesse, z. T. wird die grundlegende Frage geäußert, ob so etwas überhaupt notwendig sei.

Im Gegensatz dazu kann man auf Tagungen für Kinder- und Jugendpsychiatrie oft das Gegenteil erleben: brillante, methodisch hervorragende Vorträge zu Grundlagen, wie auch zu Therapien von kinderpsychiatrischen Störungen – Daten, die für die Zukunft richtungweisend sein können. Die Vortragsdauer ist kurz, 10–20 Minuten maximal und ein wirklich persönlicher Austausch ist weniger erwünscht. Bei den vielen Tabellen und Statistiken drängen sich eher Gedanken auf wie: wo bleibt der Mensch, das individuelle Kind und seine Familie, was denken und fühlen die vielen „Probanden" wirklich? Themen der Psychoanalyse werden ausgegrenzt, da impliziert vorausgesetzt wird, dass diese überhaupt nicht wirksam ist.

So verschieden diese Welten – Sandspieltherapie und Kinderpsychiatrie – auch sind, eines haben sie gemeinsam. Sie sind durch eine Dichotomie geprägt, in der das eine als wertvoll, notwendig und sinnvoll angesehen wird – das andere ignoriert und ausgegrenzt wird. Noch deutlicher wird diese Dichotomie, wenn aktuelle Lehr- oder Handbücher herangezogen werden. In dem aktuellsten Standardlehrbuch für Kinder- und Jugendpsychiatrie von Steinhausen (2002) taucht der Begriff „Sandspieltherapie" natürlich nicht auf. Das Stichwort „Psychoanalyse" wird auf zwei von 450 Seiten abgehandelt. Es wird darauf hingewiesen, dass die klassische, hochfrequente Kinderpsychoanalyse mit 3–5 Sitzungen pro Woche eher eine randständige Bedeutung hat, dass an ihre Stelle verschiedene Formen der psychodynamischen, bzw. tiefenpsychologisch orientierten Form der Psychotherapie mit 1–2 Wochenstunden getreten sind. In diesem Lehrbuch werden zumindest einige Grundbegriffe der Psychoanalyse erläutert. In der „Bibel" der Kinder- und Jugendpsychiatrie, dem Lehrbuch von Rutter und Taylor (2002), findet sich im Stichwortverzeichnis weder die „Sandspieltherapie" noch die „Psychoanalyse". Stattdessen werden „psychodynamische Therapien" auf 5 von 1209 Seiten abgehandelt und vor allem die nicht spezifischen Effekte der therapeutischen Beziehung betont.

Andererseits, wenn man moderne Handbücher der Sandspieltherapie betrachtet, finden sich keine Hinweise zu Stichwörtern, die für Kliniker von Bedeutung sind. So werden weder spezifische Störungen wie depressive, emotionale oder Persönlichkeitsstörungen erwähnt, noch finden sich Stichworte wie Indikation, Effektivität und andere Therapieansätze wie die der Verhaltenstherapie. Stattdessen findet man z. B. in dem hervorragenden Buch von Mitchell und Friedman (1994) einen detaillierten historischen Abriss von den Ursprüngen zur derzeitigen Praxis und Theorie der Sandspieltherapie. In Bradway und McCoard (1997) finden sich weise, auf einer langen Erfahrung beruhende Reflektionen zur Sandspieltherapie allgemein, zur analytischen Psychologie Jungs, zur Symbolik und zur Praxis in vielen Einzelbeispielen.

Diese Dichotomie, Abgrenzung, sogar Verleugnung, ja sogar die unterschiedliche Sprache, sind verwunderlich. Es soll im Folgenden erarbeitet werden, dass diese Kommunikationslosigkeit und die daraus resultierenden Missverständnisse z. T. auf grundlegenden methodischen Unterschieden beruhen. Dazu ist es jedoch notwendig, die zugrundeliegenden wissenschaftstheoretischen Überlegungen zu erläutern.

Die Unterschiede lassen sich zunächst nicht, wie man vermuten könnte, durch den Begriff „Empirie" erklären. Man könnte naiverweise denken, dass es sich bei der Kinderpsychiatrie um einen empirischen, bei der Sandspieltherapie um einen nicht-empirischen Zugang handelt. Betrachtet man die Definition des Begriffes Empirie, so wird rasch deutlich, dass die Empirie an sich kein Unterscheidungsmerkmal darstellt. Nach dem Wörterbuch der Psychologie (Hehlmann, 1974) fordert die empirische Psychologie „die Verifizierbarkeit aller Einsichten durch Erfahrung" (Beobachtung, Experiment, Messung, Umfrage, statistische Erhebung).

Jedoch wird die Empirie „unterschiedlich weit, bzw. eng definiert. Prinzipiell ist jede wissenschaftliche Psychologie auch empirische Psychologie". In anderen Worten, die Beobachtungen und Erfahrungen, die sich in einer Sandspieltherapie aufdrängen, sind genau so „empirisch" wie eine experimentelle Untersuchung.

Die Unterscheidung liegt grundlegender und wurde am besten und treffendsten in einem kurzen Lehrbuchkapitel von Tress und Junkert-Tress (1997) dargestellt. Die Autoren argumentieren präzise und verständlich, dass die psychotherapeutische Medizin (und damit alle anderen „Psychofächer" wie die Kinder- und Jugendpsychiatrie, die akademische Psychologie, die Psychosomatik usw.) auf zwei verschiedene Diskurse angewiesen sind:

1. Auf die kausalwissenschaftliche Analyse und
2. auf den sinnerschließend-hermeneutischen Zugang.

Kausalwissenschaftliche Analyse. Sie ist in bio-medizinischen, jedoch auch in bio-psycho-sozialen, ja sogar nur psycho-sozialen Untersuchungen der dominierende Diskurs. Die kausalwissenschaftliche Analyse „sucht als Mehr-Ebenenforschung nach empirisch reproduzierbaren, naturgesetzlichen Regelmäßigkeiten zwischen Datensätzen" (Tress & Junkert-Tress, 1997, S. 73). Dabei war sie ausgesprochen erfolgreich und hat in den letzten Jahrzehnten entscheidende Erkenntnisse über Zusammenhänge der Genetik, Immunologie, Endokrinologie, Neurobiologie und psychiatrischen Störungen, Verhaltenssymptome, Befindlichkeitsscores und neuropsychologischen Parametern erstellen können. Selbst rein „psychologische" Untersuchungen ohne jegliche biologische Komponente folgen diesem Diskurs. Tress und Junkert-Tress (1997, S. 73) merken jedoch kritisch an, dass „in einem weiteren Sinne hier seelische Phänomene eben doch als physisch-kausalgenetisch verstanden werden, wobei subjektives Erleben durchaus zugelassen bleibt". Die „individuelle Bedeutung ist jedoch als Problem verschwunden". Das heißt, die Frage, was dieser individuelle Mensch in seinen persönlichen Nuancen denkt und empfindet, ist ausgegrenzt. Um dieses zu erfassen, ist der zweite Zugang notwendig.

Sinnerschließend-hermeneutischer Zugang. Bei diesem Zugang geht es um „subjektive (und inter-subjektive) Sinn-Erlebens- und Handlungshorizonte, eingebettet in die jeweiligen kulturellen Felder". Es handelt sich um einen Diskurs der subjektiven Bedeutungen des Individuums und der intentionalen Handlungen. Darunter wird verstanden, dass Handlungen für das Individuum als „sinnrational" verstanden werden können „angesichts eines Hintergrundes von Normen, Motiven, Gefühlen, Meinungen und wahrgenommenen Situationen" (Tress & Junkert-Tress, 1997, S. 72).

Diese beiden Zugänge „folgen jeweils anderen Spielregeln, haben eine eigene Grammatik, eine eigene Wissenschaftssprache". Da sich selbst das Vokabular grundlegend unterscheidet, sind Missverständnisse vorprogrammiert – ohne ein Bemühen, sich in die jeweils andere Zugangsart hineinzudenken. Die beiden Analyseformen „können sich zwar gegenseitig entscheidend beeinflussen, können aber nicht als Epiphänomen des anderen begriffen werden" (Tress & Junkert-Tress, 1997, S. 71). „Beide sind reale Tatbestände und damit mögliche Gegenstände wissenschaftlicher Betrachtung" (S. 71). Sie „erschließen unterschiedliche Horizonte gleichwohl wahrer Gegebenheiten" (S. 74). Deshalb kann auf keine verzichtet werden, wobei Erklärungen nur innerhalb der jeweiligen Zugangsweise existieren. Deshalb birgt der Versuch, die Hermeneutik kausalwissenschaftlich oder die Kausalwissenschaft hermeneutisch zu verstehen, immer die Gefahr des Reduktionismus. Dies kann verdeutlicht werden an Ausdrücken wie „ein individuelles Gefühl", das hermeneutisch zu verstehen wäre, sei „nichts anderes als eine Entladung von Neuronen" oder ein psychologisches Experiment, das eben nur kausalwissenschaftlich erfolgen kann, sei „nichts anderes als eine Missachtung des Individuums".

Was ist Hermeneutik?

Hermeneutik ist die Hauptmethodik, die in so unterschiedlichen Wissenschaften wie Theologie, Jura, Philologie, Literaturwissenschaften, Geschichte und Philosophie angewandt wird (Seiffert, 1992).

Sie wird definiert als die Lehre vom Verstehen oder von der Interpretation und fragt nach den verwendeten Regeln (Vedder, 2000). Das Wort stammt von dem griechischen Wort „Hermeneuo" mit den Bedeutungen: Aussagen, Ausdrücken, Darstellen, Auslegen, Erklären, Übersetzen und Dolmetschen. Das Wort ist nicht, wie die Antike glaubte, direkt von Hermes, dem Götterboten und Vermittler, abgeleitet. Aber beide Wörter stammen vermutlich aus der gleichen Wurzel (Seiffert, 1992). Geschichtlich hat sich die Hermeneutik von der Auslegung wichtiger Texte (wie der Bibel und Gesetzestexte) zu der Hermeneutik des Lebens allgemein entwickelt.

Hermeneutik kann als universales Phänomen und als allgemeine Theorie des humanspezifischen Verstehens und Interpretierens verstanden werden (Jung, 2001). Es kann sich einerseits um ein reproduktives Verstehen handeln. Bei diesem geht es immer um ein Verstehen oder Deuten vor dem Hintergrund eines schon eingeführten Symbol- bzw. Handlungssystems. Dieses Sinn- oder Symbolverstehen weist immer eine „Etwas-als-etwas-Struktur" auf. Andererseits gibt es auch ein produktives Verstehen, denn „auch die Produktion von Symbolen und Handlungen, nicht erst ihre Deutung hat einen verstehenden Charakter" (Jung 2001, S. 71).

Typisch für das hermeneutische Verstehen ist der sogenannte „hermeneutische Zirkel", der die Zusammenhänge zwischen Teil- und Gesamtsinn verdeutlicht. Das hermeneutische Verstehen setzt immer einen provisorischen Kontext, Vorverständnis, Vorwissen, Vermutung oder Problembewusstsein voraus. Von diesem ausgehend entwickelt sich eine zunehmende Konkretisierung des Verstehens, in dem dieses Vorwissen auf eine Tatsache, ein Objekt oder eine Gegebenheit angewandt wird. Das erlangte Verstehen wiederum verändert die Vorannahmen und markiert den Beginn einer erneuten Verstehensphase. Durch den hermeneutischen Zirkel ist immer nur vorläufiges, revisionsbereites Verständnis möglich (Jung, 2001; Seiffert, 1992). Wie Clarke (1994) es treffend umschrieb, ist der hermeneutische Zirkel niemals geschlossen, sondern entspricht eher einer Spirale, die sich endlos dreht (S. 45). Dieses Vorgehen ist typisch für die analytische Psychologie C.G. Jungs, der seine Erkenntnisse niemals als vollständiges System verstand, sondern als veränderungsnotwendige Erkenntnis (s. auch Beebe, 2004; Giannoni, 2003).

In einer frühen Schrift, „die Struktur des Unbewussten" (Gesammelte Werke, Band 7, § 493) schreibt Jung: „Das Wesen der Hermeneutik, einer früher vielfach geübten Kunst, besteht darin, dass der durch das Symbol gegebenen Analogie weitere Analogien angereiht werden, in erster Linie subjektive Analogien, die der

Patient einfallsweise gibt, in zweiter Linie objektive Analogien, die der Analytiker aus seinem allgemeinen Wissen gibt. Durch dieses Prozedere wird das Ausgangssymbol erweitert und bereichert, und es entsteht ein höchst komplexes und vielseitiges Gemälde. Daraus entstehen gewisse psychologische Entwicklungslinien individueller sowie kollektiver Natur. Keine Wissenschaft der Erde vermöchte die Richtigkeit dieser Linien zu beweisen; im Gegenteil, der Rationalismus könnte sehr leicht beweisen, dass sie unrichtig seien. Ihre Gültigkeit aber erweisen diese Linien durch ihren hohen Lebenswert und darauf kommt es in der praktischen Behandlung an, nämlich, dass die Menschen zu ihrem Leben kommen und nicht, dass die Prinzipien ihres Lebens rationalistisch beweisbar oder ‚richtig' seien."

In diesem Zitat wird von Jung das analytische Verstehen als hermeneutischer Vorgang klar definiert in Abgrenzung zu der von ihm bezeichneten „rationalistischen" Wissenschaft. Doch Jung war in seinen eigenen Aussagen widersprüchlich: er bezeichnete sein eigenes Werk z. T. als Naturwissenschaft, z. T. als hermeneutische Methode. Nach der umfassenden Wissenschaftsgeschichte der analytischen Psychologie von Shamdasani (2003) sah er sich als empirischer Wissenschaftler und wehrte sich dagegen, als Philosoph bezeichnet zu werden (S. 167). Dennoch kann Jung als „natürlicher Hermeneut" beschrieben werden (Clarke, 1994, S. 47) – sowohl in seinem Kontakt zu Patienten und ihrem Unbewussten, als auch in seiner Interpretation von Texten und Symbolen. In diesem Sinne ist auch das Plädoyer von James Hillman (1986) in seinem Vergleich von Freud, Jung und Adler zu verstehen. Alle introspektiven Erkenntnisse sind nach Hillman von ihrer Natur aus nicht rational-wissenschaftlich, sondern fiktiv, poetisch und hermeneutisch.

Tatsächlich bietet die Hermeneutik „...einen Wissenschaftsrahmen an, in dem das Selbstverständnis der Psychoanalyse angesiedelt werden kann" (Schöpf, 2000, S. 279). Manche Autoren fühlen sich in dieser Definition der Psychoanalyse als reine hermeneutische Wissenschaft zufrieden und aufgehoben. So schreibt z. B. Holm-Hadulla (1997) in seinem Buch „Die psychotherapeutische Kunst – Hermeneutik als Basis therapeutischen Handelns" in der Einleitung: „Hermeneutik als Grundlage psychotherapeutischer Praxis verbindet Psychotherapie mit gelungener Lebensgestaltung ... Im Unterschied zu anderen Wissenschaften ist die Subjektivität des therapeutischen Gesprächs nicht ein Störfaktor, sondern ein wesentliches Merkmal seiner Wirksamkeit. Wissenschaft im objektivierenden Sinne kann diese Subjektivität nicht begreifen ... Diese psychotherapeutische Praxis ähnelt eher einem realitätsstiftenden künstlerischen Gestaltungsprozess als einer wissenschaftlichen Erforschung."

Bei anderen Autoren gelingt dieses Selbstverständnis der Psychoanalyse als reines hermeneutisches Verstehen nicht und ein grunderkenntnistheoretisches Dilemma, Spannung und Konflikt wird deutlich. So ist z. B. das Hauptthema von Alfred Lorenzer als Vertreter der sogenannten „Tiefen-Hermeneutik" in einem Satz ausdrückbar: „Psychoanalyse ist eine Naturwissenschaft und zugleich aber auch eine Analyse von Sinnstrukturen" (Lorenzer, 2002). Im Rückgriff auf Freuds frühe Schriften zur Aphasie weist er darauf hin, dass Freud das Psychische immer als einen „Parallelvorgang des Physiologischen" verstanden hat: „Die Psychoanalyse begann als ärztliche Disziplin, sie fand aber unversehens Leidenserzählungen vor. Der soziale Sachverhalt erzwang die Kultivierung des Verstehens, wobei Freud freilich das Leiden, seiner eigenen Einstellung gemäß, naturwissenschaftlich zu begreifen sich mühte. Doch auch im Begreifen stellte sich die soziale Wirklichkeit des

Leidens solcher Bemühung entgegen. Je mehr Freud dem Rechnung trug, desto fordernder aber kam ihm die soziale Eigenschaft seines Untersuchungsgegenstandes in die Quere" (Lorenzer, 2002, S. 146). Das Dilemma zeigt sich genau in der Notwendigkeit dieser zwei unterschiedlichen Diskurse: „Die beiden nicht aufeinander reduzierbaren Erkenntnisperspektiven, Kulturwissenschaft und Naturwissenschaft, überschneiden sich in den metapsychologischen Begriffen. Die frappierende Eigenart der entscheidenden metapsychologischen Begriffsfiguren ist, dass sie sowohl eine beziehungspsychologisch-sozialwissenschaftliche wie auch eine naturwissenschaftlich-physiologische Bedeutung haben und in beiden Richtungen lesbar sind" (Lorenzer, 2002; S. 59). Wie der Begriff Tiefenhermeneutik andeutet, drückt sich eben jeder, nur hermeneutisch verstehbare Konflikt, auch in vorsprachlichen Symbolen, körperlich mimischem Ausdruck und neurobiologischen Abläufen aus, die wiederum naturwissenschaftlich zu verstehen sind.

In diesem Sinne sind die Bemühungen der Neuropsychoanalyse als „Neurowissenschaften des subjektiven Erlebens" zu verstehen. Ohne den Begriff Hermeneutik zu verwenden, plädieren Solms und Turnbull (2004) für eine Methode, mit der die beiden Perspektiven desselben Phänomens „ausgesöhnt" werden können: das singuläre, individuelle „subjektive" Erleben und die messbaren „objektiven" Funktionen des zentralen Nervensystems. Oder wie es Salomonsson (2004) ausdrückte: „Die Psychoanalyse ist geeignet die individuelle Ätiologie aufzuklären, aber nicht um generelle Aussagen zur Pathogenese zu treffen".

Kausalwissenschaftliche Analyse und sinnerschließend-hermeneutischer Zugang: ein Dilemma

Das Dilemma, dass die „Psychowissenschaften" nicht über eine einheitliche Theorie verfügen, ist nicht aufzulösen. Die beiden Zugangswege sind immer getrennt und verwenden verschiedene Wissenschaftssprachen. „Geraten die Begriffe beider durcheinander, so entsteht Verwirrung oder besser: es entstehen Kategorienfehler" (Tress & Junkert-Tress, 1997, S. 74). Ein Großteil der Missverständnisse z. B. zwischen der Sandspieltherapie und der Kinderpsychiatrie beruht demnach auf einer fehlenden Anerkennung der grundmethodischen Unterschiede. „Als Wissenschaftler haben wir den unbefriedigenden Befund (zweier Diskurse) auszuhalten, anstatt ihn systemtheoretisch zu mystifizieren. Es gilt, die Kränkung anzuerkennen, dass wir uns als soziale Person nicht zugleich als biologische Menschen begreifen können. ..." (Tress & Junkert-Tress, 1997, S. 75).

„Dennoch ist man gezwungen, nach Berührungen, bzw. Entsprechungen zu suchen". Die Verbindung zeigt sich äußerlich formal durch eine gemeinsame Raum-Zeit-Achse, entlang der sich die Diskurse berühren und die Inhalte markiert werden können, ohne sie auf die eigenen Bestände zu reduzieren oder sie in die eigene Sprachwelt herüber zu ziehen (Reduktionismus) (Tress & Junkert-Tress, 1997, S. 74). Es bleibt einem nichts anderes übrig, als mit dem Komplementaritätsprinzip dieser beiden Zugänge zu leben, sich der Methodik immer bewusst zu sein, ohne die Diskrepanzen auflösen zu können. Im Prinzip wird für einen psychophysiologischen Parallelismus plädiert (Solms & Turnbull, 2004).

Beispiel für die beiden Diskurse

Die Diskrepanz der beiden Zugangsweisen kann am besten direkt mit einem Sandspielbild (s. Abbildung 3.1) verdeutlicht werden. Es handelt sich um die 18. Stunde eines zu diesem Zeitpunkt 7,5 Jahre alten Mädchens, das unter einer komplexen Einnässproblematik und einer schweren emotionalen Störung litt (von Gontard, 2001, 2002ab). Zu Beginn dieser Stunde war sie gelangweilt, wollte zunächst auf den Spielplatz, ließ sich dann jedoch auf ein Sandspiel ein. Mit viel Mühe entleerte sie den Sand aus dem Kasten und füllte ihn mit Wasser, wobei mehrfach über die Menge des Wassers verhandelt werden musste. Man sieht einen leeren, blau leuchtenden Kasten mit nur drei Tierfiguren. Auf der linken Seite findet sich ein Mutterwal mit ihrem Kind, auf der rechten ein Vaterwal, die maximal voneinander getrennt sind. Im folgenden Spiel wurde der Vater immer wieder von Mutter und Kind aus dem Kasten herausgeworfen. Man sieht unten noch die Wasserspuren im trockenen Sand des benachbarten Kastens. Wenn ein Wal strandet, bedeutet dies üblicherweise sein Todesurteil. Ich intervenierte deshalb und fragte das Kind, ob sie wüsste, dass dies den Tod des Wales bedeuten würde. Sie erwiderte wiederholt, dass er (und nicht etwa wie Mutter und Kind im Spiel) der tatsächliche Angreifer sei.

Hermeneutisches Verständnis des Falls

Dieses Spiel lässt sich auf verschiedenen Ebenen hermeneutisch verstehen:
Zunächst kann man das Bild **familiendynamisch** als Ausdruck der realen familiären Situation verstehen. Auch die realen Eltern waren emotional weit voneinan-

Abb. 3.1: Bild Natalie 18. Stunde (aus: Gontard, A. von (2001). Einnässen im Kindesalter: Erscheinungsformen – Diagnostik – Therapie. Stuttgart: Thieme)

der entfernt, indem der Vater sich über viele Jahre gefühlsmäßig aus der Familie zurückzog und Mutter und Kind eine umso engere Beziehung entwickelten. Durch die wiederholten Krankenhausaufenthalte (durch die schwere, z. T. organisch bedingte Einnässproblematik) übernahm das Kind die Rolle des „Bindegliedes" zwischen den Eltern. Nur wenige Wochen nach diesem Bild trennten sich ihre Eltern mit späterer Scheidung. In diesem Sinne hatte das Bild eine antizipatorische Funktion, d. h., der Konflikt wies auf ein später eintretendes Ereignis, auf die Trennung der Eltern, hin.

Das Bild kann natürlich auch **klassisch psychoanalytisch** verstanden werden. Zu Beginn der Stunde wurde ein Widerstand überwunden (das Kind wollte zunächst auf den Spielplatz), der vermutlich mit der Abwehr einer brisanten Problematik verbunden war. Das Bild kann u. a. als nicht gelöste ödipale Situation verstanden werden. Die entwicklungspsychologische Aufgabe, nämlich auf den gegengeschlechtlichen Elternteil, d. h. den Vater, zu verzichten und sich wieder an die Mutter anzunähern, ist nicht gelungen. Es zeigen sich heftige Affekte, die nur in einer Ausstoßung des Vaters zu diesem Zeitpunkt ausgedrückt werden können.

Das Bild kann natürlich auch aus der Jung'schen **analytischen Psychologie** verstanden werden. Der Ich-Komplex (Baby-Wal) ist eng mit dem Mutterkomplex verwoben, eine altersnotwendige Ablösung hat noch nicht stattgefunden. Dagegen zeigt sich in dem Vaterwal ein überwiegend negativer Vaterkomplex, der im Spiel ausgestoßen wird. Jung verstand Komplexe als „abgesprengte seelische Persönlichkeitsanteile", Gruppen von psychischen Inhalten, die sich vom Bewusstsein abgesprengt haben „und die willkürlich und autonom funktionieren" (Jacobi, 1996). Diese „Brenn- und Knotenpunkte des seelischen Lebens" wirken wie „Fremdkörper im Bewusstseinsraum, haben eine eigene Geschlossenheit, Ganzheit und einen hohen Grad an Automatie" (Jacobi, 1996). Die therapeutische Aufgabe besteht u. a. darin, die Libido, die Lebensenergie, aus diesen hoch aufgeladenen Komplexen abzuziehen und sie in ihrer Dualität, den negativen und positiven Anteilen, zu assimilieren. Dazu kann der Kontakt zur archetypischen Ebene hilfreich sein. In diesem Bild ist z. B. durch das Wasser (symbolisch und konkret) der Mutterarchetyp in einem archetypischen Bild ausgedrückt. Nach Jung sind Archetypen „Organe der Seele, die in ihrer bipolaren Struktur die dunkle und lichte Seite immanent in sich tragen". Sie stellen „die absolute (unsichtbare) innere Ordnung des Unbewussten dar, die unsere Zuflucht und die Hilfe in den Erschütterungen und Zufällen des Lebens bildet, wenn wir verstehen, mit ihr ‚zu verkehren'" (Jacobi, 1996, S. 49). Der Kontakt mit den Urgründen der Seele vermag auch für das Mädchen eine tragende Basis darstellen in den ansonsten schwierigen, konflikthaften Zeiten.

Das Bild kann natürlich auch **symbolisch** verstanden werden, Wale sind, wie z. B. Delphine, Säugetiere. Als Säugetiere müssen sie Luft holen. Mit dem wechselhaften Eintauchen ins Wasser und Auftauchen zum Luftholen symbolisieren sie die fluktuierende Beziehung zwischen Bewusstsein und Unbewusstem. Sie sind ein Hauptsymbol von Wiedergeburt und Übergang, wie in dem Mythos von Jonas ausgedrückt. Das Eintreten in den Bauch des Wales symbolisiert die verschlingenden Aspekte des mütterlichen Archetyps und eine Rückkehr zum Unbewussten. Der Austritt aus dem Wal symbolisiert Wiedergeburt und Änderung (Pouplier, 1998; Cooper, 1986). Der Wal ist eng mit dem Symbol des Fisches assoziiert. Der Fisch ist ein heiliges Tier, „Symbol des Selbst", aber auch von Fertilität und Leben allgemein. Das Hauptsymbol dieses Bildes ist jedoch Wasser als ultimatives Symbol des

Unbewussten, als primäre Form aller Materie. Es fließt, ändert sich und stellt die Quelle allen Lebens dar. In das Wasser einzutauchen, bedeutet eine Rückkehr zu unbewussten Aspekten der großen Mutter (Neumann, 1989).

Beeindruckend an dem Bild ist die leuchtende, blaue Farbe, die sich auch **farbpsychologisch** deuten lässt. Blau ist die Farbe des Himmels, der Transzendenz und der Spiritualität (Riedel, 1985a). Die Bedeutung der Farbe blau wurde u. a. ausführlich von Lenore Steinhardt (2000) beschrieben.

Im Sinne der Hermeneutik sind diese Deutungs- und Verstehensmöglichkeiten nicht vollständig. Es lassen sich noch viele andere Interpretationsmöglichkeiten finden. Entscheidend ist jedoch, dass alle diese Verstehensansätze nicht kausal-wissenschaftlich zu erfassen sind, da die Kausalwissenschaft diese Art des Verständnisses methodisch nicht leisten kann.

Kausalwissenschaftliche Fragestellungen

Ganz anders wäre es, wenn man vermuten würde, dass das Symbol Wasser typisch für die Grundproblematik des Einnässens wäre und man die Hypothese aufstellen würde, dass „Kinder mit Einnässproblemen das Symbol Wasser besonders häufig verwenden". Diese Hypothese ist rein methodisch hermeneutisch nicht klärbar, sondern nur statistisch kausalwissenschaftlich untersuchbar. Dies soll an einem kleinen, einfachen Experiment verdeutlicht werden, in dem die Zahl der Sandbilder, in denen Wasser symbolisch dargestellt wird, ausgezählt wird. Bei diesem Vorgehen stellt sich zunächst die Frage der Operationalisierung, d. h., wie definiert man die symbolische Darstellung des Wassers. Die einfachste Möglichkeit wäre, jedes Mal, wenn der blaue Boden des Kastens sichtbar wird (durch Beiseiteschieben des Sandes), dies als Wassersymbol zu zählen. Leider zeigt sich in der Praxis, dass manche Kinder den blauen Kasten nicht nur zur Darstellung von Wasser, sondern z. B. für Landebahnen für Flugzeuge oder für Autorennbahnen verwenden.

Tab. 3.1: Deskriptive Statistik (Häufigkeiten) zur Überprüfung der Hypothese: „Kinder mit Einnässproblemen verwenden das Symbol Wasser besonders häufig"

Diagnose	Blauer Kasten*	Symbol Wasser insgesamt**	Sandbilder (Gesamtstunden)
1. N: Enuresis, emotionale Störung	N=16 26,7%	N=19 31,7%	60 (67)
2. M.: Depressive Störung	N=27 52,9%	N=26 50,9%	51 (52)
3. A.: Atypische Essstörung	N=15 30,0%	N=31 62,0%	50 (52)
4. J: Einnässen tags	N=15 55,6%	N=17 63,0%	27 (32)

Probleme der Operationalisierung bzw. Definition:
*blauer Kasten symbolisiert nicht immer Wasser
**Wasser nur offenes Wasser (Meer, Fluss, Teich), nicht Brunnen, Krug usw., da nicht eindeutig ist, ob sie mit Wasser gefüllt sind

Eine andere Möglichkeit bestünde darin, jede weitere symbolische Darstellung des Wassers zu verwerten. Dies ist zwar einfach, wenn Kinder direkt angeben, dass sie Wasser dargestellt haben. Schwierig wird es bei Symbolen von Krügen oder Brunnen, da man nicht weiß, ob sie leer sind oder mit Wasser gefüllt sind. Eine pragmatische Lösung wäre deshalb, Wasser als Symbol nur zu werten, wenn tatsächlich offenes Wasser (wie Meer, Fluss und Teich) gemeint ist.

In Tabelle 3.1 sieht man, dass das Mädchen in 26,7 % der Sandbilder einen blauen Kasten, in 31,7 % das Wasser als Symbol dargestellt hat. Die Ergebnisse der ersten Kontrollperson, einem Jungen mit einer depressiven Störung, erbrachte ein erstaunliches Ergebnis: das Symbol Wasser wurde in beiden Kategorien sehr viel häufiger in über der Hälfte der Fälle verwendet – obwohl er unter keiner Einnässproblematik litt. Der 3. Fall einer atypischen Essstörung ergab eine noch häufigere Verwendung des Symbols Wassers, aber eine seltene Freilegung des blauen Kastens. Schließlich ergab der letzte Fall eines Mädchens mit einer Einnässproblematik tags die höchsten Werte.

Die Zusammenfassung dieser kleinen Statistik findet sich in Tabelle 3.2. Wie man offensichtlich sieht, scheint sich die Hypothese „Kinder mit Einnässproblemen verwenden das Symbol Wasser besonders häufig" nicht zu bestätigen. Die Ergebnisse könnten allerdings durch die kleinen Fallzahlen auch zufällig bedingt sein. Diese erste deskriptive Statistik ermöglicht jedoch eine vorläufige Beobachtung, nämlich, dass Kinder ohne Einnässen Wasser häufiger ohne blauen Untergrund darstellen. Dies könnte eine neue Hypothese für eine weitere Untersuchungsserie darstellen.

Tab. 3.2: Deskriptive Statistik (Gruppenmittelwerte) zur Überprüfung der Hypothese: „Kinder mit Einnässproblemen verwenden das Symbol Wasser besonders häufig"

Diagnose	Blauer Kasten	Symbol Wasser insgesamt	Sandbilder (Gesamtstunden)
Einnässen (n=2)	N=31 35,7%	N=36 41,4%	87 (99)
Kein Einnässen (n=2)	N=42 41,6%	N=57 56,4%	101 (104)

Diese kleine Statistik verdeutlicht, dass diese einfache Fragestellung, nämlich die Häufigkeit eines verwendeten Symbols, sich niemals hermeneutisch klären lässt. Dazu ist es eben notwendig, dass die Fälle ausgezählt werden und – mit allen methodischen Einschränkungen – statistisch ausgewertet werden. Je nach Fragestellung kann nur eine der beiden Zugangswege zum Ziel führen, beide sind jedoch zum Erfassen einer Problematik notwendig. In einem weiteren kleinen Gedankenexperiment könnte man die Hermeneutik der analytischen Psychologie C.G. Jungs genau auf dieses Dilemma anwenden, um es besser zu verstehen.

Hermeneutik der analytischen Psychologie: Sandspieltherapie und Kinderpsychiatrie

Die unterschiedlichen Zugänge in der Sandspieltherapie (wie auch in der analytischen Psychologie, Psychoanalyse, allgemein) und der Kinder- und Jugendpsychiatrie (wie auch in der akademischen Psychologie, Psychiatrie, psychotherapeutischen Medizin) können in ihrer Gegensatzstruktur durch die analytische Psychologie C.G. Jungs verstanden werden (s. auch Kapitel 4.6).

Einstellungstypen

Unter dem Einstellungstyp verstand C.G. Jung den „Reaktionstypus in Bezug auf die Objekte der äußeren und der inneren Welt" (Jacobi, 1996, Erstausgabe 1945). Er unterschied die beiden Haupttypen der Extraversion und Introversion, eine Unterscheidung, die von der akademischen Psychologie auch später empirisch bestätigt wurde.

„Der extravertiert Eingestellte denkt, fühlt, handelt in Bezug auf das Objekt, er verlegt sein Interesse aus dem Subjekt hinaus auf das Objekt". Nach Jung heißt Extraversion „Auswärtswendung der Libido" (Jung GW 6, § 719). In diesem Sinne kann die Kinderpsychiatrie als extravertierte Richtung verstanden werden, die sich gegen andere medizinische Disziplinen behauptet und sich Zugänge zu ökonomischen Ressourcen und Publikationsorganen verschafft. Die Sandspieltherapie ist eher introvertiert ausgerichtet: „Beim Introvertierten ist das Subjekt der Ausgangspunkt der Orientierung und dem Objekt kommt höchstens sekundärer, mittelbarer Wert zu" (Jacobi, 1996); oder nach Jung: „Introversion heißt Einwärtswendung der Libido" (Jung GW 6, § 753).

Nach Jung haben Extraversion und Introversion eine kompensatorische Funktion. Zur Erreichung der Ganzheit der Psyche ist es notwendig, den gegensätzlichen Einstellungstypus bewusst anzunehmen und zu realisieren, da sonst die Gefahr der Einseitigkeit und die Gefahr der Projektion des nicht gelebten Einstellungstypus besteht. Unter diesem Verständnis täte es den akademischen „Psychowissenschaften" gut, ihre Introversion zu kultivieren, während es der Sandspieltherapie sehr förderlich wäre, extravertierter aufzutreten.

Bewusstseinsfunktionen

C.G. Jung definierte Bewusstseinsfunktionen als „unter verschiedenen Umständen sich gleichbleibende psychische Tätigkeit, die von den jeweiligen Inhalten völlig unabhängig ist" (Jacobi, 1996) und unterschied zwei rationale Funktionen, nämlich das Denken und Fühlen, und zwei irrationale Funktionen, die Empfindung und Intuition. Jedes Individuum verfügt über eine „superiore" Funktion: „sie wird zur dominierenden Anpassungsfunktion, sie gibt der bewussten Einstellung Richtung und Qualität" (Jacobi, 1996). Die flankierenden Funktionen können als Hilfsfunktionen dienen, während die gegenüberliegende Funktion als die „inferiore" oder minderwertige Funktion bezeichnet wird. Sie ist meist unbewusst, nicht verwendbar, unzuverlässig, verschwommen und archaisch. Sie zieht Inhalte des Unbewussten mit sich, wenn sie ins Bewusste einbricht (Jacobi, 1996). Im Sinne der kompensatorischen Gegensatzfunktionen hat gerade die inferiore Funktion eine immense Bedeutung. Die therapeutische Aufgabe besteht gerade darin, die inferiore Funktion bewusst zu machen und dem Ich zur Verfügung zu stellen.

Mit diesem Verständnis ist die superiore Funktion der Kinderpsychiatrie (und der akademischen Psychologie usw.) eindeutig das empirische Denken, dieses Fach vertritt den extravertierten Denk-Empfindungstypus mit dem enormen Zuwachs von Wissen und Klärung von Grundzusammenhängen zwischen Körper und Psyche in den letzten Jahrzehnten. Bei allen diesen Fortschritten ist die inferiore Funktion, nämlich das intuitive Fühlen, ausgegrenzt und unterentwickelt. Da nicht integriert, wird es in polemischen Debatten und Projektionen, z. B. auf die Psychoanalyse, deutlich.

Bei der Sandspieltherapie sind die Verhältnisse genau komplementär, die Stärke der Sandspieltherapie liegt in dem intuitiven Fühlen. Ihre inferiore Funktion, die in Zukunft zu entwickeln gilt, liegt eindeutig im empirischen Denken, als extravertiertem Denk-Empfindungstyp.

Persona-Schatten

Nach C.G. Jung versteht man unter einer Persona die „allgemeine psychische Verhaltensweise des Menschen gegenüber seiner Umwelt", die das Ich mit einer Hülle umschließt (Jacobi, 1996). Es stellt einen Kompromiss zwischen den Forderungen der Umwelt und der inneren Bedingtheit des Individuums dar: „die Persona ist ein Funktionskomplex, der aus Gründen der Anpassung oder der notwendigen Bequemlichkeit zusammenkommt, aber mit der Individualität nicht identisch ist. Er bezieht sich ausschließlich auf das Verhältnis zu den Objekten, zum Außen" (Jacobi, 1996). Während sich die Kinderpsychiatrie in ihrer Persona als Kausalwissenschaft versteht und dies vehement vertritt, präsentiert sich die Sandspieltherapie als hermeneutische Disziplin. Die Gefahr der Persona besteht in einer Erstarrung, Identifikation, Maske und einer Verkümmerung der Individualität. Wenn die Persona zu starr wird, werden Inhalte ins Unbewusste, in den Schatten verdrängt. Der Schatten, eine der wichtigsten Begriffe der analytischen Psychologie, bezeichnet die dunkle Seite des Menschen, die an der Schwelle zum Unbewussten liegt und die nicht zugelassenen, verworfenen und verdrängten Inhalte der Psyche enthält. Die Konfrontation mit dem Schatten löst Widerstände aus, weswegen er häufig projiziert wird. Sich dem Schatten zu stellen, gehört zu den wichtigsten Aufgaben der Psychotherapie, denn erst wenn man sich von seinem eigenen Schatten unterscheiden kann und seine Realität anerkannt wird, ist eine Ganzheit möglich.

Mit diesem Verständnis wurde in der Kinderpsychiatrie (und akademischen Psychologie) die Hermeneutik in den Schatten verdrängt und eben nicht als essentieller Bestandteil integriert. Der Schatten der Sandspieltherapie im Gegensatz dazu enthält die Kausalwissenschaft, die als nicht wichtiger Bestandteil ausgegrenzt wird.

Zusammenfassung und Ausblick

In diesem Teilkapitel wurde versucht, die grundsätzlichen Unterschiede der Hermeneutik und des kausalwissenschaftlichen Zuganges zu verdeutlichen. Beide sind notwendig, auf keine kann verzichtet werden und keine kann durch die andere ersetzt werden. Das Ziel dieses Buches ist es, nicht die beiden Zugänge zu verwischen, sondern beide nebeneinander stehen zu lassen. Soweit wie möglich, sollen in den einzelnen Kapiteln jeweils die Sicht der analytischen Psychologie C.G. Jungs und der Psychoanalyse, sowie der Kinderpsychiatrie jeweils auf dem aktuellen

Stand referiert und zusammengefasst werden. Es ist das Ziel, dass gerade in der Polarität und Gegensätzlichkeit, Begriffe, die im Verständnis C.G. Jungs von so immenser Bedeutung sind, eine Gesamtsicht ohne Ausgrenzung möglich wird.

3.2 Empirische Psychotherapieforschung

Nach Darstellung der beeindruckenden Zahl von verschiedenen Spieltherapien in Kapitel 2 drängen sich dem kritischen Betrachter verschiedene Fragen auf: Sind die Spieltherapien überhaupt wirksam (Frage der allgemeinen Wirksamkeit)? Welche Therapien sind bei welchen Indikationen besser als andere (Frage nach der differentiellen Therapieindikation)? Welche Aspekte der Therapie sind wirksam und auf welche könnte verzichtet werden (Frage nach den Wirkfaktoren)?

Leider hinkt die empirische Psychotherapieforschung, die nur mühsam und aufwändig durchzuführen ist und nüchterne Detailuntersuchungen erfordert, den enthusiastischen, z. T. grandiosen Behauptungen der Begründer von Psychotherapie-Schulen hinterher. So können nach Kazdin (2000) insgesamt 551 verschiedene Therapieformen nur für Kinder und Jugendliche (ohne Therapieformen für Erwachsene) identifiziert werden. Davon wurden über 90 % weder in kontrollierten, noch in unkontrollierten Studien jemals überprüft. Wie es Kazdin (2000) überspitzt formulierte, bedeutet dies „that we have not even a morsel of evidence that these treatments work or help children and families" (übersetzt: „dass wir noch nicht einmal ein Stücken Evidenz haben, dass diese Therapien funktionieren oder Kindern und Familien helfen"). Diese Situation wäre z. B. in der Pharmakotherapie undenkbar: welcher Arzt würde ein Medikament einsetzen, das nicht in einer einzigen Studie überprüft wurde und welche Eltern würden diesem Vorgehen zustimmen?

In diesem Unterkapitel sollen verschiedene Aspekte der empirischen Psychotherapieforschung dargestellt werden. Zunächst werden die Kriterien, nach denen eine Wirksamkeit beurteilt werden kann, dargestellt. Es folgt eine allgemeine Übersicht über den Stand der Psychotherapieforschung. Anschließend werden Ergebnisse aus Metaanalysen zur Psychotherapie bei Kindern und Jugendlichen dargestellt, und zuletzt einige Beispiele aus den wenigen empirischen Untersuchungen zur Sandspieltherapie aufgezeigt.

Kriterien der empirischen Psychotherapieforschung

Die beiden wichtigsten Kriterien, die verwendet werden, sind der „Grad der Evidenz" und der Begriff der „empirisch unterstützten Therapien". Beides soll kurz dargestellt werden, da sie unterschiedliche Kriterien darstellen.

Grad der Evidenz

Im Bereich der Medizin ist es zunehmend üblich, Therapieempfehlungen auf die Qualität der Datenbasis zu beziehen. Dabei hat sich der Begriff „Grad der Evidenz" eingebürgert als Maß der Vertrauenswürdigkeit der Daten. Es werden

Tab. 3.3: Grad der Evidenz

Grad I	Harte Evidenz beruhend auf mindestens einem systematischen Review, das verschieden gute randomisierte Studien mit gutem Design einschließt
Grad II	Harte Evidenz beruhend auf mindestens einer kontrollierten randomisierten Studie angemessener Größe mit gutem Design
Grad III	Evidenz beruhend auf nicht-randomisierten Studien mit gutem Design, einzelne Gruppen vor/nach Intervention, Kohotenstudie, Serien in zeitlicher Folge oder Fallkontrollstudie
Grad IV	Evidenz beruhend auf nicht-experimentellen Studien und gutes Design und von mehr als einem Zentrum oder mehr als einer Forschergruppe durchgeführt
Grad V	Meinung respektierter Experten, beruhend auf kritischer Evidenz, deskriptive Studien oder Berichte von Expertenkomitees

5 Grade nach Güte der vorliegenden Datenlage definiert (z. B. Porzolt, Sellenthin & Thim, 2000; Leitlinien: Schmidt & Poustka, 2002).

Wie in Tabelle 3.3 sichtbar, beruht der höchste Grad der Evidenz auf mindestens einer Metaanalyse oder einer systematischen Übersicht, die mehrere randomisiert-kontrollierte Studien zusammenfasst. Der niedrigste Grad der Evidenz (V) beruht auf der Meinung respektierter Experten, deskriptiver Studien oder Berichte von Expertenkomitees. Nach dieser Einteilung müssten viele Spieltherapien im Allgemeinen, und die Sandspieltherapie im Besonderen, dem Grad V zugeordnet werden, da sie überwiegend auf Fallberichten und Expertenmeinungen beruhen. Dies bedeutet, dass die Spieltherapien durchaus wirksam sein können, aber dass die Hinweise dafür auf einem niedrigen Grad der Evidenz beruhen. Einige Therapieformen, vor allem die verhaltenstherapeutischen, personenzentrierten und in geringerem Ausmaß die analytischen Spieltherapien, verfügen inzwischen über eine Datenbasis auf einem höheren Grad der Evidenz, z. T. IV, III oder II. Dies ist als Zwischenschritt durchaus akzeptabel, da z. B. auch in den Leitlinien der Kinder- und Jugendpsychiatrie (Schmidt & Poustka, 2002) viele Empfehlungen auch nicht einem höheren Evidenzgrad entsprechen. Für die Zukunft wünschenswert wäre es, wenn die meisten Therapieempfehlungen auf einem Grad I der Evidenz beruhen würden, d. h. wenn den Eltern mit gutem Gewissen vermittelt werden könnte, dass die empfohlene Therapie tatsächlich nicht nur nach klinischer Einschätzung, sondern nach geltenden wissenschaftlichen Kriterien als wirksam angesehen werden kann.

Empirisch gestützte Therapien (Empirically supported therapies)

Neben der Einteilung nach Grad der Evidenz, hat sich der Begriff „empirisch gestützte Therapien" als Standard zur Wirksamkeitsbeurteilung eingebürgert. Die Definitionen und Empfehlungen wurden von Chambless und Hollon (1998) zusammengefasst.

Dabei können folgende Definitionen unterschieden werden:
- **Empirisch validierte** Therapien: bei diesen ist die Effektivität nachgewiesen, der Begriff deutet jedoch an, dass die Untersuchungen abgeschlossen sind.

- **Empirisch evaluierte** Therapien: dieser Terminus impliziert, dass Therapien zwar evaluiert, nicht jedoch unbedingt effektiv sind.
- Deshalb wird der Name **empirisch-gestützte** Therapien (empirically supported therapies) bevorzugt: die Wirksamkeit von Therapien muss durch kontrollierte Forschung demonstriert werden, die zeigen kann, dass mögliche Nutzen durch die Behandlung selbst und nicht durch Faktoren wie Zeit, Diagnostik und unterschiedliche Klientengruppen bewirkt wurde.

Therapien können nur als wirksam angesehen werden, wenn sie durch zwei unabhängige Studienzentren repliziert wurden. Möglicherweise wirksame Therapien beruhen auf nicht-replizierten Ergebnissen durch nur eine Forschergruppe. Die Effektivität kann nur durch zwei Formen von Studien gezeigt werden: Einerseits durch kontrollierte Einzelfallanalysen (und Gruppenanalysen): diese haben typischerweise ein ABAB-Studiendesign. Dabei wird während des Zeitraums A eine sogenannte „Baseline" ohne Behandlung, während in B jedoch die zu untersuchende spezifische Therapie durchgeführt wird. Die Verbesserung während der B-Intervalle und Verschlechterung während der A-Intervalle dient als Beweis für die Wirksamkeit. Dieses Studiendesign ist eher geeignet für symptomorientierte Verhaltenstherapien und kann z. B. bei tiefenpsychologischen Therapien nicht sinnvoll eingesetzt werden.

Deshalb sind der sogenannte „Goldstandard" zur Nachweis einer Wirksamkeit nach wie vor die randomisiert-kontrollierten Studien (RCT). Zur Durchführung von randomisiert-kontrollierten Studien müssen mehrere methodische Voraussetzungen beachtet werden. Es ist immer ein Vergleich der Behandlungsgruppe mit einer nicht oder nur minimal behandelten Gruppe notwendig, z. B. mit einer Wartelisten- oder nur Diagnostikgruppe. Dagegen ist es nicht erforderlich, dass der spezifische Effekt einer Therapie bewiesen wird. Es reicht vollkommen aus, wenn der globale Nutzen und die Vorteile einer Behandlung aufgezeigt werden. In höherwertigen Studien (z. B. Vergleich zweier konkurrierender Therapieformen) kann darüber hinaus die spezifische Wirksamkeit von Therapieelementen nachgewiesen werden. Dies hat direkte Konsequenzen für die Theoriebildung einer Psychotherapie.

Es ist ferner auf eine ausreichende Stichprobengröße (z. B. 25–50 Probanden pro Gruppe) für die statistische Aussagefähigkeit zu achten. Bei vielen bisherigen Studien wurden im Durchschnitt nur 12 Probanden pro Gruppe aufgenommen. Methodisch sollen die untersuchten Störungen durch ein strukturiertes, psychiatrisches Interview nach dem standardisierten Klassifikationsschemata (DSM-IV oder ICD-10) erhoben werden. Alternativ können dimensional definierte Cut-Off-Scores einer Symptomatik, die in Fragebögen oder Interviews erhoben wurde, verwendet werden. Zur Durchführung der Behandlung sollten Behandlungsmanuale eingesetzt werden. Die Therapeuten müssen nach ähnlichen Kriterien ausgebildet und supervidiert werden und mögliche persönliche Bevorzugungen (investigator allegiance) berücksichtigt werden.

Bei der Erhebung der Resultate (Outcomes) müssen verschiedene Aspekte beachtet werden. Die untersuchte Problematik muss mit reliablen und validen Instrumenten erfasst werden können. Nicht nur Symptome, sondern die generelle Funktionsfähigkeit der Probanden sollte erfasst werden. Dabei sind Selbsteinschätzungen von Patienten nicht ausreichend. Auch sollten die Interviewer blind bezüglich der Gruppenzugehörigkeit sein, d. h. nicht wissen, wer behandelt wurde und wer nicht. Anamnesen und Langzeitnachuntersuchungen sind wünschenswert, da manche Effekte sich erst mit Verzögerung zeigen. Möglichst alle initial vorgestellten Patienten sollten nachuntersucht werden, d. h. auch Studienabbrecher (Intention-to-treat-analysis). Bei der Datenauswertung sollte die Zahl der Analysen begrenzt werden. Die Effekte einzelner Studienzentren müssen kontrolliert werden. Auch sollte eine Studie die Relevanz der Studienergebnisse (Generalisierbarkeit), sowie die Durchführbarkeit und Umsetzbarkeit in der Praxis beachten. In jeder Kosten-Nutzen-Analyse einer Therapie sollten nicht nur die zukünftige Symptomreduktion, sondern langfristige Effekte berücksichtigt werden.

Die Empfehlungen von Chambless und Hollon (1998) gelten als offizielle Richtlinien der American Psychological Association und dienen als aktuelle Grundlage der Psychotherapieforschung bei Kindern wie auch Erwachsenen. Weitere Fragestellungen und Empfehlungen finden sich in dem grundlegenden Werk von Allan Kazdin (2000) mit dem Titel „Psychotherapy for children and adolescents – directions for research and practice". In keinem anderen Werk wurden die speziellen Aspekte der Psychotherapie für Kinder und Jugendliche so umfassend dargestellt, so dass dieses Werk näher dargestellt werden soll.

Spezifische Therapieforschung bei Kindern und Jugendlichen

Zunächst weist Kazdin (2000) darauf hin, dass die Frage, ob Psychotherapie wirksam sei, zu allgemein und damit wenig aussagekräftig sei. Man sollte nicht dem Einheitsmythos (Uniformity myth) verfallen, der Annahme, dass die Effekte der Psychotherapie die gleichen sein werden – unabhängig von wem oder wie sie durchgeführt wird. Die wichtige Frage ist, welche Behandlung durch wen für welches Individuum mit welchem Problem unter welchen Bedingungen am effektivsten ist. Die individuellen Forschungsstrategien sollten sich nach der spezifischen Fragestellung ausrichten. Folgende acht Fragestellungen sind dabei am wichtigsten:

1. Welche Wirkung hat eine Behandlung im Vergleich zu keiner Therapie?
2. Welche Komponenten tragen zur Veränderung bei?
3. Welche Therapien können hinzugefügt werden, um Veränderungen zu optimieren (d. h. kombinierte Therapien)?
4. Welche Parameter können verändert werden, um Ergebnisse zu verbessern?
5. Wie effektiv ist diese Therapie im Vergleich zu anderen für dieses Problem?
6. Welche Faktoren des Kindes, der Eltern, der Familie und des Kontextes beeinflussen die Therapieresultate?
7. Welche Prozesse während der Behandlung beeinflussen die Therapieresultate?
8. Inwieweit lassen sich die Behandlungseffekte auf andere Problembereiche und andere Gegebenheiten generalisieren?

Kritisch weist auch Kazdin (2000) darauf hin, dass die Studien tatsächlich die therapeutische Praxis wiederspiegeln sollten. Oft ist der Schweregrad der kindlichen Störung in Studien weniger ausgeprägt als in klinischen Gruppen und auch die Familien weniger problematisch. Meistens handelt es sich bei Studien um Kurzzeittherapien von 8–10 Sitzungen, die zudem in Gruppen durchgeführt werden. Beachtet wird als Outcome oft nur die Symptomreduktion und nicht das allgemeine Funktionsniveau in anderen Bereichen. Auch ist der Zeitraum der Nachuntersuchung zu kurz gewählt, so dass mögliche Langzeiteffekte nicht genügend erfasst werden.

Trotz dieser Einschränkungen sind die Ergebnisse der Metaanalysen zur Psychotherapie bei Kindern und Jugendlichen, wie von Weisz et al. (1995a) dargestellt, ausgesprochen beeindruckend. Psychotherapie wird von ihm definiert als „jede Intervention mit dem Ziel, psychisches Leiden und auffälliges Verhalten zu reduzieren durch Beratung, strukturierte oder unstrukturierte Interaktion, Trainingsprogramme oder ein vorgeplantes Behandlungsprogramm" („any intervention intended to eleviate psychological distress, reduce maladaptive behaviour through counselling, structured and unstructured interaction, a training program, or a predetermined treatment plan"). Weisz et al. (1995a) kommen zum Schluss, dass „Psychotherapie mit jungen Menschen" positive Effekte in einem respektablen Ausmaß ermöglicht („psychotherapy with young people produces positive effects of respectable magnitude"). In anderen Worten: Psychotherapie ist allgemein effektiv – die zu klärende Frage ist, welche Therapie durch welchen Therapeuten bei welchem Kind in welcher Familie zu welcher Zeit.

Metaanalysen: Effektstärken

In der klassischen Metaanalyse von Weisz et al. (1995a) über Psychotherapien im Kindes- und Jugendalter wurden verschiedene Therapieformen miteinander verglichen. Es wurden 150 Studien berücksichtigt, die jeweils eine Vergleichs- oder Kontrollgruppe hatten, und Effektstärken berechnet. Die Effektstärke ist ein statistisches Maß ausgedrückt in Standardabweichungseinheiten, indem zwei Gruppen oder Messungen miteinander verglichen werden können. Sie wird üblicherweise berechnet als Quotient aus der Differenz der Mittelwerte und der gemittelten Standardabweichungen beider Stichproben. In anderen Worten, die Effektstärke drückt den Unterschied zweier Stichproben in Standardabweichungseinheiten aus. Als geringe Effektstärken gelten Werte über 0.20, mittlere über 0.50 und große über 0.80. Neben einfachen Effektstärken können gewichtete Effektstärken berechnet werden, die die unterschiedlichen Gruppengrößen berücksichtigen. Weisz et al. (1995a) konnten ohne Zweifel zeigen, dass verhaltenstherapeutische Therapien (VT) effektiver sind als Nicht-VT-Methoden (Effektgröße: 0.54 vs. 0.30). Dieses wichtige Ergebnis muss jedoch methodisch eingeschränkt werden. So wurden in manchen Studien während der Therapie wie auch in der Nachuntersuchung die gleichen Tests eingesetzt. Wenn jedoch Messinstrumente ausgeschlossen wurden, die sowohl während der Therapie, wie zur Outcome-Messung eingesetzt wurden, war der Unterschied deutlich geringer. Zudem hatten einzelne Komponenten der VT unterschiedliche Effektgrößen – von einem Maximum bei der systematischen Desensibilisierung (1.86) bis zu einem Minimum bei multiplen operanten Methoden (0.06). Auch waren in dieser Metaanalyse personenzentrierte (0.11 – nur 6 Studien) weniger effektiv als einsichtsorientierte Methoden (0.30 – nur 9 Studien). Sehr positive Effekte zeigten sich bei kombinierten Zugängen, die verschiedene Therapiemethoden verwendeten (0.63).

Es fanden sich ferner keine Unterschiede zwischen der Behandlung von externalisierenden im Vergleich zu internalisierenden Störungen. Die Behandlung von Jugendlichen (über 12 Jahren) war weniger effektiv als die von Kindern (unter 12 Jahren) (0.65 im Vergleich zu 0.48). Auch war die Psychotherapie von Mädchen (0.71) wirksamer als die von Jungen (0.42). Der beste Psychotherapieeffekt findet sich demnach bei weiblichen Jugendlichen.

Auch ist es offensichtlich günstiger, Laien in die Therapie mit einzubeziehen. Sogenannte paraprofessionelle Therapeuten (trainierte Lehrer und Eltern) waren effektiver (0.71) als professionelle Therapeuten (0.55), wie auch als Studenten (0.43). Zudem muss beachtet werden, dass die Effektgrößen in Untersuchungen in der Praxis niedriger ausfallen als in wissenschaftlichen Studien (Weisz et al., 1995b).

Diese große Metaanalyse zeigt eindeutig, dass Psychotherapie bei Kindern und Jugendlichen allgemein wirksam ist – mit deutlichen Unterschieden bezüglich Behandlungsmethoden und Subgruppen von Klienten. Leider unterscheidet sie nicht zwischen Psychotherapieformen mit dem Medium des Spieles von Psychotherapieformen, die über die Sprache durchgeführt wurden. Auch wurde das Vorschulalter nicht speziell berücksichtigt. In anderen Worten: für spieltherapeutische Zugänge, gerade bei jüngeren Kindern, besteht erheblicher Forschungsbedarf. Die Methoden sind etabliert – die Studien müssten nur durchgeführt werden.

Beispiele für die Evaluation analytischer Psychotherapien bei Kindern und Jugendlichen

Gerade bei analytischen Psychotherapien sind prospektive, randomisiert-kontrollierte Studien rar. Erst in jüngster Zeit bemühte sich die Psychoanalyse um eine empirische Überprüfung ihrer Wirksamkeit. Von daher ist es sinnvoll, sich auch retrospektive Studien anzuschauen – die natürlich nicht die Gütekriterien erfüllen, die von Chambless und Hollon (1998) gefordert werden. Stattdessen entsprechen sie einem niedrigen Grad der Evidenz (IV oder V).

Die bekannteste retrospektive Evaluation der Kinderanalyse wurde anhand von 763 Fällen des Anna-Freud-Centers in London durchgeführt. Viele Kinder wurden mit klassischen Analysen mit 4–5 Wochenstunden behandelt – eine Praxis, die heute zum Glück verlassen wurde. Trotz dieser intensiven Behandlung war die Wirksamkeit bei externalisierenden Störungen (n=135) nicht besonders positiv (Fonagy & Target, 1994). 31 % der Kinder brachen die Therapie ab, 46 % zeigten eine deutliche Besserung der Symptomatik und nur 33 % wurden vollkommen geheilt (keine Diagnose). Von den externalisierenden Symptomen konnte eine deutliche Besserung vor allem bei Kindern mit oppositionellem Verhalten erreicht werden (56 % Besserung). ADHD (Besserung in 36 % der Fälle) oder Störungen des Sozialverhaltens (Besserung in 23 % der Fälle) waren durch selbst intensive Analyse weniger zu beeinflussen.

Dagegen war der Effekt der Analyse bei Kindern mit emotionalen Störungen (n=352) deutlich besser (Target & Fonagy, 1994a). Dabei waren Angststörungen besser zu behandeln als depressive Störungen. Keine Diagnose nach Therapie (bzw. eine deutliche Besserung) hatten 50 % (66 %) der Kinder mit generalisierten Ängsten, 50 % (71 %) der Kinder mit spezifischen Ängsten und nur 40 % (62 %) der Kinder mit depressiven Störungen.

Die Studie zeigte ferner, dass jüngere Kinder wirksamer mit einer Psychoanalyse behandelt werden können als ältere: so hatten 56 % der unter 6-jährigen keine Diagnose am Ende der Behandlung, 46 % der 6- bis 11-jährigen und nur 33 % der 12- bis 18-jährigen.

Auch die Intensität der Therapie zeigte unterschiedliche Alterseffekte (Target & Fonagy, 1994b). Jüngere Kinder profitierten eindeutig von einer hochfrequenten Analyse mit einer deutlichen Besserung bei 74 % im Vergleich zu einer nicht-intensiven Therapie (Besserung bei 54 %). Bei den Jugendlichen war es genau umgekehrt: eine niederfrequentere Therapie war effektiver (deutliche Besserung bei 64 %) als eine intensive Analyse (deutliche Besserung nur bei 51 %).

Obwohl retrospektiv, zeigen diese Studien eindeutig, dass selbst eine intensive analytische Behandlung bei externalisierenden Störungen wenig effektiv ist. Besonders ungünstig waren die Erfolge bei ADHD und Störungen des Sozialverhaltens. Das Indikationsspektrum analytischer und tiefenpsychologisch-fundierter Therapien liegt demnach eindeutig bei den emotionalen Störungen. Auch bedeutet mehr Therapie nicht unbedingt ein besseres Outcome: bei den Jugendlichen ist eine niederfrequentere Therapie sogar wirksamer als eine intensive Analyse. Die Studien zeigen ferner, dass keine Psychotherapie ein Allheilmittel darstellt, sondern eine spezifische Indikation nach Störungsbild erfordert und eine optimale Intensität nach Altersgruppe gefunden werden muss. Dies gilt für die tiefenpsychologischen Therapien wie die Sandspieltherapie, genauso wie für die verhaltenstherapeutischen Zugänge.

Empirische Untersuchungen aus der Sandspieltherapie

Innerhalb der Sandspieltherapie gab es bisher keine empirischen Untersuchungen, die selbst an die Qualität der retrospektiven Analysen von Fonagy und Target, die oben referiert wurden, heranreichen. Deshalb wurde eine prospektive, kontrollierte Studie zur Wirksamkeit der Sandspieltherapie (SAT-Studie, s. unten) eingesetzt. Ferner zeigen sich einige positive Ansätze in kleineren empirischen Studien, die exemplarisch referiert werden sollen.

Entwicklungspsychologie des Sandspiels

In der methodisch exakt durchgeführten Studie von Pennington (1996) wurden entwicklungsabhängige Veränderungen der Sandspielbilder vom Kleinkindes- bis zum Jugendalter untersucht. Dabei wurden 75 klinisch nicht auffällige Kinder im Alter von 2–16 Jahren (61 Jungen und 36 Mädchen) rekrutiert. Es wurden fünf Altersgruppen mit jeweils 15 Probanden gebildet und miteinander verglichen, nämlich die 2- bis 4-jährigen, 5- bis 7-jährigen, 8- bis 10-jährigen, 11- bis 13-jährigen und 14- bis 16-jährigen Kinder. Das Sandbild wurde unter standardisierten Bedingungen aufgebaut und mit einem strukturierten Fremdbeurteilungsbogen (SAD – Sandtray Assessment of Development) ausgewertet. In der Beurteilung fand sich zunächst eine hohe Inter-Rater-Reabilität von .99.

Als wichtigstes Ergebnis zeigte sich eine positive, signifikante Korrelation zwischen Alter und Zahl der Figuren (.24), Zahl der Kategorien von Figuren (.35), der verwendeten Fläche im Kasten (.46), dem Grad der Organisation (.67) und dem Grad des Realismus [der Replikation der natürlichen und sozialen Umwelt (.65)]. In anderen Worten, je älter die Kinder waren, desto differenzierter zeigte sich das aufgebaute Sandbild mit mehr und verschiedenen Figuren, das Bild war organisierter, ausgefüllter und realistischer. Die deutlichsten Veränderungen zeigten sich sprunghaft vom Vorschulalter (2–4 Jahre) bis zum Schulalter (5–7 Jahre) – in diesem Alter zeigen sich die ausgeprägtesten entwicklungspsychologischen Veränderungen. Mit dieser erfolgreichen Studie konnte die Autorin nachweisen, dass sich sowohl quantitative als auch qualitative Entwicklungsaspekte im Sandspiel empirisch nachweisen lassen.

Sandspiel bei Kindern mit klinischen Auffälligkeiten

Als weiteres Beispiel wurden in der Arbeit von Zinni (1997) klinisch auffällige Kinder mit einer Kontrollgruppe verglichen. Dabei wurden zwei Haupthypothesen untersucht: die Sandbilder der klinischen Gruppe sollten sich gegenüber Kontrollen bezüglich Inhalt, Thematik, Zugang und emotionaler Belastung unterscheiden; und Sandbilder von Kindern mit höheren Problem- und niedrigeren Kompetenzwerten in der Child Behavior Checklist (CBCL; Achenbach, 1991) sollten sich bezüglich Inhalt, Thematik und Zugang unterscheiden.

Insgesamt wurden 52 10- bis 11-jährige Kinder untersucht. Die klinische Gruppe bestand aus 26 ambulant behandelten Kindern, wovon 82 % Opfer von emotionalem, körperlichem und sexuellem Missbrauch und Vernachlässigung waren, während 18 % Verlust- und Trauerreaktion zeigten. Die 26 Kontrollen wurden über Medien rekrutiert. Methodisch wurde von den Eltern die Child Behavior Checklist (CBCL) ausgefüllt, die Kinder fertigten ein erstes Sandbild unter standardisierten Bedingungen an. Dieses wurde von zwei Auswertern getrennt nach 36 inhaltlichen Kategorien beurteilt; nach dem Thema Gewalt; nach formalen Kriterien wie Nutzung des Raums, Einhaltung von Grenzen, Grad der Organisation.

Dabei zeigten sich folgende signifikante Ergebnisse:
1. Die klinische Gruppe verwendete häufiger die Symbole Vogel, Schmetterling, Haus, Fahne, Schild und Urlaub; und seltener die Symbole Stock und Boot.
2. Die Kinder mit niedrigeren Kompetenzen (CBCL) verwendeten häufiger die Symbole Urlaub, Murmel und Edelstein.
3. Die Kinder mit hohen Problemwerten (CBCL) verwendeten häufiger die Symbole Brücke, Schiff und Hubschrauber. Nach formalen Kriterien zeigten die klinische Gruppe und Kinder mit niedrigen Kompetenzen (CBCL) signifikant häufiger Probleme mit Grenzen und der Organisation, Kinder mit hohen Problemwerten (CBCL) nur Probleme mit Grenzen ($p<.10$).

Die Arbeit zeigt, dass mit einer umschriebenen Fragestellung und einer einfachen Methodik sich deutliche Unterschiede im Initialsandbild zwischen klinisch auffälligen Kindern und Kontrollen zeigen lassen. Im Vergleich zu diesen methodisch hochwertigen Studien, handelt es sich bei den meisten Veröffentlichungen außerhalb der spezifischen Sandspielzeitungen um Kasuistiken, wie z. B. von Grubbs (1994). Es wäre wünschenswert, wenn in der Zukunft Sandspielstudien an größeren Gruppen von Kindern gemacht und mit guter Methodik in allgemein zugänglichen Zeitschriften veröffentlich würden, um noch mehr als bisher auf die Vorteile gerade dieser Spieltherapieform hinzuweisen. Auch ist es dringend notwendig, sich nicht nur diagnostischen Fragestellungen zuzuwenden, sondern die Frage der Therapiewirksamkeit systematisch zu untersuchen.

SAT-Studie (Studie zur Sandspieltherapie bei Kindern und Jugendlichen)

Aus diesem Grund wurde von der Arbeitsgruppe „Forschung" der deutschen Gesellschaft für Sandspieltherapie eine erste Therapiestudie durchgeführt. Es handelt sich um eine offene, kontrollierte Studie, in der prospektiv Kinder und Jugendliche bis zum Alter von 18 Jahren aufgenommen werden, die die Kriterien einer ICD-10-Diagnose erfüllen. Es wurden drei Untersuchungszeitpunkte angesetzt: das Initialbild, nach 6 und 12 Monaten bzw. die Abschlussstunde. Die Hauptinstrumente sind die Child Behavior Checklist (CBCL; Achenbach, 1991) und eine standardisierte Beurteilung des Sandspielbildes. Die Child Behavior Checklist (CBCL; Achenbach, 1991) ist der bekannteste allgemeine Elternfragebogen zu Verhaltenssymptomen bei Kindern und Jugendlichen und besteht aus 113 Fragen. Es können drei übergeordnete Skalen (Gesamt, internalisierendes und externalisierendes Verhalten) berechnet werden. Es wird ein klinischer Cut-off bei der 90. Perzentile definiert, d.h. in der Allgemeinbevölkerung wären 10 % aller Kinder und Jugendliche klinisch auffällig, 90 % nicht. Zusätzlich können 8 spezifische Syndromskalen berechnet werden. Der Cut-off liegt bei der 98. Perzentile, d. h. 2 % wären klinisch auffällig. Es wurden die deutschen Normen der CBCL verwendet (Arbeitsgruppe Deutsche Child Behavior Checklist, 1999).

Das Ziel der Untersuchung war, die Wirkung der Sandspieltherapie prospektiv an einer großen Gruppe von Kindern und Jugendlichen zu erfassen. Die Hypothesen waren: Das Outcome wird durch Verhaltens- und emotionale Symptome wie auch durch inhaltliche und formale Aspekte des Sandbildes beeinflusst.

Die ersten vorläufigen, überwiegend deskriptiven Ergebnisse dieser prospektiven Studie wurden auf dem internationalen Sandspielkongress in Rom (von Gontard, Löwer-Seifert & Senges, 2005) vorgestellt. Bis zu diesem Zeitpunkt waren 56 Patienten aufgenommen, 50 waren nach 6 Monaten und 31 nach 12 Monaten untersucht. Das mediane Alter betrug 10 Jahre, 61 % der Kinder waren jünger als 11 Jahre. Das Geschlechtsverhältnis war mit 45 % Jungen und 55 % Mädchen ausgeglichen. Als erste ICD-10-Diagnose hatten 63 % eine internalisierende, 23 % eine externalisierende und 14 % eine andere Diagnose. Viele hatten eine zweite, manche sogar eine dritte Diagnose. Diese Daten sind wichtig, da sie zeigen, dass es sich um eine klinisch hoch auffällige Gruppe von Kindern und Jugendlichen mit einer hohen Rate von komorbiden Störungen handelt. Auch das Überwiegen von internalisierenden Störungen spricht für die korrekte Therapieindikation, da Sandspieltherapie vor allem zur Behandlung von introversiven Störungen geeignet ist (bei den externalisierenden Störungen waren auch gemischte Störungen vorhanden, z. B. Störung des Sozialverhaltens mit depressiver Störung, F 92.0).

8 % der Familien gehörten den oberen, 75 % den mittleren und 17 % den unteren sozialen Schichten an – also überwiegend der bürgerlichen Mittelschicht. 31 % der Mütter und 37 % der Väter hatten Abitur, was dem derzeitigen Schnitt entspricht. 35 % der Eltern waren getrennt – auch dies ist repräsentativ.

25 % der Therapien wurden mit einer Frequenz von weniger als einer Sitzung pro Woche, 45 % einmal und 30 % zweimal wöchentlich durchgeführt. In nur einem Drittel der Stunden wurde ein Sandbild gemacht. In anderen Worten: bei vielen Therapeuten wird das Sandspiel nicht als ausschließliche Hauptmethode eingesetzt, sondern wird durch andere verbale und spieltherapeutische Methoden ergänzt.

Über den Verlauf eines Jahres zeigten sich folgende Veränderungen: seltener waren figurenbetonte Bilder und die Verwendung des feuchten Sandes. Dagegen fanden sich häufiger: sandbetonte, eckenbetonte, zentrierte Bilder, die oft in Stille aufgebaut wurden. Auch wurde der trockene Sand häufiger verwendet. Diese formalen Veränderungen alleine weisen schon auf eine zunehmende Zentrierung und Vertiefung des Prozesses hin. Inhaltlich wurden vor allem die Themen Natur, Familie, Kampf und Unfall seltener dargestellt. Allerdings wurden mehr Themen im Aufbau deutlich, so dass jedes einzelne Thema auch dadurch seltener zur Darstellung kam. Auch diese zunehmende inhaltliche Diversität spricht für die Progression des therapeutischen Prozesses. Schließlich war der Gesamteindruck des Bildes häufiger ausgeglichen und heiter, seltener ernst und bedrohlich.

Für die Gruppe der Kinder (n=21), für die CBCL-Daten zu allen drei Zeitpunkten (Anfang, nach 6 und nach 12 Monaten) vorlagen, zeigten sich eine hochsignifikante Abnahme des Gesamtverhaltens (67 %, 57 % und 33 % im klinischen Bereich; Norm: 10 %), eine signifikante Abnahme des internalisierenden Verhaltens (71 %, 57 % und 52 % im klinischen Bereich) und eine deutliche, aufgrund der kleinen Fallzahlen nicht-signifikante Abnahme des externalisierenden Verhaltens. Diese Veränderungen sind beeindruckend und weisen auf deutliche positive Entwicklungen über den Zeitraum eines Jahres hin, die vermutlich durch die Therapie bedingt wurden. Die meisten Veränderungen ereigneten sich allerdings im ersten halben Jahr. Dies ist möglicherweise als Hinweis zu interpretieren, dass für manche Kinder durchaus kürzere Therapien ausreichen würden.

Bezüglich der Syndromskalen zeigten sich deutliche Abnahmen von klinisch relevanten Verhaltensauffälligkeiten auf folgenden Skalen: somatische Beschwerden, zurückgezogenes, ängstlich/depressives, aber auch aggressives Verhalten. Signifikant nahmen Aufmerksamkeitsprobleme und schizoid/zwanghaftes Verhalten ab. Diese vorläufigen Ergebnisse zeigen, dass die Sandspieltherapie nicht nur internalisierendes Verhalten beeinflusst, sondern erstaunlicherweise gerade externalisierende Auffälligkeiten reduziert.

Diese ersten Ergebnisse sprechen selbst bei unvollständigen Fallzahlen global für eine positive Wirkung der Sandspieltherapie. Die endgültige Auswertung der Studie, auch für einzelne Subgruppen, wird 2007 veröffentlicht. Als nächster Schritt ist eine randomisiert-kontrollierte Studie geplant, die hoffentlich zeigen wird, dass die Sandspieltherapie nicht nur nach klinischem Eindruck (Grad V) eine hocheffektive, tiefenpsychologisch fundierte Form der Spieltherapie darstellt, sondern auch nach den allgemein gültigen Kriterien der empirischen Psychotherapieforschung (Grad II).

3.3 Begründung: Warum Sandspieltherapie?

Bei der Vielzahl der verschiedenen Spieltherapiemöglichkeiten und den erst beginnenden Wirksamkeitsnachweisen stellt sich die Frage: Warum sollte man sich gerade für die Sandspieltherapie und nicht für eine andere Methode entscheiden? Was ist das Besondere an dieser Methode, das andere Formen der Psychotherapie nicht aufweisen?

Argumente für die Sandspieltherapie
Für die Wahl der Sandspieltherapie sprechen folgende Argumente, wobei die Liste mit Sicherheit nicht vollständig ist:
- Wie andere Spieltherapien handelt es sich um eine nicht-verbale Methode, die besonders für Kinder geeignet ist. Kinder und Jugendliche verspüren eine „magische Anziehung" zur Sandspieltherapie durch den hohen Aufforderungscharakter der Figuren und des Sandes. Im Gegensatz zu anderen Spieltherapien können auch Erwachsene und ältere Jugendliche davon profitieren.
- Sandspieltherapie eröffnet einen Zugang zu präverbalen und selbst präsymbolischen Erfahrungen; dabei spielt die direkte körperliche Erfahrung über die Berührung des Sandes mit den Händen eine vermittelnde Rolle (Zoja, 2004ab; S. 19).
- Auch unbewusste Elemente, die noch keinen Zugang zu Form, Bildern oder Sprache haben, können drei-dimensional ausgedrückt werden (Zoja, 2004ab; S. 24).
- Kinder haben einen unmittelbareren und direkteren Zugang zur Welt der Symbole; diesem Bedürfnis wird die analytische Psychotherapie C.G. Jungs, zu der die Sandspieltherapie gehört, besonders gerecht.
- Das Symbolverständnis ist ein essentieller Bestandteil der therapeutischen Arbeit. Bei der Sandspieltherapie sind die Symbole nicht nur imaginiert, sondern können konkret betrachtet und berührt werden. Die „symbolische" Innenwelt wird nach außen projiziert. Sie ist dadurch direkter erlebbar. Allerdings sind die Möglichkeiten der Distanzierung geringer. Einem Traum oder einer Imagination kann ausgewichen werden, einem Sandbild nicht.
- Die Sandspieltherapie ermöglicht einen unmittelbaren, intensiven Ausdruck, sowohl von realem Erleben, wie auch Unbewusstem. Dieser Ausdruck ist oft tiefer und erfolgt schneller als in traditionellen Therapien, da nicht nur persönliches Erleben, sondern auch archetyptisch-unbewusste Ebenen angesprochen werden. Dies ist an der „Qualität" der Atmosphäre während der Stunde zu merken. Beim Kontakt zum archetypischen Inhalt entwickelt sich eine numinose Atmosphäre des Staunens und tiefen Berührtseins zwischen Patient und Therapeuten.
- Spirituelle Erfahrungen, die sich der Sprache entziehen, können so direkt – und ohne verbalen Umweg – erlebt werden.
- Die Sandspieltherapie kann auch als eine Form der Meditation betrachtet werden. Der Zugang zu inneren Bildern und Symbolen wird durch Stille gefördert. Viele Kinder und Jugendliche empfinden es als Erleichterung und Segen, nicht reden zu müssen. Oft sind sie auch nach den Stunden entspannt und ausgeglichen.
- Im Gegensatz zu Kunsttherapien sind keine künstlerischen Fertigkeiten notwendig. Das Bild gelingt sofort durch das Aufstellen der Miniaturen oder der Bearbeitung des Sandes und ist trotzdem hoch schöpferisch. Dadurch ist der Widerstand, sich auf nicht-verbale Medien einzulassen, geringer.
- Das besondere Medium des Sandes ermöglicht durch seine taktilen Reize einen direkten Kontakt zum Unbewussten. Der trockene Sand hat eine

3.3 Begründung: Warum Sandspieltherapie?

leichte, fließende, rieselnde und unbeständige Qualität, während der feuchte, schwere, formbare Sand der mütterlich-erdhaften Symbolik nahe ist und Konstanz vermittelt.
- Der Sand hat seine eigenen Gesetze und Dynamik, widersetzt sich dem bewussten Gestalten und erfordert Anpassung und Auseinandersetzung. Dies korrespondiert in Analogie dem Kontakt des Bewusstseins mit dem Unbewussten und unterstützt diesen Prozess.
- Auch wenn ein Kind sich vornimmt, z. B. genau das gleiche Bild der letzten Stunde zu reproduzieren, wird es nicht exakt gelingen, da der Sand eine eigene Dynamik aufweist und bewusste Pläne „untergräbt".
- Auch ist es, trotz des Wunsches mancher Patienten, nicht möglich, einen Traum „wörtlich" in eine Sandbild zu transformieren. Durch die Qualität des Materials ist schon eine weitere Bearbeitung und damit Interpretation gegeben.
- Die Miniaturen erfordern ebenfalls, sich von kognitiven Konzepten z. B. den Größenverhältnissen und der Perspektive zu verabschieden. Bei jüngeren Kindern spielt es keine Rolle, dass manche Figuren nicht zueinander passen. Jugendliche beklagen sich schon darüber, dass manche Miniaturen (z. B. Autos) für die Größe der Personenfiguren zu klein sind. Sie versuchen in den ersten Stunden z. T. eine „korrekte" Perspektive herstellen. Wenn sie sich intensiver auf den unbewussten Prozess einlassen, lassen sie solche kognitiven Überlegungen fallen.
- Sandbilder kann man nicht nur aufbauen – man kann mit ihnen auch spielen. Gerade jüngere Kinder haben einen unbremsbaren Drang, nach dem Aufbau konkret in das Spiel einzusteigen.
- Durch den Sandkasten erfolgt eine Konzentration des therapeutischen Prozesses nicht nur zeitlich, sondern auch räumlich. Es erfolgt eine intensivere Manifestation des Unbewussten als in traditionellen Spieltherapien, bei denen sich durch das freie Spielen im Raum die Intensität des Erlebens oft verflüchtigt.
- Der Sandkasten hat dabei eine haltende Funktion und ermöglich es dem Patienten, auch schwierige Gefühle zuzulassen und auszuhalten.
- Im Sandbild kann das Bewusste, das persönliche Unbewusste und das kollektive Unbewusste alleine – oder in Kombination – dargestellt werden (Ryce-Menuhin, 1992). Alle Bewusstseinschichten können zu unterschiedlichen Zeitpunkten von Bedeutung sein und ohne Schwierigkeiten dargestellt werden.
- Die Übertragung und Gegenübertragung erfolgt nicht ausschließlich zwischen Patienten und Therapeut, sondern wird über den Kasten umgeleitet. Es entsteht ein dritter oder Übergangsraum, in dem sich unbewusstes von Therapeuten wie auch Patienten zeigt („Co-Übertragung") (Bradway & McCoard, 1997). Man kann sogar von einer besonderen Form der „Co-Beziehung" sprechen (Bradway, Chambers & Chiaia, 2005).
- Dieser „dritte Raum" ermöglicht eine Distanzierung, das Geschaffene kann mit Abstand betrachtet werden. Dadurch entsteht eine geringere Abhängigkeit vom Therapeuten, Patienten erleben das Sandbild als „eigenes Bild", das sie als „Übergangsobjekt" mit sich tragen.

- Der Kasten stellt einen sicheren Raum dar, der den Ausdruck von schwierigen Affekten ermöglicht, die sonst im direkten Austausch sehr viel schwerer geäußert werden können. So können aggressive Wünsche, Impulse und Symbole, aber auch Gefühle von Scham und Trauer leichter gezeigt werden.
- Die Sandbilder sollen fotografiert werden. Durch diese visuelle Dokumentation kann der therapeutische Prozess in seinem Verlauf vom Therapeuten sehr viel leichter verstanden werden. Auch zu Lehrzwecken, wie in diesem Buch, sind Bilder besonders geeignet, die bewusste und unbewusste Symbolik zu vermitteln. Zum späteren Zeitpunkt können die Bilder auch vom Patienten betrachtet werden und der Gesamtverlauf im Rückblick erneut bearbeitet werden.
- Die Sandspieltherapie kann flexibel mit anderen analytischen Zugängen eingesetzt werden. So kann die Sandspieltherapie im engeren Sinne als Hauptmedium erfolgen, wie in der klassischen Sandspieltherapie nach D. Kalff. Sie kann als Zusatzmedium mit anderen analytischen spieltherapeutischen und verbalen Zugängen verbunden werden, wie es manche Therapeuten praktizieren.
- Die Sandspieltherapie kann aber auch mit anderen nicht-analytischen Therapieformen kombiniert werden. Dabei kann es sinnvoll sein, diese nach klinischer Indikation zeitlich zu staffeln, z. B. zuerst die Sandspieltherapie, dann die Verhaltenstherapie. Es kann in anderen Fällen besser sein, die verhaltenstherapeutischen Techniken in den Elterngesprächen zu klären (entweder Eltern alleine oder auch im Sinne eines Familiengespräches) – und den Sandspielprozess ungestört seinen Lauf zu lassen.

4 Sandspieltherapie – theoretischer Hintergrund

Die Sandspieltherapie ist eine spezifische Therapieform, die von Dora Kalff (1996a, Erstausgabe 1966) begründet wurde. Wie schon erwähnt, beruht sie auf der analytischen Psychologie C.G. Jungs, der Welttechnik M. Lowenfelds und auf spirituellen Traditionen. Sie muss von anderen Spieltherapien (Kapitel 2) und vom Sandspiel im entwicklungspsychologischen, pädagogischen oder sonstigen psychotherapeutischen Kontext unterschieden werden.

In diesem Kapitel sollen die theoretischen Grundlagen der „klassischen" Sandspieltherapie nach Dora Kalff – und ihre Weiterentwicklungen – vermittelt werden.

4.1 Geschichte der Sandspieltherapie

Die Sandspieltherapie

Die reiche Geschichte der Sandspieltherapie wurde von Mitchell und Friedman (1994) umfassend zusammengestellt – einschließlich der Ursprünge und Vorläufer – so dass auf dieses Werk verwiesen werden darf. Weitere biographische Hinweise finden sich im Nachwort von Martin Kalff (Kalff, 1996a).

Ohne Zweifel war Dora Kalff (1904–1990) eine Frau mit einer beeindruckenden, charismatischen Persönlichkeit, wie es ihre direkten Schüler alle bezeugen. Für diejenigen, die nicht das Privileg hatten, sie direkt zu kennen, wird ihre Aura in den Videos ihrer Vorträge deutlich. Vielleicht war es ihre ungewöhnliche, zum Teil schwierige Lebensgeschichte außerhalb des „Mainstreams" der akademischen Welt der Psychologie, Pädagogik und Medizin, die die Entwicklung einer so innovativen Methode wie der Sandspieltherapie überhaupt ermöglichte.

Schon als Schülerin interessierte sie sich für östliche Philosophie und Sanskrit, studierte anschließend Philosophie und Musik und lernte das Buchbinden, bevor sie sich ihren familiären Pflichten widmete. Von ihrem Sohn Martin Kalff (1996a) lernen wir, dass sie erst im Erwachsenenalter mit 45 Jahren ihre Studien der analytischen Psychologie C.G. Jungs aufnahm. Vorausgegangen war der „zufällige" Kontakt mit der Jung-Familie, aus der sich eine langjährige Freundschaft entwickelte. Sie wurde von C.G. Jung selbst in der analytischen Arbeit mit Kindern unterstützt und absolvierte ihre Lehranalyse bei Jungs Frau Emma. Zu der Zeit war diese therapeutische Beschäftigung mit Kindern noch nicht etabliert und die Jung'sche Analyse konzentrierte sich auf die Arbeit mit Erwachsenen. Selbst so wichtige Bücher wie „Das Kind" von Neumann (1990a) beruhten auf Spekulation, nicht aber auf der direkten Arbeit mit Kindern. 1954 hörte Dora Kalff einen Vortrag von Margaret Lowenfeld, nachdem C.G. Jung schon 1937 bei einem internationalen Kongress in Paris von ihrer „Welttechnik" erfahren hatte. Mit seiner Unterstützung studierte sie 1956–1957 mit Margaret Lowenfeld in London.

Nach ihrer Rückkehr entwickelte Dora Kalff ihre eigene Therapieform, die sie „das Sandspiel" nannte. Neben der analytischen Psychologie C.G. Jungs und der Lowenfeld'schen „Welttechnik" waren es östliche, spirituelle Traditionen, die das Sandspiel entscheidend beeinflussten. 1950 traf sie den japanischen Zen-Meister Daisetz T. Suzuki, ein Wegbereiter des Buddhismus für den Westen (Suzuki, 1989). Nach den Ausführungen ihres Sohns war sie besonders beeindruckt von „seinen Fähigkeiten, in einfachen Gesten darauf hinzuweisen, dass das Alltägliche der Ort ist, in dem die tiefsten Wahrheiten aufleuchten können" (Kalff, 1996a). Die stille Aufmerksamkeit und der freie Raum der Sandspieltherapie, in dem sich der Patient ohne Einschränkungen und Vorgaben zeigen kann, hat viele Ähnlichkeiten mit dem Zen-Buddhismus.

Es entwickelte sich ein intensiver Austausch zwischen Dora Kalff und japanischen Kollegen. Inzwischen ist die japanische Gesellschaft für Sandspiel die größte weltweit mit über 1.000 Therapeuten. Das Sandspiel spricht die japanische Mentalität besonders an und knüpft an die Tradition des Herstellens von Miniaturgärten an. Nach der chinesischen Invasion Tibets nahm Dora Kalff 1959 einen tibetischen Mönch für 8 Jahre bei sich auf. Daraus entwickelte sich ein fruchtbarer Kontakt auch zum tibetischen Buddhismus – Einflüsse, die auch schon C.G. Jung in seiner Beschreibung von Mandalas als Selbst-Symbole viele Jahre früher aufgegriffen hatte. Beruhend auf diesen biographischen Erfahrungen von Dora Kalff ist die Sandspieltherapie auf drei Haupteinflüssen begründet:

- der analytischen Psychologie C.G. Jungs, die in einem späteren Kapitel dargestellt wird (Abschnitt 4.6),
- auf spirituellen Traditionen wie dem Buddhismus (Abschnitt 4.7) sowie
- der „Welttechnik" von Margaret Lowenfeld.

Die „Welttechnik"

Wiederum zeichnet das Buch von Mitchell und Friedman (1994) die historische Entwicklung der Welttechnik am fundiertesten nach. Weitere wichtige historische Hinweise finden sich bei Rasche (2002). Margaret Lowenfeld (1890–1973) wuchs in London auf, studierte Medizin und wurde zunächst Kinderärztin. Ihr Interesse an der psychischen Entwicklung von Kindern und ihrer psychischen Innenwelt bewegte sie, schon 1928 eine Ambulanz zu gründen, die heute als „Institute of Child Psychology" bekannt ist.

Ein entscheidender Einfluss war ihre Lektüre von dem englischen Autor H.G. Wells (1866–1946), der 1911 in dem Buch „Floor games" (deutsch: „Boden Spiele") seine spontan sich entwickelnden Spiele mit seinen jungen Söhnen beschrieb. Diese Spiele dauerten zum Teil mehrere Tage an. In einem vorher abgegrenzten Raum bauten Vater und Söhne mit vielen Miniaturen von Häusern, Menschen, Soldaten, Schiffen, Eisenbahnen und Tieren ihre Phantasieländer auf. Dieses spontane, kreative Spiel beeinflusste Lowenfeld viele Jahre später dazu, Miniaturen und anderes Material zu sammeln. Später kamen zwei Zinkwannen hinzu, die mit Wasser und Sand gefüllt wurden. Kinder nutzten dieses Material spontan, um kleine „Welten" aufzubauen. Später wurde die Wanne blau angemalt und die Zahl der Miniaturen, die in Schubladen aufbewahrt wurden, nahm zu. Primär war die „Welttechnik" als diagnostische Methode konzipiert. Später wurde sie auch therapeutisch eingesetzt. Dabei wurden Kinder nach einer Einführung aufgefordert, ein Bild aufzubauen. Lowenfeld glaubte an die direkte Heilung durch das Spiel an sich und hielt eine Interpretation nicht für notwendig. In ihrer Skepsis gegenüber der Psychoanalyse glaubte sie auch nicht an die direkte Übertragung innerhalb einer therapeutischen Beziehung, sondern schrieb die therapeutischen Effekte ausschließlich dem Sandbild an sich zu. Da die Übertragungsbeziehungen für Lowenfeld nicht von Bedeutung waren, fanden die Therapien mit wechselnden Therapeuten statt.

Diese Annahmen wurden von anderen Analytikern heftig kritisiert und dürften mittlerweile als überholt gelten. So ist die therapeutische Beziehung und das Übertragungsgeschehen auch in der Sandspieltherapie ohne Zweifel das entscheidende therapeutische Agens. Dennoch leben M. Lowenfelds Pionierleistungen in der Sandspieltherapie, wie auch in anderen diagnostischen Methoden weiter. Es ist das Verdienst von Mitchell und Friedman (1994) zu zeigen, dass die Welttechnik von Margarethe Lowenfeld historisch in einem reichen, innovativen Milieu der Kinderpsychologie eingebettet war. In den 1930er und 1940er Jahren wurden projektive Tests mit Hilfe von Miniaturen von verschiedenen Personen entwickelt. In Deutschland ist der „Sceno-Test" von G. von Staabs am bekanntesten. Von Eric Erickson wurde der „Dramatic Productions Test" (DPT) (1938) entwickelt. Es folgte der „Welttest" von Charlotte Bühler (1951), der „Little World Test" (1950) von Hedda Bolgar und Lieselotte Fischer. Die empirische Evaluation der Welttechnik wurde von Laura Ruth Bowyer in den 1950er Jahren fortgesetzt (s. Mitchell & Friedman, 1994). Die diagnostischen Studien zur Sandspieltherapie unter entwicklungspsychologischen Aspekten und in Bezug zur Psychopathologie beruhen auf dieser Tradition (Mitchell & Friedman, 1994).

4.2 Methode der Sandspieltherapie

Die Prinzipien der Sandspieltherapie sind genial und einfach. Einerseits besteht ein Grundkonsens zur Methodik und Ablauf der Therapie. Andererseits lässt die Sandspieltherapie genügend Freiraum für individuelle Vorlieben, Schwerpunkte und für den jeweiligen therapeutischen Kontext, so dass auch in der Literatur die Beschreibung der Methode von Autor zu Autor variiert (s. Literaturübersicht 3.3).

Man benötigt zunächst zwei tischhohe Kästen in rechteckiger Form. Es wird empfohlen, dass die Innenmasse 57 x 72 x 7 cm betragen, wobei diese Empfehlungen nicht dogmatisch zu verstehen sind und es auf einen cm mehr oder weniger nicht ankommt. Diese Größe wurde gewählt, damit der Kasten als Ganzes überblickt werden kann, wenn man davorsteht. Der Sandkasten wird wie ein leeres Blatt Papier als Projektionsfläche genutzt (Ammann, 1989). Die rechteckige Form lässt es einerseits zu, dass sich Bilder im Laufe der Therapie um das Zentrum herum formieren. Andererseits ist genügend Spannung vorhanden, so dass die

4 Sandspieltherapie – theoretischer Hintergrund

Abb. 4.1: Sandkästen: Im Vordergrund sieht man den Sandkasten mit trockenem Sand (heller), im Hintergrund den Kasten mit feuchtem Sand (dunkler). Kinder werden aufgefordert, sich einen Kasten auszusuchen und wenn möglich nur in einem Kasten ihr Bild aufzubauen. Manche Kinder bestehen auf zwei Kästen. Dies kann z. B. andeuten, dass das Kind Schwierigkeiten hat, sich zu beschränken. Es kann aber auch darauf hinweisen, dass Bereiche auseinander gehalten werden müssen – so verwenden manche Kinder nach Trennung der Eltern einen Kasten für die mütterliche, einen für die väterliche Welt.

Zentrierung nicht zu leicht fällt, sondern psychische Arbeit erfordert. Bei einem Quadrat dagegen würde dieses allein durch die äußere Form, nicht durch die innere psychische Notwendigkeit entstehen.

Die Höhe von 7 cm wurde gewählt, damit der komplette Kasten mit mehreren Zentimetern Sand bedeckt werden kann. Die Höhe ist nicht zu niedrig, so dass der Sand beim Aufbau nicht gleich aus dem Kasten herausfällt. Sie ist auch nicht so hoch, dass man sich tief hineinbeugen müsste oder Teile des Bildes verdeckt wären.

Die Kästen sollten tischhoch platziert sein, so dass Kinder und Erwachsene im Stehen oder Sitzen das Bild betrachten können. Nur für Kleinkinder sind die Kästen manchmal zu hoch. In solchen Fällen wären niedrigere Kästen wünschenswert. Als Alternative kann man kleine Fußhocker bereitstellen, so dass die Kinder darauf stehen und ohne Anstrengung ihr Bild gestalten können. Ansonsten ist die Ausführung der Kästen nicht genormt. Ein fahrbarer Untersatz ist sehr praktisch, da die Kästen je nach Bedarf im Raum hin- und hergeschoben werden können. Auch kann der zweite, nicht gebrauchte Tisch, weggeschoben werden. Der Sandkasten selber wird meistens aus Holz hergestellt. Wegen der aktiven chemischen Wirkung des feuchten Sandes, der auch die resistenteste Farbe angreift, ist zum Beispiel eine Innenwanne aus Zink sehr vorteilhaft. Es gibt auch Kästen, die mit Kunststoff beschichtet und mit einem Metallrahmen verstärkt sind – der konstruktiven Phantasie ist viel Spielraum gelassen.

4.2 Methode der Sandspieltherapie

Abb. 4.2: Meer (Juist): Durch die blaue Farbe des Kastens werden wie am Meer Wasser und Horizont angedeutet. Auch die verschiedenen Qualitäten des Sandes werden sichtbar: der trockene helle Sand der Düne und der feuchte, dunkle Sand am Strand.

Die Innenseite und der Boden (zum Teil auch der Rand) sollten auf jeden Fall blau angemalt sein. Durch die blaue Farbe wird automatisch ein Horizont dargestellt und der Übergang von Himmel und Erde symbolisch angedeutet. Durch das Beiseiteschieben des Sandes wird ohne weiteres Zutun Wasser in verschiedenster Ausprägung dargestellt – sei es als Bach, Fluss, See oder sogar Meer. Zudem steht die Farbe blau symbolisch für Spiritualität, Tiefe und Geist und ermöglicht besonders leicht den Eintritt in den unbewussten Prozess (Riedel, 1985a). Keine andere Farbe würde sich daher für den Sandkasten eignen. Welches Blau andererseits gewählt wird, ist wiederum nicht genormt, obwohl die Farbe Blau in ihren unterschiedlichen Nuancen völlige verschiedenartige Affekte induzieren kann (Steinhardt, 2000).

Wie schon erwähnt, werden die Sandkästen mehrere Zentimeter hoch mit Sand gefüllt. Wiederum ist die Art des Sandes nicht genormt. Er sollte fein sein, um ein differenziertes Formen und einen angenehmen taktilen Reiz zu ermöglichen. Ein zu feiner Sand wird unansehnlich verklumpen. Ein zu körniger Sand fühlt sich unangenehm an und lässt sich schlecht in die gewünschten Formen bringen. Auch die Farbe des Sandes induziert unterschiedliche Empfindungen. Ein hellerer Sand ist in seiner Reinheit sehr geeignet, um als Projektionsfläche zur Verfügung zu stehen.

4 Sandspieltherapie – theoretischer Hintergrund

Ein dunklerer Sand betont mehr das Erdhafte und mag für manche Patienten am Anfang größeren Widerstand auslösen. Gute Erfahrung wurde mit einfachem, feinem Quarzsand aus dem Baumarkt gemacht. Meeressand ist ebenfalls sehr gut geeignet, und kann leicht besorgt werden, falls man in der Nähe der Küste wohnt. Viele Therapeuten schwören auf die besondere Wirkung von Meeressand, der über

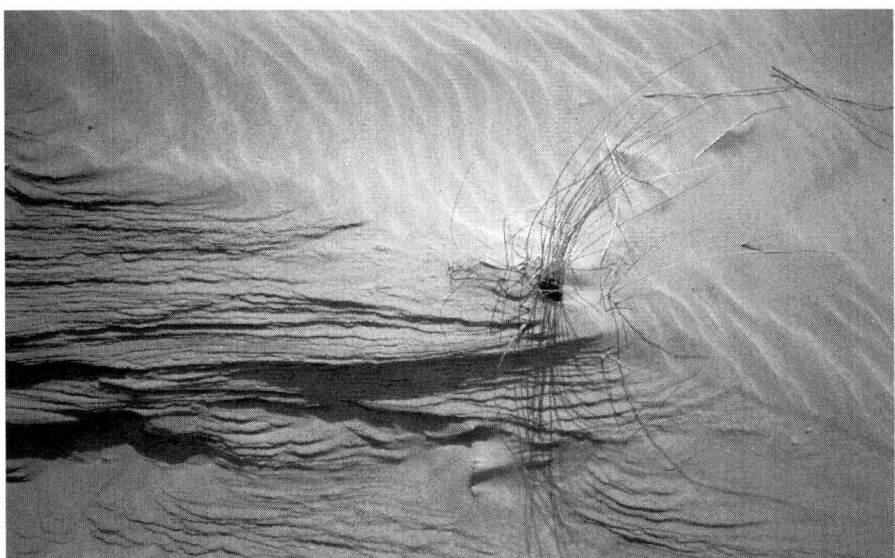

Abb. 4.3 a, b: Sand a) feucht, b) trocken: Es ist erstaunlich, welche ähnlichen Sandformen Wasser und Wind bewirken können. Der feuchte Sand ist durch Flut und Ebbe in parallele Rippen geformt worden (Juist), der trockene wird durch den Wind in Wellenform gebracht (Sandwüste, Island).

4.2 Methode der Sandspieltherapie

Abb. 4.4 a, b: Figuren, a) Menschenfiguren: Menschliche Figuren sind gerade für ältere Kinder und Jugendliche wichtig. Hier sieht man eine kleine Auswahl von weiblichen Figuren. Prinzessinnen und Hochzeitsfiguren sind bei Mädchen besonders beliebt. Soldaten, Indianer und andere kämpfende Figuren sind für Jungen, z. T. auch für Mädchen wichtig, um Aggressives auszudrücken. b) Symbolische und religiöse Figuren: Viele Kinder verspüren eine direkte und unmittelbare Nähe zu Spiritualität und dem „Numinosen". Dazu ist es wichtig, Figuren nicht nur der eigenen Tradition, sondern anderer Kulturkreise zur Verfügung zu stellen.

Jahrtausende durch die Einwirkungen von Wind und Wasser entstanden ist – im Gegensatz zu industriell gemahlenem und gesiebtem Sand (Steinhardt, 2000). Die Sandkästen sollten zum Beginn der Therapiestunde offen bereit stehen, der feuchte Sand soll genügend angefeuchtet sein, die oberen Flächen glatt gestrichen.

Als weiteres Material werden Hunderte von Miniaturfiguren aus allen Bereichen des Lebens benötigt. Diese sollten menschliche Figuren, Tiere, Bäume, Fahrzeuge, symbolische Figuren, Steine, Muscheln, und andere organische Materialien beinhalten. Im Gegensatz zu standardisierten diagnostischen Verfahren wie dem Sceno-Test, ist das Spielmaterial nicht genormt. Auch über die Zahl und Fülle der Miniaturen gibt es unterschiedliche Meinungen. Es sollten genügend Figuren vorhanden sein, damit sich das aktuelle Bewusste und Unbewusste des Patienten einen möglichst genauen Ausdruck in einer äußeren, materiellen Form der Figur finden kann. Oft kann man Patienten beobachten, die aus Hunderten von Figuren genau diejenige herausgreifen, die gerade in diesem Augenblick exakt passt. Manche Kinder können Figuren, die sie jetzt gerade benötigen, genau beschreiben. Falls die Miniaturensammlung zu klein ist, kann es vorkommen, dass die passende Figur fehlt. Wenn die Figurensammlung zu groß ist, kann dieses für manche Patienten verwirrend sein. Gerade Kinder mit Aufmerksamkeitsstörungen und Schwierigkeiten in der Impulskontrolle können überfordert sein. Von daher gilt es, für sich und seine Patienten eine optimale Auswahl zu finden.

Da die Figurensammlung nicht genormt ist und vom Therapeuten ausgewählt wird, ist sie sehr stark Ausdruck seiner Persönlichkeit und damit Teil der Gegenübertragung. Eine Sammlung lässt sich auch niemals auf einmal kaufen. Stattdessen kann sie nur langsam wachsen durch viele Besuche in Spielwarenläden, Andenkenläden, Flohmärkten, und durch das, was man in der Natur findet. Die Figuren sollten ungefähr 7–15 cm groß sein, wobei einzelne Miniaturen, wie Häuser, Bäume, Tiere auch größer sein dürfen – andere Figuren werden zwangsläufig kleiner ausfallen. Gerade Kinder lieben „Familien", so dass bei Tieren darauf geach-

4.2 Methode der Sandspieltherapie

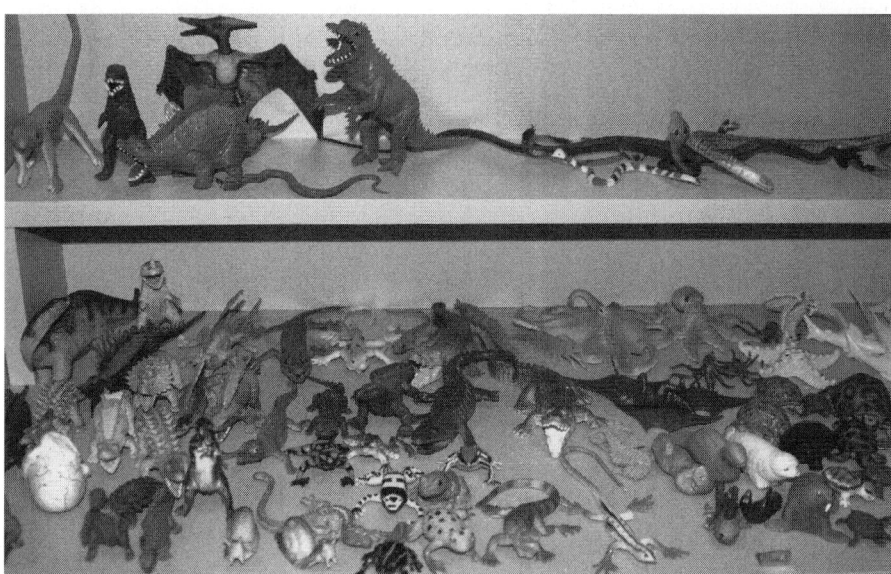

Abb. 4.5 a–c: Tiere: Kinder brauchen viele Tiere zur Auswahl: sowohl a) Haus- und Landtiere, b) wilde und c) „gruselige" Tiere. Viele Kinder spüren eine emotionale Affinität zu Tieren, obwohl sie z. T. über wenige aktuelle praktische Erfahrungen verfügen, wenn sie in einer Stadt wohnen. Mit Tieren werden bevorzugt animalische, instinkhafte Themen ausgedrückt – obwohl die individuelle symbolische Bedeutung für das Kind stark variieren kann und besonders zu beachten ist. Dabei sollten immer mehrere Tiere von einer Art vorhanden sein, um „Familien" zu bilden.

tet werden sollte, dass mehrere von der gleichen Art vorhanden sind – möglichst in verschiedenen Größen, um Eltern und Kinder darzustellen.

Sie sollten möglichst wenig empfindlich sein, so dass sich Figuren aus Plastik oder Metall besonders anbieten. Da sie kaputtgehen können oder zum Teil auch „verschwinden", ist es wichtig, dass der materielle Wert nicht zu hoch ist. Auch sollten die Figuren keine zu hohe emotionale Besetzung für den Therapeuten haben, so dass ein möglicher Verlust nicht zu belastend ist. Die Patienten sollten also mit dem Material frei umgehen und spielen können. Andererseits sollten die Figuren in ihrer Symbolik dem Therapeuten vertraut sein, so dass ihre symbolische Bedeutung im Spiel erkannt wird.

Auch die Aufstellung der Miniaturen im Raum ist nicht vorgegeben. Optimal ist ein eigenes Spieltherapiezimmer, in dem die Figuren offen auf den Regalen platziert werden können. Falls der Raum mehreren Zwecken dient, kann es günstiger sein, die Figuren zwischendrin wegschließen zu können. Die Regalbretter oder Schränke sollten nicht zu tief sein, da es für Kinder schwierig sein könnte, wenn zu viele Reihen von Figuren hintereinander stehen. Sie können schlecht überblickt werden und fallen um, wenn nach ihnen gegriffen wird. Auch sollte darauf geachtet werden, dass die Figuren in Sichthöhe für Kinder aufgestellt sind. Ansonsten bietet sich ein Fußhocker an.

Neben dem spezifischen Sandspielmaterial sollten weitere Spielsachen zur Verfügung stehen. Eine Auswahl von Malmaterialien, Regelspielen, Büchern, Handpuppen, Bauklötzen und sonstigen Spielsachen sollte ebenfalls vorhanden sein, falls das Kind kein Sandbild aufbauen möchte. Diese Auswahl von weiterem Spielmaterial hängt sehr davon ab, in welchem Kontext die Sandspieltherapie eingesetzt wird. Sie kann als Haupttherapiemethode dienen, wie in Kapitel 5 „Praxis der Sandspieltherapie" dargestellt wird. In diesen Fällen wird überwiegend mit der Sandspieltherapie gearbeitet – andere Spielstunden kommen nur ausnahmsweise vor. Manche analytischen Kinder- und Jugendlichentherapeuten haben neben vielem anderen Spielmaterial auch einen Sandkasten mit Miniaturen in ihrem Zimmer – in diesen Fällen handelt es sich nicht um eine Sandspieltherapie im engeren Sinne, sondern als eine von vielen möglichen Zusatzmethoden. Ferner wird der Sandkasten von einigen Therapeuten als rein diagnostisches projektives Verfahren eingesetzt. Andere Autoren verwenden die Sandspieltherapie ohne explizit analytischen Hintergrund. Auf diese vielen Variationsmöglichkeiten wird in diesem Buch nur kurz hingewiesen – der Schwerpunkt liegt eindeutig auf der Sandspieltherapie im engeren Sinne als Haupttherapiemethode.

Auch innerhalb der Sandspieltherapie wird der Ablauf der Stunden sehr unterschiedlich gestaltet – das eigene Vorgehen wird in Kapitel 6 dargestellt. Die Grundprinzipien sind jedoch eigentlich wiederum gleich. Patienten werden ohne inhaltliche Vorgabe gebeten, einen der Sandkästen auszuwählen und ein Bild aufzubauen. Bei dem hohen Aufforderungscharakter der Miniaturen ist dieses bei Kindern überhaupt nicht problematisch. Bei Jugendlichen ist es oft notwendig, zuerst eine Vertrauensatmosphäre zu schaffen, in der sich die Jugendlichen ohne Schamgefühl wieder einer für sie so „kindlichen" Aktivität hingeben können. Auch Erwachsene benötigen oft eine initiale Unterstützung, bevor sie sich auf das Sandspiel einlassen können.

Ansonsten wird während der Stunde eher weniger gesprochen und viele Patienten sind enorm dankbar, die Zeit in Stille verbringen zu dürfen. Nach dem Aufbau wird das Bild üblicherweise vom Patienten beschrieben, um seine Assoziationen,

4.2 Methode der Sandspieltherapie

Abb. 4.6 a, b: Therapiezimmer 1 und 2: Optimal sind eigene Therapieräume nur für die Sandspieltherapie. In Kliniken müssen Räume zu mehreren Zwecken dienen: als Büro und als Beratungszimmer für Diagnostik, Krisenintervention und anderen Formen der Psychotherapie. Offen stehende Figuren wären eine zu große Ablenkung für viele andere Patienten (z. B. mit einer hyperkinetischen Störung). Als Kompromiss bieten sich Schränke, z. B. mit (Sicherheits-)Glastüren, die bei Bedarf geöffnet werden können. Es werden Therapieräume in zwei verschiedenen kinderpsychiatrischen Kliniken gezeigt.

4 Sandspieltherapie – theoretischer Hintergrund

Abb. 4.7: Blick in einen Therapieschrank: Die Regalböden sind zur besseren Übersichtlichkeit und Erreichbarkeit der Figuren nochmals durch weniger tiefe Regalbretter unterteilt. Nur die unteren zwei Drittel des Schranks werden für die Sandspieltherapie verwendet, so dass Schulkinder alle Figuren erreichen können. Für jüngere Kinder steht ein Hocker zur Verfügung. Eine für den Therapeuten nachvollziehbare Ordnung der Figuren wird von den Kindern wertgeschätzt: hier z. B. unten Bäume, Vegetation und Steine; in der Mitte Häuser und Bauwerke; weiter oben Fahrzeuge, usw.

Phantasien und Vorstellungen zu erfahren. Im Gespräch kann das Bild in seiner Symbolik verstärkt und durch Assoziationen angereichert werden. Dagegen wird eher wenig interpretiert, um die Wirkung des Symbols lebendig zu halten. Das Bild wird niemals von dem Patienten selbst abgebaut – als inneres „Seelenbild" wirkt es weiter und wird von vielen auch langfristig erinnert. So können manche Kinder einem haargenau erzählen, in welcher Stunde sie welches Bild aufgebaut haben. Diese Langzeitwirkung würde durch den eigenen Abbau zerstört werden.

Nachdem der Patient den Raum verlassen hat, wird das Bild skizziert und fotografiert, der Stundenverlauf festgehalten und Äußerungen des Patienten dokumentiert. Auch eigene Assoziationen, Aspekte der Gegenübertragung und Hypothesen werden aufgeschrieben. Manche Autoren empfehlen eine Dokumentation schon während der Stunden (Bradway & McCoard, 1997), was völlig in Ordnung ist, so lange es zum Therapeuten passt. Manche Kinder fühlen sich durch ein Mitschreiben während der Stunden gestört und wünschen die volle ungeteilte Aufmerksamkeit, so dass es sinnvoll ist, erst nach der Stunde in Ruhe zu dokumentieren.

4.2 Methode der Sandspieltherapie

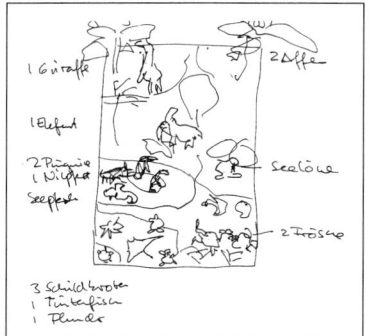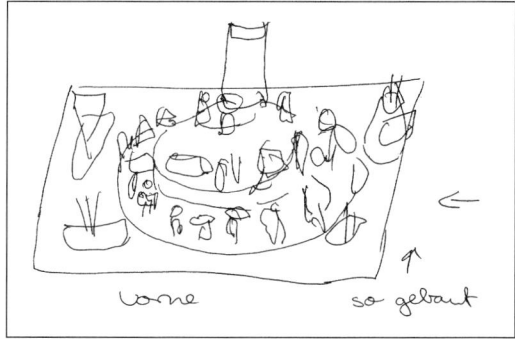

Abb. 4.8: Beispiele für Skizzen a) Skizze Franziska 15. Stunde, b) Zeichnung S.T.: Als Beispiele wurde zwei Skizzen von Bildern gewählt, die unter dem begrenzten zeitlichen Möglichkeiten einer Klinik entstanden sind. Bei Franziska (s. Abb. 6.26, S. 216) wurden alle Tierfiguren und deren Anzahl bezeichnet, was zur späteren Interpretation entscheidend sind. Bei S.T. (s. Abb. 5.7, S. 147) erfolgte eine grobe Skizze – der Inhalt wurde im Text beschrieben.

Auch die Genauigkeit der Dokumentation variiert erheblich. Von Bradway und McCoard (1997) wird der Kasten in 35 imaginierte Quadrate geteilt – 7 entlang der langen Seite (Nr. 1–7) und 5 entlang der kurzen Seite (a–e). Die Stellung der Figuren wird in diesem System sogar im zeitlichen Ablauf festgehalten, z. B. 4c Tiger, 7e Prinzessin (Bradway & McCoard, 1997). Im Vergleich dazu ist das Dokumentationssystem am Ende der Stunde, das von dem Autor bevorzugt wird, gröber und hat den Schwerpunkt auf dem fertigen Bild und nicht auf dem zeitlichen Ablauf des Aufbaus. Dagegen wird die Skizze möglichst detailliert angefertigt mit Bezeichnungen und Anzahl der einzelnen Figuren (s. Beispiel). Die Dokumentation ist wichtig, da manche Veränderungen nicht im einzelnen Bild sondern erst im Therapieverlauf sichtbar werden – und so auch dem erfahrenen Blick entgehen würden.

Zuletzt wird das Bild fotografisch dokumentiert. Dabei sollte immer das Bild im Ganzen aus der Sicht des Patienten aufgenommen werden, so dass das spätere Bild den Sandkasten so wiedergibt, wie das Kind ihn während des Aufbaus gesehen hat. Ergänzend können andere Perspektiven, sowie Detailaufnahmen gemacht werden. Man sollte sich bemühen, die Bilder möglichst qualitativ hochwertig und ästhetisch zu gestalten – auch als Würdigung der „Seelenbilder" der Patienten. Alle Bilder in diesem Buch wurden mit einer Spiegelreflexkamera mit Markoobjektiv und zusätzlichem Aufsatzblitz auf 35 mm Diafilm gemacht. Durch den Blitz werden die Bilder zwar gleichförmig, aber immer von frontal ausgeleuchtet, so dass das Gefühl von Tiefe verloren geht. Beeindruckend sind Bilder mit seitlicher Beleuchtung, mit der die Struktur des Sandes die Tiefenwirkung plastischer zum Vorschein tritt (Ammann, 1989). In letzter Zeit gehen immer mehr Therapeuten dazu über, die Bilder mit einer Digitalkamera aufzunehmen, was die Flexibilität der späteren Verarbeitung und Dokumentation erhöht – so sind die Fotos der Miniaturen alle digital aufgenommen.

Der Patient wird zu Beginn der Therapie immer informiert, dass seine Bilder aufgenommen werden und somit nicht verloren gehen. Die Aufnahmen selber erfolgen, nachdem der Patient das Zimmer verlassen hat. Manche Kinder möchten nicht nur ein Bild aufbauen, sondern auch damit spielen. In solchen Fällen kann die fotografische Dokumentation auch während der Stunde erfolgen. Nachdem das aufgebaute Bild fotografiert wurde, was von den meisten Kindern mit Stolz erlebt wird, kann mit dem Material gespielt werden. Manche Autoren bieten den Patienten an, nach Ende der Therapie die Bilderserie anzuschauen (Ammann, 1989). Andere Autoren meinen, dass dies erst mit einem längeren Abstand zur Therapie erfolgen sollte (Bradway & McCoard, 1997). Nach Erfahrung des Autors ist es nicht bei jedem Patienten notwendig, die Bilder nochmals anzuschauen. Wenn dieses von den Patienten ausdrücklich gewünscht wird, wie im Falle von Martin (Fall 6.3) bestehen keinerlei Einwände, dies auch direkt nach der Therapie zu tun.

Schon aus der Darstellung der Grundprinzipien der Sandspieltherapie wird deutlich, wie unterschiedlich und vielseitig sie praktiziert wird. Ebenso unterschiedlich ist die Gestaltung der Ausbildung – gerade im internationalen Vergleich. Grundsätzlich handelt es sich bei der Sandspieltherapie um eine Zusatzausbildung, die auf ein psychotherapeutisches Hauptverfahren aufbaut. Voraussetzung ist ein abgeschlossenes Hochschulstudium. In der theoretischen Ausbildung werden Grundlagen der Sandspieltherapie, der analytischen Psychologie C.G. Jungs und der Symbolik vermittelt (mindestens 120 Stunden). Die Selbsterfahrung mit einem eigenen Sandspielprozess und Supervision (20 Stunden Einzel-, 80 Stunden Gruppensupervision) runden die Ausbildung ab. Nach Abschluss eines ausgearbeiteten Fallberichts kann eine Zertifizierung und Aufnahme in die Deutsche Gesellschaft für Sandspieltherapie (DGST; www.sandspiel.de) beantragt werden. Die Aufnahme in die internationale Organisation (International Society for Sandplay Therapy – ISST) wird neuerdings über die nationalen Gesellschaften vermittelt.

4.3 Literaturüberblick

Seit ihrer Entstehung vor über 40 Jahren, ist die Zahl der Bücher speziell zur Sandspieltherapie ständig gewachsen. Zum Glück ist die Literatur immer noch überschaubar. Zur Orientierung des Lesers soll ein kurzer Überblick über die Literatur vermittelt werden. Es wird sich dabei in diesem Kapitel ausschließlich auf die publizierten Bücher zur Sandspieltherapie beschränkt. Viele weitere, wichtige Artikel finden sich in der deutschen „Zeitschrift für Sandspieltherapie", dem amerikanischen „Journal of Sandplay Therapy" oder der japanischen Sandspielzeitschrift.

Als erstes werden die besonders wichtigen, klassischen Bücher besprochen. Die Auswahl beruht auf der subjektiven Einschätzung des Autors. Anschließend folgen weitere Werke, die Teilaspekte der Sandspieltherapie betonen oder eine besondere Sichtweise ermöglichen.

Die wichtigsten Sandspielbücher

1. Dora M. Kalff: Sandspiel.
   Seine therapeutische Wirkung auf die Psyche

Dieses Grundwerk der Sandspieltherapie erschien im Jahr 1966. Die Lektüre dieses Originaltextes ist unbedingt zu empfehlen. Die charismatische, beeindruckende Persönlichkeit der Begründerin der Sandspieltherapie, ihr intuitiver Zugang und ihr tiefes Verständnis für innerseelische Prozesse kommen in dem ganzen Buch zum Ausdruck. Leider hat Dora Kalff ihre Erkenntnisse nicht systematisch ausgearbeitet und insgesamt wenig geschrieben, so dass dieses leider ihr einziges Werk bleiben sollte.

In der Einführung stellt sie die Technik und das Hauptziel der Sandspieltherapie dar: den Kontakt mit dem „Selbst" zu ermöglichen. Ihre Haupthypothese besagt, dass „das Ich sich nur aufgrund einer gelungenen Manifestation des ‚Selbst' im Leben oder in der Therapie gesund entwickeln kann". „Die Manifestation des Selbst möchte ich als den wichtigsten Augenblick in der Entstehung der Persönlichkeit bezeichnen" (S. 9) und dieses kann besonders gut in einem „freien und geschützten Raum" der Therapie geschehen. Basierend auf den Spekulationen von Erich Neumann, glaubte Dora Kalff tatsächlich, dass das „Selbst" des Kindes sich erst im Kleinkindesalter vom „Selbst" der Mutter ablöst und konstelliert. Diese Annahmen decken sich nicht mit neueren entwicklungspsychologischen Beobachtungen, nach denen es keine Mutter-Kind-Einheit in der angenommenen Form gibt, sondern das Neugeborene selbst aktiver Gestalter der Mutter-Kind-Beziehung ist. Von daher wird ein kindliches „Selbst" auch immer vorhanden sein.

Es ist beeindruckend, wie „frei" der therapeutische Raum bei Frau Kalff in ihrer Praxis tatsächlich war: Kinder durften auf ihren Kachelofen steigen, Bilderbücher und Zeitschriften lesen, ihr Haus erkundschaften, Verstecken spielen und in den Keller und Garten gehen. Sie durften malen, basteln, zusammen auf dem Klavier spielen, leere Weinflaschen im Keller zerschießen, Spielzeug zerstören – solange es dem therapeutischen Prozess diente. Zugleich hatte man das Gefühl, dass die Kinder sich bei ihr immer geborgen fühlten.

Aus der heutigen historischen Sicht ist man verwundert, dass praktisch keine Diagnostik durchgeführt wurde – auch die anamnestischen Daten sind eher spärlich. So erfährt man zum Beispiel beim ersten Fall eines 9-jährigen Jungen mit Schulschwänzen nicht, ob primär eine Trennungsangst, schulbezogene Ängste oder ein reines Schulschwänzen vorlagen. Bei anderen Kindern mit schulischen Schwierigkeiten wurde anscheinend keine Leistungsdiagnostik durchgeführt, sondern gleich mit einer Therapie begonnen. Die Schweregrade vieler Störungen wären aus heutiger Sicht eher als leichtere Formen zu bezeichnen, so dass es sich bei vielen eher um eine „Transformationserfahrung" (oder „Selbsterfahrung") als um eine Therapie im heutigen Sinn handelte. Auch wirkt manches Setting ungewöhnlich, so wohnte ein Patient während der Therapie ganze zwei Jahre bei Frau Kalff, so dass eine Abstinenz kaum möglich gewesen sein kann.

Dennoch sind die Kasuistiken (und die Illustrationen) ihres Buches beeindruckend, die Interpretation und Symbolverständnis unter Einbeziehung östlicher Philosophien faszinierend. In kurzen Literaturverzeichnissen werden Werke u. a. der chinesischen Philosophie und des Zen-Buddhismus genannt, was zu der damaligen Zeit ungewöhnlich weit blickend und fortschrittlich war. Die Neuauflage wird mit einem Nachwort und biographischen Daten durch ihren Sohn Martin Kalff ergänzt.

2. Estelle L. Weinrib: Images of the self – the sandplay therapy process

Das klassische Werk von Frau Weinrib ist die erste systematische Darstellung der Sandspieltherapie. Es wurde 1983 veröffentlicht und hat nichts an seiner Aktualität verloren. Das Buch ist Ausdruck einer reichen therapeutischen Erfahrung, enthält viele wichtige und praktische Hinweise zur Durchführung, vermittelt aber auch detailliert den geschichtlichen und theoretischen Hintergrund. Besonders interessant sind die Vergleiche zwischen der Sandspieltherapie und der verbalen Analyse. Wichtig sind ihre warnenden Hinweise auf die Intensität und Stärke der Methode („A powerful, invaluable modality") und die Notwendigkeit einer guten Ausbildung mit eigener Erfahrung und Supervision, um Schaden in der Therapie zu vermeiden.

Wie in dem Vorwort von Dora Kalff erwähnt, liegt Estelle Weinribs Schwerpunkt auf den nicht-verbalen Eigenschaften des mütterlich-weiblichen Unbewussten während der Therapie, möglicherweise zu Lasten der verbalen und kognitiven Aspekte. Fast die Hälfte des Buches widmet sich der Kasuistik eines jungen Mannes, der vermutlich unter einer narzisstischen Persönlichkeitsstörung und Cannabis-Missbrauch litt. Es folgt ein Glossar und eine Literaturliste. Insgesamt kann dieses Buch uneingeschränkt empfohlen werden.

3. Ruth Ammann: Heilende Bilder der Seele – Das Sandspiel, der schöpferische Weg der Persönlichkeitsentwicklung

Dieses gut lesbare Buch wurde für ein breiteres Publikum geschrieben. Es ist kein explizites Fachbuch, so dass man sich oft eine genauere Darstellung der theoretischen Hintergründe mit Literaturhinweisen gewünscht hätte. Es enthält viele, ästhetisch sehr ansprechende Bilder, in denen die Qualität der beiden Sandformen deutlich erscheint: der trockene, hellere, leichtere und weichere Sand, der wie Wasser fließt und der schwerere, dunklere, feuchte Sand, der formbar stärkere Erdqualitäten hat.

Wichtig ist die Unterscheidung zwischen der Sandspieltherapie als heilendem Prozess bei psychisch gestörten Menschen und als transformatischem Prozess bei gesunden Menschen mit einem stabilen Ich, deren Weltsicht zu eng geworden ist und einer Erweiterung bedarf. Auch die Rolle der Imagination als Bindeglied zwischen Psyche und Körper in der Sandspieltherapie ist sehr schön ausgearbeitet.

Wiederum besteht die Hälfte des Buches aus Fallbeschreibungen: eine 40-jährige Frau mit einer depressiven Störung, mit Selbstverletzung und Substanzmissbrauch; ein 7-jähriges Mädchen vermutlich mit Störung des Sozialverhaltens mit oppositionellem Verhalten und isolierten Phobien – die klinische Diagnostik fehlt leider, aber der Therapieverlauf ist sehr schön dargestellt; und schließlich ein Transformationsprozess einer 40-jährigen Frau. Es folgt ein Glossar und kurze Literaturliste.

4. Kay Bradway und Barbara McCoard: Sandplay – silent workshop of the psyche

Dieses Buch ist eine wahre „Schatztruhe" an Erfahrung, Einsichten und Wegweisen für die Praxis der Sandspieltherapie. Leider ist es noch nicht ins Deutsche übersetzt. Es besteht aus drei Abschnitten:

1. werden theoretische Überlegungen und Hintergründe vermittelt,
2. wird die Arbeit mit Symbolen anhand von drei Beispielen ausgearbeitet – dem Symbol der Schildkröte, der Brücke, des Tores und der griechischen Göttinnen Hestia und Athene,
3. folgen 10 Fallvignetten.

Das Werk ist mit vielen Bildern meist in schwarzweiß illustriert, zum Teil auch in Farbe und enthält eine längere Literaturliste.

Ohne Zweifel ist der erste theoretische Teil besonders wertvoll. Neben seinem geschichtlichen Überblick werden Aspekte bearbeitet, die in anderen Werken der Sandspieltherapie in dieser Klarheit nicht zu finden sind. Besonders interessant ist die Diskussion des Sandkastens als „dritten" oder „Übergangsraum", sowie das Phänomen der „Co-Übertragung", das für die Sandspieltherapie typisch ist (Kapitel 2 und 6). Im Vergleich verschiedener Autoren werden die unterschiedlichen Zugänge in der Praxis herausgearbeitet (Kapitel 4). Viele praktische Hinweise zur Durchführung (Kapitel 15) und zum Verlauf der Therapie (Kapitel 19) sind von besonderem Interesse. In diesem Kontext finden sich auch zwei Kapitel, die die Besonderheit der Sandspieltherapie bei Kindern behandeln (17 und 26). Insgesamt handelt es sich um eines der fundiertesten Werke der Sandspieltherapie.

5. Rie Rogers Mitchell und Harriet S. Friedman: Sandplay – past, present and future (deutsch: Konzepte und Anwendungen des Sandspiels)

Dies ist das andere, grundlegende Werk zur Sandspieltherapie. Wie im Titel angedeutet, zeichnet es die historische Entwicklung der Sandspieltherapie detailliert nach. Nicht nur die unmittelbaren Einflüsse, sondern die langfristigen Vorläufer werden in der Entstehungsgeschichte der Sandspieltherapie gewürdigt. Sie werden an anderer Stelle zusammengefasst (s. Kapitel 4.1 „Geschichte der Sandspieltherapie" in diesem Buch). Die geschichtliche Entwicklung nimmt über die Hälfte des Werkes ein. Es folgen die aktuellen Trends der Sandspieltherapie in den 1990er Jahren. Dabei werden auch viele empirische Untersuchungen zitiert und gut nachvollziehbar zusammengefasst. Das Kapitel mit wegweisenden, perspektivischen Fragen zur Zukunft der Sandspieltherapie ist erwartungsgemäß am kürzesten und rundet dieses Buch ab. Ohne Zweifel ist es das „wissenschaftlichste" Werk der Sandspieltherapie mit der umfassendsten Literaturliste – dennoch ist es spannend geschrieben. Den Autoren sei für ihre profunde Arbeit gedankt.

6. Lenore Steinhardt: Foundation and form in Jungian Sandplay

Dieses Buch ist eine gelungene Verbindung von Sandspieltherapie und Kunsttherapie und eröffnet neue Sichtweisen, zum Beispiel auf die subtile Wirkung von Farben. Steinhardt zeigt zum Beispiel, dass die Nuancen der Farbe „Blau" sehr unterschiedliche Emotionen auslösen können. Das Hauptthema des Buches behandelt die Spannung zwischen der Basis oder Fundament des Bildes und den darauf entstehenden Formen. Die Autorin unterscheidet je nach Bearbeitungstiefe Formen an der Oberfläche des Sandes (Zeichen und Einprägungen), Penetrationen der Oberfläche (Löcher, Tunnel, Ver- und Ausgrabungen) und zuletzt die Verwendung von

Wasser (Tropfen und Überfluten). Die Jung'sche Sicht wird dabei nie aus den Augen verloren. Das Buch ist mit einem Fall abgerundet und ist als wesentlicher Text der Sandspielliteratur zu empfehlen.

7. Eva Pattis Zoja (Herausgeberin): Sandplay Therapy – treatment of psychopathologies

Dieser sehr wichtige Text besteht aus einer Sammlung von Beiträgen verschiedener Autoren. Das Hauptthema ist der Einsatz der Sandspieltherapie bei Patienten (Kindern, Jugendlichen und Erwachsenen) mit schweren klinischen Störungen – im Gegensatz zu „Transformationserfahrungen" bei relativ gesunden Personen in vielen bisherigen Fallberichten. Die Störungsbilder umfassen sogar Borderline-Persönlichkeitsstörungen und Suchterkrankungen. Theoretische Überlegungen betreffen die taktile Wirkung der Berührung des Sandes zur Aktivierung präverbaler Emotionen (Zoja) und die Bedeutung des Familienarchetyps bei Kindern (Montecchi). Dieses Buch stellt einen wichtigen Schritt dar, die Sandspieltherapie aus dem „künstlichen" Setting mancher Praxen in die klinische Realität schwer gestörter, hilfsbedürftiger Patienten zu bringen.

8. Joel Ryce-Menuhin: Jungian Sandplay – the wonderful therapy

Wie in dem Titel ausgedrückt, wird in diesem Buch die Begeisterung des Autors für die Sandspieltherapie deutlich. In seinem Nachwort bezeichnet er die Sandspieltherapie enthusiastisch als „the most powerful psychological therapy now available in the world". Das Buch spiegelt die lange eigene Erfahrung des Autors wieder und enthält viele praktische Hinweise. In Kapitel 5 unterscheidet er zwischen sieben verschiedenen Ebenen der Projektionen im Sandspiel: 1. das Bewusste; 2. das persönliche Unbewusste; 3. das kollektive Unbewusste; 4. das Bewusste plus persönlich Unbewusste; 5. das Bewusste plus kollektive Unbewusste; 6. das persönliche Unbewusste plus kollektive Unbewusste; 7. das Bewusste plus das persönliche und kollektive Unbewusste.

Die topographische Darstellung der verschiedenen Bewusstseinsebenen wird sehr praktisch und hilfreich ausgeführt. Insgesamt handelt es sich um ein sehr interessantes, zu selten rezipiertes Buch der Sandspielliteratur.

9. Kay Bradway, Lucia Chambers und Maria Ellen Chiaia: Sandplay in three voices: images, relationships, the numinous

In diesem Buch werden 8 Themen der Sandspieltherapie behandelt: Therapeut, Stille, Kind, Mutter, Selbst, Schatten, Chaos und das Numinose. Der Aufbau ist ungewöhnlich: jedes Kapitel wird durch einen Trialog der drei Autorinnen, erfahrene Sandspieltherapeutinnen und Analytikerinnen, eingeleitet. Es folgen dann zu jedem Thema kurze Essays von jeder Autorin. Wie im Vorwort angemerkt, ist dies kein Buch zur Technik der Sandspieltherapie – es ist ein Buch von „Perlen" der Weisheit und Erfahrung, die die Autorinnen in einer außergewöhnlich offenen Art teilen. Allerdings muss man nach den „Perlen" suchen – gerade die Trialoge sind

z. T. langatmig und könnten erheblich gekürzt werden – aber sie sind zu finden. Gerade die Äußerungen von Kay Bradway, eine der ältesten und erfahrensten Sandspieltherapeutinnen, sind beeindruckend, prägnant und zeugen von tiefem eigenem Erleben.

Weitere Sandspielbücher

10. Christel Senges: Das Symbol des Drachen als Ausdruck einer Konfliktgestaltung in der Sandspieltherapie – Ergebnisse aus einer Praxis für analytische Psychotherapie von Kindern und Jugendlichen

Dieses Buch ist die Promotionsarbeit der Autorin und behandelt zwei Hauptthemen:
1. Das Symbol des Drachen wird in einer beeindruckenden Tiefe und Ausführlichkeit dargestellt;
2. Die Verwendung des Drachensymbols in den Initialsandbildern von 58 Patienten wird empirisch untersucht.

Interessanterweise wird der Drache häufiger von Jungen (72 %) als von Mädchen (28 %) verwendet, vor allem von Kindern mit Enuresis und leichten depressiven Störungen. Die Autorin hat in ihrer Arbeit einen systematischen Erhebungsbogen entwickelt, der eine hohe Konkordanz von 87 % zwischen zwei Auswertern ermöglichte.

11. Jörg Rasche: Das therapeutische Sandspiel in Diagnostik und Psychotherapie

Dieses Buch behandelt den Einsatz des Sandspiels im Rahmen der kinderpsychiatrischen Diagnostik und ist erfreulicherweise frei zugänglich im Internet. Wie vom Autor ausgeführt, handelt es sich dabei um eine diagnostische Beziehungsaufnahme, „einer Art analytischen Settings im Kleinen", die meistens mit Beratung verbunden ist. Von daher ist der Begriff „therapeutische Beratung" für sein Vorgehen treffend gewählt. Die aktuelle Praxis wird genau beschrieben und durch viele eindrückliche Beispiele illustriert. Zudem enthält das Buch viele Hinweise zur Geschichte des Sandspiels, vor allem zu Margarethe Lowenfelds Welttechnik, ihre Rezeption und Ablehnung durch analytische Kollegen. Gerade die Aufarbeitung historischer Quellen der Sandspieltherapie ist besonders wertvoll.

12. Nehama Baum und Brenda Weinberg (Herausgeberinnen): In the hands of creation: Sandplay images of birth and rebirth

Dieser Band enthält die ausgearbeiteten Vorträge der internationalen Sandspielkonferenz in Vancouver im Jahr 1999. Das verbindende Thema waren die Schöpfungsmythen verschiedener Kulturen. Der Band vermittelt einen umfassenden Überblick über den derzeitigen Stand der Sandspieltherapie in Praxis und Theorie, einschließlich so wichtiger Fragestellungen wie der Übertragung und Gegenübertragung in der Sandspieltherapie.

13. Joel Ryce-Menuhin: The self in early childhood

Das Thema dieses Buch kreist um das Konstrukt des „Selbst" – aus Sicht von Jung, Freud, Neo-Freudianern und der empirischen Entwicklungspsychologie. Obwohl manche Kapitel inzwischen als überholt gelten müssen (zum Beispiel zum Autismus), enthält dieses Buch viele interessante Gesichtspunkte, die mit einem Sandspielfall illustriert werden.

14. Katherine Bradway (Herausgeberin): Sandplay studies: Origins, theory and practice

Dies ist eine interessante Sammlung von Essays verschiedener Autoren aus dem C.G. Jung-Institut von San Francisco, wo die Sandspieltherapie schon früh rezipiert wurde. Der Band enthält unter anderem Kapitel zur Entwicklungspsychologie des Sandspiels und ein Vorwort von Dora Kalff.

15. Evalyn T. Dundas: Symbols come alive in the sand

Dieses gehört zu den „frühen" Büchern der Sandspielliteratur mit interessanten Falldarstellungen von Kindertherapien. Interessant sind auch die Zeichnungen (statt Fotografien) der Sandspielbilder.

16. Suzy Gubelmann-Kull: Ein Ich wächst aus Bewusstseinsinseln – Reifungsschritte in der Sandspieltherapie

Dies ist eine interessante Kasuistik, die nicht als Therapie sondern als Individuationsbericht gedacht ist. Besonders interessant dabei sind die Bilder eines „gesunden" Kindes als Hinweis auf den spontanen Individuationsprozess, der in allen Menschen abläuft. Problematisch jedoch ist die Tatsache, dass der Prozess von der Großmutter des Kindes begleitet wurde – familiäre Verquickungen traten in der Geschichte der Psychoanalyse leider häufig auf und waren oft wenig hilfreich für die Betroffenen (Mecacci, 2004).

17. Marie Jane Markell: Sand, water, silence – The embodyment of spirit – explorations in matter and psyche

Dieses Buch fokussiert auf dem Sandspiel als Transformationsprozess (also nicht als Therapiemethode) und enthält viele persönliche Assoziationen und Hinweise auf westliche Symbole und östliche Traditionen. Es ist leider unstrukturiert geschrieben, wirkt an vielen Stellen völlig abstrus und spekulativ, zum Beispiel in den lockeren Assoziationen zur Neurophysiologie. Dieses Buch tut der Sandspieltherapie keinen Gefallen in dem Bestreben, als Therapiemethode anerkannt zu werden.

18. Barbara Labovitz-Boik und Anna Goodwin: Sandplay Therapy: A step-by-step manual for psychotherapists of diverse orientations

Dieses Buch behandelt die Sandspieltherapie weder im Kontext der analytischen Psychologie C.G. Jungs noch der Tradition Dora Kalffs. Die Autorinnen sehen das Sandspiel als Zusatzmedium zu anderen psychotherapeutischen Techniken und plädieren für ein eklektisches Vorgehen. Das Buch enthält viele praktische Ideen und zeigt, dass die Sandspieltherapie von anderen Psychotherapieschulen rezipiert wurde. Es muss jedoch hinterfragt werden, ob ohne analytischen Hintergrund eine tiefe unbewusste Erfahrung in den Therapien erreicht werden kann. Zur Unterscheidung schlagen die Autorinnen vor, dass Kalff'sche Sandspiel mit einem großen S (Sandplay) und andere psychotherapeutische Richtungen mit einem kleinen s (sandplay) zu schreiben.

19. L.J. Carey: Sandplay Therapy with children and families

Auch dieses Buch beruht nicht auf dem Sandspiel von Dora Kalff, zeigt aber, wie Aspekte der Sandspieltherapie mit familientherapeutischen Zugängen verbunden werden kann.

20. Barbara Turner: The handbook of Sandplay therapy

Das Ziel des Buches ist es, eine detaillierte und praktische Anleitung zur Sandspieltherapie bei Kindern und Jugendlichen zu vermitteln. Es ist in 4 Teile gegliedert: Konzepte zur Theorie, zum Prozess und zur Praxis, gefolgt von über 200 Seiten detaillierter Falldarstellungen, auf die im Text immer wieder verwiesen wird. Dadurch wird die Darstellung der Jung'schen Psychologie sehr anschaulich und nachvollziehbar. Auch die Einführung in die Symbolarbeit ist gelungen. Dagegen ist die Darstellung der spekulativen Entwicklungspsychologie von Erich Neumann, die nicht auf direkter Beobachtung beruht und wirklich als überholt gilt, zu lang geraten. Bis auf Piaget wird auch im weiteren Verlauf nur die analytische Entwicklungspsychologie referiert. Die Parallelen zur Neurobiologie sind grob vereinfacht und hätten besser ausgelassen werden sollen. Der zweite Teil widmet sich dem Sandspielprozess mit vielen praktischen Hinweisen zum Verständnis von Symbolen. Im dritten Teil wird die Praxis der Sandspieltherapie genau beschrieben – so wie sie von der Autorin vertreten wird. Beeindruckend ist die Genauigkeit der Dokumentation der Stunden – im Gegensatz zur der fehlenden Anfangsdiagnostik der psychischen Störung allgemein. Das Buch ist für Anfänger gut geeignet und bietet auch Anregungen für erfahrene Therapeuten. Ein etwas bescheidenerer Titel wäre angemessener: es ist ein Handbuch, aber nicht **das** Handbuch. Zum Teil wirkt es oberflächlich und belehrend – und erreicht nicht die Tiefe oder Weisheit anderer Sandspiel-Bücher.

4.4 Symbolik

Das Verständnis der symbolischen Darstellung ist in der analytischen Psychologie C.G. Jungs allgemein, wie auch in der Sandspieltherapie im Besonderen, von zentraler Bedeutung, weshalb es hier ausführlich behandelt werden soll. Ein Symbol kann als bestmöglicher Ausdruck einer unsichtbaren, ideellen Wirklichkeit verstanden werden (Kast, 1992). Der Bewusstseinsanteil des Symbols weist auf etwas nicht Gewusstes, Unbewusstes hin. Das Symbol hat damit eine verbindende Brücken- oder transzendente Funktion vom Unbewussten zum Bewussten und zurück.

Ein Symbol ist immer „überdeterminiert". Es lässt sich durch eine einfache Deutung nicht hinreichend erklären, sondern enthält immer mehrere Bedeutungsschichten, die zudem niemals voll erschlossen werden können. Damit unterscheidet es sich von einem Zeichen, das immer nur eine vereinbarte Bedeutung zulässt.

Ferner enthält ein Symbol immer polare, oft auch paradoxe positive und negative Aspekte zur gleichen Zeit, so dass immer die andere, verdeckte Seite betrachtet werden sollte. Die Bedeutung der Symbole kann von Kultur zu Kultur variieren und auch von einer historischen Epoche zur nächsten einen Bedeutungswandel durchlaufen. Man denke zum Beispiel an das Symbol des Raben, der im christlichen Mittelalter die Inkarnation des Bösen darstellte, in anderen Kulturen dagegen Weisheit und Einsicht verkörpern kann (Cooper, 1986). Trotz dieser Vielgestaltigkeit verbleibt ein Bedeutungskern, der übergreifend in verschiedenen Kontexten erhalten bleibt. So ist die Wahrscheinlichkeit größer, dass Spiritualität durch das Symbol des Vogels als durch das des Krokodils dargestellt wird, dass Geschwindigkeit und Aggression eher durch einen Leoparden als durch ein Küken symbolisiert wird, oder dass Fruchtbarkeit eher durch einen Hasen als durch eine Spinne ausgedrückt wird.

Gerade Kinder sind in ihrem Ausdruck der Symbolsprache viel näher als Erwachsene und wählen ohne große Umwege genau das Symbol aus, das sich mit ihrer inneren psychischen Welt deckt. Von daher ist es für den Sandspieltherapeuten wichtig, in seiner Sammlung genügend Figuren zur Verfügung zu haben, damit auch Nuancen der Symbolik ausgedrückt werden können. Andererseits ist es wichtig, die Symbolsprache zu kennen und sich aktiv um ein Verständnis von Symbolen in der eigenen, wie auch fremden Kultur zu bemühen. Dieses Wissen erleichtert es sehr, die individuelle Bedeutung des Kindes zu verstehen. Die Kenntnis der Symbole ist auch sehr hilfreich in der Amplifikation eines Symbols, also seiner affektiven Anreicherung durch zusätzliche historische und mythologische Aspekte. In der Therapie soll das Symbol vertieft und wach gehalten werden, keineswegs sollte die subjektive Bedeutung durch eine unpassende Interpretation vermindert werden. Gute Einführungen in die Arbeit mit Symbolen, die in der Sandspieltherapie, aber auch in der analytischen Psychologie allgemein, so wichtig ist, finden sich bei Kast (1992) und Müller und Knoll (1998).

In diesem Kapitel sollen verschiedene Symbolbücher und Lexika exemplarisch dargestellt werden. In keinem Fall ist diese Liste vollständig. Gerade bei Symbolbüchern (wie auch bei den Figuren) hat jeder Therapeut seine Vorlieben und Schwerpunkte – die Teil der Gegenübertragung und der Beziehungsgestaltung sind. Trotz der hohen Relevanz der Symbolik sollte man sich nicht zu sehr unter Druck setzen. Wie Bradway, Chambers & Chiaia (2005; S. 82) sehr treffend bemerkten, ist es nicht notwendig, alle Symbole gleich in der Therapiestunde zu verstehen – Sandspieltherapie als nicht-verbales Medium wirkt auch ohne verbales Verstehen – entscheidend ist die Beziehung. Oft erschließen sich die symbolischen Bedeutungen im Nachhinein, bei der Betrachtung des Verlaufs und bei der Wahrnehmung eigener Assoziationen, oder beim Nachlesen.

Allgemeine Symbolbücher

Allgemeine Lexika und Symbolbücher ermöglichen einen schnellen, raschen Überblick über die Bedeutung eines Symbols – auch im historischen und transkulturellen Vergleich. Noch immer ist eines der besten und hilfreichsten Bücher das „Illustriertes Lexikon der traditionellen Symbole" von Cooper (1986). Andere allgemeine Lexika sind beispielsweise die von Biedermann (1998), Bauer, Dümotz & Golowin (1982) und Fontana (1994).

Speziellere Kultur-Lexika widmen sich Schwerpunkten und Symbolen aus bestimmten Kulturkreisen, u. a.:

- Der hinduistischen Symbolik (Schleberger, 1986),
- der keltischen Symbolik (Botheroyd & Botheroyd, 1995),
- der christlichen Symbolik (Heinz-Mohr, 1998),
- den universellen Zeichen (Frutinger, 1991),
- der Geschichte und Symbolik von Frauen (Walker, 1993).

Weitere Symbolbücher haben übergeordnete Grundprinzipien zum Thema:

Zahl. Wichtig in der Interpretation von Sandbildern ist die Häufigkeit, mit der ein Symbol gewählt wird. Ein übergeordnetes wichtiges Symbol ist demnach die Zahl, wie bei Endres und Schimmel (1998) oder Betz (1989) dargestellt.

Farbsymbolik. Weiterhin spielt die Farbwahl und die damit ausgelösten Assoziationen eine große Rolle, so dass die Beschäftigung mit der Farbsymbolik sehr hilfreich sein kann (Riedel, 1985a). Sogar einzelnen Farben, auch aus physikalischer Sicht, sind Monographien gewidmet, wie beispielsweise der Farbe Blau (Hoeppe, 1999).

Grundformen. Auch finden sich die Grundformen von Kreis, Kreuz, Dreieck, Quadrat und Spirale in vielen Bildern und sollten in ihrer Bedeutung erkannt werden (Riedel, 1985b). Darüber hinaus widmen sich ganze Bücher allein einer einzigen Grundform, dem Kreuz – dem Grundsymbol der christlichen Kultur (Baudler, 1997).

Spezielle Symbolbücher für Kinder

Für Kinder ist die Natur in allen Facetten von entscheidender Bedeutung in ihrer Symbolwahl. Wie schon von D. Kalff (1996a) erwähnt, spielt das Vegetative in den Sandbildern oft als erstes Stadium im therapeutischen Prozess eine wichtige Rolle. Beeindruckende Bücher widmen sich u. a.:

- Der Symbolik von Pflanzen allgemein (Brosse, 1992),
- der Symbolik von Bäumen im Speziellen (Brosse, 1994),

- oder der Symbolik von Wald, Wasser und Bergen im historischen Kontext (Scharma, 1996).

Besonders nahe fühlen sich Kinder den Tieren und allem Animalischen, die sie oft in Gruppen oder Familien verwenden. Die besten allgemeinen Tiersymbolbücher sind die von Zerling und Bauer (2003) und Johnson (1990). Spezielle Themen widmen sich u. a.:

- Der Symbolik von Pferden in ihrer tiefenpsychologischen Bedeutung, vor allem für Mädchen (Wagenmann & Schönhammer, 1994),
- Schlangen in ihren vielen, ambivalenten Bedeutungen (Fischle, 1989; Egli, 1994),
- Vögel, auf die unter Abschnitt 4.5 besonders eingegangen wird (Davy, 1994),
- Vögel, Fuchs, Fisch und Schlange (Hark et al., 1998).

Spezielle Symbolbücher

Weitere spezielle Symbolbücher stehen der analytischen Psychologie C.G. Jungs sehr nahe und greifen Symbole auf, die sich in Therapien aller Altersstufen häufig zeigen. Diese Werke behandeln u.a.:

- Die Symbolik des Gartens (Teichert, 1986),
- die Symbolik des Drachenkampfes (Steffen, 1989),
- das Symbol des göttlichen Kindes (Schwarzenau, 1988),
- das Symbol der heiligen Hochzeit (Wehr, 1998),
- die Symbolik der schwarzen Madonna (Romankiewicz, 2004),
- die Symbolik des Phallus (Danielou, 1998),
- das Symbol des grünen Mannes (Anderson, 1993),
- die Symbolik der Musik (Cotte, 1992; Rasche, 2004),
- das Labyrinth als Symbol der Transformation (Jaskolski, 1994; Kern, 1999),
- die Symbolik der Sphinx (Remmler, 1995),
- das Symbol des Drachen (Senges, 1998),
- die Symbolik der griechischen Göttinnen (Bolen, 1984) und Götter (Bolen, 1989),
- die Symbolik von Nixen und Meeresjungfrauen (Bessler, 1995),
- das Opfer als Symbol der Wandlung (Carus, 2000).

Viele weitere Symboldarstellungen finden sich in der „Zeitschrift für Sandspieltherapie" und in dem ästhetisch sehr ansprechenden „Journal of Sandplay Therapy". Einzelne Symbolartikel und Links zu Symbol-Enzyklopädien finden sich auf der website www.sandplay.org. Auch die deutsche Webseite bietet nützliche Hinweise zur Sandspieltherapie (www.sandspiel.de) mit einer allgemeinen Einführung in die Symbolarbeit. Wichtige Symbolarbeiten finden sich in der deutschsprachigen „Zeitschrift für Sandspieltherapie". Auch in dem amerikanischen „Journal of Sandplay Therapy" wurden u. a. folgende Symbole behandelt: Bär, Knochen, Ei, Fuchs, Hase, Leuchtturm, Meerjungfrau, Spiegel, Mond, Oktopus, Pelikan, Rose, Seehund, Schlange, Sonne, Baum, Schildkröte, Brunnen, Wal, Wolf.

Um wirklich die Stärke der Symbolarbeit zu erfahren, ist es hilfreich, ein eigenes, wichtiges Symbol zu identifizieren und dieses zu vertiefen. Diese persönliche „Selbsterfahrung" mit einem Symbol ist Bestandteil der Sandspieltherapieausbildung und soll an einem einzigen Symbol, dem des Vogels, exemplarisch ausgeführt werden. Wenn der Zugang zu einem Symbol gelingt, fallen einem im Alltag, in Phantasien, Träumen und natürlich in der Sandspielarbeit ununterbrochen weitere Symbole auf, die ähnlich vertieft werden können – ohne jemals die volle Bedeutung zu entschlüsseln. Der „Zauber" des Symbols liegt darin, dass es niemals vom Bewusstsein vollständig erfasst werden kann. So definierte C.G. Jung ein Symbol folgendermaßen: „Das Symbol dagegen setzt immer voraus, dass der gewählte Ausdruck die bestmöglichste Bezeichnung oder Formel für einen relativ unbekannten, jedoch als vorhanden erkannten und geforderten Tatbestand sei" (Jung, GW 6, § 894). Verena Kast umschrieb das Symbol als „ein sichtbares Zeichen einer auch unsichtbaren, ideellen Wirklichkeit" (Kast, 1992, S. 19). Im Folgenden wird das Symbol des Vogels exemplarisch dargestellt.

4.5 Beispiel: Symbol des Vogels

Es soll als Beispiel für das Symbolverständnis die Symbolik des Vogels dargestellt werden, die seit allen Zeiten eine besondere Bedeutung bei religiösen und transzendenten Erfahrungen hat. Insbesondere Mystiker fühlten sich Vögeln besonders nahe. Am bekanntesten ist das Beispiel von dem heiligen Franz von Assisi, der mit den Vögeln redete. Dies wurde sehr beeindruckend in einem Roman von Nico Kazantzakis (1990) dargestellt.

Dieses Kapitel berücksichtigt vor allem zwei Quellen: Das illustrierte Lexikon der traditionellen Symbole (Cooper, 1986) und das umfassende Buch von Davy, einer französischen Mediavistin, das schon in seinem Titel die symbolische Bedeutung des Vogels andeutet: „Geschöpfe der Sehnsucht" (1994).

Symbole im Umfeld des Vogelsymbols

In der Beschäftigung mit dem Symbol des Vogels werden andere wichtige Symbole angestoßen, die hier nur kurz und stichpunktartig erwähnt werden sollen.

Symbole der Sonne

Die Sonne kann, je nach kulturellem Hintergrund, folgende Symbole beinhalten: Kosmische Macht, Gottheit, das Zentrum des Seins und die Erleuchtung. Üblicherweise ist die Sonne ein männliches Symbol und bezeichnet den Vater, während der Mond in den meisten Kulturen die Mutter darstellt. Beide Symbole zusammen stellen die Vereinigung der männlichen und weiblichen Kräfte dar. So wird der Sonnengott und Himmelsvater als Bräutigam, die Mondgöttin und Erdmutter

4 Sandspieltherapie – theoretischer Hintergrund

Abb. 4.9: Vogel Übersicht: Eine große Auswahl von Vögeln – wiederum in Familien – ist hilfreich, da jede der Vogelarten eine eigene Symbolik ausdrückt.

als Braut dargestellt. Allerdings gibt es auch Ausnahmen, wie bei den Indianern, den Maori und den Germanen, bei denen die Geschlechtsverteilung vertauscht ist.

Die Strahlen der Sonne können sowohl lebensspendend als auch zerstörend sein. Somit symbolisieren sie sowohl das Leben als auch den Tod. Die Sonne und Herz mit Strahlenkranz sind ein Symbol des Zentrums, der Erleuchtung und der Intelligenz (Cooper, 1986). Die Sonne im Streit mit der Schlange stellt ein Bild für den Kampf des Lichtes gegen die Finsternis, von himmlischen gegen irdische Mächte dar. Die Sonne kann als drehendes Rad, Scheibe, Sonnenwagen mit Sonnengöttern, Augen und Sonnenvögel und Sonnentiere dargestellt werden.

Symbol des Lichtes

Das Symbol des Lichtes ist als eine Manifestation von Göttlichkeit, kosmischer Schöpfung, Leben, Wahrheit, Erleuchtung und unmittelbare Erkenntnis zu verstehen. Es klingen Facetten von Herrlichkeit, Glanz, Freude, übernatürliche Kräfte, Quelle des Guten und die Macht, die das Böse und die Kräfte der Finsternis vertreibt, an. Das Licht bedeutet die Begegnung mit der transzendenten Wirklichkeit und kann Anfang und Ende symbolisieren. Das Licht, d. h. Erleuchtung, zu erreichen, heißt, ins Zentrum zu gelangen (d. h. zum „Selbst"). Licht und Finsternis sind die beiden zusammengehörigen Aspekte des Archetyps der „großen Mutter", von Leben und Liebe, Tod und Begräbnis, Schöpfung und Zerstörung (Neumann, 1989).

Symbol des Flugs, Fliegens und Flügel

Fliegen bedeutet Transzendenz, Befreiung des Geistes aus der Beschränkung der Materie, die Freilassung des Geistes der Toten, der Übergang von einer ontologischen Ebene zur anderen, der Übergang vom Bedingten zum Unbedingten.

Vögel können Göttlichkeit, spirituelle Natur und Transzendenz darstellen. Es klingen als weitere Bedeutungen an: Luft, Wind, spontane Bewegungen, Geist und Freiheit. Der Götterbote Hermes wird mit geflügeltem Helm und geflügelten Sandalen dargestellt. Ausgebreitete Flügel stellen göttlichen Schutz dar. Auch Engel haben Flügel, sie sind Boten Gottes, Mittler zwischen Gott und Mensch, dem Himmel und dieser Welt, Mächte der unsichtbaren Welt und ein Symbol der Erleuchtung. Andererseits können Flügel auch ambivalent sein, da auch böse Kräfte, in dem geflügelten Teufel, über das Fliegen verfügen.

Symbol des Flugzeugs

Ein modernes Symbol des Fliegens ist das Flugzeug, das schnellste und sicherste Transportmittel der Gegenwart. Es erhebt sich in männlich-väterliche Domänen des Himmels und der Luft und muss den Kontakt zur Mutter Erde aufgeben. Andererseits umhüllt und beschützt das Flugzeug seine Passagiere in Höhen, in denen menschliches Leben nicht möglich wäre. Durch die passive Versorgung der Passagier hat das Fliegen auch regressionsfördernde Elemente. In anderen Worten, auch mütterliche Aspekte klingen bei diesem Symbol an.

Das Fliegen ist oft mit dem Archetyp des „Puer aeternus" assoziiert, der von den banalen Aufgaben des Alltags und der Erde entschweben möchte. Paradoxerweise bleibt er damit gerade dem Mutterkomplex (und Archetyp) besonders verhaftet.

Abb. 4.10: Flugzeug

4 Sandspieltherapie – theoretischer Hintergrund

Abb. 4.11: Schmetterling

Dieses Motiv wurde von Marie Luise von Franz (1992) am Beispiel von Antoine de St. Exupery ausgearbeitet.

Symbol des Schmetterlings

Der Schmetterling ist das Symbol für Seele und das der Transformation, Metamorphose und Wiedergeburt. Die Raupe schließt sich in eine Puppe ein, der umgewandelte Falter streift die Puppe ab und lässt sie hinter sich. Weitere Aspekte umfassen Schönheit, Freude, Fruchtbarkeit und Leichtigkeit – aber auch Oberflächlichkeit und Eitelkeit (Zerling & Bauer, 2003; Cooper, 1986).

Symbol des Vogels

Vögel und Reptilien haben trotz ihrer Gegensätze vieles gemeinsam. In der biblischen Schöpfungsgeschichte wurden am vierten Tag Fische und Vögel, am fünften Tag die Reptilien geschaffen. Auch werden Dinosaurier als Vorfahren der Vögel angesehen. Im Gegensatz zur Schlange, die sich in Erdspalten, in die unterirdische Welt verkriecht, erhebt sich der Vogel leicht in die Lüfte und liebt das Licht. Beiden Tieren wird der Besitz von heilenden Kräften zugeschrieben. Während das Böse häufig auf Schlangen projiziert wurde, fühlten sich Mystiker Vögeln besonders hingezogen.

Besonders die Flügel des Vogels wurden als göttlich angesehen. Davy (1994, S. 27) schreibt dazu: „Der geflügelte Vogel mahnt den Menschen daran, die ‚Kleider aus Fellen' abzulegen und sich Flügel zu erwerben. Es handelt sich wohlverstanden um eine symbolische Interpretation, doch sie hat einen Sinn. Der Flügel wird zum Symbol der Pneuma (des Geistes) … . Der Vogel mahnt den Menschen an seine ursprüngliche Berufung, dass er nämlich sein oberflächliches und zeitbedingtes Überkleid abstreifen muss, um in einen geflügelten Zustand überzugehen. Nicht nur diese Erwerbung ist ein schwieriges Unterfangen, es fällt dem Menschen auch keineswegs leicht, sich den einmal erreichten Zustand zu bewahren".

Besonders die Farben des Gefieders und der Gesang des Vogels sprechen den Menschen an, jedoch zeigt der Vogel kein Bedürfnis nach Anerkennung. „Sein Jubilieren strahlt unentgeltlich in die Natur hinaus – der Vogel zeigt kein Bedürfnis, gesehen oder gehört zu werden" (Davy, 1994; S. 32). „Das Gefieder und die Gesänge der Vögel sprechen den Menschen an, der sich nach Befreiung sehnt. Die Gesänge wecken die inneren Sinne, die geschärfter als die äußeren sind. Die menschliche Dimension weitet sich aus und wird zum Einklang mit Gott" (Davy, 1994; S. 33). Der Vogel wird somit zum Vermittler: „Der Vogel baut, ohne es zu wissen, luftige Brücken, er stellt Beziehungen zwischen der Zeit und der Ewigkeit her. Er verwischt die Gegensätze. Er wird so zum Botschafter, der eine gute Nachricht überbringt…" (Davy, 1994; S. 33).

Ein besonderes Kennzeichen des Vogels ist sein Lebensraum, die Luft, die nicht begrenzt ist, ein Raum ohne Wege, ohne Formen. Der Vogel zeigt kein Bedürfnis nach Wissen, erreicht luftige Höhen und schaut nicht zurück. Davy (1994) schreibt hierzu: „Auch hier wird das Symbol des den Raum durchquerenden Vogels zu einer Botschaft: ‚Das luftige Leben ist das wirkliche Leben; das irdische Leben hingegen ist ein imaginäres Leben, ein flüchtiges und fernes Leben'. Verwurzelung steht für Unwissenheit. Und die befreiende Nichtverwurzelung bedeutet Wissen" (Davy, 1994; S. 41).

„Die Symbolik des Vogels stimmt, bei genauerem Zusehen, mit der der Geistes überein. ‚Kind des Lichtes' ist ein Name, der dem Vogel zusteht" (Davy, 1994; S. 44). Als solcher ist er durch brüderliche Zärtlichkeit mit dem Menschen des Lichtes verbunden, so ergeben sich freundschaftliche, furchtlose Beziehungen zwischen den in der Abgeschiedenheit lebenden Menschen, den Mystikern und den Vögeln. „Für den Vogel ist das Licht unerlässlich" (S. 46). „Auch der Mensch kann seiner kosmischen Dimension nicht entrinnen." „Das sichtbare Licht und das spirituelle Licht können zusammenwirken. Das eine ist Symbol für das andere" (S. 47).

Schließlich ist der Vogel ein Symbol der Freiheit. Er lobpreist und ist gleichzeitig Symbol für die Freiheit, er untersteht keinerlei Autorität, keinem System, keiner Partei. Die einzige Bindung ergibt sich aus der Sorge für seine Jungen.

Spezifische Vögel

Nach der allgemeinen Symbolik des Vogels sollen nun verschiedene Vogelarten speziell kurz in Stichworten dargestellt werden, da jeder Vogel für sich noch eine besondere Bedeutung innehaben kann.

Der Adler

Der Adler ist ein solares Symbol. Er symbolisiert Himmelsgötter, das geistige Prinzip, Aufstieg zum Himmel, Inspiration, Erlösung aus Knechtschaft, Sieg, Stolz, Meditation, Königswürde, Macht und Stärke. Da man annahm, dass der Adler bis

4 Sandspieltherapie – theoretischer Hintergrund

Abb. 4.12: Adler

zur Sonne fliegen, sie standhaft anblicken und sich mit ihr identifizieren könne, verkörpert er das geistige Prinzip im Menschen, das sich zum Himmel erheben kann. Der doppelköpfige Adler ist ein Attribut von Zwillingsgöttern und kann Allwissenheit und doppelte Macht symbolisieren. Der Streit zwischen dem Adler und dem Löwen, in dem der Adler immer den Sieg davonträgt, ist der Triumph des Geistes oder des Intellektes über das Körperliche. Der Kampf zwischen Adler und Schlange stellt den Sieg des Geistes dar, denn der Adler ist das Symbol der himmlischen Mächte (und des Lichtes) und die Schlange verkörpert die bösen Kräfte (und die Finsternis). Beide zusammen bilden ein Ganzes, das die Verbindung von Geist und Materie darstellt. Im christlichen Bereich stellt der Adler Himmelfahrt, Streben und Sehnsucht und geistliches Bemühen dar. Man glaubte, dass der Adler sein Gefieder erneuert, wenn er zur Sonne fliegt und ins Meer taucht, weshalb er die Auferstehung symbolisieren kann. Er verkörpert auch die Erleuchtung durch das Evangelium, weshalb Lesepulte in Adlergestalt gestaltet wurden. Im Hinduismus ist der Adler Bild des Gottvogels Garuda, auf dem Vishnu reitet.

Der Falke

Der Falke hat vieles der solaren Symbolik des Adlers gemeinsam, mit dem er oft austauschbar ist. Er stellt Streben, Sieg, Macht, Königswürde und Adel dar. Er verkörpert die Freiheit und damit folglich die Hoffnung für alle, die in Knechtschaft leben. Wie der Adler galt er als einer, der zur Sonne fliegen und sie anblicken kann, ohne zu blinzeln. Götter mit einem Falken oder falkenköpfige Götter sind Sonnengötter. Am bekanntesten ist der Gott Horus im alten Ägypten, der allsehende König der Vögel.

4.5 Beispiel: Symbol des Vogels

Abb. 4.13: Falke

Die Elster

Die Elster wird als geschwätzig und diebisch geschildert und häufig als Schädling betrachtet. Im Griechischen gehört sie zu Dionysos, dem Gott des Rausches. In China symbolisiert sie allerdings Glück, Freude, und gutes eheliches Einverständnis, d. h. ausschließlich positive Qualitäten.

Die Eule

Der Eule werden Augen mit unheimlicher, vollkommener Schärfe nachgesagt, sie gehört der Zwischenwelt an und soll über ein äußerst feines Gehör verfügen. Häufig war sie ein Symbol für den Meditierenden und den Einsiedler. In Griechenland war sie das Symbol von Pallas Athenae, Göttin der Weisheit. In Europa symbolisierte sie aber auch Aberglaube und Gefühle des Schreckens und des Unheils.

Der Hahn

Auch der Hahn ist ein Sonnenvogel und stellt das männliche Prinzip, Ruhm, Oberherrschaft, Mut und Wachsamkeit dar. Zwei kämpfende Hähne symbolisieren den Lebenskampf. Im christlichen Bereich begrüßt der Hahn das Erwachen der Sonne (und damit Christi) im Osten. Als Symbol der Wachsamkeit wird er auf Wetterfahnen dargestellt.

4 Sandspieltherapie – theoretischer Hintergrund

Abb. 4.14: Eule

Abb. 4.15: Hahn

Der Kranich

Der Kranich ist häufig ein Bote der Götter. In Gemeinschaft mit den Göttern soll er die Fähigkeit besitzen, in höhere Ebenen des Bewusstseins einzutreten. In China galt er als Götterbote, ein Mittler zwischen Himmel und Erde, Symbol der Unsterblichkeit, Langlebigkeit, Wachsamkeit und Glück.

Der Kuckuck

Dem Kuckuck wird Ungutes nachgesagt, er sei zu faul, sein Nest zu bauen. Deshalb lege er Eier in das Nest einer anderen Art und soll dessen Eier aus dem Nest herauswerfen. Ihm wird zerstörerisches Verhalten nachgesagt. Er liebt die Einsamkeit. Bekannt ist er für seinen Ruf mit zwei Silben in gleicher Tonlage, das wie ein Mantra wirken kann. In Tibet und Indien genießt er ein besonderes Ansehen, er gilt als König der Vögel, Symbol eines Boddhisattva.

Die Lerche

Die Lerche ist das Symbol für das Unendliche, Zeitlosigkeit, Transzendenz. Sie preist die Sonne, das Licht und die Wärme und kann auch Liebesglück symbolisieren.

Die Nachtigall

Die Nachtigall ist ein Symbol der Melancholie, Nostalgie, Sehnsucht nach ewiger Liebe und der Trauer wegen des unvermeidlichen Endes. Sie singt in der Nacht, entstammt einer unsichtbaren Welt des Geheimnisses. Sie ist ein Symbol der vollkommenen Liebe, die die Gattin und die Jungen besingt.

Der Pelikan

Da man glaubte, dass er seine Jungen mit seinem eigenen Blut füttere, verkörperte der Pelikan Aufopferung, Nächstenliebe und Frömmigkeit. Diese Symbolik entspricht einer Legende, nach der berichtet wird, dass junge Pelikane ihre Eltern grausam ins Gesicht schlagen würden. Diese nähmen das, so die Fabel, nicht einfach hin, sondern verteidigten sich und töteten bisweilen ihre Jungen. Das Weibchen soll daraufhin seine Kinder drei Tage lang beweinen, worauf sich ihre Körperseite öffnet, damit ihr Blut über ihre Kinder fließt und diese wieder zum Leben erweckt. Der Pelikan wurde deshalb früh zu einem Symbol für Christus als Erlöser. Im Mittelalter allerdings wurde der Pelikan als ein unreines Tier bezeichnet und mit Abscheu geächtet.

Der Pfau

Der Pfau ist ein solares Symbol und symbolisiert Unsterblichkeit, Langlebigkeit und Liebe. Er ist ein Natursymbol für die Sterne am Firmament, symbolisiert durch die Augen seines aufgestellten Schweifes. Da er vor dem Regen unruhig werden

4 Sandspieltherapie – theoretischer Hintergrund

Abb. 4.16: Pelikan

Abb. 4.17: Pfau

soll, brachte man ihn mit Unwettern in Verbindung. Seinen Regentanz assoziierte man auch mit der Symbolik der Spirale. Relativ spät wurde er mit weltlichen Attributen wie Stolz und Eitelkeit in Verbindung gebracht. Im Buddhismus symbolisiert er Mitgefühl und Wachsamkeit. In China stellte er Würde, Rang, Schönheit und kaiserliche Gunst dar. Im Christentum war seine Bedeutung Unsterblichkeit und Auferstehung, denn sein Gefieder erneuerte sich und das Fleisch galt als unverweslich. Die hundert Augen des Schwanzes symbolisieren die alles sehende Kirche, der Schweif weist Ähnlichkeiten mit dem Heiligenschein auf. Im Hinduismus war er das Reittier von Brahma und Lakshmi.

Der Phönix

Der Phönix ist ein universelles Symbol für Auferstehung und Unsterblichkeit, für Tod und Wiedergeburt durch das Feuer. Er ist ein Fabelwesen, das durch Selbstopferung stirbt. Er bleibt drei Tage lang tot und erhebt sich am dritten Tag wieder aus der Asche. Als Feuervogel ist Phönix ein universelles Sonnensymbol und verkörpert Königswürde, Adel und Einzigartigkeit. Er steht auch für Sanftmut, da er nicht zerstört, worauf er seine Füße setzt und sich von nichts Lebendem nährt, sondern nur von Tau lebt.

Abb. 4.18: Phönix

Der Rabe

Der Rabe ist ein sprechender Vogel und kann daher Prophezeiungen verkünden. Im Übrigen ist seine Symbolik ambivalent, entweder ist er ein solares Symbol der

4 Sandspieltherapie – theoretischer Hintergrund

Abb. 4.19: Rabe

Weisheit oder Sinnbild der Dunkelheit, des Bösen, der Zerstörung und des Krieges. Raben und Wölfe sind häufig Vertraute und Begleiter von Totengöttern.

Der Rabe war ursprünglich, vor allem im Osten, ein Orakelvogel, der zwischen Menschen und Göttern vermittelte. Er war ein Freund der Einsiedler und steht für Einsamkeit. Dem Raben wurden Intelligenz, scharfer Blick, Langlebigkeit und ein Festhalten an strengen Gesetzen nachgesagt. In Griechenland war er Apollon heilig. Im keltischen Kulturkreis galt er als Wahrsager. In der skandinavisch-germanischen Mythologie hatte Wotan zwei Raben auf den Schultern, die überallhin gelangten und alles berichteten, was sie gesehen hatten: Hugin, der das Denken und Munin, der das Gedächtnis verkörpert. Ab dem 13. Jahrhundert wandelte sich das Symbol: ihm wurde nachgesagt, er zerstöre Ernten, stoße seltsame Schreie aus und ernähre sich von unreinen Tieren. In der christlichen Religion wurde er zunehmend zu dem Sinnbild des Teufels, der sich von Aas ernährt. Als ein Wesen, das anderen die Augen aushackt, verkörperte er auch den Teufel, der die Sünder blendet. Der Rabe wurde damit zum Symbol der Sünde im Gegensatz zu der unschuldigen Seele der weißen Taube. In der Alchemie war er Symbol des Schwarzwerdens und der Abtötung, des Nigredo.

Die Schwalbe

Die Schwalbe gilt als Botin der Jahreszeiten, des Wetters. Sie ist kein Wildtier, sondern nistet in der Nähe der Menschen und gilt als glücksverheißend. Im alten Ägypten galt sie als Zeichen für das Leben nach dem Tod, als der Vogel der Göttin Isis, die in eine Schwalbe verwandelt wurde. Ihr wurden heilende Fähigkeiten zugeschrieben, sie soll Sehvermögen zurückgeben und verbessern, sie wird als Zugang zum Licht gedeutet, zur Klarheit. Zusätzlich symbolisiert sie Frühling und Geburt eines Kindes.

Der Schwan

Da der Schwan die beiden Elemente Luft und Wasser in sich vereint, ist er der Vogel des Lebens und des Tagesanbruches. Er bedeutet auch Einsamkeit und Zurückgezogenheit und ist ein Vogel der Dichter, die seinen Todesgesang beschrieben. Seine weiße Farbe symbolisiert Aufrichtigkeit. In der christlichen Religion symbolisiert er Reinheit, Gnade und die Jungfrau Maria. Im Hinduismus symbolisiert er Vereinigung, Ein- und Ausatmen, Atem und Geist.

Abb. 4.20: Schwan

Der Storch

Der Storch ist ein solarer Vogel und Vernichter von Reptilien. Als Wasservogel und Fischer wird er mit dem Wasser der Schöpfung assoziiert. Kinder liegen im Schoß der Mutter Erde und werden von Störchen gefunden. Er ist somit Symbol der Geburt und verkündet die Ankunft des Frühlings. In der christlichen Religion stellt er das neue Leben bei der Ankunft Christi dar. Er ist ein Zeichen von Keuschheit, Reinheit und Frömmigkeit, Klugheit und Wachsamkeit. In China wurde er als Zeichen von Langlebigkeit, Glück und Zufriedenheit gesehen.

4 Sandspieltherapie – theoretischer Hintergrund

Abb. 4.21: Storch

Abb. 4.22: Taube

Die Taube

Die Taube symbolisiert Geist, Seele, Keuschheit, Unschuld, Sanftmut und Frieden. Tauben sind Himmelsköniginnen geweiht und symbolisieren Weiblichkeit und Mütterlichkeit. Die Taube mit Olivenzweig ist ein Zeichen für Frieden und für Erneuerung des Lebens. Aus einer Schale trinkende Tauben stellen den Geist dar, der das Wasser des Lebens trinkt. Im Christentum wurde die Taube das Symbol des Heiligen Geistes, der Reinheit, Frieden und der Taufe. Die Taube mit Palmenzweig stellt den Sieg über den Tod dar. Eine weiße Taube ist Symbol für die errettete Seele, im Gegensatz zum schwarzen Raben als Symbol der Sünde. Tauben in einem Weinstock stellen in der christlichen Ikonographie die Gläubigen dar, die Zuflucht in Christus suchen. Auch in Griechenland und Rom war die Taube ein Zeichen der Liebe und Erneuerung des Lebens. Mit einem Olivenzweig war sie ein Attribut von Pallas Athenae.

Ausblick

Alleine diese kurzen Ausführungen verdeutlichen die Vielgestaltigkeit nur eines einzigen Symbols. In Therapieprozessen können somit subtile bewusste und unbewusste Aspekte unter Umgehung der Sprache ausgedrückt werden. Das Symbol des Vogels dient als Beispiel für die Auseinandersetzung mit der Symbolik – die in ähnlicher Weise bei allen anderen Symbolen praktiziert werden kann und in eine „symbolische Einstellung" mündet, wie Jung sie beschrieb: „Wir können diese Einstellung, welche die gegebene Erscheinung als symbolisch auffasst, abgekürzt als symbolische Einstellung bezeichnen. Sie ist durch das Verhalten der Dinge nur zum Teil berechtigt, zum anderen Teil ist sie Ausfluss einer bestimmten Weltanschauung, welche nämlich dem Geschehen, sei es im Großen oder Kleinen, einen Sinn beimisst und auf diesen Sinn einen gewissen größeren Wert legt als auf die reine Tatsächlichkeit. Dieser Anschauung steht eine andere Anschauung gegenüber, die den Akzent stets auf die reine Tatsächlichkeit legt und den Sinn den Tatsachen unterordnet" (Jung, GW6, § 824).

4.6 Analytische Psychologie C.G. Jungs

In dem Zusammenhang dieses Buches ist es nicht möglich, eine allgemeine Einführung in die analytische Psychologie C.G. Jungs zu geben. Dafür stehen andere, sehr gute Bücher zur Verfügung. Kurze, prägnante Einführungen lieferten Bloch (1993), Roth (2003), Fordham (1972) und vor allem das grundlegende Werk von Jacobi (1996, Erstausgabe 1945). Auch liegt es nicht in meinem Kompetenzbereich, die verschiedenen aktuellen Strömungen der Jung'schen Psychologie zusammenzufassen. Die aktuelle Entwicklung der Jungianer und vor allem der „Postjungianer" werden u. a. von Samuels (1989), Christoffel (1989), Allister und Hauke (1998) und Christopher und McFarland Soloman (2000) wiedergegeben.

Dennoch lohnt es sich noch heute sehr, sich mit der Primärliteratur C.G. Jungs zu befassen (Jung, Gesammelte Werke, 1995). Ein sehr guter Einstieg ist nach wie vor sein populärwissenschaftliches Werk „Der Mensch und seine Symbole" (Jung, 1964). Leider sind die meisten seiner Originalschriften sehr viel schwieriger zu lesen als zum Beispiel die Texte von S. Freud, der in einer klareren Sprache geschrieben hat (Freud, Gesammelte Werke, 1975). Jung dagegen hatte nie beabsichtigt, ein komplettes Lehrsystem zu entwickeln, so dass seine Schriften zum Teil Widersprüchliches nebeneinander stehen lassen und sich seine Auffassungen im Laufe seines Lebens geändert haben. Bei soviel Dynamik findet sich ein sehr guter Zugang über seine sogenannte „Autobiographie" „Erinnerungen, Träume, Gedanken" (Jung, 1984, Erstausgabe 1961). Allerdings handelt es sich dabei nicht um eine wirkliche Autobiographie, sondern um selektierte, gekürzte, geschönte und sekundär bearbeitete Aufzeichnungen von A. Jaffé (Shamdasani, 2005).

Empfehlenswerte Biographien sind u. a. die kurze Monographie von Gerhard Wehr (1969), der Bildband von Aniela Jaffé (1983), die fundierte Lebens- und Schaffensgeschichte von Anthony Stevens (1993) und die Übersicht über seine Wirkungsgeschichte von seiner Schülerin Marie-Louise von Franz (1996). Eine neue Biographe zeigt C.G. Jung jenseits aller Idealisierung als genialen, jedoch realen Menschen mit erheblichen Schattenseiten (Hayman, 1999). Allerdings reflektieren die Biographien immer auch Sichtweisen der Biographen, wie es Shamdasani (2005) in seiner historischen Metabiographie treffend analysierte. Gerade Jung löste bewundernde, wie auch ablehnende Haltungen aus, die in einer Idealisierung oder Verteufelung seiner Biographen mündete. Gerade die Mythen, die um Jung ranken, bedürfen einer exakten historischen Aufarbeitung – nur dadurch ist seine Person und seine Wirkungsgeschichte im Kontext seiner Zeit zu verstehen (Shamdasani, 2003).

Auch können Wörterbücher als Einstieg dienen, können aber auch bei der weiteren Vertiefung des Verständnisses von C.G. Jungs Werk von großer Hilfe sein. Das kurze klassische Wörterbuch von Samuels, Shorter & Plant (1991) ist zu empfehlen – und insbesondere das umfassende Standardwerk von Müller und Müller (2003), zu dem viele Jungianer mit aktuellen Abschnitten beigetragen haben.

Kindheit und Jugend aus Jung'scher Sicht

Traditionell hat sich C.G. Jung der Problematik und Reifung des Erwachsenen zugewendet – vor allem der zweiten Lebenshälfte, die sehr unterschiedlich definiert wird. Jung hat sich wiederholt zur kindlichen Entwicklung und Erziehung geäußert (vor allem in Band 17 der Gesammelten Werke), zum Kindarchetypus (GW 9/1), zu „Kinderträumen" (Jung, 1987) und zum Kindmotiv im Traum (s. Jacoby, 1998). Zwar hat Jung selbst nicht mit Kindern therapeutisch gearbeitet. Er hatte jedoch ohne Zweifel einen sehr engen Zugang zum Spiel. In seiner Lebenskrise nach dem Bruch mit Freud spielte er als Erwachsener mit Steinen am See im Sinne einer Selbstexploration (Shamdasani, 2005), wie er es in seinen „Erinnerungen, Träume, Gedanken" (Jung, 1984, S. 178) beschrieb: „Jeden Tag baute ich nach dem Mittagessen, wenn das Wetter es erlaubte. Kaum war ich mit dem Essen fertig, spielte ich, bis die Patienten kamen; und am Abend, wenn die Arbeit früh genug beendet war, ging ich wieder ans Bauen. Dabei klärten sich meine Gedanken, und ich konnte die Phantasien fassen, die ich ahnungsweise in mir fühlte. Natürlich machte ich mir Gedanken über den Sinn meines Spielens und fragte mich: ‚Was tust du eigentlich? Du baust eine kleine Siedlung auf und vollführst das wie einen Ritus!' Ich wusste keine Antwort, aber ich besaß die innere Gewissheit, dass ich auf dem Weg zu meinem Mythus war. Das Bauen war nämlich nur ein Anfang. Er löste einen Strom von Phantasien aus, die ich später sorgfältig aufgeschrieben habe. Dieser Typus des Geschehens hat sich bei mir fortgesetzt. Wann immer ich in meinem späteren Leben stecken blieb, malte ich ein Bild, oder bearbeitete ich Steine, und immer war das ein rite d'entrée für nachfolgende Gedanken und Arbeiten."

Da die analytische Psychologie mit ihrem bildhaften Zugang und ihrem prospektiven, teleologischen, zielgerichteten Ausblick besonders für die Entwicklung von Kindern und Jugendlichen geeignet ist, wurden seine Ideen von Schülern und Schülerinnen weiterverfolgt. Inzwischen gibt es sehr gute Bücher zu Kindern und Jugendlichen, sowohl aus entwicklungspsychologischer Sicht als auch bezüglich ihrer Pathologie. Die wichtigsten Theoretiker der Kindheit sind Fordham (1974, Erstausgabe 1969) und Neumann (1990ab, Erstausgabe 1963). Ihre Einsichten sind historisch als „Intuitionen" (Montecchi, 2004) oder Spekulationen zu sehen und haben mit Erkenntnissen der modernen Entwicklungspsychologie (z. B. Keller, 1998, 2003) sehr wenig gemeinsam. Viele ihrer Annahmen müssen inzwischen als überholt gelten – einige können auch heute therapieleitende Hilfen zum (hermeneutischen) Verständnis des Unbewussten sein.

Obwohl Neumann (1990, Erstausgabe 1963) nicht mit Kindern gearbeitet hat, beruft sich D. Kalff (1996a) auf seine Entwicklungspsychologie, die als Hauptentwicklungsaufgabe des Kindes die psychische Ablösung von der „großen Mutter" sieht (Neumann, 1989, Erstausgabe 1956). Nach dieser Theorie enthält die Mutter das „Selbst" des Kindes. Erst nach einem Jahr löst sich das „Selbst" des Kindes ab, um mit zwei bis drei Jahren das „Selbst" in sich verankert zu haben. Eine solche „Mutter-Kind-Einheit", „uroborische Phase", die Neumann aus Mythen ableitet, oder sonstige Zustände der „Symbiose" lassen sich durch die beobachtende Entwicklungspsychologie nicht bestätigen (Dornes, 1993). Jacoby (1998) meinte zu dem Zugang von Neumann: „Der Versuch, Erfahrungen des Kleinkindes und dessen Reifungsvorgänge mittels Mythen Erwachsener nachzuvollziehen und zu beschreiben, ist sicherlich ein Projektionsvorgang". Auch ist die Gleichsetzung von onto- und phylogenetischer Entwicklung, wie es Neumann in seinem Hauptwerk „Ursprungsgeschichte des Bewusstseins" (Neumann, 2004, Erstausgabe 1949) vollzogen hat, „fragwürdig" (Jacoby, 1998).

Stattdessen zeigt die direkte Beobachtung von Kindern, dass es sich bei der „Selbst"-entwicklung um hoch komplexe, multifaktorielle Interaktionen handelt, bei denen das Kind von Geburt an aktiv beteiligt ist (Zeanah, 1993). Daniel Stern (1993) z. B. unterscheidet vier verschiedene Stadien des „Selbst"-erlebens ab der frühesten Kindheit – das „auftauchende Selbst", das „Kern-Selbst", das „subjektive Selbst" und das „verbale Selbst". Obwohl diese Konstrukte nicht ganz mit dem „Selbst" von C.G. Jung übereinstimmen (sie sind Mischungen aus „Selbst" und „Ich") betonen sie zweierlei: Das „Selbst" ist von Anfang an, d. h. auch präverbal, vorhanden; das Empfinden des „Selbst" durchläuft eine phasenhafte Entwicklung, die nur durch interpersonelle Erfahrungen ermöglicht wird.

Fordham (1974), der zweite Jung'sche Theoretiker, beschrieb die Individuation als einen konstanten Wechsel der Integration und De-Integration des kindlichen Selbst. Das primäre kindliche „Selbst" mit all seinen archetypischen Potenzialen ist von Anfang an vorhanden – durch Umwelteinflüsse wechselt das „Selbst" von Zuständen der ganzheitlichen Identität zu solchen der durch Frustrationserleben geprägten Desintegration und wieder zurück. Diese Theorien der Selbstentwicklung werden von Sidoli in ihren interaktionellen Aspekten (Sidoli, 1994) und in ihren Auswirkungen auf den Körper (Sidoli, 2000) ausgearbeitet und an Fallbeispielen illustriert. Jacoby schätzt, dass Fordhams Theorien „in vielerlei Beziehung nicht allzu sehr vom „beobachteten" Kleinkind der modernen Kleinkindforschung abweicht" (Jacoby, 1998, S. 39). Ferner postuliert Fordham „eine möglichst genaue Erforschung des ‚beobachteten' Kindes, um die Rekonstruktionen in der Analyse glaubwürdiger und damit auch wirksamer zu machen." (Jacoby, 1998, S. 40).

Den Problemen des Jugendalters aus Jung'scher Sicht widmet sich der Band von Bovensiepen und Sidoli (1999). Dabei werden in dem einführenden Kapitel Schriften Jungs zur Pubertät referiert: das „Selbst" bleibt der steuernde Faktor in der Individuation während der gesamten Kindheit und Adoleszenz: „Die Adoleszenz als eine Phase des Individuationsprozesses bietet eine zweite Chance für die Integration jener infantilen Anteile (Phantasien, Emotionen und Empfindungen), die während der frühen Entwicklung nicht integriert werden konnten – ein Prozess, der nicht von der Entwicklung des Selbst zu trennen ist". Besonders fundiert ist das Werk von R. Frankel (1998) zum Jugendalter, der Ansätze von Jung und Winnicott miteinander verbindet. Themen mit hoher Relevanz für die Praxis umfassen: Der Archetyp der Individuation, Bilder von Leben und Tod, Sexualität, Körper, Idealisierung, Gewissensbildung, Persona und Schatten. Dem Aspekt des Übergangs in der Pubertät widmet sich Kiepenheuer (1988).

Analytische Psychologie – wichtige Konzepte

In diesem Kontext soll in einfacher Form die Relevanz der analytischen Psychologie C.G. Jungs für das Sandspiel erwähnt und mit eigenen Beobachtungen und Erfahrungen, sowie relevanter Literatur ergänzt werden. Wichtige Zitate von C.G. Jung werden zur Verdeutlichung herangeführt. Dabei wird besonderen Wert auf ein Grundprinzip der analytischen Psychologie gelegt, nämlich dem der Kompensation. Darunter verstand Jung die Eigendynamik und Selbstregulation der Psyche: Wenn ein Aspekt zu einseitig betont und gelebt wird, neigt das Unbewusste dazu, gegenteilige Aspekte, z. B. in Träumen, Bildern und Phantasien zu verstärken, um einen Ausgleich herzustellen. Jung fasste die **Kompensation** als „Tätigkeit des Unbewussten" auf, die „die durch die Bewusstseinfunktion erzeugte Einseitigkeit" ausgleicht (Jung, GW 6, § 764).

> - In vielen Sandbildern ist die Kompensation von einseitig gelebten bewussten Einstellungen offensichtlich: brave, angepasste, gehemmte Kinder bauen ohne große Umwege Schlachten und Kämpfe auf (siehe Abb. 5.3); Kinder mit aufsässigem, störenden Verhalten können sehr stille, symbolisch begrenzte und formal ausgesprochen ästhetische Bilder aufbauen (siehe Abb. 6.3).

Ein zweiter wichtiger Aspekt ist die teleologische Ausrichtung. Jung sah es als Grundprinzip jedes Menschen an, nach **Individuation** zu streben. Darunter verstand Jung den Kontakt des Ichs, dem Zentrum des Bewusstseins, mit dem Selbst, dem Kern und der Ganzheit der Persönlichkeit. Individuation bedeutet, ganz und heil zu werden, die Person zu sein, zu der man bestimmt ist. Die Individuation läuft üblicherweise spontan ab, kann durch die Therapie induziert, begleitet und erleichtert werden. „Individuation bedeutet: zum Einzelwesen werden, und, insofern wie unter Individualität unsere innerste, letzte und unvergleichbare Einzigartigkeit verstehen, zum eigenen Selbst werden. Man könnte ‚Individuation' auch als ‚Verselbstung' oder als ‚Selbstverwirklichung' übersetzen" (Jung GW 7, § 266).

Der Kontakt mit dem Selbst wird mit einem Gefühl des **Numinosen**, aber auch mit tiefer Verbundenheit mit anderen Lebewesen erlebt. Die Individuation wurde von C.G. Jung und anderen Autoren mit den Bildern und Symbolen der Alchemie beschrieben (Edinger, 1990).

Zuletzt unterscheidet Jung zwischen verschiedenen Schichten der Psyche, dem **Bewusstsein**, in dessen Zentrum das Ich steht; das **persönliche Unbewusste**, das Residuen der eigenen Lebensgeschichte enthält und dem Unbewussten der Psychoanalyse Sigmund Freuds entspricht; und schließlich das **kollektive Unbewusste**, das unabhängig von der individuellen Biographie allen Menschen innewohnt.

Im Folgenden soll dieses Jung'sche topographische Modell im Bezug auf die Sandspieltherapie erläutert werden, zunächst die Elemente, die dem Ich und dem Bewusstsein nahe stehen.

Übertragung und Gegenübertragung

Die **Übertragung** und **Gegenübertragung** haben einen besonderen Stellenwert in der analytischen Psychologie C.G. Jungs allgemein (Jacoby, 1993) – und in der Sandspieltherapie im Besonderen. Jung betonte die Gegenseitigkeit im Übertagungsgeschehen – und dass sich neben der therapeutischen immer auch eine zwischenmenschliche Beziehung entwickelt: „Denn, wie man es drehen und wenden mag, die Beziehung zwischen Arzt und Patient ist eine persönliche Beziehung innerhalb der ärztlichen Behandlung. Es ist mit keinem Kunstgriff zu vermeiden,

- In der Sandspieltherapie ist eine Abstinenz noch weniger möglich. Allein die Einrichtung des Raumes und die Auswahl der Figuren ist Teil der Gegenübertragung. Auch ist der Therapeut nicht nur Beobachter, sondern Teilnehmer des Prozesses. Von daher schlugen Bradway und McCoard (1997) den Begriff „Co-Übertragung" vor, der ausdrückt, dass sich beide Personen simultan und synchron mit- und nicht gegeneinander interagieren. Um dies zu unterstreichen, wurde zuletzt sogar die Bezeichnung „Co-Beziehung" von Bradway et al. (2005) vorgeschlagen.
- Eine weitere Besonderheit der Sandspieltherapie ist die Entwicklung eines dritten, intermediären oder „Übergangs"-Raumes zwischen Therapeut und Patient durch das spezielle Medium des Kastens und der Figuren – vergleichbar mit Winnicotts „Übergangsobjekt" (Winnicott, 1979, Erstausgabe 1971). Dieses interaktionelle, dynamische Feld entsteht jedoch nicht nur durch das Bewusste und Unbewusste des Kindes – sondern wieder von beiden: Therapeuten und Patienten (Meltzer & Porat, 2002).

dass die Behandlung das Produkt einer gegenseitigen Beeinflussung ist, an welcher das ganze Wesen des Patienten sowohl wie das des Arztes teilhat" (Jung, GW 16, § 163). In dieser therapeutischen Beziehung finden multiple Interaktionen statt: intrapsychisch bei Patient und Therapeut; interpersonell zwischen Patient und Therapeut; und beides auf verschiedenen Ebenen: Bewusstes, persönliches und kollektives Unbewusstes. Durch diesen Prozess, den Jung mit den Symbolen der Alchemie verdeutlichte, ist es unvermeidlich, dass sich beide – Therapeut und Patient – wandeln (Schwartz-Salant, 1998).

Einstellungstypen

Unter **Einstellung** wird eine relativ konstante Grundausrichtung des individuellen Denkens, Erlebens und Handelns verstanden (L. Müller; in: Müller & Müller, 2003, S. 96). Die Grundeinstellungsprinzipien, die von Jung erstmals beschrieben und von der empirischen Persönlichkeitspsychologie übernommen wurden, sind **Extraversion** und **Introversion** (Adam, 2003).

Ein extravertierter Mensch ist eher den Objekten der äußeren Welt zugewendet und hat größere Schwierigkeiten, nach innen zu schauen. „Im Zustande der **Extraversion** ist eine starke, wenn auch nicht ausschließliche Bedingtheit durch das Objekt vorhanden. Es ist von einer *aktiven* Extraversion zu sprechen, wenn die Extraversion absichtlich gewollt ist, und von einer *passiven* Extraversion, wenn das Objekt die Extraversion erzwingt, das heißt von sich aus das Interesse des Subjektes anzieht, eventuell gegen der (!) Ansicht des Subjekts. Ist der Zustand der Extraversion habituell, so entsteht daraus der *extravertierte Typus*." (Jung, GW 6, § 719).

Für einen introvertierten Menschen hat die Innenwelt Vorrang und er hat größere Schwierigkeiten, Schritte in die Außenwelt zu tun. „**Introversion** heißt Einwärtsbewegung der *Libido*. ... Das Interesse bewegt sich nicht zum Objekt, sondern zieht sich zurück auf das Subjekt. ... Die Introversion ist *aktiv*, wenn das Subjekt eine gewisse Abschließung gegenüber dem Objekt *will; passiv*, wenn das Subjekt nicht imstande ist, die vom Objekt zurückströmende Libido wieder auf das Objekt zurückzubringen. Ist die Introversion habituell, so spricht man von einem *introvertierten Typus*." (Jung, GW 6, § 752).

> - In der bisherigen Literatur der Sandspieltherapie wird zu wenig darauf geachtet, welcher Einstellungstyp vorliegt. Dieses kann durch die Anamnese und Beobachtung des Kindes leicht erkannt werden: Kein Einstellungstyp ist an sich pathologisch. Im Sinne der Kompensation ist eine zu einseitige Betonung problematisch, wenn eine Form der Einstellung ausschließlich gelebt wird. Ein Entwicklungsschritt in der Therapie ist sichtbar, wenn die jeweils andere Einstellung zum Ausdruck kommt, z. B. wenn ein introvertiertes Kind im realen Leben auf andere Kinder zugeht und soziale Kontakte knüpft oder im Sandbild konkrete, reale „extravertierte" Bilder baut. Oder wenn ein extravertiertes Kind anfängt, eigene Gefühle zu erkennen und diese symbolisch in „introvertierten" Bildern auszudrücken.

Ich-Funktionen

C.G. Jung unterschied vier verschiedene Ich-Funktionen: Das Denken und Fühlen als sogenannte **rationale Prinzipien**: „Das **Denken** ist diejenige psychologische Funktion, welche, ihren eigenen Gesetzen gemäß, gegebene Vorstellungsinhalte in begriffliche Zusammenhänge bringt." (Jung, GW 6, § 700). Das **Fühlen** ist nicht nur Ausdruck einer Stimmung, sondern nach Jung ein aktiver Vorgang des Wertens: „Das Fühlen ist daher auch eine Art des *Urteilens*, das aber insofern vom intellektuellen Urteil verschieden ist, als es nicht in Absicht eines begrifflichen Zusammenhanges, sondern in Absicht eines zunächst subjektiven Annehmens oder Zurückweisens erfolgt." (Jung, GW 6, § 732). Dagegen werden das Empfinden und Intuieren als sogenannte **irrationale Prinzipien** bezeichnet. „Die Empfindung oder das **Empfinden** ist diejenige psychologische Funktion, welche einen physischen Reiz der Wahrnehmung vermittelt. Empfindung ist daher identisch mit Per-

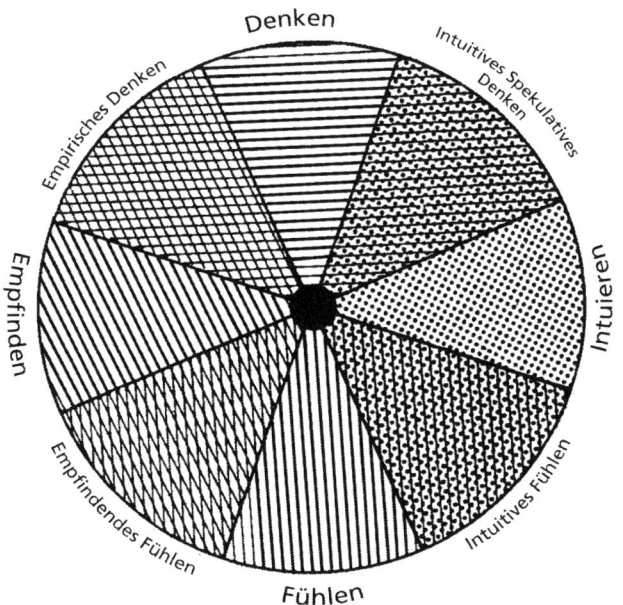

Abb. 4.23: Ich-Funktionen nach Jacobi (1996): Die vier Ich-Funktionen sowie die Mischformen sind in dem klassischen Kreisdiagramm von Jacobi dargestellt. Die rationalen Funktionen (Denken und Fühlen) sind vertikal, die irrationalen Funktionen horizontal ausgelegt. Jeder Mensch verfügt über eine Hauptfunktion, die dem Bewusstsein am nächsten steht (z. B. Denken). Die beiden flankierenden Hilfsfunktionen sind dem Bewusstsein noch zugänglich und können aktiviert werden (z. B. beim Denken: Intuieren und Empfinden). Die gegenüberliegende Funktion ist die inferiore und minderwertige (z. B. beim Denken: Fühlen), die weitgehend unbewusst ist. Im Sinne der Kompensation und der Individuation ist es die Aufgabe, gerade die inferiore Funktion kennenzulernen und zu integrieren. Jede Funktion kann in intro- und extravertierter Einstellung vorhanden sein: in diesem Fall hat die inferiore Funktion zudem den gegensätzlichen Einstellungstyp (z. B. beim extravertiertem Denken: introvertiertes Fühlen)

zeption". (Jung, GW 6, § 711). „Die **Intuition** ist diejenige psychologische Funktion, welche Wahrnehmungen *auf unbewusstem Wege* vermittelt. ... Bei der Intuition präsentiert sich irgend ein Inhalt als fertiges Ganzes, ohne dass wir zunächst fähig wären, anzugeben oder herauszufinden, auf welche Weise dieser Inhalt zustandegekommen ist." (Jung, GW 6, § 754).

Zum besseren Verständnis werden die Ich-Funktionen jeweils gegenüberliegend in einem Kreis angeordnet (Abb. 4.23). Jeder Mensch verfügt über eine Hauptfunktion, die dem Ich-Bewusstsein besonders zur Verfügung steht. Gegenüber dieser Hauptfunktion liegt die sogenannte **inferiore Funktion**, die im bewussten Leben zu wenig zur Sprache kommt und dem Unbewussten sehr nahe steht (von Franz & Hillman, 1980). Eine ausführliche Darstellung der Ich-Funktionen, die auch in der Sandspieltherapie zu wenig rezipiert werden, findet sich in dem grundlegenden Werk von Adam (2003).

> Während einer Sandspieltherapie finden sich viele Hinweise auf die jeweilige Hauptfunktion:
>
> - Patienten mit einem Denktypus neigen dazu, Bilder nach Prinzipien, Ordnungen oder Gedanken (z. B. das Prinzip der Evolution) darzustellen und sind unglücklich, wenn dieses nicht genau gelingt (s. Fall 6.4 Franziska, Bild 15. Stunde).
> - Kinder mit einer guten Fühlfunktion zeichnen sich aus, dass sie sehr schnell und sehr gut wissen, welche Figuren zu ihnen passen und wie sie ihr Bild gestalten.
> - Ein Kind mit einer Empfindungshauptfunktion wird möglicherweise größere Freude an den taktilen Reizen des Sandes empfinden und damit spielen.
> - Schließlich wird sich ein Kind mit einer intuitiven Hauptfunktion eher durch Phantasien als durch Sinneseindrücke oder Erklärungen leiten lassen. Die Bilder können auch „magisch" wirken.
> - Nach dem Erkennen der Hauptfunktion ist das Augenmerk auf die inferiore Funktion der nicht gelebten Fähigkeiten von besonderem Interesse. Sie steht den unbewussten Prozessen besonders nahe, von daher ist die Aktivierung dieser vernachlässigten Funktion in der Therapie oft mit einer Veränderung und einem Entwicklungsschritt verbunden – auch in der Sandspieltherapie.

Ich-Komplex

C.G. Jung verstand unter dem Ich „einen Komplex von Vorstellungen, der mir das Zentrum meines Bewusstseinsfeldes ausmacht und mir von hoher Kontinuität und Identität mit sich selber zu sein scheint" (Jung, G.W. 6, § 810). Das Ich ist das Zentrum des Bewusstseins, und gleichzeitig die Bedingung dafür, dass die Außen- und Innenwelt erlebt und reflektiert werden kann (M. Jacobi, in: Müller & Müller, 2003; S. 182–183). Das Ich muss stark genug sein, um sich den Kräften des Unbewussten zu stellen und diese integrieren zu können (Edinger, 1972). Der Ich-Komplex ist somit Bündnispartner in der gesamten Therapie (Eschenbach, 1996).

> - Im Sandspiel zeigt sich der Ich-Komplex oft in einer einzelnen Figur, die im Zentrum des Geschehens steht und mit der sich der Patient besonders identifiziert. Dies können Tierfiguren oder Menschen sein. Beispiele für Ich-Komplexe finden sich in den Kasuistiken des Kapitel 6 (zum Beispiel Fall Martin, 6.3, 34. Stunde der Stierkämpfer; oder Fall Lena 6.5, 54. Stunde, Mädchen auf der Brücke).

Persona

Relativ bewusstseinsnah und erkennbar ist die Persona, der Anteil der Persönlichkeit, der zwischen dem Einzelnen und der Umwelt vermittelt. „Das Wort *Persona* ist dafür wirklich ein trefflicher Ausdruck, denn persona ist ursprünglich die *Maske*, die der Schauspieler trug und welche die Rolle bezeichnete, in der der Spieler auftrat." (Jung, GW 7, § 465). Unter Persona fallen alle nach außen gerichteten Rollen und Verhaltensweisen eines Menschen. Die Persona erleichtert die zwischenmenschliche Interaktion, da Rollen und Erwartungen nicht immer neu definiert werden müssen, sondern einfach übernommen werden können. Solange sie flexibel und authentisch eingesetzt wird, gehört sie zur gesunden Psyche. Eine Identifikation mit der Persona („ich bin so wie ich mich nach außen zeige") oder eine einseitige, starre Persona wird mit erheblichen Problemen einhergehen – ebenso wie das Gegenteil, eine fehlende oder gering ausgebildete Persona (Hopke, 1995). Viele Kinder bilden aufgrund der internalisierten Erwartungen ihrer Umwelt eine feste Persona aus, die oft ihrer Grundpersönlichkeit nicht entspricht. So zeigen sich viele als brav, angepasst, aggressionsgehemmt, höflich und ängstlich in ihrem sozialen Verhalten. Andere zeigen eine leistungsbezogene Überbetonung der kognitiven Aspekte.

> - Die Persona lässt sich im Kontakt mit dem Kind sehr schnell erkennen. Sie ist auch der therapeutischen Arbeit leicht zugänglich, gerade, wenn Kinder unter ihrer Persona leiden. In den Elterngesprächen sollten Eltern darauf vorbereitet werden, dass sich im Rahmen der Therapie gerade Aspekte der Persona als erstes ändern können – z. B. dass ein braves und angepasstes Verhalten sich in ein freches, trotziges wandelt. Da dieses den Normen und Erwartungen der Eltern widersprechen kann, müssen sie darauf vorbereitet werden, dass sich das „sichtbare" Verhalten ihres Kindes im Rahmen der Gesundung scheinbar verschlechtern kann.
> - Auch in Sandbildern zeigt sich die Persona, wenn Kinder Szenen zu schön, zu brav und zu harmonisch darstellen.
> - Im „freien und geschützten Raum" der Sandspieltherapie tritt häufig und relativ rasch der Gegenüberspieler, der Schatten, zum Vorschein. Persona und Schatten stehen sich komplimentär auf beiden Seiten des Ich-Komplexes gegenüber: die Persona vermittelt zur Außenwelt, während der Schatten die Verbindung zur Innenwelt und dem Unbewussten herstellt.

4 Sandspieltherapie – theoretischer Hintergrund

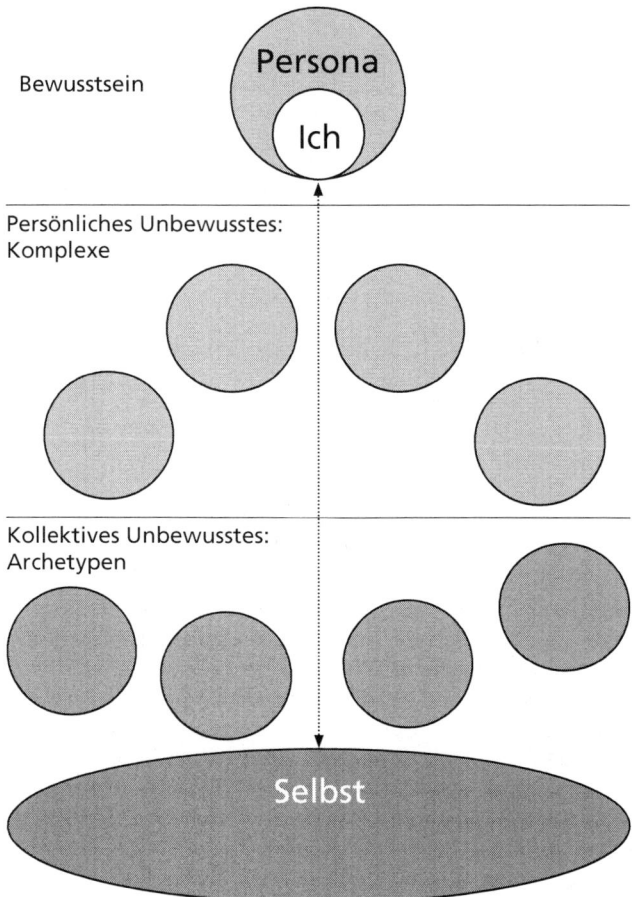

Abb. 4.24: Die wichtigsten Konzepte der analytischen Psychologie C.G. Jungs (stark vereinfacht nach Eschenbach, 1996 und Schnocks, pers. Mitt.). Das „Ich" steht im Zentrum des Bewusstseins. Die „Persona" vertritt das Ich zur Außenwelt hin. Im persönlichen Unbewussten finden sich die „Komplexe", die jeweils auf einen archetypischen Kern verweisen. Im kollektiven Unbewusstsein sind die „Archetypen" angeordnet. Der zentrale Archetyp ist das „Selbst", das paradoxerweise einerseits das Zentrum, andererseits die Totalität der Psyche repräsentiert (also die gesamte Zeichnung). Aufgabe der Invidiuation ist der dynamische Kontakt und Austausch mit dem Selbst (gestrichelte Linie).

Schatten

Der Schatten ist ein bildhafter Begriff, den die analytische Psychologie für alle jene dunklen Seiten und ungelebten Anteile verwendet, die jeder Mensch zwar hat, aber nicht wahrhaben will (D. Schnocks; in: Müller & Müller, 2003; S. 367–368). Der Begriff ist von Jung sehr gut gewählt worden: jedes Objekt, das von einer Lichtquelle beleuchtet wird, wirft einen Schatten. Der Schatten selber erlaubt Rückschlüsse auf das Objekt, wie auf die Quelle des Lichts – so wurden z. B. wichtige Entdeckungen der Astronomie nur indirekt über den Schatten überhaupt möglich (Casati, 2001). In Analogie dazu erlaubt in der analytischen Psychotherapie das Erkennen des Schattens Rückschlüsse auf schattenwerfende Objekte (z. B. eine starre Persona).

Der Schatten bezeichnet einerseits die vom Ich-Bewusstsein abgelehnten, nicht passenden Schwächen und moralisch dunklen Seiten, andererseits das Unbewusste insgesamt. Im Prinzip umfasst der Schatten alle nicht gelebten und unakzeptierten Seiten, d. h. er kann auch positive Inhalte tragen (Bradway, Chambers & Chiaia, 2005, S. 150). „Wenn man bis dahin der Meinung war, dass der menschliche Schatten die Quelle allen Übels sei, so kann man bei genauerer Untersuchung entdecken, dass der unbewusste Mensch, eben der Schatten, nicht nur aus moralischverwerflichen Tendenzen besteht, sondern auch eine Reihe guter Qualitäten aufweist, nämlich normale Instinkte, zweckmäßige Reaktionen, wirklichkeitsgetreue Wahrnehmungen schöpferische Impulse und anderes mehr" (Jung, GW 9/2, § 423).

Im Sinne der Kompensation wird der Schatten umso größer, je reiner und einseitiger die Persona sein soll. Dabei gehört der Schatten zum unabtrennbaren integralen Bestandteil der Persönlichkeit, ohne die eine Ganzheit nicht möglich ist. Dieses wird z. B. in den Märcheninterpretationen von v. Franz (1991) und Jacoby, Kast und Riedel (1990) deutlich. Unbewusste Anteile des Schattens führen ein Eigenleben und neigen dazu, nach außen projiziert zu werden, das heißt, unakzeptierte, eigene Anteile werden in anderen Menschen, Gruppen oder Gesellschaften gesehen – und nicht als zu sich selbst gehörend (Perera, 1987). Neuman sah es als wichtigste Aufgabe der „neuen Ethik" für ein Individuum an, den persönlichen Schatten bewusst zu machen und anzunehmen (Neumann, 1990b, Erstausgabe 1948). Der kollektive Schatten zeigt sich in grausamen, in aller Konsequenz aber

- In den meisten Sandspieltherapien von Kindern zeigt sich der Schatten im Verlauf der Therapie und lässt sich leicht erkennen. Oft zeigt er sich in moralischen Einteilungen, z. B. in gute und schlechte Tiere (die einen werden gefüttert, die anderen nicht); in frechen Tieren oder Kindern, die Streiche machen, und solche, die brav sind; in aggressiven Tieren, wie Wölfen oder Raubtieren; in dunklen Gestalten und Monstern.
- Die symbolische Darstellung und das Spiel mit dem Schatten hat einen ganz besonderen Reiz: im „geschützten" Raum der Sandspieltherapie kann man sich verdrängten und ungelebten Seiten annähern, ohne sie gleich auf sich zu beziehen. So benötigen manche Kinder viele Stunden, um immer wieder den Schattenaspekt für sich durchzuarbeiten, bis sie soweit sind, dass sie sich andere Aspekte zeigen können.
- Die Projektion des Schattens auf Figuren kann von Kindern langsam zurückgenommen werden, indem sie erkennen, dass nicht nur Tiere wie der Wolf oder der Leopard aggressiv sein können, sondern auch sie selber.
- Das Erkennen des Schattens bedeutet nicht, dass der Schatten ausgelebt werden muss – das Wissen um den eigenen Schatten reicht aus, dass er nicht nur projiziert werden muss.

ubiqitären gesellschaftlichen Phänomen wie der „furchtbaren Liebe zum Krieg" (Hillman, 2004).

Der Schatten ist einer der wichtigsten Konzepte in der analytischen Psychologie (Johnson, 1993; Perera, 1987) und wurde von anderen psychotherapeutischen Richtungen rezipiert (Zweig & Abrams, 1993). Die therapeutische Aufgabe besteht darin, den eigenen persönlichen Schatten zu erkennen, bewusst zu erleben und auszuhalten, dass auch alle abgelehnten Aspekte zu einem selber gehören. Dies ist für viele Menschen, auch für Kinder, schwer auszuhalten und erfordert viel Mut und Stärke.

Komplexe

Im Bereich des persönlichen Unbewussten zeigen sich Komplexe. Darunter versteht man unbewusste psychische Inhalte, die durch die gleiche Emotion und einen gemeinsamen Bedeutungskern verbunden sind (V. Kast; in: Müller & Müller, 2003; S. 230–231). Jedes affektgeladene Ereignis kann einen Komplex bilden, die auch als abgesprengte, autonome Seelenanteile wirken. Jung nannte sie auch „Teilpsychen" (Jung GW 8, § 204). Solange sie unbewusst sind, neigen Komplexe zur Wiederholung und zur Projektion. Komplexe können positiv oder negativ getönt sein und sind häufig mit anderen Komplexen vernetzt (Dieckmann, 1991). Komplexe werden pathologisch, indem sie Energie (Libido) binden, die nicht mehr fließen kann und dem Ich nicht zur Verfügung steht. Als Kern der Komplexe werden die Archetypen angesehen, die Organe der Seele, die dem kollektiven Unbewussten zugeordnet sind. Von daher steht jeder Komplex mit einem Fuß auf einem Archetyp (Dieckmann, 1991).

Für Kinder ist der Mutter- und Vaterkomplex von besonderer Bedeutung. Der **Mutterkomplex** bildet sich durch direkte Erfahrung mit der eigenen Mutter aus, sowie Objekten, die als mütterlich erlebt werden. Auch der Mutterkomplex zeichnet sich durch eine Polarität aus: der positive Mutterkomplex vermittelt eine sichere innere Basis und ein Urvertrauen, ein negativer Mutterkomplex wirkt sich destruktiv durch Missvertrauen und mangelndes Selbstwertgefühl aus (K. Asper; in: Müller & Müller, 2003; S. 287–288). Ebenso kann der **Vaterkomplex** als seelische Struktur, die sich aus Erfahrungen mit dem realen Vater wie auch allgemein väterlichem entwickelt hat. (J. Rasche; in: Müller & Müller, 2003; S. 452).

- Die **Elternkomplexe** zeigen sich in fast allen Sandspielprozessen. Der Mutterkomplex zeigt sich in wiederholt verwendeten Figuren, wie Königinnen, aber auch Hexen, sowie in mütterlich-versorgenden, fütternden Tieren. Der Vaterkomplex kann sich in Figuren von Königen, Handwerkern, Soldaten, aber auch in männlich-väterlichen Tieren zeigen. Durch den archetypischen Kern verweisen die Elternkomplexe auf die Elternarchetypen. Das Thema der Elternkomplexe wurde ausführlich von Kast (1994) bearbeitet.
- Aus den Elternkomplexen lassen sich andere Komplexe wie die der **Geschwisterkomplexe** ableiten, „insofern als Bruder und Schwester ja immer mehr oder weniger eine verjüngte Ausgabe von Vater und Mutter sind" (Dieckmann, 1991). So zeigt sich die Rivalität, aber auch Kooperation von Geschwistertieren oft in Sandspielbildern.

Archetypen

Archetypen werden auch als „Organe der Seele" verstanden. Da ubiquitär in allen Menschen angelegt, gehören sie zum kollektiven, nicht-persönlichen Unbewussten. Sie werden heute als genetisch verankerte, evolutionär erworbene universale Bereitschafts- und Reaktionssysteme des menschlichen Organismus definiert (T. Seifert; in: Müller & Müller, 2003; S. 31–34). Archetypen sind nur formal angelegte Dispositionen und Erlebensmöglichkeiten, die sich in archetypischen Bildern zeigen können. Das archetypische Bild ist nur eine Repräsentanz des Archetypus, aber nicht der Archetypus selber. „Der Archetypus ist ein an sich leeres, formales Element, das nichts anderes ist als eine ‚facultas praeformandi', eine a priori gegebene Möglichkeit der Vorstellungsform. Vererbt werden nicht die Vorstellungen, sondern die Formen..." (Jung, GW 9/1, § 155).

Im Verlauf der Entwicklung lösen sich die Archetypen in ihrer Dominanz für die Psyche ab. Diese Veränderungen werden z. T. angestoßen durch Umwelterfahrungen, so dass unterschiedliche Archetypen in verschiedenen Entwicklungsphasen im Vordergrund stehen (Montecchi, 2004). Das Konstrukt des „Archetyps" lässt sich nicht nur hermeneutisch verstehen. Jacoby kommt zum Schluss, „dass die Säuglingsforschung im Grunde die Hypothese der archetypischen Anordnung oder Organisation unseres Erlebens und Verhaltens bestätigt" (Jacoby, 1998, S. 90). Knox (2003) stellt zwar die a priori Genese des Archetyps in Frage, zeigt jedoch, dass Archetypen durch empirische Untersuchungen als universelle Schemata verstanden werden, die sich auf der Basis interpersoneller Erfahrung des Kindes entwickeln.

Der **Mutterarchetyp** als Strukturelement des kollektiven Unbewussten wirkt im positiven Sinne generell lebensfördernd. Der Mutterarchetyp wurde von Neumann (Die große Mutter) in seiner klassischen Monographie ausführlich bearbeitet (Neumann, 1989, Erstausgabe 1956).

- Der Kontakt mit Archetypen kann im Rahmen der Sandspieltherapie eine tiefe heilende Wirkung induzieren, in dem neue Kräfte aktiviert und das individuelle Leid in einen größeren Zusammenhang gestellt wird.
- Die Manifestation eines Archetyps ist oft an einer „numinosen" Atmosphäre zu erkennen.
- Bei Sandspieltherapien von Kindern, die misshandelt wurden, kann sich am Anfang der Therapie z. B. ein negativer Mutterkomplex in destruktiver Ausprägung zeigen. Durch Kontakt mit dem positiven Mutterarchetyp kann die Wirkung des negativen Mutterkomplexes minimiert und ausgeglichen werden. In Bildern kann sich ein sorgendes, fütterndes Verhalten von Tieren oder Menschen manifestieren und als Zeichen dafür gewertet werden, dass selbst nach schwierigen persönlichen Erfahrungen das Urmütterliche des Archetyps wirksam bleibt.
- Der Kontakt zum Archetypischen ermöglicht es, die eigene Lebensgeschichte in einem größeren Zusammenhang zu sehen.

In ähnlicher Weise kann der positive **Vaterarchetyp** (Zoja, 2001), z. B. im Archetyp des weisen Alten (s. Fall Martin, 6.3) eine kompensatorische Wirkung zu einem negativen Vaterkomplex zeigen. Bei Kindern spielt die Trias von Vater-Mutter-Kind eine besondere Rolle, die Montecchi (2004) treffenderweise als **Familienarchetyp** bezeichnete.

> - Man erkennt den Familienarchetyp in vielen Sandbildern an der Vorliebe von Kindern für Familien – seien es Tier-, Menschenfamilien, Heilige (Maria, Joseph, Jesuskind) oder Objektfamilien (Familien von Bäumen, Häusern und sogar Autos). Der Familienarchetyp zeigt sich auch in der Manifestation des Selbst: durch die Spannung der Gegensätze (Eltern) wird ein Drittes (Selbst) möglich.

Weitere wichtige Archetypen sind nach klassischer Auffassung die gegengeschlechtlichen Gestalten der **Anima** beim Mann und des **Animus** bei der Frau (Emma Jung, 1996, Erstausgabe 1967). Sie beide wirken als „Seelenführer" und sind dazu prädestiniert, in die tieferen Schichten des Unbewussten zu führen. Von C.G. Jung wurde die Anima noch sehr viel positiver als der Animus gesehen, eine Auffassung, die im historischen Kontext verstanden werden muss und von „Postjungianerinnen" in Frage gestellt wurde (Christoffel, 1989). Das aktuelle Animakonzept sieht die Anima als universellen Archetyp in Frauen und Männern, der geradezu dazu prädestiniert ist, bei Erwachsenen Anstöße zur Individuation zu geben (Heisig, 1996). Anima und Animus sind im Seelenleben der Erwachsenen immer in der Beziehungsgestaltung im Zustand des Verliebtseins präsent, wie auch in der reifen Liebe (Sanford, 1991; Guzie & Guzie, 1987). Im Scheitern von Beziehungen liefern sie oft den Anstoß für Therapie und Transformation (Guggenbühl-Craig, 1990).

> - Während Anima und Animus in den Sandspieltherapien von Erwachsenen häufig auftreten (Weinrib, 1983), werden sie in Sandspieltherapien von Kindern, selbst von Jugendlichen, nur selten aktiv und nur angedeutet gezeigt. Dies hängt vermutlich mit den entwicklungspsychologischen, realen Aufgaben dieses Lebensabschnittes zusammen: der Findung von Intimität und Entwicklung von Sexualität. Den realen Entwicklungsaufgaben folgt später das symbolische Erkennen des eigenen Anima/Animus-Archetyps. Die Entwicklung innerer Weiblichkeit (von Franz, 1997) und Männlichkeit (Lutz, 1996) wird als Entwicklungsaufgabe z. B. in Märcheninterpretationen deutlich.
> - Andererseits könnte das Fehlen von Anima und Animus durch die Dominanz der Elternarchetypen und deren Interferenzen mit Anima und Animus bedingt sein. In Kindertherapien ist die Auseinandersetzung mit den Elternarchetypen vorrangig, bei Jugendlichen kann die Entdeckung der eigenen Anima oder des Animus von Bedeutung sein.

Selbst

Das Selbst bezeichnet den Kern wie auch die Gesamtheit der Persönlichkeit. „Das Selbst ist nicht nur der Mittelpunkt, sondern auch jener Umfang, der Bewusstsein und Unbewusstes einschließt; es ist das Zentrum dieser Totalität, wie das Ich Bewusstseinszentrum ist." (Jung, GW 12, § 44). Das Selbst hat für die analytische Psychologie eine ganz zentrale Bedeutung. Es kann als Basisarchetyp verstanden werden, den jeder Mensch schon vor Geburt in sich trägt (Montecchi, 2004), die Grundlage eines spirituellen und religiösen Erlebens ermöglicht und die Richtung der Individuation angibt (s. Kapitel 4.7). Das Selbst steht in dynamischem Austausch mit dem Ich entlang der sogenannten „Ich-Selbst-Achse", einem Begriff, der von Erich Neumann (1990, Erstausgabe 1963) geprägt wurde. Der Abstand zwischen Ich und Selbst kann variieren, entscheidend ist der libidinöse Fluss und Kontakt zwischen beiden. Das Erleben des „Selbst" und die Unterordnung des „Ichs" sind die Grundlage jeder religiösen transzendenten Erfahrung, wie unten ausgeführt (Edinger, 1972, 1986).

- Die Manifestation des Selbst im Sandspiel wurde von Dora Kalff als entscheidendes Erlebnis zur Etablierung der „Ich-Selbst-Achse" angesehen. Die Selbstbilder zeigen sich oft durch eine Zentrierung, verbunden mit der Aura des Numinosen und des Mysteriums. Diese Aura ist in Sandspielstunden zum Teil so überwältigend, dass Worte dem Staunen und Schweigen Platz machen. Bei „echten" Selbstbildern überträgt sich diese Aura selbst beim Betrachten der Fotografien. Ein Selbstbild kann nicht bewusst, willkürlich nachgebaut werden, so sehr das Ich es sich wünscht, es wird immer „falsch" wirken.
- Neben den „Selbstbildern" können „kleine Selbsterfahrungen", in denen ein umschriebenes „Selbstobjekt" verwendet wird, auftreten – als Hoffungszeichen, „dass das Licht am Ende des Tunnels zu sehen ist" (Bradway, Chambers & Chiaia, 2005, S. 116)
- „Selbstbilder" können sich in typischen Mustern wie Mandalaform, Zentrierung und in der Vereinigung von Gegensätzen zeigen – sie müssen es aber nicht. Das entscheidende Merkmal ist das Gefühl des „Numinosen" (s. unten) in der Beziehung, d. h. das Selbst von Patient spricht das Selbst des Therapeuten an.
- Für eine erfolgreiche Sandspieltherapie ist es nicht unbedingt notwendig, dass sich ein Selbstbild zeigt. Das Selbst kann sich ja in jeder Alltagssituation manifestieren – und nicht nur im besonderen Therapieraum. Bei vielen Therapien reicht es vollkommen, libidinös gebundene Komplexe zu bearbeiten und den archetypischen Grund zu erfahren, um eine Heilung zu erreichen. In anderen Worten: das Selbstbild ist weder Ziel noch Ende der Therapie (Bradway, Chambers & Chiaia, 2005, S. 132).
- Dagegen reicht es nicht aus, dass „nur" eine Selbstmanifestation auftritt. Häufig beobachtet man das Phänomen, das sich nach einem tiefen „Selbstbild" oft geradezu oberflächliche, banale Sandbilder zeigen. Aus dem kompensatorischen Bestreben der Psyche ist es verständlich, dass intensives „numinoses" Erleben des „Selbst" nicht konstant ertragen werden kann – sondern dass der Wechsel geradezu folgen muss. Es bleibt nach der Selbstmanifestation immer noch die therapeutische Aufgabe, die Grundproblematik zu klären und zu bearbeiten. Beispiele für Selbstbilder finden sich in mehreren Kasuistiken des Kapitels 6.

4.7 Spirituelle Traditionen und Psychotherapie

Auf einer internationalen Sandspieltagung wurde ich gefragt: „What is your spiritual tradition?" Diese offene Frage: „Was ist Deine spirituelle Tradition?" wurde mir bisher auf keiner kinderpsychiatrischen Tagung gestellt. Auch wurde nicht gefragt, *ob* ich einer spirituellen Richtung anhänge, sondern nach *welcher*. Es wurde als selbstverständlich vorausgesetzt, dass man als Sandspieltherapeut diese Dimension kultiviert und lebt.

Dieser integrale Bestandteil des Transzendenten und Spirituellen für die psychische Entwicklung unterscheidet die Sandspieltherapie von vielen anderen Psychotherapierichtungen. Neben der Welttechnik von Margarethe Lowenfeld und der analytischen Psychologie C.G. Jungs hatte Dora Kalff eine enge Verbindung sowohl zum Zen-Buddhismus Japans, als auch zum tibetischen Buddhismus. Ihr Sohn Martin Kalff setzt diese Tradition fort, unter anderem in Seminaren und Fortbildungen zu der Wechselwirkung von Buddhismus und analytischer Psychologie.

Einerseits suchen Sandspieltherapeuten das Spirituelle und Erfahrungen mit Meditation. Andererseits suchen auch Meditationslehrer den Kontakt zur Sandspieltherapie. Steven Batchelor, ein englischer Meditationslehrer des Zen und des tibetischen Buddhismus, begab sich noch als buddhistischer Mönch in der Schweiz in eine Sandspieltherapie bei Dora Kalff. Auf der Suche nach persönlicher Authentizität, fand er in der Sandspieltherapie eine Aktivierung der Imagination und Kreativität, die im klösterlichen Leben für ihn nicht möglich gewesen war (Epstein, 1998). Dora Kalff wurde auch von dem englischen Meditationslehrer Christopher Titmuss (Vipassana Tradition) interviewt und schaffte es, ihn dabei zu einem Sandbild zu verleiten und eigene persönliche Aspekte darzustellen (Titmuss, 1991).

Doch warum wird der spirituellen Dimension eine solche Bedeutung in der Sandspieltherapie zugemessen? Um die Relevanz des Spirituellen richtig einzuschätzen, ist es wichtig, gerade Begriffe wie Spiritualität und Religiosität klar zu definieren und ihre Bedeutung für das Kindesalter aufzuzeigen.

Spiritualität und Religiosität

Religiöse und spirituelle Fragen waren lange Zeit vernachlässigte, ignorierte und ausgegrenzte Aspekte der Psychotherapie bei Erwachsenen (Utsch, 2005) und bei

- **Religiosität** bezeichnet „ein überindividuelles System tranzendierender Werte von unterschiedlichem Organisations- und Institutionalisierungsgrad" (Utsch, 2005, S.188). Unter Religiosität werden also Einstellungen verstanden, die formal durch religiöse Institutionen, Glauben, Theologien und Ritualen strukturiert sind (Roehlkepartain et al., 2005, S. 4).
- **Spiritualität** wird als individuelles Bedürfnis einer Person nach überpersönlicher Transzendenz, Sinn und dem „Sakralen" verstanden (Roehlkepartain et al., 2005, S. 4). Sie ist eine „persönliche sinnstiftende Grundeinstellung" (Utsch, 2005, S. 188).

Kindern (Roehlkepartain et al., 2005). Zu den Ausnahmen zählen die „**Transpersonalen Psychotherapien**", zu denen auch die analytische Psychotherapie C.G. Jungs gehört (Boorstein, 1988; Galuska, 2003), die explizit die „spirituellen bzw. religiösen Erfahrungen von Menschen und deren Bedeutung für die Lebenspraxis und Wissenschaft" integrieren (Utsch, 2005, S. 91). Doch was versteht man unter Religiosität und Spritualität?

Religiosität und Spiritualität können, aber müssen sich nicht überlappen. Während die Religiosität ausgeprägten gesellschaftlichen und historischen Einflüssen unterliegt, scheint die Spiritualität eine intrinsische, biologisch verankerte Dimension zu sein. Dies wird deutlich, wenn man z. B. 18- bis 24-jährige deutsche (und US-amerikanische) junge Erwachsene miteinander vergleicht: 5,6 % der Deutschen (aber 47 % der Amerikaner) gaben an, dass Religion sehr wichtig in ihrem Leben sei. Allerdings glauben auch 54,4 % der Deutschen an Gott (92,9 % der Amerikaner) (World Values Study von 20.000 Personen in 41 Ländern, zitiert nach Lippman & Keith, 2005; S. 111–113).

In der Young European Study von 9.400 15- bis 24-Jährigen in 15 Ländern fanden sich selbst zwischen den neuen und den alten Bundesländern deutliche Unterschiede. Insgesamt zeigt sich für deutsche Jugendliche folgendes Bild: 17,2 % praktizierten und waren gläubig (religiös und spirituell); 32,9 % waren gläubig, aber praktizierten nicht (nur spirituell); 12,2 % praktizierten, aber glaubten nicht (nur religiös); 7,5 % bezeichneten sich als atheistisch, 7,5 % als agnostisch, 6,4 % wussten es nicht und 0,5 % gehörten einer spirituellen Gruppe an. Demnach ist das Erleben von Spiritualität häufiger als das Bedürfnis nach Religiosität bei jungen Deutschen (zitiert nach Lippman & Keith, 2005, S. 114–117).

Die Spiritualität scheint in jedem Menschen angelegt zu sein, aber durchläuft eine ontogenetische Entwicklung. Diese **Spirituelle Entwicklung** (spiritual development) wird definiert als (Roehlkepartain et al., 2005, S. 485):

- Ein Entwicklungsprozess der intrinsischen Fähigkeit zur Selbst-Transzendenz, zum Gefühl des Eingebettetsein in Etwas, was größer ist als man selbst und sakral sein kann.
- Das Ziel der spirituellen Entwicklung ist Verbundenheit, Sinn, Aufgabe und Beitrag für andere.
- Spiritualität wird ausgeformt innerhalb und außerhalb religiöser Traditionen und Glaubensrichtungen.

Nach bisherigen Untersuchungen scheint die Spirituelle Entwicklung:
- auf biologischen und neurophysiologischen Grundlagen zu basieren,
- genauso wichtig wie – und eng verbunden mit – der kognitiven, emotionalen und sozialen Entwicklung zu sein,
- ein komplexes Konstrukt zu sein, dass mehrere entwicklungspsychologische Dimensionen, d. h. auch kognitive Aspekte, enthält,
- überwiegend positive Auswirkungen auf die Entwicklung zu haben,
- selten auch Grundlage von pathologischen Entwicklungen zu sein; z. B. in Form von psychotischen Symptomen; Delinquenz und Dissozialität bei Leugnung der eigenen Spiritualität (negative spirituality).

Ohne Zweifel haben Kinder also eine unmittelbare Empfänglichkeit für spirituelle (nicht unbedingt religiöse) Erfahrungen von frühester Kindheit an (Hart, 2005). Diese zeigen sich in vielfältiger Weise:

- Kinder erleben Gefühle von **Wunder**, Staunen und Erfurcht, oft ausgelöst durch Erlebnisse in der Natur. Diese Augenblicke sind dadurch gekennzeichnet, dass sie sich nicht adäquat in Worten ausdrücken lassen; dass sie zeitlos wirken; dass sie als absolut wahr und seltsamerweise bekannt vorkommen; dass Zusammenhänge unmittelbar (ohne rationales Denken) „gewusst" werden; dass etwas Anderes, Heiliges wahrgenommen wird; dass Grenzen zwischen Innen und Außen verwischen können. Diese Augenblicke werden überwiegend mit Dankbarkeit und Ehrfurcht erlebt, können aber überwältigend und schwer zu integrieren sein. 85 % der Erwachsenen geben an, solche Augenblicke als Kinder oder Jugendliche erlebt zu haben.
- Kinder stellen „große" **philosophische Grundfragen** über Leben, Tod, Sinn und Vergänglichkeit. Sie sind offen und beschäftigen sich mit den Geheimnissen des Lebens und stoßen dabei oft auf das Unverständnis der Erwachsenen.
- Kinder haben oft eine erstaunliche Kapazität für **Weisheit**. Diese entwickelt sich nicht aus gelernten Fakten, sondern taucht oft spontan durch unmittelbares Wissen aus.
- Kinder zeigen ein Gefühl für tiefe **interpersonelle Verbundenheit** mit anderen Lebewesen, d. h. eine „Beziehungs-Spiritualität" (relational spirituality). Sie können Empathie, Mitgefühl und wirkliches Verstehen für Andere erleben.

Spiritualität und Psychotherapie

Auch während der Psychotherapie kann sich diese „intrinsische" Spiritualität äußern und wird auf die Resonanz des Therapeuten stoßen, der hierfür offen ist. Neben der eigenen „intrinsischen" Spiritualität des Therapeuten haben verschiedene Psychotherapieschulen Impulse aus etablierten spirituell-religiösen Richtungen bezogen. Obwohl der Schwerpunkt dieses Kapitels auf den Einflüssen des Buddhismus liegt, weisen alle religiösen Traditionen auch mystische Richtungen auf. Die monotheistischen Traditionen des Nahen Osten – Judentum, Christentum und Islam – sowie polytheistische Religionen wie der Hinduismus haben jeweils eigene mystische Richtungen (Mieth, 2004; Wehr, 1991; Schleberger, 1986). Hinduismus und Buddhismus wurden von christlichen Mystikern rezipiert und tragen zur spirituellen Vertiefung des christlichen Zugangs bei: für den Hinduismus sei z. B. Griffiths (1987), für den Zen-Buddhismus z. B. Enomiya-Lassalle (1986) oder Jäger (2000) genannt (s. auch Young-Eisendrath & Miller, 2000). Im Prinzip haben europäische mystische Traditionen, wie z. B. durch Meister Eckhart beschrieben (Welte, 1992; Mieth, 2004), mehr gemeinsam mit östlichen mystischen Traditionen als mit der christlichen Orthodoxie (Clarke, 1994, S. 39). Schließlich werden z. B. von nordamerikanischen Indianern pantheistische Traditionen gelebt, die viele Analogien zur Jung'schen Psychologie aufweisen (Loomis, 1994).

Von diesen Zugängen wird in diesem Buch ausschließlich der nichttheistische Buddhismus behandelt, der für die Psychotherapie eine besondere Anziehung ausübt (s. Abb. 4.25). In der linken Spalte sind die drei Hauptrichtungen des Buddhismus aufgeführt: Zen-Buddhismus, Tibetischer Buddhismus und Theravada (Vipassana) Buddhismus. Diese haben jeweils Verbindungen mit den psychotherapeutischen Richtungen geknüpft, die in der rechten Spalte aufgeführt sind: die analytische Psychologie C.G. Jungs, die Psychoanalyse S. Freuds, die personen-

4.7 Spirituelle Traditionen und Psychotherapie

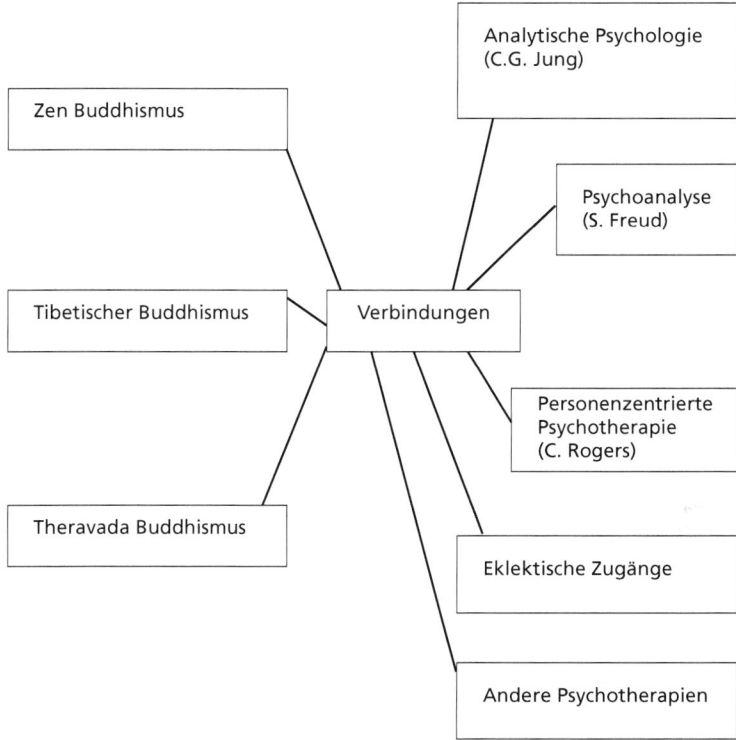

Abb. 4.25: Zusammenhänge und Berührungspunkte zwischen Buddhismus und Schulen der Psychotherapie

zentrierte Psychotherapie C. Rogers, eklektische Zugänge und andere psychotherapeutische Schulen. Diese speziellen Verbindungen sollen in diesem Kapitel nachgezeichnet werden, wobei der Schwerpunkt auf der Jung'schen Psychologie und dem Vipassana Buddhismus liegen wird – weil diese dem Autor am besten vertraut sind.

Buddhismus und Psychotherapie

Eine allgemeine Einführung in den Buddhismus ist in dem Kontext dieses Buches nicht möglich und wurde von anderen Autoren hervorragend geleistet (Bechert & Gombrich, 1984; Conze, 1984; Kennedy, 1990; Schumann, 1998; Saddhatissa, 1976). Auch wird es nicht möglich sein, Anleitungen zur Meditation zu vermitteln (Batchelor, 2001; Titmuss, 1999b) oder auf die direkten Auswirkungen auf den Alltag hinzuweisen (Titmuss, 1999a, 2001).

Der Buddhismus wurde als die „psychologischste der Religionen und die spirituellste der Psychologien" (Epstein, 1998) beschrieben. Sie wurde durch die historische Person des Siddharta Gautama vor 2500 Jahren in Nordindien begründet. Erst nach seinen tiefen Erkenntnissen wurde er Buddha (d. h. der Erwachte) genannt (zum Leben Buddhas s. Hanh, 1992). Seine Lehren wurden in den ersten Jahrhunderten mündlich überliefert, bevor sie schriftlich niedergelegt wurden. Die bekannteste Sammlung sind seine „Mittellangen Reden", die zuletzt hervorragend von Bikkhu Nanamoli und Bikkhu Bodhi (1995) ins Englische übersetzt wurden. Einen aktuellen Zugang bieten die gekürzten Nacherzählungen von Köppler (2001, 2004) in moderner Sprache. Auch die bildlichen Darstellungen des Buddha entsprechen nicht der historischen Person, sondern einer späteren idealtypischen Ikonographie (Schumann, 2003). Der Buddhismus erfuhr eine konstante Änderung durch Kontakt mit den vorhandenen Kulturen, auf die er traf (Conze, 1984; Bechert & Gombrich, 1984).

Die älteste Form, die sich auf die Urschriften beruht, ist der **Theravada-Buddhismus**, der kaum noch in Indien, dafür in Sri Lanka, Burma, Thailand und den angrenzenden Ländern aktiv praktiziert wird. Die Hauptpraxis des Theravada-Buddhismus wird als „Vipassana" oder Einsichtsmeditation bezeichnet, mit dem Schwerpunkt auf eine direkte, einfache Beobachtung von Gedanken, Gefühlen und Sinneseindrücken und einer eher geringen Betonung von Ritualen (Titmuss, 1998; Goldstein, 1993). Hier haben sich divergente Schulen mit unterschiedlichen Akzenten entwickelt (Gruber, 1999).

Spezielle Veränderungen erfuhr der Buddhismus durch den Kontakt zu ursprünglichen Religionen in Tibet. Der **Tibetische Buddhismus** verfügt über vier klösterliche Schulen und weitere esoterische Richtungen (Wallace, 1993). Schwerpunkte liegen in einer differenzierten Praxis mit induzierten Visualisierungen, ausgefeilten Ritualen, körperlichen Übungen, theoretischen Disputen und einer lebensbejahenden Ethik. Im Westen ist diese Form vor allem durch den charismatischen Dalai Lama (Dalai Lama, 1990) bekannt und durch ihre bildende Kunst, u. a. durch die Mandalas (Brauen, 1995).

Viele Jahrhunderte später, durch die kulturellen Einflüsse in China, Korea und Japan, entstand der **Zen-Buddhismus**. Das Grundprinzip des Zen-Buddhismus liegt in der unmittelbaren, „formlosen" spirituellen Erfahrung einerseits (sartori), und in der bewussten Umsetzung in den Künsten (wie Bogenschießen, Blumenbinden, Teezeremonien), aber auch im Alltag allgemein. Die Praxis ist eher strenger und disziplinierter als die anderen Schulen. Wiederum hat der Zen-Buddhismus viele Strömungen mit unterschiedlichen Akzenten, z. T. wird die Sitz- und Gehmeditation in Stille, z. T. das „Lösen" von paradoxen Rätseln (koans) betont.

In den letzten Jahrzehnten wiederum erfuhr der Buddhismus neue Abwandlungen durch die Rezeption in den **westlichen Industrieländern** – auch in der Auseinandersetzung mit psychotherapeutischen Zugängen (zur Geschichte des Buddhismus s. Batchelor, 1994; Messer, 1997; Waskönig, 2003). Zum ersten Mal ist es möglich, verschiedene buddhistische Zugänge zu erfahren. Eigene Persönlichkeitsmerkmale werden beeinflussen, zu welcher „Schule" man sich am ehesten hingezogen fühlt. Keine der Schulen ist „besser" als die anderen, denn die Essenz der spirituellen Erfahrung ist gleich, wie es Goldstein (2002) mit dem Titel „One Dharma" sehr gut ausdrückte. Entscheidend für die Wahl wird – in Analogie zur Psychotherapie – die Güte der Beziehung zum Lehrer sein.

Doch wieso kommt es zu einer solch intensiven Auseinandersetzung zwischen einer Jahrtausenden alten Religion und der relativ jungen, gerade 100 Jahre alten Behandlungsmethode der Psychotherapie? Der Buddhismus bietet sich im Vergleich zu anderen Religionen dazu besonders an, da er lehrte, dass alle Erkenntnisse nur auf empirischer, eigener Erfahrung beruhen. Glaube dagegen ist nicht erforderlich, sondern im Gegenteil hinderlich. Immer wieder wird in den Texten empfohlen, bildlich „jeden Stein umzuwenden", alle Regeln zu prüfen und nur das zu akzeptieren, was mit der eigenen Erfahrung vereinbar ist. Von daher ist es verständlich, dass Epstein (1996, S. 21) betont, dass der Buddhismus „seiner Form nach Tiefenpsychologie ist", denn „mit Begriffen, auf die jeder Psychoanalytiker stolz sein könnte, vermag er die ganze Palette der emotionalen Erfahrung des Menschen zu beschreiben".

Ähnlichkeiten zwischen Buddhismus und Psychotherapie

In ihrem grundlegenden Buch, das in 11 Sprachen übersetzt wurde, vergleicht Moacanin (2003) den tibetischen Buddhismus mit der analytischen Psychologie C.G. Jungs und weist auf erstaunliche Parallelen hin:

Die Ähnlichkeiten umfassen:
- der Buddhismus ist auch ein psychologisches System,
- beide wollen Leiden vermeiden und Freude, Glück und Zufriedenheit ermöglichen,
- Individuation entspricht dem Drang nach Erwachen,
- die Erfahrung des Numinosum ist gleichzusetzen der Erfahrung der Leere im Buddhismus,
- Individuation führt zum Mitgefühl mit anderen, so wie buddhistische Erkenntnis Weisheit und Mitfühlen ermöglicht,
- die therapeutische Beziehung ist vergleichbar mit der zum spirituellen Lehrer,
- beide legen Wert auf die unmittelbare Erfahrung und vermeiden philosophische und metaphysische Spekulationen.

Dennoch weisen Psychotherapie und Buddhismus so gravierende Unterschiede auf, dass sie sich nicht gegenseitig ersetzen – dafür aber sich sehr sinnvoll ergänzen können.

Unterschiede zwischen Buddhismus und Psychotherapie

Es zeigen sich erhebliche Unterschiede zwischen Buddhismus und Psychotherapie, alleine wenn man die Ziele und den Fokus dieser beiden Zugänge vergleicht:

- Das Ziel des **Buddhismus** ist nicht Entspannung und Ruhe, wie fälschlicherweise vermutet wird, sondern Erkenntnisse, die über das persönliche, relative Leben hinausweisen, sowie Weisheit und Verbundenheit mit anderen Lebewesen. Diese Erkenntnisse können plötzlich, unvorhergesehen auftreten, werden aber begünstigt (aber nicht garantiert) durch übende Vorbereitung. Deshalb wird auf Meditation und auf intuitive vertiefende Erfahrungsübungen im Alltag soviel Wert gelegt. Der Fokus der Meditation liegt dabei weniger auf Inhalten, sondern **formaler** Wahrnehmung von Prozessen von Augenblick zu Augenblick, dazu zählen das Kommen und Gehen des Atems, der Fluss der Gefühle, Gedanken und sensorischen Wahrnehmungen. Dieser Fokus auf das Gegenwärtige wird inzwischen als wesentlich auch für die Psychotherapie erkannt (Stern, 2005).
- Die Schulung der Aufmerksamkeit und Phänomenologie mentaler Prozesse, auf die die östlichen Traditionen großen Wert legen, kann im Sinne der analytischen

Psychologie C.G. Jungs folgendermaßen interpretiert werden: Durch mikroskopische Aufmerksamkeit und Gleichmut in der buddhistischen Meditation werden Gedanken, Gefühle und körperliche Prozesse wahrgenommen und verlieren ihre individuelle Bedeutung und Besetzung: der archetypische Kern wird vom individuellen Komplex gelöst und eine „trans-archetypische" Sicht wird möglich (Corbett, 1996, S. 226).

- Das primäre Ziel der **Psychotherapie** dagegen ist die Verminderung des aktuellen Leids und langfristigen Veränderung von Persönlichkeitsmerkmalen – nicht unbedingt eine weiter gefasste, tranzendente Erkenntnis. Der Fokus der Psychotherapie liegt auf dem **Inhalt** (und Verbindungen zwischen Inhalten) von Gefühlen, Gedanken, Phantasien oder Handlungen, weniger auf der Wahrnehmung ihrer formalen Abläufe und Prozesse. Von daher folgerte Epstein (1996), dass Meditation eine nicht sehr effektive Methode sei, emotionale Probleme zu lösen. Es kann jedoch die Grundlage für eine positive und weniger abwehrende Resonanz schaffen.
- In der Psychotherapie wird nach der Sichtweise der analytischen Psychologie C.G. Jungs versucht, die individuelle Bedeutung eines Komplexes zu verstehen und so ebenfalls eine Ablösung vom archetypischen Kern zu erreichen. Beide Zugänge ergänzen einander: ohne Meditation besteht die Gefahr einer einseitigen Betonung des Inhaltes; ohne psychotherapeutische Bearbeitung eines Inhaltes kann die meditative Erfahrung behindert werden (Corbett, 1996).

Auch Aronson (2004) weist auf die Missverständnisse zwischen Psychotherapie und Buddhismus hin, zum Teil aufgrund der Differenzen von Sprache von kulturellen Normen zwischen östlichen und westlichen Traditionen – zum Teil aber wegen der Grundausrichtung. Aronson (2004, S. 9) plädiert deshalb für eine pragmatische Lösung und folgert: „Traditionelle Meditation ist hilfreich, aber wird möglicherweise nicht bei psychischen Problemen helfen. Psychotherapie ist hilfreich, aber wird möglicherweise spirituelle Bedürfnisse nicht erfüllen. Für ein ausgewogenes psychisches und spirituelles Leben können wir von beiden profitieren."

Analytische Psychologie C.G. Jungs und Buddhismus

C.G. Jung war einer der ersten Psychotherapeuten, der die bereichernde Beziehung zwischen westlichen und östlichen Konzepten der Psyche erkannte, wie in dem umfassenden ideengeschichtlichen Werk von Clarke (1994) nachgezeichnet. Jung hat sich lange mit östlichen Traditionen beschäftigt, stand ihnen aber zum Teil skeptisch und ambivalent gegenüber (Clarke, 1994; Wegener-Stratmann, 1990). So übernahm er weder Glaube noch Praktiken östlicher Traditionen, sondern war an einem Dialog des Verstehens interessiert (Clarke, 1994). Jung besuchte Indien 1938 anlässlich der 25. Jahresfeier der Universität Kalkutta. Die Reise war durch Ambivalenz geprägt – mit einem Gefühl von Abstand und Fremdheit verbrachte er viel Zeit damit, alchemistische Texte zu lesen und verpasste es dadurch, sich mit wichtigen spirituellen Lehrern Indiens zu treffen (Clarke, 1994).

Obwohl er eigenen westlichen Traditionen, wie z. B. der Alchemie näher stand, beschäftigte er sich intensiv mit so diversen östlichen Richtungen wie Taoismus, dem I-Ging, Zen- und tibetischem Buddhismus – u. a. mit dem Mandala als Symbol des Individuationsprozesses (Wegener-Stratmann, 1990). Dabei fand er sich in seinen (schon vorher beschriebenen) Grundprinzipien der Psyche durch den Buddhismus bestätigt, dem er besonders nahe stand: „In dieser Beziehung nun war mir das Studium buddhistischer Schriften von nicht geringem Nutzen; geben sie doch Anleitung zu einer Objektivierung des Leidens einerseits und einer allgemeinen Bewertung von dessen Ursachen andererseits ... so kann auch der Kranke und Leidende unserer westlichen Kultursphäre, die dem Osten fremd und oft fast inkommensurabel gegenübersteht, aus der buddhistischen Geisteshaltung beträchtlichen Nutzen ziehen, sofern ihm die dazu nötigen Geisteskräfte zur Verfügung stehen" (Jung, GW 18, § 1575).

Wie Buddha vermied Jung metaphysische Spekulationen zur Existenz von Gott, sondern beschäftigte sich mit der Psychologie der religiösen Erfahrung. So betonte er, dass sein Hauptinteresse nicht der Heilung von Neurosen gelte, sondern der Erfahrung mit dem **Numinosum**. Die Erfahrung des Numinosen kann mit religiöser oder spiritueller Erfahrung gleichgesetzt werden (Corbett, 1996). Numinoses geht auf das lateinische Wort „numen" zurück, das wörtlich ein Neigen des Kopfes, im übertragenen Sinne göttliches Walten bezeichnet (L. Müller; in: Müller & Müller, 2003, S. 301). Der Begriff wurde von R. Otto gewählt für die Erfahrung des „Heiligen", die sich in Ergriffenheit, Erschrecken, Verzückung oder Erfurcht manifestieren kann. Das Numinose ist eine intrinsische Funktion der Psyche, die sich dem Willen und der bewussten Beeinflussung entzieht und nicht in Worte zu fassen ist (Corbett, 1996).

Wie von Corbett (1996) weiter ausgeführt, bedeutet spirituelle, numinose Erfahrung letztendlich die direkte, affektiv intensive Erfahrung der Archetypen. Dies ist im Prinzip über alle Archetypen möglich, da sie alle mit dem Archetyp des „Selbst" verbunden sind. Das Selbst wird dabei als organisierendes, intrapsychisches Prinzip sowohl persönliches Zentrum der Persönlichkeit, als auch transpersonal als Leere, das Absolute, das Göttliche verstanden. Paradoxerweise kann gerade das persönliche Leiden den Zugang zum Numinosen bahnen, da jeder Komplex einen archetypischen Kern hat: „The archetype at the centre of the complex, no matter how painful, is this element (of the divine), so there is no escape from the numinosum at the core of our difficulties" (Corbett, 1996; S. 51). Von daher gibt es keine Trennung zwischen Persönlichem und Transpersonalem – in der Therapie und im Leben (Corbett, 1996).

Im Folgenden sollen – ausgehend von der Buddhismusschule – Themen der Verbindungen zwischen Buddhismus und Psychotherapie aufgezeigt werden. Aktuelle hervorragende Übersichten finden sich bei Molino (1998), Young-Eisendrath und Miller (2000), Young-Eisendrath und Muramoto (2002), Segall (2003), Welwood (2000) und Aronson (2004).

Spezielle Zusammenhänge – Zen-Buddhismus/Psychotherapie

Die frühesten Auseinandersetzungen gingen in den 1950er Jahren vom Zen-Buddhismus aus. Beruhend auf einer Arbeitstagung 1957, hatte das klassische Werk von Fromm, Suzuki und de Martino (1971, Erstausgabe 1960) weitreichenden Einfluss auf den Dialog der nächsten Jahrzehnte. Als Gegengewicht zu der abwertenden Haltung der klassischen Psychoanalyse, die mystische Erlebnisse als Rückfall in den kindlichen Narzissmus sah (Fromm, 1971, S. 110), wurden stattdessen Parallelen und Ergänzungen von Zen-Buddhismus und Psychoanalyse herausgearbeitet. In der Folge entstanden viele populärpsychologische Werke wie von Allan Watts (1980, Erstausgabe 1961), der sich auf den Zen-Buddhismus und als Eklektiker auf C.G. Jung, die Gestaltpsychologie, die „Neofreudianer" und systemische Ansätze von Jay Haley beruft. Auch das bekannte Werk von Sheldon Kopp (1983, Erstausgabe 1972) mit dem Titel „Triffst Du Buddha unterwegs ... Psychotherapie und Selbsterfahrung" trug zur Popularisierung von Buddhismus und Psychotherapie bei. Neben psychotherapeutischen Schwerpunkten zeigten Naranjo und Ornstein (1980, Erstausgabe 1971), vom Zen-Buddhismus inspiriert, Zusammenhänge mit der modernen Wahrnehmungspsychologie auf.

Eine aktuelle, hoch differenzierte Einführung in die Buddhistische Psychologie lieferte Caroline Brazier (2003). Ihr Mann David Brazier (1995) zeigte in dem anschaulich geschriebenen Buch „Zen Therapy" Zusammenhänge zwischen Zen-Buddhismus und vor allem der personen-zentrierten Psychotherapie Carl Rogers auf. Schließlich erwähnt Kawai (1996), ein Gründungsmitglied der Internationalen Sandspiel Gesellschaft, dass er als Japaner erst durch die analytische Psychologie C.G. Jungs den Buddhismus „wieder" entdeckte. An Hand der berühmten Zen-Bilder-Serie des „Ochsenhirten" zeigt er differenziert den Prozess der Individuation auf.

Nach wie vor stellt der Zen-Buddhismus eine Hauptinspiration für die Weiterentwicklung psychotherapeutischer Konzepte und Praxis dar (s. Young-Eisendrath & Muramoto, 2002).

Spezielle Zusammenhänge – Tibetischer Buddhismus/Psychologie

Berührungspunkte zwischen dem Tibetischen Buddhismus (Wallace, 1993) und der Psychologie (nicht unbedingt Psychotherapie) finden sich z. B. bei Tulku (1975). Das beste Werk über die Zusammenhänge zwischen dem tantrischen Buddhismus, eine esoterische Tradition des tibetischen Buddhismus und der analytischen Psychologie C.G. Jungs, ist das Buch von Moacanin (2003). Durch die Betonung der Visualisierung und der bildenden Kunst, bietet der Tibetische Buddhismus viele „archetypische Symbole", z. B. die Daikini als Symbol der Anima; die Tara als Symbol des Mutterarchetyps; das Mandala als Symbol des Selbst und der Individuation. Als archetypische Bilder ermöglichen sie die Erfahrung des Numinosen.

Spezielle Zusammenhänge – Theravada Buddhismus (Vipassana)/Psychotherapie

Die bekanntesten und profundesten Bücher über die Zusammenhänge zwischen der Psychoanalyse und der Einsichtsmeditation (Vipassana) wurden von Mark Epstein (1996) geschrieben. Als Schüler von Otto Kernberg mit traditioneller psychoanalytischer Ausbildung und jahrzehntelangen Meditationserfahrungen beeindruckt Epstein durch seine detaillierten, minutiösen klinischen Beobachtungen. So zeigt auch er auf, wie meditative Erfahrungen durch Neurose umgeformt und verändert werden, d. h. der Abwehr unterliegen. Andererseits zeigt er, wie sehr die psychologischen Erkenntnisse der Meditation bereichernd für Patienten wie auch Therapeuten wirken. So wird in der Psychoanalyse zwar von frei schwebender Aufmerksamkeit gesprochen, die Einübung einer solchen Haltung wird aber nicht vermittelt.

Sein bekanntestes Buch „Gedanken ohne den Denker" (Epstein, 1996) ist zugleich sein profundestes. In seinem zweiten Buch „Going to pieces without falling apart" (Epstein, 1998) thematisiert er die Erfahrung der Leere aus buddhistischer und psychoanalytischer Sicht. In „Going on being" (Epstein, 2000) wird in Anlehnung an Winnicott das Gefühl des Seins in der Zeit thematisiert. Schließlich geht es in „A love for desire" (Epstein, 2005) um das Verlangen als menschliches Grundmerkmal.

Viele der bekannten Lehrer der Einsichtsmeditation vermitteln psychotherapiekompatible Einsichten, ohne dass sie sich als Psychotherapeuten bezeichnen würden (von Allmen, 1990, 1997; Batchelor, 1990, 1994, 1997, 2004; Goldstein, 1993, 2002; Titmuss, 1989, 1991, 1993, 1998, 1999a, b, 2001, 2002). Jack Kornfield, Meditationslehrer und zugleich Psychologe und Psychotherapeut, stellt fest, dass „allzu selten Lehrer und Schüler Gebrauch von der Hilfe der westlichen Psychologie machen. Sie unterliegen der irrtümlichen Meinung, dass man nicht mehr brauche als eine ernsthafte Praxis der Meditation oder des Gebets, um das Leben zu transformieren … . In Wirklichkeit ist es eher die Regel als die Ausnahme, dass in der spirituellen Praxis persönliche emotionale Probleme bearbeitet werden" (Kornfield, 1995, S. 298–299).

In seinem bahnbrechenden Buch „After the ecstasy the laundry" (oder wörtlich übersetzt: „Nach der Ekstase das Wäschewaschen") werden viele Vorurteile, Idealisierungen und Projektionen hinterfragt (Kornfield, 2000). Kornfields Verdienst ist es, zu zeigen, dass eine noch so intensive spirituelle Erfahrung nicht in einen konstanten „erleuchteten" Zustand führt, sondern dass der spirituelle Erkenntnisprozess nur in Gang gesetzt wird, aber sich weiterentwickeln muss. Oder anders ausgedrückt, es gibt keine „erleuchtete" Person, sondern nur „erwachte" Aktivität (Titmuss, persönliche Mitteilung). Demnach gibt es keinen „Erleuchtungs-Ruhestand", sondern gerade tiefe, numinose Erfahrungen erfordern z. T. schmerzhafte Bearbeitung im Alltag, oder wie es der Titel ausdrückt, dass die Wäsche trotzdem gewaschen werden muss.

So können auch nach tiefen Erfahrungen Zeiten der Angst, Verwirrung, Orientierungslosigkeit, Depression und problematischem Verhalten folgen. Kornfield (2000, S. 131) beschreibt die Aktivierung vom Schatten durch die Selbsterfahrung und zitiert C.G. Jung in der Notwendigkeit, gerade sich diesen Schattenaspekten zu stellen. Damit stellt sich Kornfeld gegen buddhistische Traditionen, die von der Möglichkeit einer kompletten Erleuchtung ausgehen und nähert sich der Haltung C.G. Jungs an, nach der die Individuation nie vollständig abgeschlossen und Unbewusstes niemals ganz bewusst werden kann (Moacanin, 2003).

Was kann die Praxis der Meditation von der Psychotherapie lernen?

Praktizierende der Meditation, sei es durch den Buddhismus oder durch andere Traditionen inspiriert, können sehr viel von psychotherapeutischen Einsichten lernen. Wie Corbett (1996, S. 206) es ausführte, ist die bewusste psychische Realität das einzige Medium des Individuums, mit dem die Welt – und das Transzendente – erlebt werden kann. Die Psychologie kann keine Aussagen über dasjenige jenseits der psychischen Realität treffen. Insoweit allerdings, wie das Transzendente

(Göttliche) intrapsychisch erlebt wird, ist die Psychologie gefragt – unabhängig von einem möglichen Ursprung jenseits der individuellen Psyche (Corbett, 1996, S. 206). Jung beschränkte sich in seinen Betrachtungen deshalb ausschließlich auf die Psychologie der religiösen Erfahrung: „Die psychische Natur aller Erfahrung will nicht besagen, dass die transzendenten Wirklichkeiten ebenfalls psychisch seien" (Jung, GW 18, § 1538).

Da nur die Psyche ein spirituelles Erleben ermöglicht, kann sie es auch abwehren. Der Kontakt mit dem Numinosum, d. h. die spirituelle Erfahrung, ist für manche Menschen zum Teil so schwer erträglich, dass abgewehrt wird, wie von John Welwood (2000), einem eklektischen Psychotherapeuten, detailliert ausgearbeitet. So zeigte er vier typische Abwehrmechanismen auf, die bei Meditierenden mit tiefen spirituellen und damit archetypischen Erfahrungen beobachtet wurden:

- **Spiritual Bypassing (spirituelle Abkürzung):** Darunter wird eine Tendenz verstanden, grundlegende menschliche Bedürfnisse, Gefühle und Entwicklungsaufgaben zu vermeiden oder vorzeitig zu überspringen. Man erhebt sich in seiner Spiritualität über die emotionalen und persönlichen, nicht gelösten Fragen.
- **Schizoide Abwehr:** Bei dieser Abwehrform kommt es zur Isolation und zum Rückzug, da zwischenmenschliche Kontakte bedrohlich wirken. Lehren über Loslassen und Verzicht werden verwendet, die eigene Überheblichkeit, Kontaktlosigkeit und fehlende Menschlichkeit zu rationalisieren.
- **Narzisstische Abwehr:** Hierbei wird die Spiritualität benutzt, um sich als jemand Besonderes und Wichtiges zu fühlen. Die angebliche Befreiung vom Ich dient letztendlich dazu, das Ich zu stabilisieren. Noch differenziertere Betrachtungen zur narzisstischen Abwehr finden sich auch bei Corbett (1996) und Epstein (1996).
- **Spirituelles Über-Ich:** Bei dieser Abwehr entwickelt sich ein harsches, strafendes Über-Ich, das als unablässiger Kritiker das Ich abwertet.

Was kann die Psychotherapie, vor allem die Sandspieltherapie, vom Buddhismus lernen?

Kinder und Jugendliche haben geradezu ein wahres spirituelles „Urbedürfnis", das oft innerhalb der etablierten religiösen Institutionen nicht befriedigt wird (Klosinski, 1996; Roelkepartain, 2005). In der Sandspieltherapie zeigt sich das Spirituelle oft in der Manifestation des Selbsts oder anderer Archetypen, mit begleitender Erfahrung des „Numinosen" in solchen Augenblicken. Um diese spirituelle Erfahrung zu integrieren, ist es erforderlich, dass der Therapeut sie wahrnimmt und anerkennt (z. T. auch verbal benennt), so dass das Kind sie in ihrer Bedeutung einordnen kann.

Pragmatisch geht es in der Sandspieltherapie natürlich nicht darum, den Kindern formal Meditationstechniken beizubringen. Relaxationstechniken mit meditativen Elementen können auch bei Kindern hilfreich sein (Friedrich & Friebel, 1991). Losgelöst aus ihren spirituellen Traditionen können Meditationstechniken, wie z. B. die Achtsamkeitsmeditation (Vipassana) sehr direkte und positive Effekte auf Psyche und Körper ausüben im Sinne einer Stressreduktion, wie sie von Kabat-Zinn (1991, 1994) entwickelt und propagiert wurden. Das Mindfulness-Based Stress Reduction Program (MBSR) (Kabat-Zinn, 1991) ist inzwischen ein etablierter und nachweislich erfolgreicher Baustein in der Psychotherapie Erwachsener, z. B. mit Borderline-Störungen und psychosomatischen Erkrankungen. Erste Studien konnten positive Wirkungen der Achtsamkeitsmeditation auch bei Kindern nachweisen (Miller & Kelley, 2005).

In der Sandspieltherapie geht es überwiegend um Einflüsse der spirituellen Erfahrung auf die Haltung des Therapeuten und damit auf den Therapieverlauf. Durch das enge Übertragungsgeschehen in der Sandspieltherapie (Co-Übertragung) wird die spirituelle Dimension, vom Therapeuten entwickelt, ähnliche Dimensionen im Patienten begünstigen und zur Heilung beitragen können.

Ohne Zweifel hat die Praxis der Meditation eindeutig positive Auswirkungen für den Psychotherapeuten (Masis, 2002). So kann es leichter sein:

- Mit Schweigen umzugehen,
- eine „frei schwebende" Aufmerksamkeit beizubehalten,
- empathischer zuzuhören,
- Nicht-Bekanntes besser zu tolerieren,
- und offen für andere Lehrmeinungen zu sein.

Die Meditation fördert also Qualitäten, die für die Praxis der Psychotherapie entscheidend sind: Offenheit, Aufnahmefähigkeit, Wahrnehmung innerer Prozesse, Ausgeglichenheit, Mitgefühl und erhöhte Sensibilität für Verbundenheit (Segall, 2003, S. 175).

Praktische Bedeutung des Buddhismus im therapeutischen Prozess

Diese praktische Bedeutung des Buddhismus für die Psychotherapie soll beispielhaft an nur einer der vielen Aspekte der buddhistischen Lehre verdeutlicht werden. Buddha hat seine Lehren in Gruppen zusammengefügt, vermutlich, damit sie besser erinnert werden. Eine der wichtigen dieser Gruppen sind die drei Daseinsmerkmale (three characteristics of existence):

1. Unzulänglichkeit (Dukha),
2. Vergänglichkeit (Annica) und
3. Leere/Nicht-Selbst (Annata) (s. Titmuss, 1998; Gruber, 1999).

Daseinsmerkmal Dukha

Dukha wird fälschlicherweise als Leiden übersetzt – eigentlich bezeichnet es eher eine „durchdringende Unzulänglichkeit" oder Unzufriedenheit (Epstein, 1996). Ursachen sind das Verlangen nach Sinnesfreuden, Sicherheit, einem festen Selbstbild und festen Annahmen (Epstein, 1996).

In diesem Zusammenhang geht es nicht um Leiden, dass durch konkrete äußere Einwirkungen induziert wird – seien es psychische oder körperliche Traumen, Vernachlässigung oder auch genetische Dispositionen. Ohne Zweifel sind gerade Kinder oft Opfer ihrer Umgebung, doch nicht alles Leid lässt sich so erklären: selbst wenn ein äußerer Faktor in der Vergangenheit verantwortlich war, kann die intrapsychische Verarbeitung dieser Einwirkung für die Persistenz des Leids bis in die Gegenwart hinein verantwortlich sein. Beispiele für ein Festhalten sind:

4 Sandspieltherapie – theoretischer Hintergrund

- Bei Kindern, die misshandelt wurden, findet man das Phänomen der „Identifikation mit dem Aggressor", das als unbewusstes Anhaften an die Repräsentanzen der misshandelnden Person verstanden werden kann.
- Jugendliche Mädchen, die mit ihrem Körper nicht zufrieden sind, streben einer dünneren, zum Teil nicht erreichbaren Körperform nach. Auch dies kann verstanden werden als ein Festhalten an Körper- und Ich-Ideal, das Selbstzweifel, Selbstabwertung und unter Umständen sogar eine Magersucht auslösen kann.
- Eine depressive Dynamik kann durch ein Verlusterlebnis ausgelöst werden, z. B. durch Trennung der Eltern. Das Anhaften an nicht erfüllbare Wünsche, z. B. nach ihrer kompletten Familie, kann bei Kindern viel Leid auslösen. Die Trauerarbeit, das Akzeptieren von unabänderlichen Trennungen und Loslassen dieser Wünsche wird erst wieder Offenheit für neue Beziehungen ermöglichen.
- Auch in der Sandspieltherapie kann ein Festhalten an bestimmte Symbole beobachtet werden, bis diese „Besetzung" gelöst und neue Varianten von Sandbildern zum Ausdruck kommen können.

Aus buddhistischer Sicht liegt das Grundproblem oft darin, dass man etwas haben will, was nicht da ist und etwas nicht haben will, was man hat (Epstein, 1996). Da dieses sinnlose Festhalten an etwas, was nicht festgehalten werden kann, bewusst, wie auch unbewusst erfolgen kann, finden sich viele Analogien zur Psychoanalyse S. Freuds und der analytischen Psychologie C.G. Jungs, vor allem über die Begriffe der Fixierung, der Libido und der Komplexe.

„Fixierung" ist ein von S. Freud geprägter Begriff, der allgemein „Gebundenheit", z. B. an traumatische Erinnerungen and andere Phantasien ausdrückt (Mertens & Waldvogel, 2000, S. 199–202). Von Freud wurde er vor allem speziell als „Triebfixierung" verstanden, d. h. das Verbleiben der Libido auf einem infantileren Stadium der psychosexuellen Entwicklung. Diese Fixierung wird als pathogener Hauptfaktor für die Entstehung von Neurosen angesehen. Jung äußerte sich kritisch zu dieser Fixierungshyopthese der Psychoanalyse (Jung, GW 4, § 561–§ 565) und sah sie als nicht ausreichend für die Genese von psychischen Störungen: immer sind aktuelle, gegenwärtige Faktoren notwendig: „Aus diesen Gründen suche ich die Ursache einer Neurose nicht mehr in der Vergangenheit, sondern in der Gegenwart. Ich frage danach, welches die notwendige Aufgabe sei, die der Patient nicht erfüllen will. Die lange Liste seiner infantilen Phantasien gibt mir keine ausreichende Erklärung für die Krankheitsursache, denn ich weiß, dass diese Phantasie nur von der regressiven Libido hochgespielt worden sind, die ihren natürlichen Ausweg in einer neuen Form von Anpassung an die Erfordernisse des Lebens gefunden hat." (Jung, GW 4, § 570).

Jung weist der gegenwärtigen intrapsychischen Dynamik über die Konzepte der „Komplexe" und der „Libido" eine besondere Bedeutung zu. Komplexe sind „abgesprengte Teilpsychen", die ihren Ursprung in frühkindlichen, wie auch aktuellen Erlebnissen, Traumen und Konflikten haben können. Sie können Libido binden, die von Jung allgemein als „Lebensenergie" verstanden wird, und eine große Autonomie entwickeln. Die durch Libido energetisch aufgeladenen Komplexe ziehen Energie ab werden vom Ich als Libidoverlust erlebt (s. Jacobi, 1996; Dieckmann, 1991) – und als Dukha aus buddhistischer Sicht.

Ein Ziel der Therapie, auch in der Sandspieltherapie, liegt in der Lösung der libidinösen Energie von den Komplexen, so dass sie dem Ich aktuell wieder zur Verfügung steht. Dies entspricht der buddhistischen Haltung, alle äußeren und inneren Phänomene ohne Anhaftung wahrzunehmen: viel Anhaften bedeutet viel Leid, wenig Anhaften wenig Besorgnis. Ein Lehrer sah dies sogar als Quintessenz aller buddhistischen Lehren an, nämlich dass es nichts gibt, woran es sich lohnen würde, anzuhaften: „Nothing whatsoever should be clung to as ‚I' or ‚Mine'" (Buddhadasa Bikkhu, 1994). Es lohnt sich weder, an „Positives" anzuhaften und dessen Wiederholung zu erwarten, noch „Negatives" abzuwehren, was nicht vermieden werden kann.

Daseinsmerkmal Vergänglichkeit

Ein weiteres buddhistisches Prinzip mit therapeutischer Relevanz ist das der Impermanenz und Veränderung. Die Reflexion über Vergänglichkeit hat eine lange historische Tradition, wie von Midas Dekkers (2001) ausführlich dargestellt: Nichts im Leben bleibt gleich, alles kommt und geht. Alle Dinge unterliegen diesem Grundprinzip: nicht nur Lebewesen, sondern auch die anorganische Natur – und natürlich alle von Menschen geschaffenen Dinge. Doch nicht nur Dinge vergehen, alle Sinneseindrücke wandeln sich, fließen dahin und entziehen sich unserem Griff (Gruber, 1999). Für Ajahn Chah (2005), einem der bedeutenden thailändischen Mönche, war dies eines der wichtigsten Essenzen der buddhistischen Lehre: „Everything arises, everything falls away".

> Auch in der Sandspieltherapiestunde kann das Prinzip der Veränderung beobachtet werden:
> - Der eigene Atem von Therapeut und Patient kommen und gehen. Die Therapiestunde hat einen Anfang, ein Mittelteil und ein Ende. Die Sandbilder entstehen, werden betrachtet, internalisiert, fotografiert und anschließend abgebaut.
> - Selbst die Fotografien sind gegenüber der Vergänglichkeit nicht geschützt: Irgendwann wird das Zelloid der Dias vergilben und sich auflösen, ebenso wie die gespeicherten digitalen Bilderdaten auf der CD.
> - Was bleibt, ist die Erfahrung in dem Moment, die die Leere verdeutlicht. Nichts hat eine konkrete Realität, die Figuren sind nur Träger von nicht greifbarer, psychischer Energie, die sich in einem Augenblick zeigen, im nächsten wieder anders geworden sind.
> - Auch die Therapie im Ganzen verläuft in einer begrenzten Zeit und wird zu einem Abschluss kommen – unvermeidbar wird der Abschied da sein.
> - Doch das Erleben von Vergänglichkeit hat positive Seiten: ein noch so schweres Leid wird sich verändern und vergehen. Auch die schwersten psychischen Schmerzen werden durch ein anderes Erleben ersetzt werden.
> - Für den Therapeuten ist die Gewissheit der Vergänglichkeit hilfreich, schwierige Phasen der Therapie mit Zuversicht begleiten zu können.

Daseinsmerkmal Leere/Nicht-Selbst

Alles Psychische – ob persönlich oder archetypisch – zeigt sich in Bildern, Symbolen oder Sprache. Jedoch hat keine dieser Ausdrucksmöglichkeiten eine Substanz an sich – ebenso wenig wie der Geist oder die Psyche. In Analogie zur buddhistischen Sicht sind sie „leer" und „nicht-Selbst" und weisen damit auf eine transzendente Realität hin (Corbett, 1996, S. 219). Nach Epstein (1996; S. 105) erfordert Selbstlosigkeit nicht, dass man seine Emotionen vernichtet, sondern, dass man eine neue Form der Wahrnehmung erlernt.

Für manche Menschen hat „Leere" eine negative Konnotation. In der Psychotherapie können Gefühle der Leere tatsächlich bedrohlich wirken – in solchen Augenblicken ist der Schutz des Therapeuten wichtig zur Ich-Stärkung und der Verankerung in der Realität. Andererseits kann des Erleben der „Leere" geradezu erleichternd sein. Der buddhistische Begriff „Nicht-Selbst" entspräche dem „Nicht-Ich" im Jungschen Sinne. Die Erfahrung von den „Nicht-Ichhaften" ermöglicht, das eigene Schicksal in einem größeren Zusammenhang zu sehen und zu erkennen, dass viele Grunderfahrungen von allen Menschen geteilt werden. Die Erfahrung von Leere/Nicht-Ich ist mit dem Kontakt mit dem „Selbst" gleichzusetzen. Dies ist verbunden mit der Unterordnung des Ich unter das Selbst, d. h. eine Verschiebung des bisherigen psychischen Zentrums. Das Selbst ist „ein dem bewusstem Ich übergeordnete Größe. Es umfasst nicht nur die bewusste, sondern auch die unbewusste Psyche und ist daher sozusagen eine Persönlichkeit, die wir *auch* sind" (Jung, GW 7, § 274).

- In der Sandspieltherapie gibt es Augenblicke, in denen ein Gefühl von „Substanzlosigkeit" und „Leere" zwischen Therapeut und Patient auftreten kann. Man erkennt zusammen, dass Figuren, Sand und Kästen keine Bedeutung an sich haben, sondern dass etwas Grundlegendes dahinter liegt und keine Substanz hat. Damit wird in der Erfahrung der Leere ein Aspekt der Individuation deutlich, wie Jung es verstand: „Die entscheidende Frage für den Menschen ist: Bist Du auf Unendliches bezogen oder nicht? Das ist das Kriterium seines Lebens. Nur wenn ich weiss, dass das Grenzenlose das Wesentliche ist, verlege ich mein Interesse nicht auf Futilitäten und auf Dinge, die nicht von entscheidender Bedeutung sind" (Jung, 1984; S. 327).
- Erstaunlicherweise kann gerade Erfahrung der Leere zum Gefühl der Verbundenheit führen. Leere wurde deshalb von Tich Nath Hanh auch mit „Inter-being", d. h. Miteinanderverbundensein, gleichgesetzt – alles ist miteinander in Verbindung und existiert nicht separat (Segall, 2003). Auch dies ist ein wesentlicher Aspekt der Individuation: „Ich sehe aber immer wieder, dass der Individuationsprozess mit der Bewusstwerdung des Ich verwechselt und damit das Ich mit dem Selbst identifiziert wird, woraus natürlich eine heillose Begriffsverwirrung entsteht. Denn damit wird die Individuation zu bloßem Egozentrismus und Autoerotismus. Das Selbst aber begreift unendlich viel mehr in sich als bloß ein Ich …: es ist ebenso der oder die anderen wie das Ich, Individuation schließt die Welt nicht aus, sondern ein" (Jung, GW 8, § 432).

5 Praxis der Sandspieltherapie

5.1 Diagnostik: Kinderpsychiatrische Sicht

Die kinderpsychiatrische Diagnostik hat einen hohen Stellenwert im Rahmen der kinderpsychiatrischen Tätigkeit (s. auch Warnke & Lehmkuhl, 2003). Wie in anderen Bereichen der Medizin gilt: Keine Therapie ohne Diagnostik und vor allem keine Therapie ohne klare Indikation, d. h. einer klinischen Diagnose. Da manchen Psychotherapeuten die kinder- und jugendpsychiatrische Diagnostik möglicherweise nicht vertraut ist, soll sie kurz dargestellt werden.

Der Erstkontakt findet üblicherweise mit Eltern und Kindern in einer kindgerechten Umgebung statt und dauert zwischen 45 und 90 Minuten. Die gemeinsame Vorstellung ist nicht nur zeitökonomisch, sondern erlaubt eine Beobachtung des Kindes, sowie der Interaktion zwischen Eltern und Kind.

Der wichtigste Bestandteil der Diagnostik ist eine exakte Anamnese, einschließlich Vorstellungsanlass, Eigen- und Familienanamnese. Das Kind wird beobachtet und verbal exploriert, d. h. aktiv befragt. Die erhobenen und beobachteten psychopathologischen Symptome und Zeichen werden deskriptiv in einem psychopathologischen Befund dokumentiert. Besonders geeignet sind strukturierte Verfahren wie das CASCAP-D, das nach Kategorien wie Interaktionen, Sprache, motorische Aktivität, Affekt usw. gegliedert ist (Döpfner et al., 1999).

Die Information wird ergänzt durch Fragebögen. Als Standardfragebogen hat sich in der Kinder- und Jugendpsychiatrie die Child Behavior Checklist (CBCL) von Achenbach (1991) bewährt. Es handelt sich um einen Elternfragebogen zu allgemeinen Kompetenzen, wie auch Problembereichen des Kindes. Die Problem-Items sind in einfacher Sprache formuliert, so dass auch Eltern mit einem niedrigen Bildungsgrad den Fragebogen in 15–20 Minuten ausfüllen können. Es existieren alters- und geschlechtsspezifische Normen für verschiedene Länder, unter anderem auch für Deutschland.

Dieser Fragebogen kann ergänzt werden durch Lehrerfragebogen wie den TRF (Achenbach, 1991) und Kinder- und Jugendlichenfragebögen ab dem Alter von 11 Jahren (YSR; Achenbach, 1991). Inzwischen wurde von Achenbach eine ganze Familie von Fragebögen entwickelt, die vom Vorschulalter bis zum jungen Erwachsenenalter reichen und nach ähnlichen Skalen berechnet werden können. Neben diesen allgemeinen Fragebögen gibt es spezifische Fragebögen für Problembereiche wie Depression, Ängste, Zwänge, die bei spezieller Indikation eingesetzt werden.

Zur weiteren Diagnostik gehört, falls indiziert, eine formale psychologische Testung, die Intelligenztests, Tests für Teilleistungsstörungen, projektive Tests, Familientests und andere umfassen kann. Diese wird nicht in jedem Fall durchgeführt, sondern nur bei besonderen Fragestellungen.

Dagegen sollte jedes Kind kinderärztlich körperlich untersucht werden, sowohl pädiatrisch-internistisch als auch neurologisch, einschließlich der sogenannten neurologischen „Softs signs", wie Koordination, Bewegungsablauf und Gleichgewicht. Ein EEG sollte als Routine durchgeführt werden, um nicht erkannte Anfallsformen wie subklinische Abscencen und andere hirnorganische Auffälligkeiten auszuschließen. Andere diagnostische Maßnahmen werden nur durchgeführt, falls sie indiziert sind. Zu diesen gehören die Kernspintomographie (MRI), die Computertomographie (CT), Chromosomenanalysen, molekulargenetische Untersuchungen und andere laborchemische Analysen.

Nach Abschluss der Diagnostik sollte die Diagnose nach dem standardisierten Klassifikationsschemata ICD-10 der Weltgesundheitsorganisation (WHO, 1994), die üblicherweise in Europa verwendet wird, oder nach der DSM-IV (APA, 1994) der amerikanischen psychiatrischen Vereinigung, das überwiegend in den USA verwendet wird, erfolgen. Eine Besonderheit der kinderpsychiatrischen Diagnostik ist die multiaxiale Klassifikation, die sich in den letzten Jahrzehnten bewährt hat (Remschmidt et al., 2001). Sie wurde entwickelt, da deutlich wurde, dass eine psychische Störung bei Kindern und Jugendlichen nicht adäquat mit nur einer Diagnose erfasst werden kann. Die verschiedenen Achsen spiegeln unterschiedliche Aspekte der Störung wieder. Die **1. Achse** umfasst das psychiatrische Syndrom wie Anorexia nervosa, frühkindlicher Autismus, emotionale Störungen usw. Die **2. Achse** umfasst umschriebene Entwicklungsstörungen oder Teilleistungsstörungen wie Legasthenie, Dyskalkulie, Störungen der Sprache, des Sprechens und der motorischen Koordination. Auf der **3. Achse** wird das allgemeine, kognitive Niveau erfasst, das von den verschiedenen Graden der geistigen Behinderung bis zur Hochbegabung reicht. Auf der **4. Achse** werden begleitende somatische Störungen erfasst, sowohl neuropädiatrische als auch allgemein-pädiatrische Erkrankungen. Die **5. Achse** beschreibt die derzeitigen psychosozialen Risikofaktoren der Umwelt, die auf das Kind einwirken. Zu diesen zählen fehlende Überwachung, Missbrauch, aber auch verzerrte intrafamiliäre Kommunikation usw. Nur Risikofaktoren der letzten 6 Monate werden codiert. Zuletzt wird auf der **6. Achse** der Schweregrad der Störung erfasst, da jede Störung in geringer und maximaler Ausprägung vorkommen kann. Der Schweregrad reicht von extremer Ausprägung, die konstante Supervision erfordert, bis zu hervorragender Funktion in allen Bereichen. Die aktuellste Version der multiaxialen Klassifikation nach ICD-10 findet sich bei Remschmidt et al. (2001) mit ausführlichen Beschreibungen und Glossaren – und, wie schon oben erwähnt, sollte der diagnostische Prozess immer zu einer Diagnose auf allen 6 Achsen führen. Falls keine Diagnose vorliegt, ist auch dies ein wertvolles Ergebnis der Diagnostik. So konnte gezeigt werden, dass Kinder, die in kinderpsychiatrischen Einrichtungen behandelt werden, schwerere Störungen aufweisen, als in anderen Stellen: 98 % der stationär, 99 % der teilstationär, aber nur 78 % der ambulant behandelten kinderpsychiatrischen Patienten hatten eine Diagnose der 1. Achse nach ICD-10 – im Vergleich zu 51 % der in einer Erziehungsberatungsstelle vorgestellten Kinder (Warnke & Lehmkuhl, 2003, S. 48).

Erst nach der Diagnostik erfolgt die Frage der **differentiellen Therapieindikation**. Die erste Frage sollte immer lauten: ist eine Behandlung überhaupt erforderlich? In vielen Fällen ist die spezifische psychotherapeutische Intervention nicht das, was Eltern und Kind benötigen. Oft reicht eine Beratung der Eltern vollkommen aus. In vielen Fällen sind Änderungen in der kindlichen Umgebung wie Klassen- oder Schulwechsel, organisierte Freizeitaktivitäten wichtiger als eine psychotherapeutische Intervention. Für andere Familien sind konkrete Hilfen über das Jugend- oder Sozialamt viel wichtiger als das, was in Klinik und Praxis angeboten werden kann.

Falls eine Therapie notwendig ist, sollte kritisch gefragt werden, welche Behandlung für dieses Kind in dieser Familie zu diesem Zeitpunkt am effektivsten ist. Es muss das Setting beachtet werden, wobei die meisten Patienten ambulant behandelt werden können. Bei schwereren Störungen und speziellen Indikationen können auch eine tagesklinische und stationäre Therapie notwendig sein. Die Modalität sollte festgelegt werden, ob Einzeltherapie (mit begleitenden Elterngesprächen), Gruppen- oder Familientherapien indiziert sind. Die erforderliche Intensität kann von 2-mal pro Woche bis 1-mal pro Monat variieren. Die Behandlung kann von fokussierten Kurzzeittherapien über wenige Stunden bis zu mehrjährigen analytischen Therapien dauern. Das Hauptmedium der Therapie sollte festgelegt werden, wobei ältere Kinder und Jugendliche über verbale Therapien erreicht werden können, jüngere Kinder sehr viel besser auf Spiel und andere nicht-verbale Medien ansprechen.

Wie schon oben erwähnt, muss die Form der Therapie differenziert ausgewählt werden, da keine Therapieform für alle Störungsbilder geeignet ist. Die vier wichtigsten Therapieschulen sind dabei die tiefenpsychologischen (analytischen) Therapien, die personenzentrierten Psychotherapien, die kognitiv-verhaltenstherapeutischen Therapie und die Familientherapien. Wie im Kapitel 2 ausführlich dargestellt, wurden bei allen Richtungen Kombination oder Variationen entwickelt, die über das Medium des Spiels auch jüngere Kinder erreichen.

Schließlich ist zu überprüfen, ob eine Psychotherapie mit anderen Therapieformen sinnvollerweise kombiniert werden sollte. So gibt es klare Indikationen für die Kombination mit einer Pharmakotherapie (z. B. mit Stimulanzien bei ADHD oder Antidepressiva bei Zwangsstörungen). Andere Kinder erfordern eine zusätzliche Logopädie, Ergotherapie, Krankengymnastik, Psychomotorik, Musik- oder andere Therapien. Die Auswahl der Therapie sollte nicht nach den subjektiven Vorlieben des Therapeuten erfolgen, sondern ausschließlich nach den vorliegenden empirischen Daten, die in Leitlinien zusammengefasst sind. Diese sind in Papierform erhältlich (Schmidt & Poustka, 2002) oder über das Internet abrufbar (www.awmf.de). Sie werden alle zwei Jahre überarbeitet und revidiert und geben gut den aktuellen Stand der Therapieempfehlungen wieder.

Nach der Darstellung dieser ausführlichen und sorgfältigen kinderpsychiatrischen Diagnostik wird deutlich, dass keine Therapie ohne Diagnosestellung erfolgen sollte und dass immer eine differentielle, empirisch begründete Therapieindikation erfolgen muss. Andererseits fehlen bei dem kinderpsychiatrischen Vorgehen die psychodynamischen, lerntheoretischen und familiendynamischen Hypothesenbildungen. Diese müssen ergänzt werden. Hilfreich dabei sind Versuche der operationalisierten Diagnostik (Arbeitskreis OPD-KJ, 2003). Es werden zusätzlich zu den Diagnosen nach ICD-10 folgende Achsen kodiert: Beziehung, Konflikt, Struktur und Behandlungsvorraussetzungen. Ziel des OPD-KJ-Manuals ist es, „die Unschärfe und Vieldeutigkeit mancher psychoanalytischer Begrifflichkeiten und Konstrukte durch Operationalisierung zu reduzieren" (S. 12). Dieses Ziel ist unbedingt zu begrüßen. Es wird sich zeigen, inwieweit dieser erste Versuch für die alltägliche Praxis relevant ist, und bei welchen Achsen Weiterentwicklungen notwendig sein werden. Leider wurden Konzepte der analytischen Psychologie C.G. Jungs nicht berücksichtigt, die durch ihre Sicht zur Klärung der intrapsychischen Dynamik entscheidend beitragen kann, wie unter 4.6 dargestellt.

Nach diesen Ausführungen sollte keine Therapie begonnen werden, bevor eine ausführliche Diagnostik durchgeführt wurde und auch eine differentielle Therapieindikation gestellt wurde. Für viele Störungen sind andere Therapieformen wirksamer als die klassische Sandspieltherapie. Wenn man sich doch für eine Sandspieltherapie entscheidet, liefern Sandbilder immer auch diagnostische Hinweise. Möglichkeiten der Deutung und Interpretation der Sandbilder werden deshalb in den nächsten Kapiteln ausführlicher dargestellt.

5.2 Diagnostik, Deutung, Interpretation

Es gibt verschiedene Möglichkeiten, die Sandbilder zu verstehen. Obwohl man gegenüber dem Patienten mit der Deutung und Interpretation zurückhaltend sein soll, um eine zu starke Intellektualisierung und Distanzierung zu vermeiden, ist es Aufgabe des Therapeuten, die Bedeutung des Bildes zu verstehen. Alleine das Erkennen wird eine Veränderung bewirken.

Im Folgenden sollen vier Interpretationszugänge dargestellt und diskutiert werden.

Vierstufige Deutung

In Analogie zur Interpretation des Traumes sind vier Verständnisebenen zu unterscheiden, beginnend mit konkreten, realen Auslösern, bis hin zu der intrapsychischen „Gesamtschau" der Subjektstufe. Das gemeinsame Anschauen und Besprechen des Bildes mit dem Kind nach dem Anschauen unterstützt die Differenzierung zwischen realen, äußeren und inneren Gegebenheiten:

1. **Auslöser:** kurz zurückliegende akute Erlebnisse können in dem Bild ausgedrückt werden, da der Patient noch unter dem Einfluss der aktuellen Eindrücke steht. Wenn zum Beispiel ein Kind ein Bild mit einem Zoo aufbaut, kann dies möglicherweise auf einen Zoobesuch am Vortag hinweisen und muss nicht unbedingt Ausdruck der unbewussten instinktiv-animalischen Aspekte der Psyche sein.
2. **Längerfristige Einflüsse der Umwelt:** Auch ist es durchaus üblich, dass Kinder ihre reale und soziale Umwelt in dem Bild darstellen. Einerseits werden alltägliche Szenen häufig aufgebaut; andererseits können auch Traumata wie Missbrauchserfahrungen oder solche nach Trennung der Eltern dargestellt werden. Wichtig ist die Anerkennung des realen Hintergrundes und der sozialen und familiären Kontextes.
3. **Objektstufe:** Diese Deutungsebene ist relativ leicht nachzuvollziehen wie Jung es definiert: „Unter Deutung auf der Objektstufe verstehe ich diejenige Auffassung eines Traumes oder einer Phantasie, bei der die darin auftretenden Personen oder Verhältnisse auf objektiv-reale Personen oder Verhältnisse bezogen

werden können" (Jung, GW 6, § 778). Die verwendeten Symbole oder Figuren beziehen sich auf reale Objekte der Umwelt des Patienten und können als solche verstanden werden. Es handelt sich um Personen, Gegenstände und Situationen und sie spiegeln die Sichtweise des Patienten wider (K.U. Adam; in: Müller & Müller, 2003, S. 304). So kann zum Beispiel eine Kuh als Symbol der Mutter, ein Elefant als Symbol des Vaters usw. verstanden werden. In der Objektstufe „steht" ein Symbol für ein anderes konkretes „Objekt".

4. **Subjektstufe:** Die subjektstufige Interpretation und Deutung ist weniger leicht zu verstehen. Jung meinte dazu: „Unter Deutung auf der Subjektstufe verstehe ich diejenige Auffassung eines Traumes oder Phantasie, bei der die darin auftretenden Personen oder Verhältnisse als auf subjektive, gänzlich der eigenen Psyche angehörende Faktoren bezogen werden können" (Jung, GW 6, § 817). Im Prinzip handelt es sich um eine „ganzheitliche" Deutungsweise im Vergleich zum „einzelheitlichen" Deuten der Objektstufe, bei der jedes Symbol für ein reales Objekt steht. In der Subjektstufe werden alle Aspekte des Sandbildes symbolisch auf den Patienten selbst bezogen und stellen symbolisch Anteile, Kräfte und Energien des Unbewussten dar. Es ist letztendlich die schwierigste, aber auch tiefste Verstehensebene, da nichts ausgelassen wird. Um das vorherige Beispiel zu verwenden, würde die Kuh für eigene mütterliche, der Elefant für eigene väterliche Komplexe/Archetypen und ein Auto möglicherweise als Ausdruck libidinöser Energie verstanden werden (K.U. Adam; in: Müller & Müller, 2003, S. 396–397). In der Subjektstufe „steht" kein Symbol für sich alleine, nur die Gesamtheit aller Symbole spiegelt die eigene Psyche wider.

Im Prinzip sollte jedes Bild auf allen dieser vier Stufen gedeutet werden und jede Ebene wird zum Verständnis beitragen. Die ersten drei Stufen dienen zur Realitätsverankerung, während die Subjektstufe am intensivsten nach innen, zum Unbewussten hin verweist. Neben diesen wichtigen Unterscheidungen lässt sich das Bild auch „raumsymbolisch" deuten.

Raumsymbolische Deutung nach Ammann

Wenn man vor dem Sandkasten steht, lässt sich das Feld in vier Quadranten und einen inneren Kreis einteilen (Ammann, 1989) (s. Abbildung 5.1).

Als grobe Orientierungshilfe, die im Einzelfall immer überprüft und keinesfalls als generelles Deutungsschema angewendet werden sollte, kann man unterscheiden:

- Die **hinteren Quadranten (I und II)** sind entfernter, können Himmel, Luft und Geist ausdrücken.
- Die **vorderen Quadranten (III und IV)** sind näher, drücken oft Erde, Materie und Körper aus.
- Die **linken Quadranten (I und III)** repräsentieren die unbewusstere Seite, die der Innenwelt kontemplativ zugewendet ist.
- Die **rechten Quadranten (II und IV)** sind als bewusstere Seite auf die Außenwelt durch aktives Handeln ausgerichtet.

Bezüglich der einzelnen Felder:
- Der linke hintere **Quadrant (I)** kann die innere, geistige, spirituelle Welt und Religiosität ausdrücken (und die persönliche Vaterbeziehung).

5 Praxis der Sandspieltherapie

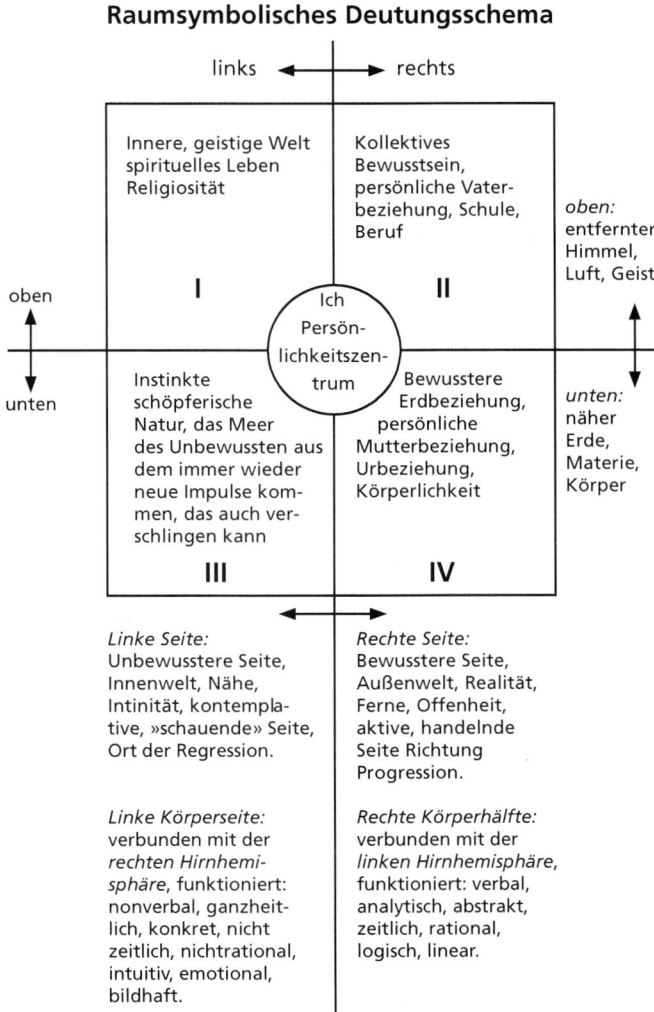

Abb. 5.1: Raumsymbolisches Deutungsschema (nach Ammann, 1989): dieses Schema kann wichtige Hinweise für die Interpretation eines Sandbildes geben und ist als Orientierung sehr hilfreich. Bei jedem Bild muss die individuelle Bedeutung erfasst werden, die von den generellen Prinzipien abweichen kann.

- Der rechte hintere **Quadrant (II)** enthält oft Symbole des Bewusstseins und der Außenwelt. Bewegungen auf diesem Quadranten deuten auf Progression hin. Entgegen der Auffassung von Ammann, wird die persönliche Vaterbeziehung von den meisten Sandspieltherapeuten (einschließlich D. Kalff) nicht in diesen (II), sondern in den Quadranten I lokalisiert.
- Der vordere linke **Quadrant (III)** enthält Symbole des Unbewussten, der Instinkte und der Innenwelt. Eine Bewegung auf diesem Quadranten bedeutet Regression.

- Schließlich weist der rechte vordere **Quadrant (IV)** auf Körperlichkeit, Erdbezogenheit und persönliche Mutterbeziehung hin.
- In dem **zentralen Kreis** zeigen sich häufig Symbole des Ichs (z. B. einzelne Figur, mit der sich der Patient identifiziert), wie auf klassische Weise „Selbst-Manifestationen" (z. B. in zentrierter Mandala-Form).

Formale Interpretation nach Senges

In Vorbereitung auf die SAT-Studie wurde von Senges (2001) ein Therapieleitfaden und Erhebungsbogen entworfen, der wichtige Elemente zur formalen Bildinterpretation enthält (siehe Anhang; S. 263). Die Ausführungen von Senges (2001) sollen zusammengefasst werden.

Wahl des Sandes

Es wird registriert, ob der Patient sich für den trockenen oder feuchten Sand entscheidet, die sich bezüglich Empfinden, Aufforderungscharakter und Ausdruck deutlich unterscheiden.

Der **trockene Sand** ist weich, kühl, zart, hell, empfindsam, schemenhaft, zeichnerisch schön; man kann mit wenig Kraftaufwand mit ihm spielen, glätten, streicheln, zarte Linien oder Konturen formen, er kann rinnen und fließen.

Dagegen ist der **feuchte Sand** kühl, fest und massig; er drückt Gestaltungsfreude, Tatkraft und Entschlussfreude aus; man kann klopfen, graben, aushöhlen, auftürmen, drücken, befestigen, matschen, werfen und klare Linien und Konturen formen.

Behandlung des Sandes

Es wird registriert, ob der Sand berührt wird oder nicht, ob er geglättet, geformt oder in anderer Weise behandelt wird. Falls der Sand nicht mit den Händen berührt wird, kann dies ein Hinweis auf Angst vor Körperlichkeit sein. Das Glätten des Sandes dagegen kann als Zärtlichkeitsimpuls oder als Geste des Zudeckens verstanden werden.

Spieleinstellung

Die Spieleinstellung gibt Auskunft über die Motivation, wie auch über die momentane Gemütsverfassung. Es wird registriert, ob das Bild motiviert, eher angepasst oder gar lustlos entstanden ist, ob der Patient ängstlich oder ablehnend beim Gestalten war.

Spielverhalten

Das Spielverhalten zeigt sich entweder ausgeglichen, ruhig, hastig, verlangsamt, konzentriert oder unkonzentriert. Es drückt die Konzentrationsfähigkeit, wie auch typische Verhaltensweisen des Patienten aus.

5 Praxis der Sandspieltherapie

Interaktion zum Therapeuten

Die Interaktion zwischen Therapeut und Patient kann lebhaft, verweigernd, distanzlos, dominant oder ausgeprägt sein. Beherrscht eine Art der Interaktion den ganzen Spielaufbau, wird diese als spielbegleitend bezeichnet.

Gesamtaufbau nach Senges

Betonung

Global wird zunächst festgelegt, ob das Bild eher sand- oder figurenbetont ist. **Sandbetont** deutet an, dass der Sand das wichtigste Gestaltungsmerkmal darstellt. **Figurenbetont** bedeutet, dass der Sand in den Hintergrund tritt und die Verwendung der Figuren entscheidend ist. Ferner finden sich 14 unterschiedliche Subkategorien:

Strukturiert

Stehen die Figuren in einem Sinnzusammenhang, so dass ein Thema zu erkennen ist, ist das Bild als strukturiert anzusehen.

Abb. 5.2: Gesamtaufbau strukturiert: S.T., 8;3-jähriger Junge mit einer Dysthymia (F34.1), 3. Stunde: Fische, Taucher und Schiffe sind zu sehen. Die Taucher suchen nach Versteinerungen, die noch nicht zu sehen sind. Symbolisch geht es um die Auseinandersetzung mit dem Unbewussten (Wasser) – die Inhalte sind uralt, aber für das Ich (Taucher) noch nicht zu erkennen. Das Bild drückt ein kongruentes Thema aus, formal ist es sehr ästhetisch wie ein Muster – mit gleichen Abständen zwischen den Figuren – gestaltet.

5.2 Diagnostik, Deutung, Interpretation

Unstrukturiert

Stellt der Patient anscheinend wahllos Spielmaterial in den Kasten, so dass kein Sinnzusammenhang, keine ordnende Tendenz zu erkennen ist, kann das Sandspiel als unstrukturiert bezeichnet werden.

Abb. 5.3: Gesamtaufbau unstrukturiert: S.T., 8;3-jähriger Junge mit einer Dysthymia (F34.1), 25. Stunde: Der Kasten ist übervoll, die Themen Aufbau (Stadt und Baumaschinen) und Zerstörung sind kaum erkennbar. Auch die jeweils feindlichen Armeen sind nicht erkennbar.

Rahmensprengend

Das Überschreiten der vorgegebenen Spielfläche des Kastens wird als Rahmensprengung bezeichnet. Jede Rahmensprengung wird als bewusster oder unbewusster Impuls verstanden, dass vorgegebene Grenzen nicht eingehalten werden können. Dies kann als Hinweis auf Schwierigkeiten im Sozialverhalten verstanden werden.

Zentriert

Szenen, die in der Mitte des Sandbildes aufgestellt sind, werden zentriert genannt (s. Abbildung 5.7). Die Zentrierung, oft mit dem Symbol des Kreises verbunden, hat eine besondere Bedeutung. Eine Zentrierung ist häufig bei einer Manifestation des „Selbst" und mit einem begleitenden „numinosen" Gefühl oder Aura verbunden (s. z. B. Kapitel 6.3, Martin, 50. Stunde).

Randbetont

Eine periphere Spielaufstellung wird als Randbetonung bezeichnet und kann als Sicherungsbedürfnis gegenüber einer feindlich erlebten Welt verstanden werden.

Bei den so genannten „Selbstbildern" finden sich dagegen eine Kombination von Rand-, Ecken- oder Mittenbetonung.

Eckenbetont

Ein Bild, bei dem ein oder mehrere Ecken verwendet werden, wird als eckenbetont bezeichnet und kann ebenfalls ein Absicherungsbedürfnis abzeichnen. Sind alle vier Ecken mit Sinneinheiten ausgefüllt, ist die Tendenz zur Mandalaform abgedeutet.

Abb. 5.4: Gesamtaufbau eckenbetont: Patientin N.N. siehe unten (Diagonal B), 22. Stunde, rechter Kasten: in drei Ecken sind Tieren eingezäunt. Der Bauer bewacht die Tiere, die nachts von Wölfen angegriffen werden. Formal ist das Bild durch die Verwendung von drei (und nicht vier) Ecken spannungsgeladen und noch nicht zentriert.

Subjektnah (vorne)

Eine Gestaltung in den vorderen Quadranten (III und IV) können, wie schon erwähnt, Erdhaftes, Körperliches und Materielles ausdrücken. Auch das aktuell bedeutsame wird vorne, subjektnah ausgedrückt.

Subjektfern (hinten)

In den hinteren Quadranten (I und II) werden eher Himmel, Luft und Geist, wie auch weniger aktuelle Themen ausgedrückt.

5.2 Diagnostik, Deutung, Interpretation

Aufgereiht

Sind Spielmaterialien aufgereiht, kann damit ein Wunsch nach Struktur, Ordnung, aber auch Zwang ausgedrückt werden.

Abb. 5.5: Gesamtaufbau aufgereiht: S.S., 8;1-jähriges Mädchen mit einer Emotionalen Störung mit Trennungsangst (F93.0), 6. Stunde: in der Mitte des Bildes stehen Ziegen und Schafe zum Trinken an (aufgereiht). Inhaltlich erzählt sie, dass alle Kinder sich hinten auf den Rücken ihrer Eltern gestellt haben und Streiche spielen. Die Eltern denken, es sind Käfer, dabei sind es die Kinder. Die Kinder werden auch zuerst Wasser trinken, worüber sich die Eltern wundern. Bei ihrem extrem gehemmten, ängstlichen und angepassten Verhalten („Persona") sind die Streiche der Kinder als Ausdruck des „Schattens" zu werten.

Diagonal

Konträre und psychodynamisch spannungsgeladene Themen werden vielfach in den diagonal gegenüberliegenden Ecken aufgebaut. Besondere Bedeutung kommt der Bewegung von links vorne (Quadrant III) nach rechts hinten (Quadrant II) zu, als jeweiliger Hinweis auf Regression und Unbewusstes (III) bzw. Progression und Bewusstes (II).

Ohne Berührung des Sandes

Bedeckt der Spieler die Sandfläche mit Material ohne den Sand zu berühren, ist dies als Versuch anzusehen, mit dem leeren Kasten fertig zu werden, ohne sich auf ein eigentliches Spiel einzulassen. Es wird als Angst vor dem Unbewussten oder vor Körperlichkeit betrachtet.

5 Praxis der Sandspieltherapie

Abb. 5.6 a, b: Diagonal A und B: a) Diagonal A: Beispiel für Diagonale von links vorne nach rechts hinten: N.N. 7;6-jähriges Mädchen mit einer komplexen Ausscheidungsproblematik (F98.0) und einer emotionalen Störung (F93.9), 47. Stunde; man sieht einen Zoo mit zwei Becken, die Besucher stehen auf einer diagonalen Landzunge dazwischen. Im folgenden Spiel entfliehen Tiere und greifen an. Die Menschen sind bewaffnet, ein Wärter (hinten rechts, umgefallen) leuchtet nachts. Das Bild kann als zunehmende Ich-Stärke angesehen werden, Instinkte und Aggressionen zu akzeptieren und zu integrieren (Progression) – selbst nachts sind die Menschen sicher, b) Diagonal B: Beispiel für Diagonale von links hinten nach rechts vorne: Franziska (s. auch 5.4), 13;8-jähriges Mädchen mit einer Harninkontinenz (F98.0) und einer emotionalen Störung (F93.9), 17. Stunde: man sieht eine Bahnstrecke und einen Tunnel. Die Tiere haben zu essen. Sie erzählt, dass der Zug, eine alte Dampflok, gerade weggefahren ist (in den Tunnel hinein). Sie hat Angst vor Anfängen. Formal ist keine Progression angedeutet, im Gegenteil, blockiert. Inhaltlich ist Energie (Libido) verschwunden, was typisch bei einer depressiven oder ängstlichen Symptomatik sein kann. Sie hat Angst vor einem Neubeginn, obwohl die Tiere gut gefüttert sind.

Umgrenzungen

Gestaltungen, in denen Umgrenzungen, z. B. durch Zäune, Mauern und Festungen dargestellt sind, enthalten Hinweise auf Schutzbedürftigkeit, Hemmungen und Ängste des Spielers (s. Abbildung 5.4).

Rechts-/Linksbetonung

Wie schon oben erwähnt, wird auf der linken Seite (Quadranten I und III) die Innenwelt und das Unbewusste, auf der rechten Seite (Quadranten I und IV) die Außenwelt, Bewusstsein und aktives Handeln dargestellt (s. Abschnitt 4.2.2).

Dreidimensionale Gestaltung

Das Formen und Gestalten von Höhen und Tiefen, das Eingehen in die Dritte Dimension gelingt mit dem feuchten Sand besonders gut. Symbolisch werden hohe Berge als phallisch angesehen. Spitze, schwer zugängliche Berge können im Zusammenhang mit einer Leistungsproblematik als Ausdruck von Ehrgeiz verstanden werden.

Abb. 5.7: Gesamtaufbau zentriert und vertikal: S.T., 8;3-jähriger Junge mit einer Dysthymia (F34.1), 12. Stunde: Die Insel ist in die Höhe gebaut und zusätzlich steht ein Leuchtturm auf der Spitze. Eine (nach innen gedrehte) Spirale umrundet den Berg, auf der nur Männer stehen.
Inhaltlich erzählt er, dass die Männer schwer arbeiten – Frauen fehlen ihnen nicht. Der vertikale Bildaufbau deutet auf eine zunehmende Stärkung des Ich-Komplexes hin, was bei seiner depressiven Grundproblematik als positives Zeichen gesehen wurde. Trotz der Zentrierung (s. oben) fehlt dem Bild die numinose Qualität, die für so genannte „Selbst-Bilder" typisch sind.

Inhaltliche Interpretation nach Senges

In jedem Bild muss – gemäß der hermeneutischen Vorgehensweise – die individuelle subjektive Bedeutung gesucht und verstanden werden. Jede „schematische" Interpretation wird der Komplexität der Psyche nicht gerecht. Dennoch führt Senges (2001) einige Grundtendenzen auf, die für die inhaltliche Interpretation eines Sandbildes hilfreich sein können. Dazu einige Beispiele:

- **Menschen:** Sie stehen für die reale und die phantasierte Beziehung des Patienten zu anderen Menschen. Sie können bestimmte Wünsche, Handlungen, Stimmungen und Affekte des Patienten andeuten. Es werden damit z. B. Archetypen, wie die große Mutter, dargestellt. Sie eignet sich, gute und böse Anteile vom eigenen Selbst in einem Sandbild zu verkörpern. Es können sowohl der Mutter-, der Vater- und der Kindarchetyp vertreten sein.
- **Tiere:** Sie präsentieren die animalischen, instinktiven Aspekte und Impulse des Patienten. Sie können vor allem Triebrepräsentanzen darstellen. Sie können aber auch verschiedene Eigenschaften, Wesensarten und Haltungen symbolisieren.
- **Pflanzen:** Alles Vegetative präsentiert die ruhenden, aufnehmenden Bedürfnisse des Patienten, kann aber auch ästhetische und kreative Tendenz verkörpern.
- **Gebäude:** Die festgefügten Elemente dienen oft als Behausungen, repräsentieren daher das Bedürfnis nach Schutz und Geborgenheit des Patienten.
- **Verkehrsmittel:** Autos und Eisenbahnen sind technische Hilfsmittel und werden als Repräsentanzen von motorischen Antrieben angesehen. Durch diese Mittel können Energiestaus und Energieströme gestaltet werden.

Im Prinzip sind alle Materialien, die verwendet werden, geeignet, der jeweils seelischen Befindlichkeit oder Problematik den jeweils symbolischen Ausdruck zu ermöglichen. Aus diesem Grund sollte eine Vielzahl von Miniaturen zur Verfügung stehen. Senges (2001) stellte dazu eine Liste von Spielmaterial und Figuren zusammen, die verändert, bzw. ergänzt wurde nach der Sammlung des Autors (s. Kasten).

Liste des Figurenmaterials (ergänzt nach Senges, 2001)

Natur:
Erde: Steine, Halbedelsteine, Kristalle, Lava
Meer: Muscheln, Treibholz
Pflanzen: Bäume aller Art, Baumstumpf, Sträucher, Zweige, Blumen, Früchte und Gemüse

Tiere:
Domestizierte Tiere: Hühner, Enten, Gänse, Schweine, Schafe, Ziegen, Kühe, Pferde, Hunde, Katzen usw. – jeweils auch als Familien
Wilde und freilebende Tiere: Tiere aus allen Ländern, einschließlich Säugetieren, Vögeln, Reptilien, im Wasser lebende Säugetiere, Fische, Insekten – ebenfalls als Familien
Prähistorische Tiere: Fleischfresser, Pflanzenfresser
Phantasietiere: Drachen, Monster, dreiköpfige Hunde usw.

> **Personen:**
> **Menschliche Figuren:** Vater, Mutter, Kinder, Großeltern, Babys (hell- und dunkelhäutig), Wanderer, Reisende, Wasserträger, Lesende, Badende, Nackte, Verwundete, Motorradfahrer, Radfahrer, Hochzeitspaar, König, Königin, Prinz, Prinzessin, Bauern, Seeleute, Feuerwehrmänner, Polizisten, Zirkusmenschen, Kellner, Arbeiter, Musiker, Sportler, Taucher, Reiter, Stierkämpfer, Astronauten, Soldaten, Indianer, Cowboys, Krankenschwester, Arzt, Pfarrer, Schäfer
> **Phantasiewesen:** Zauberer, Hexen, Schlümpfe, Zwerge, Comicfiguren, Figuren aus Filmen (Star Wars, Herr der Ringe, Harry Potter)
> **Verschiedene Kulturen:** Steinzeitmenschen, Römer, Germanen, Wikinger, Ritter, Indianer, Cowboys, Afrikaner, Araber, Chinesen, Eskimos
> **Heilige und Göttliche Figuren:** Christus, Maria und Joseph, die Heiligen Drei Könige, Heilige des Christlichen Glaubens, Buddha, Krishna, griechische Götter und Göttinnen, usw.
>
> **Gegenstände:**
> **Bauwerke:** Häuser verschiedener Art und Kulturen, Hütten, Toiletten, Burg, Schloss, Tempel, Türme, Kirchen, Schulen, Windmühle, Leuchtturm, Brücken, Tore, Brunnen
> **Möbel- und Umweltzubehör:** Schulbänke und -tafel, Puppenhausmöbel, Bad und Toilette, Liegestuhl, Ofen, Futtertrog, Schatzkiste
> **Garten- und Spielgeräte:** Spielplatzgeräte, Haushaltsgeräte, Hackklotz mit Beil
> **Waffen:** Kanonen, Gewehre und Pistolen
> **Verkehr:** Flugzeuge, Schiffe, Autos, Busse, Raketen, Militärfahrzeuge, Arbeitsfahrzeuge
> **Verschiedenes:** Zäune, Hölzer, Backsteine, Murmeln, große Glaskugeln, Pyramiden, Mosaiksteine, Fahnen, Musikinstrumente, Totempfähle, Weltkugel, Feuer, Verkehrszeichen, Materialien zum Basteln

Zwanzig Punkte zur Interpretation des Sandspiels nach M. Kalff

Von Martin Kalff (1996b) wurden in einer klassischen Arbeit „Zwanzig Punkte zur Interpretation des Sandspiels" zusammengestellt. Diese Arbeit enthält eine Fülle von wichtigen Hinweisen für die Praxis und ist zum genaueren Studium unbedingt zu empfehlen. Um Wiederholungen zu vermeiden, werden nur neuere, nicht erwähnte Aspekte genauer ausgeführt. Die 20 Punkte umfassen:

1. Geschichte und aktuelle äußere Situation: Die Notwendigkeit der Verankerung in der Realität wurde bei der Darstellung der vierstufigen Deutung schon erwähnt.
2. Inhalt der Stunde: Verbale Äußerungen, Interaktionen, Affektausdruck und Gegenübertragung, sowie Interpretation des Therapeuten sollten genau aufgezeichnet werden.
3. Emotionen und Gefühle im Sandbild: Auch dieses wurde oben bei den Ausführungen zum Therapieleitfaden von Senges (2001) erwähnt.
4. Nutzung des Raumes: Auch hier wurden wichtige Grundkategorien schon erläutert.
5. Verwendung und Auswahl des Sandes, d. h. ob trocken oder feucht.

6. Grundformen im Sand und die Anordnungen von Objekten.
7. Dominante Farben: Auch die Farbensymbolik ist zu beachten. Wie von Kalff erwähnt, deutet ein Reichtum an Farben auf Lebendigkeit, das Fehlen von Farben auf inneren Rückzug oder Depressionen. Zudem hat jede Farbe ihre eigene Qualität.
8. Die Benutzung des blauen Bodens: Mit dem blauen Boden kann Wasser dargestellt werden. Wenn dieses von einem Patienten zu lange vermieden wird, kann dieses die Angst ausdrücken, sich zu „tief" in den psychotherapeutischen Prozess zu begeben. Eine rasche Verwendung des blauen Bodens kann als Zugang zum Unbewussten und zu tiefer liegenden, nährenden Seiten verstanden werden. Dabei muss geklärt werden, ob der blaue Boden tatsächlich Wasser ausdrückt oder zu einem anderen Zweck vom Sand freigeräumt wurde.
9. Die Benutzung der Figuren: Werden keine Figuren verwendet, sondern nur abstrakte Formen im Sand gestaltet, kann dieses unter Umständen als Zeichen von Widerstand gedeutet werden. Die Bevorzugung von bestimmten Figuren, sowie das Vermeiden anderer Symbole sollte registriert werden.
10. Die Anordnung der Figuren innerhalb des Raumes: Die räumlich-symbolische Deutung wurde oben ausführlich besprochen.
11. Differenzierungsgrad: Geordnete, differenzierte Gestaltungen können einen Rückschluss auf den Grad der Ich-Entwicklung geben.
12. Verhältnis der Figuren zueinander und zu Teilen des Bildes: die Verbindung einzelner Figuren untereinander kann Hinweise auf die Beziehungsgestaltung des Patienten zu anderen Personen liefern sowie auf die Zusammengehörigkeit von Bewusstsein und Unbewusstem. Auch kann die Beziehungsfähigkeit sich im Laufe des Prozesses verändern. Ein besonderes Symbol der Beziehung und Verbindung ist das der Brücke.
13. Darstellen von Gesichtern im Sand, das Formen von Figuren aus Lehm: in wichtigen Momenten der Selbsterfahrung, in denen etwas sehr Eigenständiges und Persönliches an die Oberfläche drängt, kann der ursprüngliche Sand (oder Ton) für solche Urformen geeigneter sein und vorgefertigte Figuren nicht ausreichen.
14. Der dynamische oder statische Aufbau des Bildes: Es soll registriert werden, ob im Bild Bewegung dargestellt wird (z. B. Pferde, Pfad, Flüsse, Strassen), ob sie fehlt oder ob sie nur blockiert ist (Verkehrsstau, Zäune, Barrikaden). Die Bewegung kann als Symbol von Energie und damit der Libido verstanden werden.
15. Die zweidimensionale Form des Sandspiels: Manche Patienten zeichnen in den Sand, während andere Figuren flach hinlegen, um ein zweidimensionales Bild entstehen zu lassen. Dieses kann bedeuten, dass der ausgedrückte Inhalt noch nicht in konkreter Art und Weise realisiert oder erlebt werden kann.
16. Nähe zum Bewusstsein: Szenen aus dem täglichen Leben sprechen für Bewusstseinsnähe, Bilder aus fernen Gebieten, Urzeiten oder Phantasiewelten können auf unbewusstere Bereiche hinweisen.
17. Interpretation des symbolischen Gehaltes: Bei der Symbolinterpretation ist zu beachten, dass jedes Symbol einen positiven und negativen Bedeutungspol in sich trägt, was jeweils beachtet werden muss. Eine genaue Kenntnis der Symbolsprache ist wichtig, die persönlichen Assoziationen des Patienten sollten ernst genommen werden.

18. Interpretation im Zusammenhang mit dem ganzen Prozess: Nicht nur das einzelne Bild, sondern der Prozess im zeitlichen Verlauf sollte beachtet werden. Eine Veränderung der Bilder kann einen großen Entwicklungsschritt bedeuten, deshalb sollten die vorausgegangenen Bilder erinnert und Veränderungen genau beobachtet werden.
19. Interpretation im Sinne innerer Entwicklungsmuster: Wie im Kapitel 4.9 ausgeführt, ist die Kenntnis der möglichen Prozessverläufe vom Verständnis der Entwicklung im Rahmen der Therapie unerlässlich.
20. Interpretation im Hinblick auf die Beziehung zwischen Klient und Berater: Das Sandbild ist immer im Spannungsfeld von Übertragung und Gegenübertragung zu verstehen. Gerade beim Sandspiel trifft die Bezeichnung „Co-Übertragung", die von Bradway und McCoard (1997) beschrieben wurde, sehr gut zu: Im dritten Raum des Sandbildes zeigt sich Bewusstes und Unbewusstes vom Patient, aber auch Therapeuten.

5.3 Therapeutisches Vorgehen

In diesem Teilkapitel soll das therapeutische Vorgehen beschrieben werden. Natürlich spiegelt es eigene Vorlieben des Autors wieder und wird durch Sichtweisen anderer Autoren vervollständigt. Ebenfalls muss der Kontext beachtet werden. Die Sandspieltherapie des Autors findet in einer Universitätsklinik für Kinder- und Jugendpsychiatrie und Psychotherapie statt. Im Vergleich zu Erziehungsberatungsstellen und Praxen sind die Patienten einerseits schwerer gestört und medizinische Begleitstörungen und Symptome sind häufiger (s. Abschnitt 5.1).

Die in Kapitel 6 beschriebenen Therapien wurden alle ambulant durchgeführt, wobei die Sandspieltherapie jeweils die Hauptmethode darstellte. Wie in anderen ambulanten Therapien verbleibt das Kind dabei in seinem sozialen Umfeld und der Kontakt zu dem Therapeuten ist auf die Therapiestunden beschränkt. Zudem kann die Sandspieltherapie sehr sinnvoll bei stationär behandelten Kindern eingesetzt werden (solche Kasuistiken sind in diesem Buch nicht beschrieben). In diesen Fällen ist die Sandspieltherapie nur eines unter vielen Behandlungsangeboten, der Patient ist in vielen Beziehungen eingebettet und hat selbstverständlich auch in anderen Kontexten Kontakt zum Therapeuten.

Therapieindikation und Probestunden

Wie in Abschnitt 5.1 ausführlich erläutert, sollte eine Therapie nie ohne ausführliche Diagnostik und differentielle Indikationsstellung erfolgen. Nach eigenen Erfahrungen ist die Sandspieltherapie besonders bei emotionalen, introversiven Störungen geeignet – oder bei anderen, externalisierenden Störungen, wenn eine ausgeprägte emotionale Komponente vorhanden ist. Wenn andere Therapiemethoden effektiver sind, sollten diese bevorzugt werden oder kombiniert angeboten werden. Falls eine entsprechende Therapieindikation vorliegt und Eltern und Kinder ausreichend motiviert sind, folgt die Probatorik (z. B. 3–5 Stunden). In diesen probatorischen Stunden kann kritisch überprüft werden, ob die Sandspieltherapie indiziert ist oder ob nicht andere Therapien sinnvoller werden. Im darauf folgenden Elterngespräch können diese zusätzlichen Informationen besprochen und Fragen und Ängste der Eltern geklärt werden. Falls die Grundbedingungen für eine Sandspieltherapie erfüllt sind und diese von den Familien gewünscht wird, wird eine verbindlichere Therapievereinbarung getroffen. Als Zeichen der Transparenz ist es wichtig, die Therapiefrequenz, Dauer und erwartete Prognose zu klären. Bei der Intensität der Sandspieltherapie ist eine Frequenz von einmal pro Woche ausreichend. Die Dauer ist oft kürzer als in anderen analytischen Spieltherapien. Traditionell sollte nach 4–5 Therapiestunden ein Elterngespräch stattfinden, um den Verlauf der Therapie (aber nicht den Inhalt der Stunden) zu besprechen, Informationen über das Verhalten des Kindes in dem häuslichen und schulischen Kontext zu erfahren, Fragen der Eltern zu klären und die Familiendynamik zu bearbeiten. In der Therapie müssen auch die formalen Gegebenheiten geklärt werden. Bei Psychotherapeuten mit Kassenzulassung muss ein Antrag auf Psychotherapiegewährung gestellt werden. Bei Kinder- und Jugendpsychiatern können die Stunden ohne Antrag abgerechnet und somit gleich mit der Therapie begonnen werden.

Therapiebeginn

Der Therapiebeginn mit Kindern ist wegen des hohen Anforderungscharakters des Materials (sowohl der Figuren als auch des Sandes) oft völlig unproblematisch. Kinder fühlen sich wie magisch angezogen von der Möglichkeit, sich mit diesem nicht-verbalen Medium auszudrücken. Sie sind oft sehr dankbar, dass sie nicht ausgefragt werden. Viele genießen die Ruhe und die Stille in Anwesenheit und Aufmerksamkeit eines Erwachsenen – eine Erfahrung, die viele Kinder in ihrem Alltag nicht haben. Bei anderen Kindern kann in der ersten Stunde eine kurze Einführung sinnvoll sein. Dabei kann man sich zusammen die Figuren und das Material in Ruhe anschauen, bis sich das Kind vertraut und sicher fühlt. Auch kann es ein sinnvoller Einstieg sein, den Sand zu betasten und z. B. die unterschiedlichen Qualitäten von trockenem und feuchtem Sand wahrnehmen zu lassen. Die Auswahl eines Sandkastens fällt den Kindern anschließend meist leichter. Wenn ein Kind beide Kästen wünscht und sich nicht davon abbringen lässt, ist dies natürlich auch in Ordnung und drückt oft das Bedürfnis aus, noch nicht Integriertes voneinander zu trennen. So sieht man bei Kindern nach Trennung oder Scheidungen ihrer Eltern oft, dass sie einen Kasten ihrem Vater, den anderen ihrer Mutter zuordnen, bis im Laufe der Therapie eine Konzentration auf einen Kasten möglich ist.

Flexibilität im therapeutischen Vorgehen ist immer sinnvoller als dogmatische Prinzipien. Bei sehr jungen Kindern mit Trennungsängsten kann es auch angebracht werden, am Anfang die Stunden sogar in Anwesenheit der Eltern durchzuführen. Man kann unter Umständen den Stuhl der Eltern in den folgenden Stunden langsam in Türrichtung stellen, schließlich vor das Zimmer mit offener Tür, bis die Kinder sich so sicher fühlen, dass sie alleine mit dem Therapeuten im Zimmer bleiben.

Bei Jugendlichen ist eine initiale verbale Psychotherapie häufig notwendig, bis sie genügend Vertrauen gefasst haben, sich ohne Schamgefühle auf diese Therapieform einzulassen. Niemals sollte ein Patient gedrängt werden, ein Bild aufzubauen. Wenn sie die Stunden mit Gespräch oder anderem Spiel verbringen wollen, sollte dieses Bedürfnis immer respektiert werden. Wegen der starken Wirkung der Sandbilder brauchen manche Kinder zwischendurch eine „Pause", um das Erlebte zu integrieren – dagegen sind andere Kinder geradezu versessen darauf, in jeder Stunde ein Sandbild aufzubauen.

Verlauf der Therapiestunde

In der Stunde erfolgt der Aufbau immer ohne inhaltliche Vorgaben. Die Patienten sollten die Möglichkeit haben, frei das aktuelle Bewusste und Unbewusste ausdrücken zu können. Manche Kinder bauen in Stille auf, andere begleiten ihr Spiel mit Worten und Geräuschen. Der Therapeut beobachtet dabei den Prozess, folgt dem Geschehen emotional ohne seine eigenen Assoziationen verbal auszudrücken. Verwendete Symbole, aufsteigende Gefühle, der Fluss der Gedanken und die Gegenübertragung werden von ihm sorgfältig registriert und wahrgenommen. Ein nonverbales Verstehen der Symbolik wird den Ablauf und die emotionale Intensität der Stunde direkt verstärken – ebenso wie die Gedankenabwesenheit und fehlende Konzentration des Therapeuten den Ausdruck des Kindes im Sandspiel minimieren wird. Auch Gereiztheit und Langweile beim Kind kann Folge der fehlenden Präsenz sein.

Während der Stunde schreiben manche Therapeuten Assoziationen auf oder fertigen Skizzen an. Da manche Kinder es als störend empfinden, kann es sinnvoller sein, die Aufzeichnungen nach der Stunde anzufertigen. Auch eine Skizze und die fotografische Dokumentation werden nach der Stunde in Abwesenheit des Kindes angefertigt.

Schutz

Neben der Ermöglichung eines „freien" Ausdruckes wurde von Dora Kalff immer die Wichtigkeit des „Schutzes" betont. Der Therapeut hat die Aufgabe, das Kind vor Selbstgefährdung, Zerstörung von Gegenständen und körperlichen Aggressionen gegenüber dem Therapeuten zu schützen – dieses sollte selbstverständlich sein. Ferner hat der Therapeut den zeitlichen und räumlichen Rahmen einzuhalten, der ebenfalls Schutz bedeutet. So sollten die Zeiten der Therapiestunden eingehalten werden. Der Patient sollte nicht früher den Raum verlassen, falls das Bild schneller fertig sein sollte. Dieses kann möglichen Widerstand ausdrücken, der bearbeitet werden sollte. Auch kann die Zeit für andere Aktivitäten genutzt werden, wie Malen oder andere Spiele. Andererseits sollten die Stunden nicht überzogen werden, was Unersättlichkeit, aber auch Aggressivität ausdrücken kann. Manche Kinder sind so vertieft im Spiel, dass sie rechtzeitig und mehrfach daran erinnert werden müssen, die Stunde zum Abschluss zu bringen.

Es ist meistens günstig, die Therapie räumlich auf den Therapieraum zu beschränken, da die Intensität des unbewussten Ausdrucks erhöht wird. In Ausnahmefällen kann es angebracht sein, nach draußen zu gehen, andere Materialien zu suchen oder auch im Freien zu spielen. Schließlich muss der Patient vor zu intensiven Gefühlen und Bildern geschützt werden. In diesen Fällen kann eine verbale Intervention, eine „Ich-Stärkung" und Verminderung der emotionalen Intensität notwendig und sinnvoll sein.

Wenn das Bild komplett aufgebaut ist, hat man manchmal intuitiv das Gefühl, dass es wirklich „fertig" geworden ist. In anderen Stunden kann es sinnvoll sein, nachzufragen, ob noch etwas fehlt oder ob es tatsächlich fertig ist. Patienten können sehr wohl und sehr direkt äußern, wenn sie das Gefühl haben, das Bild sei so, wie es ist, wirklich abgeschlossen. In manchen Stunden reicht es aus, das Bild schweigend zu betrachten. Meistens jedoch ist es sinnvoll, die Einfälle und Ideen der Kinder direkt zu erfahren. Die Sprache dient damit der Verifikation dessen, was Kind und Therapeut erlebt haben (Bradway, Chambers & Chiaia, 2005). Dazu eignet sich die Technik der „Circum-Ambulatio", das heißt, ein Spazierengehen in dem Bild. Konkret fordert man die Kinder auf, zu erläutern, was sie in den Bild wahrnehmen und beim Aufbau gedacht und gefühlt haben. Oft erklären sie einem mit Begeisterung, was sie sehen. Ihre Hinweise sind zum Verständnis unerlässlich, da sonst die Gefahr einer zu schnellen eigenen symbolischen Interpretation gegeben ist. Ferner kann man das Bild „amplifizieren". Dabei werden Symbole durch Assoziationen, Geschichten, Märchen, Filme oder Anekdoten aus der Lebensgeschichte des Kindes angereichert und verstärkt. Das Symbol gewinnt dadurch eine noch intensivere Bedeutung. Manche Kinder erzählen zu ihren Bildern „Geschichten" (s. Fall Martin, 6.3). Diese können genauso wichtig sein zum Verständnis des Unbewussten wie die Bildgestaltung selber (Allan & Bertoia, 1992). Dagegen sollte man mit Interpretationen sehr zurückhaltend verfahren. Oft sind sie nicht notwendig – das symbolische Verständnis reicht vollkommen aus oder sie werden sogar als störend empfunden, indem sie den „Zauber", die numinose Erfahrung der Stunden zerstören.

Viele Kinder sind ganz zufrieden, in einer Stunde ein Bild aufzubauen und mit ihrem „inneren Bild" nach Hause zu gehen. Gerade jüngere Kinder haben ein kaum bremsbares Bedürfnis, mit den Materialien zu spielen. In diesen Fällen bittet man die Kinder trotzdem, das Bild bis zum Schluss fertig zu bauen, sich noch die Zeit für das Besprechen zu nehmen und fotografiert das Bild in der Stunde. Dieses macht den meisten Kindern gar nichts aus – im Gegenteil, oft sind sie sehr stolz auf die fotografische Dokumentation und helfen gerne mit. Anschließend kann das Spiel beginnen. Viele Kinder spielen alleine mit dem Material. Das Spiel kann symbolisch im zeitlichen Ablauf verstanden werden oder, wenn notwendig, verbal begleitet werden. Jüngere Kinder wünschen zusätzlich die aktive Mitbeteiligung des Therapeuten im Spiel. Wenn man sich dem Wunsch nicht entziehen kann, ist es sinnvoll, das Kind zu bitten, die eigene Rolle und den Spielablauf zu bestimmen. Auch im weiteren Verlauf kann man immer wieder um Instruktionen bitten und dem Kind Raum für seine eigene Darstellung geben.

Abschluss der Therapiestunde

Unabhängig davon, ob nur aufgebaut oder auch gespielt wird, der Abbau des Spielmaterials sollte nie durch das Kind sondern nur durch den Therapeuten erfolgen. Es ist wichtig, dass die „inneren Bilder" der Stunde (ob Bild oder Spiel) weiter fortleben. Dieses würde durch das Aufräumen und Abbauen zerstört werden. Auch ist es günstig, wenn die Kinder nach dem Spiel den Raum verlassen, ohne dass die Eltern das Sandbild anschauen. Viele Eltern verstehen die ausgedrückte Symbolik ihrer Kinder nicht, fühlen sich dadurch bedroht und angegriffen, werten das Spiel ab oder kritisieren ihre Kinder direkt. Jüngere Kinder sind oft so stolz auf das Aufgebaute, dass sie es ihren Eltern unbedingt zeigen möchten. In diesen Fällen wäre es natürlich therapeutisch nicht sinnvoll, ihnen diesen Wunsch zu verwehren. Man sollte das Kind vor Kommentaren der Eltern schützen. Die Eindrücke der Eltern können in den Elterngesprächen aufgegriffen werden. Im Laufe der Zeit ist es den meisten Eltern gut möglich, den Kindern den Raum des Spielens zu geben und darauf zu verzichten, die Bilder anzuschauen.

Für die Aufräumzeit bis zur nächsten Stunde muss noch genügend Zeit gelassen werden. Auch dieses kann als Teil der Übertragung verstanden werden. Wenig, leicht aufzuräumendes Material kann manchmal als unbewusste Angst und Hemmung dem Therapeuten gegenüber verstanden werden. Dagegen können volle, schwer aufzuräumende Sandkästen, die lange Zeit zum Aufräumen benötigen, unbewusste Aggression auslösen. Auch dieses sollte dokumentiert werden.

Schließlich kann es hilfreich sein, ab und zu den Prozess der Therapie – nach den Skizzen, Aufzeichnungen und Bildern – retrospektiv anzuschauen und für sich einzuordnen. Viele Hinweise, aber auch Veränderungen werden nicht in den einzelnen Bildern, sondern erst in der Würdigung des bisherigen Therapieverlaufes deutlich.

5.4 Prozessverläufe

Nicht nur der Verlauf der einzelnen Stunden, sondern der Prozessablauf der gesamten Therapie sollte vom Therapeuten verstanden werden. Wünschenswert ist es schon während des Therapieverlaufes, sich im Klaren zu sein, an welchem Punkt der Therapie der Patient steht und welche Entwicklungen noch zu erwarten sind. Unabdingbare Voraussetzung dabei ist die eigene Selbsterfahrung – nur wenn man einen ähnlichen Prozess durchlaufen hat, kann man dies bei seinen anvertrauten Patienten nachvollziehen. Mit zunehmender Therapieerfahrung lernt man Ähnlichkeiten, wie auch Differenzen in den Verläufen kennen – vor allem, wenn die Wahrnehmung durch eine Supervision unterstützt wird. Zuletzt können Einteilungen der Prozessverläufe nach verschiedenen Gesichtspunkten sehr hilfreich sein. Jede Aufteilung eines so dynamischen Prozesses in Stadien ist ein Konstrukt, das der Komplexität einer Therapie nicht gerecht wird. Dennoch kann eine Einteilung zur Orientierung als Karte, Kompass oder Wegezeichen während der Therapie sehr hilfreich sein.

Prozessverlauf nach J. Allan

Prozessverläufe wurden von verschiedenen Autoren vorgeschlagen. Eine sehr nützliche Einteilung stammt von John Allan, einem Jungianischen analytischen Kinder- und Jugendlichentherapeut (aber keinem Sandspieltherapeut) (Allan, 1997). Die Einteilung bezieht sich auf analytische Therapien und nicht die Sandspieltherapie alleine. John Allan unterscheidet: 1. Eine Eingangs-, 2. eine Arbeits- und 3. eine Ausgangsphase der Therapie.

1. In der **Eingangsphase** wird die therapeutische Beziehung hergestellt und die Grundlagen der weiteren Therapie gelegt. Vertrauen, Akzeptanz und Verstehen möglicher Widerstände sind angesagt. Ich-stützende Interventionen können bei ängstlichen oder ich-schwachen Patienten indiziert sein. Obwohl eigentlich nur das Arbeitsbündnis hergestellt werden soll, ist es bei Kindern erstaunlich, wie selbst in der Eingangsphase Bilder aus tiefen Schichten des Unterbewussten auftauchen. Diese deuten auf die zukünftigen Entwicklungen in der Arbeitsphase.

5 Praxis der Sandspieltherapie

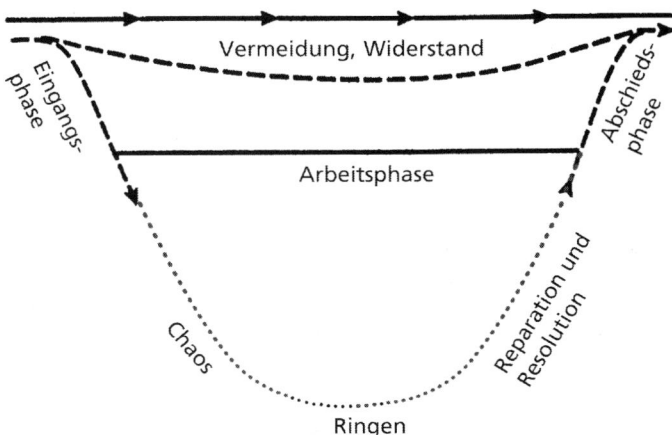

Abb. 5.8: Phasen der Psychotherapie nach Allan (1997): Die Psychotherapie verläuft in drei Phasen, die sich durch die Tiefe der unbewussten Inhalte unterscheiden: 1. die Eingangsphase („Entrance Phase"), 2. die Arbeitsphase („Working Phase") und 3. die Abschiedsphase („Exit Phase"). Die Arbeitsphase untergliedert sich in drei Subphasen: Chaos, Ringen („Struggle") und Reparation und Resolution. Die Kenntnis der Phasen kann hilfreich sein, um während einer Therapie den aktuellen Stand zu erkennen und auch schwierige Zeiten verstehen zu können. Gerade die Phase des Chaos ist essentieller Teil einer Therapie. Da sich das sichtbare Verhalten des Kindes zu Hause und in der Schule verschlechtern kann, ist die Kenntnis der Phasen auch für die Elternberatung wichtig. Bei Widerstand und Vermeidung (oberer Teil der Zeichnung – gestrichelte Linie) wird die unbewusste Tiefe der Arbeitsphase der Therapie nicht erreicht und der Patient verbleibt in der Nähe zum Alltagsbewusstsein.

Als besonders wichtig wird das **Initialbild** angesehen. Im ersten Bild werden oft entscheidende Themen der gesamten Therapie angedeutet. Richtig verstanden kann es als Wegweiser der Therapie gelten – leider sieht man dies oft erst nach Abschluss der Therapie. Von daher sollte man sich viel Zeit für das Initialbild nehmen, u. U. mehr Zeit als nur eine Therapiestunde: die Kinder sollten es in Ruhe zu Ende aufbauen, es wird genauer und länger als gewohnt betrachtet, dokumentiert und fotografiert. Symbolisch als Schlüssel für die ganze Therapie verstanden, werden sich manche Türen der Veränderung später durch ein Verständnis des Initialbildes leichter öffnen lassen.

In der Sandspieltherapie werden sogar die ersten beiden Bilder als „Initialbilder" betrachtet. Ein Bild zeigt die aktuelle Situation des Patienten und ist deshalb ganz besonders für die Diagnostik geeignet. Das andere weist auf die Zukunft hin, d. h. wohin die „Reise geht" (Löwen-Seifert, persönliche Mitteilung).

2. Die **Arbeitsphase** nimmt den größten Teil der Therapie ein. Allan unterscheidet drei Substadien: des Chaos, des Ringens (struggle) und der Heilung (reparation, resolution).

- In dem **Chaos-Stadium** werden unterschiedlichste, scheinbar unzusammenhängende, eben chaotische Bilder, Impulse, Symbole und Gefühle geäußert. Die Intensität des Ausdrucks kann von einer Stunde zur anderen variieren. Ein gewisses Maß an Verwirrtheit und Unsicherheit kann auch beim Therapeuten auftreten, so dass man noch nicht so richtig weiß, wohin die therapeutische Reise geht. Eltern berichten in diesem Stadium oft, dass sich das Verhalten im häuslichen Bereich oder in der Schule verschlechtert hat. Dies muss in den Elterngesprächen aufgefangen und bearbeitet werden. Für den Therapeuten ist hilfreich, sich auf die Heilungstendenz der Psyche zu verlassen, bei allen Schwierigkeiten seinen Patienten beizustehen und zu wissen, dass auch diese Krisen vorbeigehen werden. Im Vertrauen auf die zeitliche Befristung des Chaosstadiums können auch schwierige Bilder und Affekte ausgehalten und begleitet werden. Die therapeutische Erfahrung hilft dabei zu wissen, dass das Chaos für die Therapie absolut notwendig ist – und dass es vorbeigehen wird (Bradway. Chambers & Chiaia, 2005).

- In dem Substadium des **Ringens** („**struggle**") bewegt sich der Patient auf die tiefsten Schichten des Unbewussten zu. Der Hauptkonflikt wird in den Bildern immer deutlicher, Gegensätze werden ausgedrückt, müssen ausgehalten oder auf einer anderen Ebene gelöst werden. Auch diese Phase kann sehr schmerzhaft und schwierig sein. Nachdem das emotionale „Tal" der Therapie durchschritten ist, merkt man, dass der Konflikt an Bedeutung verloren hat – entweder kann der Patient mit einem anderen Affekt, zum Teil distanzierter und spielerischer, mit seinen Emotionen umgehen. Auch Varianten des Bildaufbaus werden deutlich und neue Inhalte zeigen sich.
- In dem Substadium des **Heilens** erfolgt die Reparation. Man begegnet Wiederholungen von früheren Themen, die durchgespielt, variiert und abgeschlossen werden. Oft wird der affektive Ausdruck leichter, gelöster und entspannter. Das sichtbare Verhalten im häuslichen und schulischen Bereich kann sich verbessern, soziale Kontakte und Interessen nehmen zu. Dieses Substadium dauert unterschiedlich lang: manche Kinder durchlaufen es relativ schnell, während andere die Zeit und Gewissheit brauchen, Unerledigtes solange darstellen und durchspielen zu können, bis es für sie wirklich abgeschlossen ist.

3. Die **Ausgangsphase** deutet sich oft an, wenn Kinder selber äußern, dass sie seltener zur Therapie kommen wollen, sich eigentlich lieber mit Freunden treffen oder anderen Aktivitäten nachgehen würden. Zum Teil kann es sinnvoll sein, die Frequenz auf einmal alle zwei Wochen zu reduzieren. In der Ausgangsphase wird das Ende der Therapie, die Loslösung vom Therapeuten und der Übergang in den Alltag vorbereitet. Oft sieht man in den Bildern genau, dass die Kinder zu diesem Schritt bereit sind. Die Bilder sind oft gelöster, strahlen Zuversicht aus oder sind regelrecht humorvoll gestaltet. Viele Patienten erinnern sich an vorausgegangene Stunden, die zum Teil im Rückblick rekapituliert werden. Auch die verbalen Äußerungen nehmen in dieser Zeit zu.

In der **letzten Stunde** mit dem Kind wird der Abschied oft sehr aktiv gestaltet, zum Teil ist das letzte Bild als Abschiedsgeschenk und gleichzeitig Loslösung zu verstehen. Für ein Kind kann die Therapie nicht nur emotional einen wichtigen Abschnitt seines Lebens bedeuten, allein von der Zeit her war es ein riesiges Intervall. Eine zweijährige Therapie im Alter von 4–6 Jahren hat ein Kind für immerhin ein Drittel seines Lebens begleitet. Durch die Intensität der Sandspieltherapie ist auch der Kontakt für den Therapeuten selber emotional bedeutsam und sollte bewusst als gemeinsam geteilte Zeit gelöst werden.

Ebenso ist es in dem letzten Elterngespräch wichtig, den Abschied mit den Eltern zu bearbeiten. Das Ende der Therapie bedeutet nicht, dass der reale Kontakt zu dem Kind enden muss. Bei manchen Störungen, wie z. B. Essstörungen, kann eine Nachbetreuung sogar ausgesprochen sinnvoll sein, um im Verlauf einen Rückfall zu vermeiden. Falls eine Nachbehandlung erfolgt, geht in diesem anderen Kontext die Intensität und das „Numinose" durch die Anreicherung des Unbewussten während der Sandspieltherapie verloren – die Begegnungen wirken neutraler und weniger intensiv.

Prozessverlauf nach E. Weinrib

Estelle Weinrib (1983) schlug eine andere Stadieneinteilung vor, die sich nur teilweise mit der von Allan (1997) deckt und andere Schwerpunkte setzt:

- In der **ersten Phase** sollen überwiegend realistische Szenen auftreten, die Hinweise auf Probleme und mögliche Lösungen geben.
- In der **zweiten Phase** mit zunehmender Tiefe des persönlichen Unbewussten, tritt der „Schatten" in den Bildern hervor. Die Sandbilder haben eine chaotische Qualität, sind energiegeladen, Probleme und Komplexe werden deutlich.
- In der **dritten Phase** mit tieferem Abstieg ins Unbewusste der Psyche zeigt sich das „Selbst" in zentrierten Bildern, Gegensätzen und religiösen Symbolen. Dies ist mit einem Gefühl des Numinosen und des Staunens verbunden. Mit der Berührung des Selbst tritt oft ein Gefühl der Sicherheit und Ordnung auf, das Ich in seiner Funktion wird relativiert. Patienten haben das Gefühl, den Kern ihrer Person gespürt zu haben.
- In der **vierten Phase**, nach dem tiefen Kontakt mit dem Selbst, kann sich das Ich in neuer Form zeigen, oft als Einzelfigur, mit der der Patient sich identifiziert. Die folgenden Bilder sind kreativer und organisierter, mit zunehmender Ich-Stärke zeigt sich mehr Aktivität nach innen, wie auch gegenüber der äußeren Welt.
- In der **fünften Phase** tauchen gegengeschlechtliche Figuren und Symbole als Aktivierung der Archetypen von Animus und Anima auf. Auch die gegengeschlechtliche Differenzierung ist mit erhöhter Energie verbunden.

Die Stadien von Weinrib (1983) beinhalten eine stärkere inhaltlichere Orientierung entlang der analytischen Psychologie C.G. Jungs im Gegensatz zu der formal deskriptiven Einteilung von Allan (1997). Weinrib (1983) scheint eher Therapieverläufe von Erwachsenen zu beschreiben. Nach eigener Erfahrung zeigen Kinder in der ersten Phase schon oft sehr intensive, wenig realistische Bilder. Nach der zweiten „Schattenphase" zeigen sich oft eine intensive Auseinandersetzung mit positiven wie auch negativen Mutter-, Vater- und Elternkomplexen, sowie assoziierten Archetypen, bevor das Selbst sich in der beschriebenen Weise (3. Phase nach Weinrib) zeigt. Nach der Selbstmanifestation, die in jedem Stadium der Therapie bei Kindern auftreten kann, und der Wandlung des Ich-Komplexes, zeigt sich bei Kindern selten die Auseinandersetzung mit Animus und Anima. Dieses mag aus entwicklungspsychologischen Gründen zu verstehen sein, doch auch bei Jugendlichen steht die Anima–Animus–Problematik oft nicht so im Vordergrund wie bei Erwachsenen, möglicherweise ebenfalls wegen der konkreten, realen Auseinandersetzung mit den Entwicklungsaufgaben dieses Lebensabschnittes (Entwicklung von Sexualität, Intimität, Autonomie, Ablösung der Eltern) (s. z. B. Klosinski, 2004).

Prozessverlauf nach Bradway und McCoard

Bradway und McCoard (1997) legen besonderen Wert auf die erste und letzte Stunde und beschreiben die Stadien dazwischen ohne festen Ablauf.

In der **ersten Stunde** erwähnen sie 10 Punkte, die zu beachten hilfreich sein können:
1. Respekt gegenüber Gefühlen des Patienten während des ersten Bildes,
2. Wahrnehmung eigener Gefühle,
3. Hinweise, ob etwas versteckt wurde,
4. Hinweise, ob Chaos oder zu starke Ordnung vorliegen,
5. Gestaltung der Übertragung,
6. Zeichen des Versorgens und Ernährens,
7. Bildliche Darstellung des Wassers als Symbol des Unbewussten,
8. Hinweise auf Mutter-Kind-Beziehungen,
9. Darstellung eines Konfliktes und der Umgang damit,
10. Supervision, falls man durch das Bild beunruhigt ist.

Nach dem Initialbild kann bei Erwachsenen die Regression in das kollektive Unbewusste schneller oder langsamer erfolgen. Zunehmende Darstellungen von Wasser, Fischen, kombiniert mit Bildern des Alltages können folgen. Nach mehrfachem Hin und Zurück zwischen bewusstem und unbewusstem Material können „Mutter und Kind"-Bilder, sowie gegengeschlechtliche Figuren auftauchen, bis sich das Selbst manifestiert. Dies ist zwar mit einer besonderen Qualität verbunden, aber nicht an einer Form beschränkt. Ebenso wie die Therapieabläufe sind die letzen Bilder individuell sehr unterschiedlich und lassen sich nicht in ein Schema pressen. Die offene Darstellung von Bradway und McCoard (1997) mahnt zur Vorsicht, da jede Stadieneinteilung lediglich ein Konstrukt darstellt – die Realität kann entlang der Stadien, aber gerade in der Sandspieltherapie ganz anders und unerwartet verlaufen.

Prozessverlauf nach Dora Kalff

Von Dora Kalff (1996a) wurde in Anlehnung an die Hypothesen zur Ich-Entwicklung durch Erich Neumann eine ganz andere Stadieneinteilung vorgeschlagen (S. 16) und von Bradway und McCoard (1997, S. 109ff) ausgearbeitet:

- In der ersten, **animalisch-vegetativen Stufe,** werden vor allem Tiere und Pflanzen dargestellt als Symbol von der Aktivierung innerer Kräfte und Wachstum.
- Im zweiten Stadium, der **Kampfphase,** werden aggressive Auseinandersetzungen mit Soldaten, Indianern und anderen Figuren als Zeichen der neugewonnenen Ich-Stärke aufgebaut.
- In der dritten Phase erfolgt die **Anpassung an das Kollektiv** mit einer Orientierung gegenüber anderen Lebewesen. Tierfamilien, Zäune und Häuser sind häufige Symbole in diesem Stadium.

Kalff verstand diese Stadien als Phasen der Ich-Entwicklung, die sich nach Kontakt mit dem Selbst in gesunder Form zeigen. Nach Bradway und McCoard (1997) zeigt sich weder ein eindeutiger chronologischer Zusammenhang mit dem aktuellen Alter, noch mit dem Therapieablauf. Wie schon erwähnt, beruht die Entwicklungspsychologie Neumanns nicht auf direkter Beobachtung von Kindern, sondern auf einer spekulativen Rekonstruktion. Sie wird auch nicht von anderen Schulen der Entwicklungspsychologie geteilt. Dennoch finden sich in einzelnen Therapien tatsächlich Verläufe vom vegetativ-animalischen über das Kämpfen zu der Integration mit der Umwelt. Die Selbstmanifestation kann unabhängig von dieser Einteilung jederzeit auftauchen und deutet einen entscheidenden Wandel an.

6 Sandspiel bei speziellen Störungsbildern

In dem folgenden Kapitel soll der praktische Einsatz des Sandspiels bei verschiedenen Störungsbildern dargestellt werden. Die Auswahl der Kasuistiken beruht auf dem Arbeits- und Forschungsschwerpunkt des Autors, so dass überdurchschnittlich viele Fallberichte von Kindern mit Ausscheidungsstörungen dargestellt sind. Die sechs Fallberichte sind keineswegs repräsentativ, da viele emotionale Störungsbilder fehlen, die gut mit der Sandspieltherapie behandelt werden können. Dagegen sind die Fälle durch ihre Komplexität und Komorbidität sehr gut geeignet, die Grundprinzipien eines kombinierten, evidenzbasierten therapeutischen Vorgehens zu verdeutlichen.

Die Hauptindikation für eine Sandspieltherapie liegt, wie bei anderen tiefenpsychologisch fundierten oder analytischen Spieltherapien, eindeutig bei emotionalen, introversiven Störungen. Falls expansive Störungen vorliegen, muss zumindest eine emotionale Komponente vorhanden sein. Für viele andere Störungen im Bereich der Kinder- und Jugendpsychiatrie sind symptomorientierte Therapien, sei es kognitiv-verhaltenstherapeutisch oder gar pharmakotherapeutisch, sehr viel effektiver und sollten selbstverständlich den Vorrang erhalten. In der Praxis trifft man häufig auf sogenannte „komorbide" Störungen, d. h. verschiedene Störungsbilder existieren gleichzeitig ohne unbedingt kausal miteinander verbunden zu sein. Bei solchen Komorbiditäten kann es sehr sinnvoll sein, verschiedene therapeutische Zugänge zu wählen – symptomorientierte Therapien bei entsprechender Indikation und tiefenpsychologisch-fundierte wegen der emotionalen Grundproblematik. Wie aus den Metaanalysen zur Psychotherapie bei Kindern und Jugendlichen bekannt (Weisz et al., 1995a), sind gerade die Kombination verschiedener therapeutischer Zugänge unter Einbezug der Eltern am stärksten erfolgversprechend. Von daher dürfte es gar kein Widerspruch sein, die jeweils günstigsten Therapien miteinander zu kombinieren.

Bei der Kombination von symptomorientieren Therapien und tiefenpsychologisch-fundierten Therapien sind zwei Aspekte zu beachten:

1. Der Schweregrad der komorbiden emotionalen Störung und
2. die Planung des Zeitablaufes für die verschiedenen therapeutischen Komponenten.

Für viele Störungen ist es am günstigsten, zunächst symptomorientiert vorzugehen. Aus der Therapieforschung, z. B. bei der Enuresis, weiß man, dass das Verschwinden des Symptoms zu einer Steigerung des Selbstwertgefühls und der Motivation führt (Moffat & Whalen, 1987; Longstaffe et al., 2000). Empirische Hinweise auf eine Symptomverschiebung, wie es immer noch von der Psychoanalyse postuliert wird, finden sich nicht (Moffat, 1989). In anderen Worten, den Kindern geht es besser wenn sie ein Symptom weniger haben und sie können sich intensiver auf die weiteren Therapieschritte einlassen.

Natürlich gibt es auch Ausnahmen zu dieser Regel: wenn die emotionale Störung, z. B. eine schwere depressive Episode, so ausgeprägt ist, dass das Kind sich nicht auf eine Verhaltenstherapie einlassen kann, macht es natürlich keinen Sinn, damit zu beginnen. Stattdessen ist es sinnvoller, die emotionale Störung zu behandeln, bis das Kind im Verlauf die Bereitschaft zeigt, sich dem Symptom aktiv zuzuwenden. Dies zeigt sich oft im letzten Drittel, d. h. gegen Ende der Sandspieltherapie. In den ersten zwei Dritteln dagegen kann es unter Umständen problematisch sein, wenn im Rahmen der intensiven Übertragungs- und Gegenübertragungsbeziehung plötzlich verhaltenstherapeutische Elemente angesprochen werden. In diesen Fällen kann es günstig sein, dass symptomorientierte Vorgehen ausschließlich über die Eltern in den Elterngesprächen zu besprechen. In diesem Rahmen ist es gut aufgehoben, da die Elterngespräche nicht nur der Bearbeitung der intrafamiliären Dynamik dienen, sondern sehr wohl auch erziehungsberaterische oder auch verhaltenstherapeutische Themen enthalten.

Zur besseren Illustration des praktischen Vorgehens bei komorbiden Störungen darf auf die folgenden Tabellen verwiesen werden. Dabei muss die grobe Vereinfachung entschuldigt werden, die sich jedoch aus didaktischen Gründen bewährt hat. Das Grundschema dieser Tabellen wird bei den folgenden Fallbeispielen ebenfalls verwendet, um das therapeutische Vorgehen in der Praxis transparent zu machen. Alle Tabellen sind in zwei Hauptspalten gegliedert: in der ersten Spalte wird das symptomorientierte Vorgehen dargestellt, in der zweiten Spalte psychiatrisch-psychotherapeutische Interventionen, die sowohl Diagnostik als auch Therapie umfassen. Die Pfeile deuten den zeitlichen Verlauf der Therapie an.

In Tabelle 6.1 ist der einfachste und häufigste Fall dargestellt: es handelt sich um eine umschriebene, monosymptomatische Störung, die mit verhaltenstherapeutischen Methoden leicht behandelt werden kann – ohne psychische Komorbidität. In diesem Fall ist das Vorgehen überschaubar: im ersten Schritt wird die Diagnose der Störung gestellt, gleichzeitig wird ein allgemeines Screening im Rahmen der kinderpsychiatrischen Erstvorstellung durchgeführt. Dieses umfasst, wie oben dargestellt, Anamnese, Beobachtung, Exploration, psychopathologischen Befund, Fragebögen und weitere diagnostische Schritte, falls erforderlich. Falls keine weitere Diagnose vorliegt, kann es bei dieser Erstdiagnostik belassen werden. Wie in der ersten Spalte dargestellt, kann nun die symptomorientierte Behandlung begon-

Tab. 6.1: Vorgehen, wenn keine psychische Komorbidität vorliegt

Symptom-orientiert	Psychiatrisch-psychotherapeutisch
Diagnose →	Screening: keine Therapie
↓	
Symptom-orientierte Behandlung	
↓	
Kein Symptom vorhanden	
↓	
Ende der Therapie	

Tab. 6.2: Vorgehen bei milder psychischer Komorbidität

Symptom-orientiert		Psychiatrisch-psychotherapeutisch
Diagnose	→	Screening: Diagnose vorhanden
↓		↓
Symptom-orientierte Therapie	←	Beratung, keine Therapie notwendig
↓		
Kein Symptom vorhanden	→	Diagnose überprüfen
↓		
Ende der Therapie		

nen werden, falls das Symptom sich zurückbildet, kann die Therapie beendet werden.

In Tabelle 6.2 ist das Vorgehen bei einer leichteren psychischen Komorbidität dargestellt. Wiederum wird die Erstdiagnose (erste Spalte) gestellt, gleichzeitig erbringt das psychiatrisch-psychotherapeutische Screening den Hinweis auf eine leichte psychische Störung. Wegen des leichten Schweregrades erfolgt zunächst eine Beratung und Psychoedukation, noch keine spezifische Therapie. Es wird mit der symptomorientierten Therapie begonnen, wenn das Symptom verschwunden ist, muss überprüft werden, ob die psychische Störung noch vorhanden ist oder nicht. Wenn sie sich auch zurückgebildet hat, was gar nicht so unüblich ist, bei einer allgemeinen Symptombesserung, kann die Therapie beendet werden.

Der dritte Fall mit einer stärkeren psychischen Komorbidität findet sich in Tabelle 6.3. Wiederum wird die Erstdiagnose gestellt, wobei das psychiatrisch-psychotherapeutische Screening den Hinweis auf eine schwere psychische Störung erbringt. Wie in jedem Fall erfolgt eine Beratung und Psychoedukation. Bei entsprechendem Schweregrad der Störung sollte diese nun gleich am Anfang behandelt werden. Abhängig von dem individuellen Kind und der Ausprägung der Störung muss mit der Familie entschieden werden, ob gleichzeitig eine symptomorientierte Behandlung möglich ist oder nicht. Falls eine symptomorientierte Behandlung durchgeführt wird und das Symptom sich nicht zurückbildet oder sogar ein Rückfall auftritt, muss spätestens in diesem Fall die psychische Begleitdiagnose überprüft werden und mit der Behandlung, z. B. der emotionalen Störung, begonnen werden, falls dies noch nicht geschehen ist. Auch wenn sich im weiteren Verlauf die Symptome zurückbilden, ist es in jedem Fall erforderlich, vor Ende der Therapie die Grunddiagnose zu überprüfen.

Schließlich findet sich in der Praxis natürlich auch die vierte Möglichkeit, bei der eine psychische Störung vorhanden ist, jedoch keine Komorbidität (Tab. 6.4). In diesem Fall erfolgt selbstverständlich keine symptomorientierte Behandlung, sondern nach der Diagnostik eine Beratung und eine Behandlung der psychischen Störung. Wenn diese sich im Verlaufe der Behandlung zurückbildet, wird die Diagnose überprüft und das Ende der Therapie eingeleitet.

Alle Szenarien bis auf Fall 1 (Tabelle 6.1) sind in den folgenden Sandspieltherapien dargestellt, die jeweils für die emotionale Grundstörung indiziert war. Auch wurde versucht, exemplarische Sandspielprozesse für das gesamte Altersspektrum vom Kleinkindes- bis zum Jugendalter zu vermitteln. Nach der Darstellung der

Therapien wird zu den Störungsbildern die aktuelle Befundlage sowohl aus kinderpsychiatrischer Sicht als auch als kinderanalytischer Sicht zusammengefasst.

Tab. 6.3: Vorgehen bei psychischer Komorbidität mit stärkerer Ausprägung

Symptom-orientiert		Psychiatrisch-psychotherapeutisch
Diagnose	→	Screening: Diagnose vorhanden
↓		↓
Symptom-orientierte Behandlung	←	Beratung
↓		↓
↓		Behandlung der psychischen Störung falls ausgeprägt
↓		
↓		
Symptom noch vorhanden	→	Diagnose überprüfen
↓		↓
↓		Behandlung der psychischen Störung
↓		
↓		
Kein Symptom vorhanden	→	Diagnose überprüfen
↓		
Ende der Therapie		

Tab. 6.4: Vorgehen bei reiner psychischer Störung ohne weitere Komorbidität

Symptom-orientiert		Psychiatrisch-psychotherapeutisch
Keine Diagnose	→	Screening: Diagnose vorhanden
↓		↓
Keine symptom-orientierte Behandlung		Beratung
		↓
		Behandlung der psychischen Störung
		↓
		Keine psychische Störung vorhanden
		↓
		Diagnose überprüfen
		↓
		Ende der Therapie

6.1 Hyperkinetisches Syndrom

Christian 11; 11–13;5 Jahre

Bei Christian lagen folgende Diagnosen vor:
1. Primäre Enuresis nocturna (F98.0),
2. Hyperkinetisches Syndrom mit Störung von Aktivität und Aufmerksamkeit (F90.0),
3. Emotionale Störung mit Schulversagen (F93.9).

Vorstellungsanlass

Christian wurde im Alter von 11;11 Jahren von seiner Mutter wegen Einnässproblematik, sowie wegen Schulversagen vorgestellt. Es wurde berichtet, dass er jede Nacht größere Mengen einnässt und sehr tief schläft. Er war bisher noch nie länger trocken gewesen, zur Zeit treten höchstens 2 trockene Nächte pro Jahr auf. Er trägt nachts Windeln und leidet unter der Problematik. Tagsüber wurde er altersentsprechend trocken, hat nie eingenässt, die Miktionsfrequenz beträgt 4- bis 5-mal am Tag, der Stuhlgang ist regelrecht ohne Obstipation.

Bisher wurde eine körperliche Untersuchung in einer Kinderklinik durchgeführt, unter anderem mit einem Miktionszystourogramm (MCU, eine Röntgenuntersuchung der Blase), das vollkommen unauffällig war. Mit dieser Untersuchung kann ein Reflux von der Blase zur Niere ausgeschlossen werden. An Behandlungsversuchen geschah bislang folgendes: Christian wurde bisher von seiner Mutter abends geweckt, es fanden Beratungsgespräche bei einem Kinderpsychologen statt, zu dem empfohlenen autogenen Training zeigte Christian keine Motivation.

Als weiteres Problem gab die Mutter Schulleistungsprobleme, vor allem in den sprachlichen Fächern, an. Ansonsten sei er in seiner Arbeitshaltung unkonzentriert, lasse sich leicht ablenken, handele ohne zu denken, sei sehr unordentlich und schiebe unangenehme Dinge hinaus. Er verhalte sich kindisch und neige zum Tagträumen.

Anamnese

Die bisherige Eigenanamnese war vollständig unauffällig gewesen. Christian interessiert sich für Bewegungsspiele, wie Hand- und Basketball, für Computer- und Gesellschaftsspiele, hat viele Freunde und ist beliebt. Er besucht die 7. Klasse des Gymnasiums mit ausreichenden bis mangelhaften Leistungen.

Zur Familienanamnese ist anzumerken, dass Christian einen zwei Jahre älteren Bruder hat, der schulisch und sozial hochkompetent ist und den Christian bewundert. Die beiden Jungen werden überwiegend von der Mutter alleine erzogen, da der Vater als Architekt überwiegend im Ausland tätig ist und nur in 2–3 Wochenabständen nach Hause kommt. Wegen enormer Arbeitsüberlastung sei er auch an den Wochenenden beruflich tätig. Diese familiäre Aufteilung wird von beiden Eltern positiv getragen und aktiv bejaht, so dass die Mutter in ihrer Rolle als Hausfrau und Mutter keineswegs verbittert, sondern ganz zufrieden wirkte. Dagegen litten die Jungen eher unter der Abwesenheit des Vaters.

Diagnostik und therapeutisches Vorgehen

Das diagnostische und therapeutische Vorgehen in diesem Fall ist in Tabelle 6.5 dargestellt.

Wegen des hohen Leidensdrucks stand die Enuresis nocturna zunächst im Vordergrund. Alle Untersuchungen, einschließlich Uroflowmetrie, Ultraschall und Miktionsprotokoll waren unauffällig. Aufgrund der Befunde und der Anamnese wurde die Diagnose einer primären, monosymptomatischen Enuresis nocturna gestellt. Dies bedeutet, dass Christian nur nachts einnässt, nie trocken gewesen ist (primär) und keine Zeichen einer Blasenfunktionsstörung tagsüber zeigt (monosymptomatisch). Wegen des chronischen Verlaufes und der häufigen Einnässfrequenz wurde gar nicht erst mit einem Sonne-Wolken-Plan begonnen, sondern

Tab. 6.5: Diagnostik und Therapie bei Christian; Diagnosen: Primäre Enuresis nocturna, hyperkinetisches Syndrom, emotionale Störung (mit Schulversagen)

Alter (J;M)	Symptom-orientiert		Psychiatrisch-psychotherapeutisch
11;11	Diagnose: Primäre Enuresis nocturna		
	↓		
12;0	Apparative Verhaltenstherapie: trocken nach 14 Tagen	→	Diagnostik
			↓
12;4			Gesamt-IQ: 116 (K-ABC)
			↓
			Legasthenie ausgeschlossen (WRT6+: T-Wert 51)
			↓
12;5	Stimulanzien: Responder auf Methylphenidat	←	HKS (ADHD): vorhanden (TRF, CBCL)
	↓		↓
	Nachhilfe		
	↓		↓
			Emotionale Störung
			↓
12;7	↓		Sandspieltherapie (20 Stunden)
			↓
	Deutliche Besserung		Symptome reduziert
			↓
13;5			Ende der Therapie

direkt mit einer apparativen Verhaltenstherapie mit einem Klingelgerät. Christian sprach extrem schnell auf die apparative Verhaltenstherapie an, war nach nur zwei Wochen vollkommen trocken und nässte nie wieder ein. Er war erleichtert und begeistert darüber, so dass man sich nun den begleitenden psychischen Problemen (zweite Spalte der Tabelle 6.5) zuwenden konnte. Die wichtigsten anamnestischen Angaben wurden schon erwähnt.

Vom psychopathologischen Befund her war er freundlich, vom Affekt her ausgeglichen, wirkte jedoch albern und kindisch, sehr viel jünger und unreifer als ein fast 12-jähriger Junge. Der Antrieb war leicht gesteigert, er war unruhig, zappelig, leicht abgelenkt, wirkte zum Teil gedankenabwesend und träumerisch.

Wegen der Schulleistungsproblematik wurde eine psychologische Testung durchgeführt mit der Fragestellung, ob eine allgemeine Intelligenzminderung mit möglicher schulischer Überforderung vorliegt, oder ob eine spezifische Teilleistungsstörung im Sinne einer Legasthenie vorhanden sein könnte. In der Untersuchungssituation fiel zunächst seine schnelle, flüchtige, impulsive Arbeitshaltung auf. In einem mehrdimensionalen Intelligenztest (Kaufman-ABC) zeigte sich eine leicht überdurchschnittliche Gesamtintelligenz (IQ = 116). Die Werte für ganzheitliches Denken (IQ = 122), von einzelheitlichem Denken (IQ = 109) und von den Fertigkeiten (IQ = 119) unterschieden sich nicht statistisch voneinander. In anderen Worten: Christian war ein eher gut begabtes Kind mit sogar überdurchschnittlichen Intelligenzwerten, so dass dieser Aspekt als Grund für das Schulversagen ausgeschlossen werden konnte.

Als nächstes musste testpsychologisch auch eine Legasthenie (spezifische Lese-Rechtschreib-Störung) ausgeschlossen werden, da Christian vor allem in den sprachlichen Fächern Schwierigkeiten zeigte. In einem standardisierten Rechtschreibtest (WRT 6+) erreichte er einen T-Wert von 51, was einem IQ-Wert von 100 entsprechen würde. In anderen Worten: seine Rechtschreibleistungen liegen unter der Gesamtintelligenz, sind jedoch völlig durchschnittlich, so dass die Kriterien für eine Legasthenie nicht erfüllt sind.

Aufgrund der Beobachtungen, des psychopathologischen Befundes und auch Angaben in Eltern- und Lehrerfragebögen wurde deutlich, dass bei Christian ein einfaches hyperkinetisches Syndrom – ohne Störung des Sozialverhaltens – vorliegt. Es wurde eine Behandlung mit Stimulanzien begonnen und wiederum sprach Christian ausgesprochen gut darauf an. Er konnte selber angeben, dass er sich besser konzentrieren könne. Von seiner Klassenlehrerin wurde berichtet, dass er besonnener, ansprechbarer und weniger fahrig sei. Die Dosis wurde auf insgesamt 2-mal 20 mg Methylphenidat erhöht und während der gesamten Therapie beibehalten. Wegen der positiven Effekte wurde die Stimulanzienbehandlung auch anschließend fortgesetzt. Zusätzlich erhielt er Nachhilfeunterricht, um den versäumten Schulstoff nachzuholen.

Trotz anfänglicher Besserungen persistierte die Schulleistungsproblematik. Auch wirkte Christian weiterhin albern, kindisch, tagträumerisch und schien wie abwesend zu sein. Es wurde die Diagnose einer leichten emotionalen Störung und die Indikation für eine tiefenpsychologisch fundierte Sandspieltherapie gestellt. Diese wurde über 20 Einzelstunden über 10 Monate durchgeführt. Es handelt sich demnach um eine niederfrequente Kurzzeittherapie. Begleitende Elterngespräche fanden überwiegend mit der Mutter statt, trotz mehrfachen Drängens war es nur einmal möglich, kurz vor Ende der Therapie den Vater zu einem Elterngespräch zu gewinnen.

Sandspieltherapie

In der Therapie baute Christian in jeder Stunde akribisch ohne motorische Unruhe ein Sandbild auf. Mehrfach mussten Widerstände dabei besprochen und bearbeitet werden. So kam es vor, dass er Stunden unentschuldigt ausfallen ließ oder zu spät kam. In anderen Stunden brachte er Nahrungsmittel (wie Hamburger) mit und aß gemütlich, bevor er sich auf das Spiel einließ. In vielen anderen Stunden diskutierte er, ob er aufgrund der günstigeren Busverbindungen nicht vorher aufhören könnte. Auch wurde über die Frequenz und Pausen in der Therapie lange diskutiert. Diese Auseinandersetzungen sind im Rahmen der Vaterübertragung und als Ausdruck von Autoritätskonflikten zu sehen und konnten in dem therapeutischen Rahmen bearbeitet werden. Insgesamt zeigten sich in der Therapie drei Hauptthemen: die Auseinandersetzung mit dem abwesenden Vater; Konflikte mit Autorität und Identitätsfindung während der Pubertät; und schließlich die Integration von Trieben und Emotionen bei diesem sehr kindlich wirkenden, von seinem Alter präpubertär bis fast jugendlichen Jungen. Dabei berührte Christian in seinen Sandbildern Ebenen, die er mit einer verbalen Psychotherapie niemals erreicht hätte – und zeigte ästhetische Qualitäten, die keiner ihm zugetraut hätte. Von den 20 Stunden wird eine Auswahl von sechs typischen Stunden, einschließlich Initial- und Abschlussbild gezeigt.

Initialbild (1. Stunde)

In dem Initialbild sieht man eine Stadt am Meer. Zuerst baute Christian akribisch und in Stille das Meer auf, bestehend aus vorsichtig aneinander platzierten

Abb. 6.1: Christian Initialbild (1. Stunde): In diesem Bild sind Stadt und Meer dargestellt. Man sieht durch Muscheln und Steine ausgedrücktes Wasser. Das Bild ist umrandet von Häusern und Türmen einer Stadt, Verbindungen sind durch die Brücken dargestellt, Bewegung und Energie durch den Autoverkehr.

6.1 Hyperkinetisches Syndrom

Muscheln mit bunten Steinen dazwischen. Das Bild ist umrandet mit Häusern und insgesamt fünf Türmen. Zwei Brücken überqueren Flüsse und ein griechischer Tempel und Kirche sind rechts zu sehen. Die Straßen sind voll mit Autos, im rechten hinteren Eck steht ein Polizeiauto. Christian baute alles ganz bedächtig und konzentriert auf, das Stundenende musste angekündigt werden, da er sonst noch lange weiter gestaltet oder gebaut hätte.

Symbolisch sind Meer und Wasser das Hauptsymbol des Unbewussten. Wasser wurde mit Muscheln dargestellt, ein wesentliches Symbol für Weiblichkeit, Sexualität, Fruchtbarkeit und auch Mütterlichkeit (Cooper, 1986). Die dazwischen liegenden Steine sind mehrdeutige Symbole, unter anderem von Beständigkeit, Stabilität und verborgenem Wissen. Im Kontrast dazu symbolisiert die Stadt Ordnung und väterliche Normen, insbesondere durch das Polizeiauto und die phallischen Türme ausgedrückt. Beide Aspekte sind ausgewogen vorhanden und durch Brücken miteinander verbunden. Durch den Autoverkehr wird Bewegung dargestellt, d. h. die „Libido" ist im Fluss. Als Initialbild weist es auf eine reiche, phantasievolle, bewegte Innenwelt.

4. Stunde

Während in dem ersten Bild Menschen, Pflanzen und Tiere fehlten, ist das vierte Bild ausgefüllt mit animalischen Figuren. Man sieht wiederum ein akribisch genau aufgestelltes, jedoch volles Bild mit Gruppen und Familien verschiedener Tiere. In der linken vorderen Ecke (Quadrant III) sind es Enten, Gänse und Hühner, weiter im Hintergrund eine Gruppe von Pferden, im linken hinteren Eck (I) ist wieder

Abb. 6.2: Christian 4. Stunde: Dieses Bild ist voll gefüllt mit verschiedenen Tiergruppen, die in Bewegung zu sein scheinen. Dabei macht die Wanderung der Tiere Richtungsänderungen durch. Im linken hinteren Eck ist wieder Meer mit Haifischen dargestellt, im rechten vorderen Eck eine Schule. Das Bild ist Ausdruck von Christians unbewusstem Triebleben – im Kontrast zu dem bewussten Erleben in Schule und Alltag.

das Meer dargestellt mit Haifischen und einem Tintenfisch. Rechts davon sieht man Tiger, Schweine und zwei Karren. Es scheint sich um eine Wanderung von Tieren zu handeln – die Bewegung kehrt jedoch mit den Kamelen wieder um, um mit den Hähnen, Elefanten, Zebras und zuletzt Löwen und Tigern eine Kehrtwendung zu machen. In deutlichem Kontrast dazu ist im rechten vorderen Eck (IV) eine Hasenschule mit Lehrer dargestellt. Die Schüler sitzen brav auf den Bänken und passen auf.

Dieses Bild ist ein treffender Ausdruck für Christians unbewusstes Triebleben zu verstehen. Tiere sind Ausdruck von Animalischem, Trieben, Fruchtbarkeit, Sexualität. Es finden sich sowohl Haustiere, als auch wilde, aggressive Tiere – sowohl im Wasser als auch auf dem Land. Sie scheinen zunächst einer gemeinsamen Richtung zu folgen, aber machen dann jedoch zwei Schleifen in ihrer Bewegung. Das Bild ist sehr lebendig, es wimmelt geradezu vor Tieren, die sich nicht angreifen, aber trotz engstem Raum aneinander vorbeilaufen. Im Gegensatz zu dieser unbewussten, libidinös hochaufgeladenen Szene, repräsentiert die Hasenschule eher Christians bewusstes Leben im Alltag, was eine untergeordnete Rolle spielt. Bei Betrachtung des Bildes ist es kein Wunder, dass Christian in der Schule versagt – seine Gefühle und Gedanken sind mit anderen Dingen beschäftigt.

8. Stunde

In den ersten vier Stunden waren Bewegung und Triebhaftigkeit die Hauptthemen. In seiner aktuellen Situation war es für Christians „Ich" schwer, soviel Triebhaftigkeit zu integrieren. Von daher brachen diese Szenen nach der 4. Stunde ab und es folgte eine Serie von völlig anderen Bildern, von denen exemplarisch die

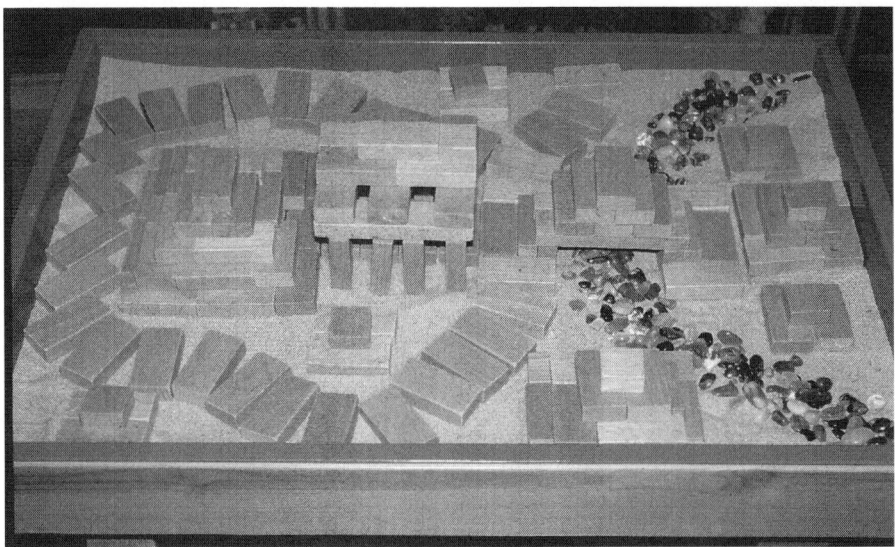

Abb. 6.3: Christian 8. Stunde: Man sieht eine alte Tempelstadt mit mehreren kleinen und einer großen Pyramide. Der Tempelbereich ist durch einen Kreis umrundet. Ein Bach fließt unter einer Brücke. Das Bild strahlt Ruhe, Archaisches und vor allem Väterliches aus.

8. Stunde dargestellt wird. In dieser Stunde wollte Christian nicht reden, baute das Bild in Stille auf. Es fällt sein ausgeprägtes, ästhetisches Gefühl bei Verwendung von nur zwei Elementen, Holzbauklötzen und Steinen, auf. Das Bild strahlt Ruhe und Ausgeglichenheit aus. Dargestellt ist eine alte Ruinen-Tempel-Stadt. Es sind mehrere kleinere Pyramiden aufgebaut sowie eine große Pyramide, die man über einen Säulengang erreicht. Pyramiden sind Grabkammern der Pharaonen. Sie symbolisieren männliche Werte wie Feuer, Flamme, Kraft; die Stufen stehen für Ebenen des Bewusstseins, die Spitze das höchste Streben des Geistes (Schüssler, 1983; Cooper, 1986). Das Bild wirkt wie ausgestorben, es finden sich keine Menschen und keine Tiere. Unter einer Brücke fließt ein Bach, die Libido ist in Bewegung. Das Bild drückt etwas Altes, Archaisches aus, repräsentiert die Welt des Vaters mit der sich Christian identifiziert. Das Unbewusste, Weibliche ist im Fluss, durch den Kreis und die Brücke mit drei Pyramiden auf der rechten Seite ist das Zeichen der Weiblichkeit symbolisch angeordnet.

9. Stunde

Nach einer Serie von Tempelbildern wird ab der 9. Stunde ein neues Element aufgegriffen. Man sieht wiederum mehrere Pyramiden im Bild verteilt. Dazwischen windet sich eine Reihe von aufgestellten Holzklötzen, die bogenförmige Bewegungen vollziehen. Die größte Pyramide ist von Holzsteinen in Herzform umrandet. Dazwischen wiederum sehr ausgeglichen und ästhetisch sind Steine als Symbol von Wasser verteilt.

Während dieser Stunde erzählte Christian von seinen schulischen Leistungen: er hat keine 5 mehr, sein Notenschnitt hat sich um 0,5 verbessert. Ferner erzählte er von der Fernsehsendung „Domino Day", die ihn faszinierte. Er deutete immer wieder auf das Ende der Stunde hin, stieß den ersten Stein an, die Steine fielen wie geplant einer nach dem anderen um, wobei sie gleichzeitig die Form der Bahnen beibehielten. Auch das Herz um die Pyramide war jetzt noch markanter zu sehen.

Symbolisch tauchen wieder Pyramiden auf, Grab- und Kultstätten der Pharaonen, die im Zentrum verborgene Schatzkammern enthielten. Nach Cooper (1986) drückt die Pyramide ein Weltzentrum aus. Symbolisch handelt es sich um etwas sehr Wertvolles und Zentrales für Christian. Das Domino-Spiel besteht aus zweigeteilten Steinen mit einer bestimmten Zahl von Augen auf jeder Seite. Eine Variante des Spieles ist es, die Steine mit gleicher Wertigkeit aneinander zu legen. Eine andere Variation findet sich in dem modernen Mythos des „Domino Day", nach dem aufgestellte Steine fast wie in einem Perpetuo-Mobile beim Umfallen ihre Energie und Kraft an den nächstfolgenden Stein weitergeben und -leiten. Das Bild drückt eine Auseinandersetzung mit väterlicher Autorität auf verschiedenen Ebenen aus. Zunächst ist es eine Huldigung an seinen persönlichen Vater, den er im Alltag konkret vermisst. Zum anderen ist es eine Auseinandersetzung mit der väterlichen Autorität. Es geht um das Aufbauen und anschließend um das Zerstören und Umwerfen. Das, was der Vater in Realität aufbaut, wird symbolisch im therapeutischen Raum umgeworfen und in Frage gestellt. In der Übertragung zum Therapeuten und in den Bildern ging es damit um die Ablösung von der internalisierten Väterlichkeit und die Etablierung der eigenen männlichen Identität. Rührend ist die Herzform um die Pyramide als Ausdruck für seine Sehnsucht nach dem Vater. Die symbolische Einbettung des Prozesses im Wasser, dem Unbewussten, drückt die Tiefe dieser unbewussten Erfahrung aus.

6 Sandspiel bei speziellen Störungsbildern

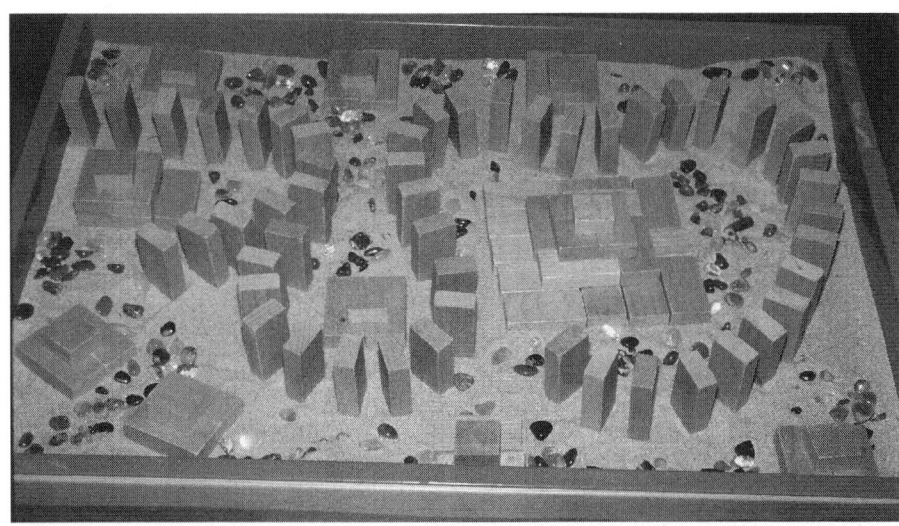

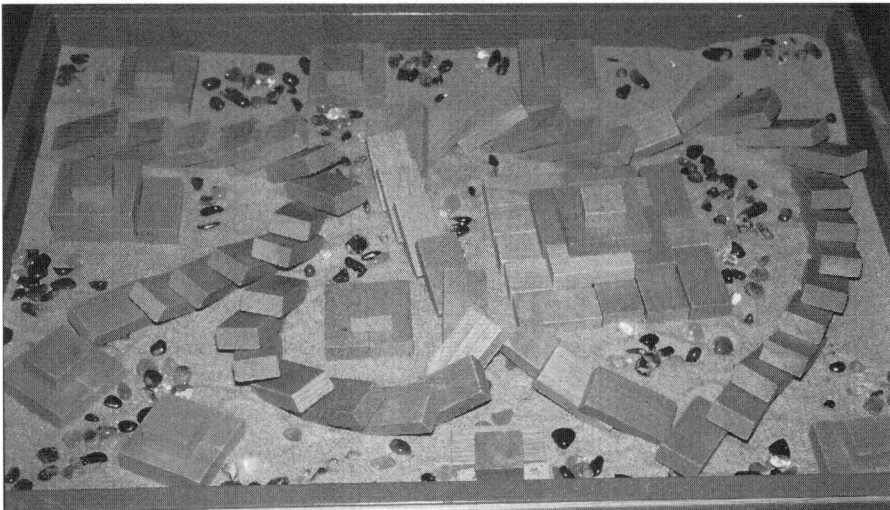

Abb. 6.4 a, b: Christian 9. Stunde a) vor b) nach „Domino"-Effekt: In diesem Bild werden 9 kleine Pyramiden und eine große Pyramide aufgebaut. Dazwischen findet sich eine Reihe von „Dominosteinen", die herzförmig die größte Pyramide umrunden. Zwischen den Bauwerken fließt Wasser. Nach dem Aufbau wurde der erste Stein angestoßen, so dass alle nacheinander in der aufgebauten Reihenfolge umfielen. In diesem Bild geht es um die Auseinandersetzung mit dem realen Vater sowie mit der eigenen Männlichkeit.

14. Stunde

Das Spiel mit den Dominosteinen faszinierte Christian so sehr, dass er dieses Spiel über viele Stunden beibehielt, immer kompliziertere und ausgefallenere Symbole und Bahnen aufbaute. Als typisches Beispiel kann die 14. Stunde gewählt werden.

6.1 Hyperkinetisches Syndrom

Abb. 6.5: Christian 14. Stunde: In diesem Bild ist das Symbol des Dollars mit „Dominosteinen" aufgebaut als Symbol der männlichen Macht in der heutigen Gesellschaft. In seinen Erzählungen identifizierte sich Christian mit Bill Gates – dem reichsten Mann der Welt.

Ein Hauptthema dieser Stunde war Geld. Christian erzählte, dass er von seinen Eltern Dollars geschenkt bekommen hatte und kannte alle Umrechnungskurse in andere Währungen. Er überlegte sich, wie er mit Geldwechsel und Spekulationen reich werden könnte. Am liebsten wäre er Bill Gates und hätte soviel Geld wie er. Passend zu der Thematik sieht man das Dollar-Symbol mit den „Dominosteinen" aufgebaut, das anschließend umgeworfen wurde.

Symbolisch geht es in dieser Stunde um die männlichen Reliquien der Macht, die sich heutzutage nicht wie früher durch Mut, Kraft, Waffen ausdrücken lassen, sondern ganz banal durch Geld. Er identifiziert sich mit Größenphantasien, mit Bill Gates, dem reichsten Mann der Welt. Auch dieses Bild drückt die Auseinandersetzung mit der eigenen Männlichkeit aus, vor allem da durch den abwesenden Vater keine konkreten Richtlinien im Alltag vermittelt werden.

Letzte (20.) Stunde

Die Thematik des Aufbauens und Umwerfens war für Christian so wichtig, dass er sie in allen verbleibenden Stunden der Therapie beibehielt. Tiere tauchten nicht mehr auf – bis auf das letzte Bild. In diesem Bild sieht man eine Pyramide, die durch den Rahmen von Holzsteinen begrenzt ist. Innerhalb der Pyramide finden sich wieder die Reihen von „Dominosteinen". Diesmal ist die Pyramide jedoch mit Wasser gefüllt, sowie einer Reihe von z. T. „gruseligen" Wassertieren. So sieht man links eine große Schlange, daneben Raupen, Garnelen, Frösche, Wasserschlangen, Seepferdchen und Fische. Wir sprachen über Pyramiden, den unheimlichen, irre-

6 Sandspiel bei speziellen Störungsbildern

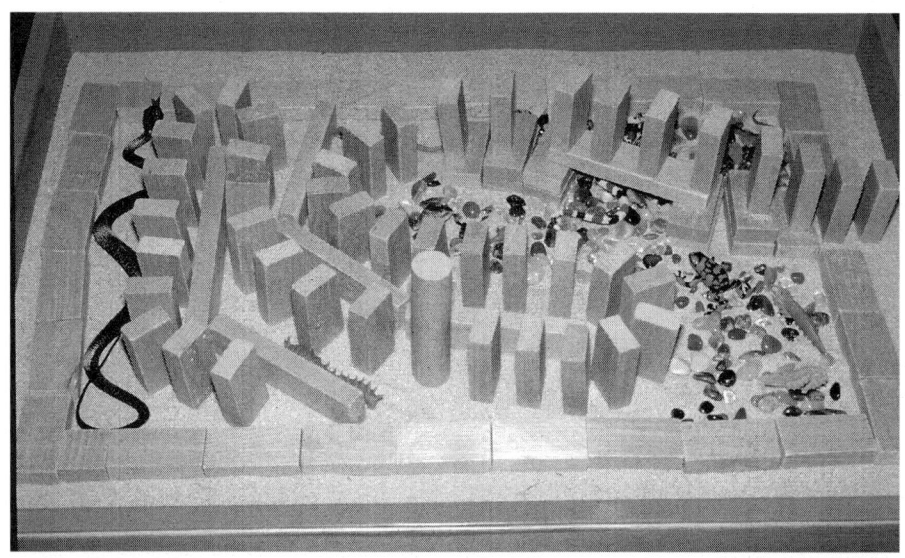

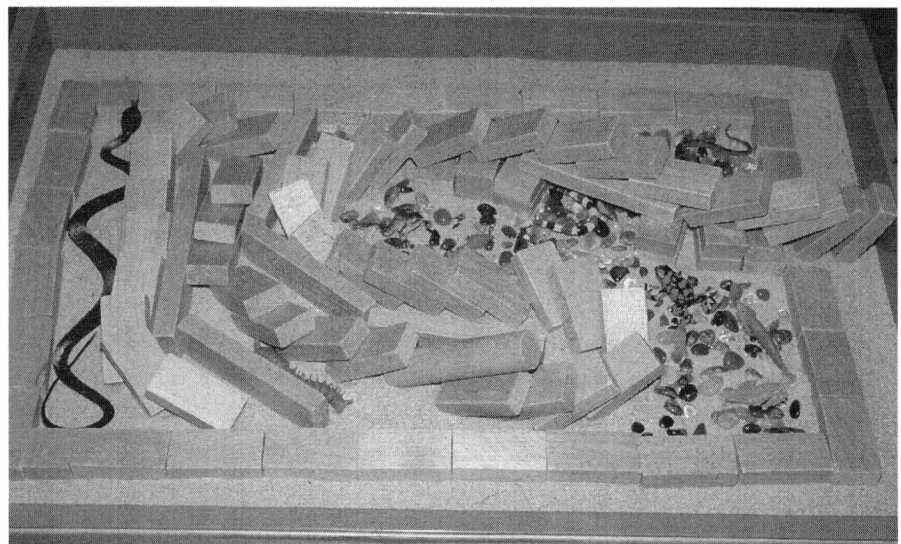

Abb. 6.6 a, b: Christian 20. Stunde a) vor b) nach „Domino"-Effekt: Die Umrandung kennzeichnet eine Pyramide, die wieder mit einer Reihe von Dominosteinen gefüllt ist. Daneben finden sich Wasser, eine Schlange sowie mehrere Wassertiere. Das Bild ist Ausdruck von Väterlichem (Pyramide) wie auch unbewusst Mütterlichem (Wasser, Tiere). Zum Schluss der Stunde wirft Christian die Steine um, die als Symbol für seinen eigenen Lebensweg und Individuation den Weg aus der dunklen Grabkammer ins Freie nehmen.

leitenden Gängen, Grabstätten und Grabräubern. Wir besprachen, dass in der Mitte der Pyramiden oft ein Schatz liegt. Zuletzt deutete ich an, dass die Pyramide einen Eingang hat, durch den die Dominosteine hineinkönnen. Er widersprach heftig und sagte, nein, es handele sich um einen Ausgang, durch den sie hinauskönnen. Er stieß den ersten Stein um und die folgenden Steine fielen aus der Pyramide hinaus ins Freie.

In diesem letzten Bild wird Christians sehr kreative Lösung aus seinem Konflikt dargestellt. Die Pyramide mit den Schätzen ist Ausdruck der väterlichen Macht, das Wasser mit den vielen Wassertieren Ausdruck des Unbewussten und Mütterlichen. Die Schlange ist ein mehrdeutiges Symbol, das sowohl Wandlung repräsentieren kann, aber oft auch für das Mütterlich-archetypische steht. In dem Bild ist beides vereinigt, symbolisch nimmt die Bewegung der Dominosteine den Weg aus der elterlichen Welt hinaus ins Freie, in die Richtung der eigenen Individuation.

Zum Ende der Therapie war es einmal möglich, beide Eltern zu einem Elterngespräch zu gewinnen. Der Vater wirkte sehr sympathisch und humorvoll. So konnte er ironisch andeuten, dass während sein Sohn hier im Sandkasten baut, er in der Realität baut – und beides doch ganz ähnlich sei. In dieser letzten Stunde wurde nochmals besprochen, wie sehr sein Sohn ihn vermisst und wie er sich nichts Sehnlicheres wünscht, als mit ihm angeln zu gehen und andere typische Vater-Sohn-Aktivitäten zu unternehmen. Es war schmerzhaft zu sehen, dass der Vater vermutlich die Sehnsüchte seines Sohnes zwar erkennen, aber nicht umsetzen würde – und dass auch er die Gelegenheit verpassen würde, mit seinem fast jugendlichen Sohn eine neue Beziehungsebene zu entwickeln.

Für Christian bedeutete die Lösung, die im letzten Bild ausgedrückt wurde, eine für die nicht veränderbaren, äußerlichen Gegebenheiten optimale Lösung. Im Alltagsleben zeigten sich keine Zeichen einer emotionalen Störung, er wirkte strukturierter, klarer, selbstbewusster und weniger tagträumend. Auch die kindisch-albernen Eskapaden hatten sich zu Gunsten eines eher jugendlichen Ausdruckes zurückgebildet. Die Schulleistungen hatten sich deutlich gebessert und entsprachen seinen kognitiven Fähigkeiten. Wegen der noch persistierenden hyperkinetischen Störung wurde die Medikation mit Stimulanzien weiter fortgesetzt.

Der Fall zeigt ein effektives Zusammenwirken von verschiedenen Therapiekomponenten: Beratung und Aufklärung, Behandlung der Enuresis mit einer apparativen Verhaltenstherapie, des hyperkinetischen Syndroms mit Stimulanzien und der emotionalen Störung mit einer tiefenpsychologisch fundierten Spieltherapie. Das Medium des Spiels war in diesem Fall so wichtig, da Christian niemals verbal diese Tiefenebene des Ausdrucks hätte erreichen können. Thematisch stand die väterliche Auseinandersetzung im Vordergrund. Der abwesende Vater wird allgemein als Risikofaktor für die psychische Entwicklung von Söhnen während der gesamten Kindheit und Jugend angesehen (Schon, 2000; Corneau, 1993). Dabei ist die körperliche, wie auch psychische Abwesenheit gemeint, die die Identifikationsprozesse im Rahmen der Ablösung von der Mutter behindern können. Aus Sicht der analytischen Psychologie C.G. Jungs entwickeln sich unterschiedlich gefärbte negative Vaterkomplexe aus diesen Internalisierungen in den „verlorenen" Söhnen (Corneau, 1993). Bei Christian wurde der Vaterkomplex vor allem in der „negativen" Übertragung mit dem männlichen Therapeuten bearbeitet, während die „männlichen" Sandbilder eine kompensatorische Wirkung durch die Aktivierung des positiven Vaterarchetyps ermöglichten (Zoja, 2001). Aus psychoanalytischer Sicht liegt die zentrale Aufgabe während der Adoleszenz männlicher Jugendlicher in der Entidealisierung des Vaters (Schon, 2000). Diese Aspekte traten ebenfalls in der Übertragung auf, wie auch im Sandbild mit dem Aufbau und der systematischen Zerstörung der väterlichen Welt.

Zum Abschluss folgen nun Zusammenfassungen der kinderpsychiatrischen und analytischen Sicht der Enuresis nocturna, wie auch des hyperkinetischen Syndroms.

> ### Enuresis nocturna – kinderpsychiatrische Sicht
>
> Die Enuresis nocturna wird als unwillkürliches, nächtliches Einnässen ab einem Alter von 5 Jahren nach Ausschluss organischer Ursachen definiert (von Gontard, 2001; von Gontard & Lehmkuhl, 2002; von Gontard & Neveus, 2006). Es gehört zu den häufigsten Störungen des Kindesalters, so sind 10 % der 7-jährigen und immer noch 1–2 % aller Jugendlichen betroffen.
>
> Ätiologisch handelt es sich bei der Enuresis nocturna um eine genetisch determinierte Reifungsstörung des zentralen Nervensystems. So haben 60–80 % der einnässenden Kinder weitere Verwandte, die ebenfalls eingenässt haben. In 50 % der Familien lässt sich ein autosomal dominanter Erbgang nachweisen. Neuere molekulargenetische Kopplungsanalysen haben mehrere Genorte identifiziert, die „Enuresis-Gene" werden vermutlich in den nächsten Jahren identifiziert werden.
>
> Die drei wichtigsten Pathomechanismen der Enuresis nocturna sind:
> 1. Eine vermehrte Urinbildung nachts mit Polyurie, die bei vielen Kindern nachweisbar ist und bei manchen mit einer Variation der zirkadianen Rhythmik des antidiuretischen Hormons gekoppelt ist.
> 2. Ein fehlendes Erwachen bei voller Blase, was über einen Hirnstammkern (Nucleus coeruleus) vermittelt wird.
> 3. Eine fehlende Unterdrückung des Miktionsreflexes bei voller Blase, was ebenfalls über den Hirnstamm (Pontines Miktionszentrum) koordiniert wird.
>
> Die psychische Komorbidität variiert stark je nach Form der Enuresis nocturna. Kinder, die einen Rückfall erlitten haben (sekundäre Enuresis nocturna) haben eine erhöhte Rate nicht nur von belastenden Lebensereignissen, sondern auch von manifesten psychischen Störungen. Kinder, die noch nie länger als 6 Monate hintereinander trocken gewesen sind (primäre Enuresis nocturna), haben in epidemiologischen Studien kein erhöhtes Risiko für begleitende psychische Störungen. Eine besonders niedrige Komorbiditätsrate findet sich bei Kindern mit sogenannter „primärer monosymptomatischer Enuresis nocturna", wie in dem Fall von Christian.
>
> Therapeutisch sind verbale und spieltherapeutische Interventionen für das Symptom nicht effektiv – und sind sogar kontraindiziert. Die effektivste Behandlungsform ist die apparative Verhaltenstherapie mit einem Klingelgerät, wie sie bei Christian durchgeführt wurde. Fast 70 % der Kinder können mit dieser Methode trocken werden – mehr als mit jeder anderen Therapieform. Medikamente, wie das Desmopressin, stehen wegen der hohen Rückfallquote an zweiter Stelle, können aber in besonderen Situationen wie Schulausflügen, belastenden Familiensituationen und Therapieresistenz sehr sinnvoll sein.
>
> Zusammengefasst erfolgte bei Christian die Sandspieltherapie nicht wegen des Einnässens, sondern wegen der emotionalen Störung. Die apparative Verhaltenstherapie wirkte bei Christian sehr schnell, während andere Kinder 8 bis

zum Teil 16 Wochen dazu benötigen. Die emotionale Entlastung und Steigerung des Selbstwertgefühls, die bei Christian spürbar waren, sind in vielen Untersuchungen nachgewiesen. Das symptomorientierte Vorgehen war in diesem Fall absolut richtig und wirksam.

Enuresis nocturna – psychoanalytische Sicht

Die psychoanalytischen Erklärungsmodelle der Enuresis nocturna sind anhand der empirischen Datenlage als obsolet anzusehen. Leider werden sie immer noch von manchen Therapeuten vertreten. So grassiert immer noch die Meinung, beim Einnässen „weine die Blase des Kindes". Solche abstrusen Ideen verstärken eher die Schuldgefühle der Eltern und tragen nicht zur Entlastung bei. Auch sind tiefenpsychologisch fundierte und analytische Therapien für das Symptom Einnässen nicht effektiv (Houts, Berman & Abramson, 1994). Zudem wird durch fehlindizierte Psychotherapien bei der Enuresis nocturna anderen Kindern, die dringend einen Therapieplatz benötigen, dieser vorenthalten.

Die frühen psychoanalytischen Theorien zur Enuresis nocturna wurden von Mowrer und Mowrer (1938) zusammengefasst. Das nächtliche Einnässen wurde interpretiert als ein Ersatzsymptom für verdrängte Sexualität, als Symptom unbewusster Ängste und als ein Ausdruck versteckter Aggressionen gegenüber den Eltern. Wie hartnäckig sich diese eindeutig falschen Hypothesen halten, zeigt sich in einem Elternratgeber von Szonn (1992), in dem noch wörtlich steht: „in jedem Fall aber handelt es sich um verdrängte Konflikte, wenn ein Kind zum Bettnässer wird" (S. 27); „unbewusste und unbewältigte Probleme mit den Eltern ... können als die wesentlichste Ursache für das Bettnässen der Kinder angesehen werden" (S. 30); und „das Bettnässen gehört zu den regressiven Verhaltensweisen" (S. 23), d. h. es wird ein Rückgriff auf eine frühere Entwicklungsstufe impliziert. In einer guten Übersicht über psychoanalytische Theorien zur Enuresis (Schmid-Boß, 2005) wird gezeigt, dass es keine einheitliche Theorie gibt. Die Enuresis, die nicht weiter differenziert wird, wird als eine perverse Abwehr der Sexualisierung des Urinierens, eine psychosomatische Störung oder als nicht ausreichende Separation bei fehlendem Vater gedeutet. Wieder werden hermeneutische analytische Modelle, die für die Therapie im Einzelfall hilfreich sein können, mit allgemeinen, empirisch gewonnenen Fakten verwechselt (s. Salomonsson, 2004).

Wie in anderen Bereichen der Psychoanalyse sind diese generellen Annahmen zur Enuresis dringend revisionsbedürftig. Die Psychoanalyse hat ihre Stärke nicht in der Erklärung der Ätiologie, sondern in dem Verständnis der individuellen Dynamik, wie im Fall von Christian. Ohne einen tiefenpsychologisch fundierten Zugang wäre es nicht möglich, die unbewussten Konflikte in der Auseinandersetzung mit der väterlichen Autorität wie in der Entwicklung der eigenen Männlichkeit zu verstehen und zu verarbeiten. Das analytische Vorgehen war in diesem Fall bezogen auf die emotionale Störung Christians, exakt indiziert und hocheffektiv.

Hyperkinetisches Syndrom – kinderpsychiatrische Sicht

Das **Hyperkinetische Syndrom** ist durch drei Leitsymptome gekennzeichnet: Unaufmerksamkeit, Überaktivität und Impulsivität. Nach der ICD-10 (Remschmidt et al., 2001; WHO, 1993) beginnt die Symptomatik früh, vor dem 6. Lebensjahr, und ist bezogen auf den Entwicklungsstand, abnorm ausgeprägt, situationsübergreifend und andauernd. Nach der ICD-10 wird die einfache Aktivitäts- und Aufmerksamkeitsstörung (F90.0) mit Aufmerksamkeitsdefizit, Hyperaktivität und Impulsivität unterschieden von der hyperkinetischen Störung des Sozialverhaltens (F90.1), bei der zusätzliche Auffälligkeiten im sozialen Verhalten vorhanden sind. Für die ICD-10-Diagnose müssen Symptome aus allen drei Bereichen, d. h. Hyperaktivität, Unaufmerksamkeit und Impulsivität vorhanden sein.

Die Diagnose des **ADHD (Aufmerksamkeitsdefizit-/Hyperaktivitätssyndrom)** nach der DSM-IV (APA, 1994) ist sehr viel weiter als die ICD-10-Diagnose, da nicht unbedingt Items aus allen drei Bereichen vorhanden sein müssen und es einen Subtyp mit überwiegendem Aufmerksamkeitsdefizit gibt. Nach epidemiologischen Studien sind 5–10 % der Kinder nach DSM-IV-Kriterien, nur 1–2 % nach ICD-10-Kriterien betroffen, so dass das hyperkinetische Syndrom der ICD-10 im Prinzip das auffälligste Fünftel der ADHD-Kinder nach DSM-IV entspricht. Die Ausweitung der Diagnose führt einerseits dazu, dass eine zunehmende Zahl von Kindern unter anderem mit Stimulanzien behandelt wird. Dabei gibt es deutliche Hinweise, dass die Indikationen zur Behandlung nicht korrekt gestellt werden. Nach einer epidemiologischen Studie hatten 25 % der Kinder mit ADHD keine adäquate Therapie (Jensen et al., 1999), in einer anderen bevölkerungsbezogenen Studie erfüllten 72 % der Kinder mit Stimulanzien nicht die Kriterien für eine ADHD (Angold et al., 2000).

Die Diagnose des hyperkinetischen Syndroms wird ausschließlich psychopathologisch gestellt und setzt eine große klinische Erfahrung voraus. Zum einen müssen andere Störungen, die ebenfalls mit Hyperaktivität einhergehen, ausgeschlossen werden (Differentialdiagnose). Zu diesen gehören die entwicklungsbedingte Hyperaktivität, Angst- und Affektstörungen, reaktive Hyperaktivität bei Spannung und Konflikten, Autismus und Psychosen. Zum anderen muss die hohe Komorbidität des hyperkinetischen Syndroms beachtet werden, vor allem mit Störung des Sozialverhaltens, depressiven Störungen, Angststörungen, Teilleistungsstörungen und das Tourette-Syndrom. Eine frühe, exakte Diagnose ist sehr wichtig, da das hyperkinetische Syndrom eine hohe Tendenz zur Persistenz vom Kleinkindesalter zum Jugend- und schließlich zum Erwachsenenalter zeigt. Die Kinder sind hoch gefährdet für Substanzmissbrauch, dissoziale, delinquente und andere psychische Störungen. Symptome finden sich bei 65 % der Erwachsenen, 30 % haben sogar das Vollbild der Störung.

Ätiologisch lassen sich 80 % der Ausprägung der hyperkinetischen Störung durch genetische Faktoren, 20 % durch Umweltfaktoren erklären. Molekulargenetisch wurden die ersten Kandidatengene in Assoziationsstudien identifiziert, nämlich ein Dopamin-Rezeptor-Gen und das Dopamin-Transporter1-

Gen. Dies stimmt mit der Haupthypothese des hyperkinetischen Syndroms überein, nämlich ein Mangel des Neurotransmitters Dopamin im synaptischen Spalt.

Therapeutisch wurde das Vorgehen in den Leitlinien der amerikanischen kinderpsychiatrischen Gesellschaft (AACAP, 1997 & 2002) sowie in den deutschen Leitlinien (Schmidt & Poustka, 2002) zusammengefasst, die sich in vielen Aspekten ähneln. An erster Stelle steht die Psychoedukation und Informationsvermittlung bei Eltern, Kind und Bezugspersonen, an zweiter Stelle schulbezogene Interventionen. Neben symptomorientierten, verhaltenstherapeutischen Interventionen steht die Medikation an prominenter Stelle.

Dabei sind Stimulanzien (Methylphenidat und D-Amphetamin) Mittel der ersten Wahl (AACAP, 2002). Methylphenidat gehört zu einem der am besten untersuchten Medikamente des Kindesalters. Absolute Kontraindikationen liegen nicht vor. 70 % der Kinder sprechen darauf an. Die primären Effekte liegen in einer Reduktion der Hypermotorik, Verlängerung der Aufmerksamkeitsspanne und Verbesserung anderer kognitiver Effekte wie des Kurzzeitgedächtnisses. Die sekundären Effekte leiten sich daraus ab, unter anderem eine Verbesserung der Eltern-Kind-Interaktion, der Beziehung zu Gleichaltrigen und einer Verringerung des aggressiven und impulsiven Verhaltens. Die übliche Dosierung wird morgens und mittags in zwei Dosen gegeben und beträgt maximal 0,8 mg pro kg Körpergewicht pro Tag. Die Nebenwirkungen sind umschrieben und bilden sich z. T. zurück. Sie umfassen Appetitstörung, Schlafstörung, Affektlabilität. Durch eine gezielte Stimulanziengabe, kombiniert mit Beratungs- und Verhaltenstherapie, kann bei entsprechender Indikation vielen Kindern effektiv geholfen werden und sehr viel günstigere Entwicklungsmöglichkeiten geboten werden.

Bei Christian zeigte die Stimulanziengabe einen deutlich positiven Effekt, den er, seine Mutter und die Lehrerin wahrnahmen. Kombiniert mit anderen Maßnahmen zeigte sich eine deutliche Besserung in seinen schulischen Leistungen mit entsprechender Steigerung des Selbstwertgefühls. Natürlich wurde dadurch die emotionale Grundproblematik nicht tangiert – für diese war die Sandspieltherapie indiziert und effektiv.

Hyperkinetisches Syndrom – psychoanalytische Sicht

Auch beim hyperkinetischen Syndrom sind die analytischen Annahmen zur Ätiologie als überholt anzusehen: wie oben ausgeführt, sind 80 % der ätiologischen Varianz durch genetische Faktoren zu erklären. Wegen der vielen sekundären Begleitsymptome durch das hyperkinetische Syndrom können psychoanalytische Hypothesen dazu beitragen, im Einzelfall die individuelle unbewusste Dynamik zu verstehen und zu erklären. Als generelle Erklärung (z. B. als narzisstische oder posttraumatische Störung) dürften sie als obsolet und dringend revisionsbedürftig gelten.

Auch liegen keine randomisierten kontrollierten Studien speziell zur analytischen Psychotherapie des HKS vor (Übersicht Windhaus, 2005). Die retrospektive Studie von Fonagy und Target (1994) zeigte besonders ungünstige Effekte für die Therapie der Störung des Sozialverhaltens und des HKS durch eine analytische Therapie. Dem gegenüber stehen die überwältigend positiven Ergebnisse zur Verhaltens- und Pharmakotherapie (s. o.).

Ein Sonderheft der Zeitschrift „Analytische Kinder- und Jugendlichen-Psychotherapie" (Heft 112, 23/4, 2001) widmete sich diesem Thema. Zum Teil sind die kritischen Anmerkungen zum inflationären Gebrauch der Diagnosen HKS/ADHD und zur einseitigen, neurobiologischen Sicht der Störung berechtigt. Auch werden von manchen Autoren integrative Ansätze zur Therapie vorgeschlagen. Feststellungen, „dass psychoanalytisch gesehen, der Ursprung dieser Störung immer in den traumatischen Erfahrungen der frühen Kindheit liegt" zeugt von zweierlei: wichtige Befunde werden nicht rezipiert; und die hermeneutische Methodik der Psychoanalyse und naturwissenschaftliche Ansätze werden nicht klar differenziert.

Sehr explizit brachte dies Salomonsson (2004) in seiner psychoanalytischen Arbeit zum ADHD auf einen Punkt: „Psychoanalysis is suitable for establishing individual aetiology, but not for making generalisations about pathogenesis" (S. 121). Und weiter: „The nature of the psychoanalytic method and its field of investigation make it unsuited for statements on neurobiological aetiology ... . On the other hand, the analyst can assert that statements on individual psychological aetiology made by neuropsychiatry must by necessity be cursory and mute on unconscious factors, due to nature of the neuropsychiatric field of investigation". Klarer kann die Bedeutung der Psychoanalyse als hermeneutische Wissenschaft nicht formuliert werden – dies sind ihre Stärken, die dringend integriert werden müssen – zum Verständnis der individuellen Psychodynamik und zur wirksamen Therapie, wenn sie indiziert ist.

6.2 Emotionale Störung mit sozialer Ängstlichkeit

Daniela 11;2–13;8 Jahre

Daniela wurde im Alter von 11;2 Jahren vorgestellt. Bei ihr lagen folgende Diagnosen vor:

1. Enkopresis mit Retention unter Obstipation (F98.1),
2. Harninkontinenz bei Miktionsaufschub (F98.0),
3. Emotionale Störung mit sozialen Ängsten (F93.2),
4. kongenitales Ektodermalsyndrom (L80).

Vorstellungsanlass

Daniela wurde von ihrer Mutter wegen einer Einnäss- und Einkotproblematik tagsüber vorgestellt. Es wird berichtet, dass sie in wechselnder Frequenz tagsüber unterschiedlich große Mengen einkotet. Der Stuhlgang ist häufig hart und schmerzhaft, sie hält den Stuhlgang zurück und ist z. T. über mehrere Tage obstipiert. Das Einkoten erfolgt vor allem nachmittags beim Spielen, sie habe dabei Angst, etwas zu verpassen. Nach dem Einkoten meldet sie sich nicht selber, verleugnet es und muss mehrfach ermahnt werden, auf die Toilette zu gehen. Auch habe sie verschmutzte Unterhosen in die Toilette geworfen.

Tagsüber nässt sie in wechselnder Häufigkeit größere Mengen ein, schiebt die Miktion auf und setzt Haltemanöver ein. Die Miktion erfolgt sofort in einem Strahl, ohne Pressen, bisher hatte sie noch keine Harnwegsinfekte. Im Alter von zwei bis drei Jahren war sie vollkommen trocken und sauber gewesen, nach etwa einem Jahr habe sie dann wieder begonnen, einzunässen und einzukoten. Nachts ist sie dagegen trocken.

Auch in anderen Bereichen zeigt Daniela deutliche Auffälligkeiten im Verhalten. Sie habe ausgeprägte Probleme mit ihrem Aussehen, da sie an einer angeborenen Hautkrankheit, einem Ektodermalsyndrom, leidet. Sie hat eine schuppige Haut, die wiederholt eingecremt werden muss. Ihre Haare sind brüchig und gewellt, so dass sie nicht lang wachsen können, sondern abbrechen. Deshalb werden Daniela Zöpfe aus Zwirn in die Haare eingeflochten. Im Rahmen des Syndroms hat sie ein verlängertes Gesicht und andere leichte Dysmorphie-Zeichen, so dass sie sofort auffällt. Daniela ist schüchtern, zieht sich zurück und hat ausgeprägte Ängste, auf andere Kinder zuzugehen. Zum Teil klammert sie sich an Menschen, die sie kennt. Sie zeigt vielseitige Spielinteressen, fängt vieles an, ist jedoch nicht ausdauernd. Bei Interesse kann sie sich jedoch konzentrieren. Von der Motorik her zeigt sie fein- als auch grobmotorische Auffälligkeiten in der Koordination. Von der Stimmung her lächelt sie wenig, wirkt unglücklich, z. T. aus dem Gefühl heraus, sie sei anders als andere Kinder.

Anamnese

Daniela wurde zu früh in der 35. Schwangerschaftswoche mit einem Geburtsgewicht von 2460 g geboren. Nach der Geburt musste sie wegen einer Infektion 6 Wochen stationär behandelt werden. Im ersten Lebensjahr zeigte sie ausgeprägte Fütterprobleme und wiederholtes Spucken sowie Probleme beim Einschlafen. Auch die motorische und Sprachentwicklung war verzögert. Sie besucht die 5. Klasse der Realschule, geht dort gerne hin, ist aber auch dort sozial isoliert. Daniela hat einen älteren Halbbruder aus der ersten Ehe der Mutter. Der Vater ist selbstständiger Handwerker, die Mutter Hausfrau. Wegen einer Depression musste sie psychotherapeutisch behandelt werden, was sie als sehr positiv empfand.

Diagnostik und therapeutisches Vorgehen

Das therapeutische Vorgehen umfasste drei Ziele: die Behandlung der Enkopresis, des Einnässens tags und ihrer emotionalen Störung (s. Tabelle 6.6). Von der Reihenfolge wurden die ersten beiden Ziele verhaltenstherapeutisch angegangen – dies ist bei vielen Kindern erfolgreich, führt zu einer Steigerung des Selbstwertgefühls und sogar einer Verminderung der psychischen Begleitsymptomatik. Als letztes Ziel sollte die emotionale Störung mit der Sandspieltherapie behandelt werden.

Deshalb wurde zunächst, wie in der zweiten Spalte dargestellt, die Ausscheidungsproblematik abgeklärt. Körperlich waren deutliche Skybala (Kotballen) im linken Unter- und Mittelbauch tastbar. Im Ultraschall fanden sich retrovesikal (hinter der Blase) Impressionen, auch das Rektum war erweitert. Wegen der Diagnose einer Enkopresis mit Retention und Obstipation wurde zunächst das übliche symptomorientierte Vorgehen gewählt (s. von Gontard, 2004). Daniela wurde aufgefordert, sich 3-mal am Tag nach den Mahlzeiten auf die Toilette zu setzen, sich zu entspannen und 10 Minuten sitzen zu bleiben. Stuhlgang wie auch Urin wurden in einem Plan vermerkt. Wegen der Stuhlretention erfolgten zunächst Einläufe mit einem Klistier (Prakto-Clyss), die in den ersten beiden Wochen 2-mal pro Woche an festgelegten Tagen durchgeführt wurden. Dadurch wurden die Stuhlmassen aus dem Darm entleert. Zur Regulierung des harten Stuhles erhielt sie zusätzlich Laktulose (Milchzucker). Wegen der Harninkontinenz bei Miktionsaufschub (Einnässen tags mit seltenem Toilettengang) wurde ferner drauf geachtet, dass die Miktionsfrequenz auf 7-mal am Tag erhöht wurde. Unter diesen Maßnahmen kam es rasch zu einer Besserung, sowohl des Einnässens als auch des Einkotens. Fünf Monate später jedoch verweigerte sie die Pläne, war nicht mehr motiviert mitzuarbeiten, so dass die Symptomatik sich zwar nicht verstärkte, aber unverändert persistierte.

Die psychiatrisch-psychotherapeutische Diagnostik erbrachte eindeutige Hinweise auf eine emotionale Störung mit sozialer Ängstlichkeit. Nach dem psychopathologischen Befund verhielt sie sich scheu, unsicher, sozial zurückgezogen, misstrauisch, der Antrieb war vermindert, sie verweigerte fast mutistisch jedes Gespräch, wirkte sozial ängstlich. Vom Affekt her zeigten sich Traurigkeit und Insuffizienzgefühle. Im Verlauf traten trotz anfänglicher Besserung der Ausscheidungsstörungen die sozialen Ängste und Schulprobleme noch deutlicher in den Vordergrund. Trotz intensiver Hausaufgabenhilfe zeigte sie zunehmend Schulleistungsprobleme, zusätzlich war sie weitgehend sozial isoliert und hatte keine Freunde.

Zum Ausschluss einer Intelligenzminderung als Ursache der schulischen Probleme wurde eine psychologische Testung durchgeführt. Dabei verhielt sie sich gegenüber der Psychologin zurückhaltend und schüchtern, mied jeden Blickkontakt und war sehr schweigsam. In einem mehrdimensionalen Intelligenztest (Kaufman-ABC) erreichte sie eine Gesamtintelligenz im Durchschnittsbereich (IQ = 91). Es fanden sich keine wesentlichen Unterschiede zwischen dem ganzheitlichen Denken (IQ = 89) und dem einzelheitlichen Denken (IQ = 94). Auch das erworbene Wissen (Fertigkeiten) lag im Durchschnittsbereich (IQ = 99). In einem standardisierten Rechtschreibtest (DRT) lagen ihre Leistungen im Durchschnittsbereich (PR = 26), so dass auch eine Legasthenie (Lese-Rechtschreib-Störung) ausgeschlossen werden konnte.

Sandspieltherapie

Als drittes Ziel wurde wegen der emotionalen Störung eine Sandspieltherapie über 2½ Jahre mit insgesamt 37 Einzelstunden mit zusätzlichen Elterngesprächen durchgeführt (s. Tabelle 6.6).

In fast allen (36 von 37) Stunden machte Daniela ein Sandbild. Drei Monate später erfolgte wegen der schulischen Probleme trotz durchschnittlicher Intelligenz ein Wechsel auf eine Körperbehindertenschule. Dieser Wechsel war für sie ausgesprochen sinnvoll und positiv. In kürzester Zeit war Daniela in der Klasse gut integriert, wurde zur Klassensprecherin gewählt und zeigte ein sehr einfühlsames,

Tab. 6.6: Daniela 11;2–13;8 Jahre; symptomorientierte Behandlung wegen der Ausscheidungsstörungen; Sandspieltherapie wegen der emotionalen Störung

Alter (J;M)	Symptom-orientiert		Psychiatrisch-psychotherapeutisch
11;2	Diagnose: Enkopresis mit Obstipation, HI bei Miktionsaufschub	→	Diagnose: Emotionale Störung mit sozialer Ängstlichkeit
	↓		↓
	Pläne, Einläufe, Laktulose		Keine Therapie, Beratung
	↓		
11;3	Besserung von Einnässen und Einkoten		
	↓		
11;7	Verweigert Pläne, Symptomatik unverändert	→	Soziale Ängste stärker, Schulprobleme
			↓
			K-ABC: IQ=94
			↓
11;9	Einnässen stärker, Einkoten seltener		Sandspieltherapie (37 Stunden)
			↓
12;2			Wechsel auf KB-Schule
			↓
12;10	Kein Einnässen		
			↓
	Pläne	←	
	↓		↓
13;8	Selten Einkoten		Ende der Therapie: keine sozialen Ängste

fürsorgliches Verhalten gegenüber den körperlich behinderten, z. T. rollstuhlpflichtigen Klassenkameraden.

Am Ende der Therapie zeigte sie keinerlei soziale Ängste mehr, im Gegenteil, sie organisierte und plante sehr offen und aktiv Kontakte mit anderen Kindern. Ihr Selbstbewusstsein war gestärkt, vom Affekt her war sie glücklich und ausgelassen. Kurz vor Ende der Therapie sistierte das Einnässen komplett, das Einkoten war deutlich reduziert. Da sie das Symptom jetzt selbst loswerden wollte, war sie bereit, wiederum Pläne zu führen und regelmäßig auf der Toilette zu sitzen. Zum Schluss war sie zwar noch nicht vollständig sauber, das Einkoten trat alle paar Monate in sehr geringem Ausmaße auf, so dass sie mit den erreichten Erfolgen gut leben konnte. Aus der langen Sandspieltherapie werden einige exemplarische Stunden herausgesucht und dargestellt.

Initialbild (1. Stunde)

Das erste Bild wurde von Daniela in Stille aufgebaut, die Figuren wurden mehrfach umgestellt. Man sieht ein Bild mit einigen Bäumen und Büschen, jedoch mit vielen verschiedenen Tieren, die in Gruppen und Familien arrangiert sind. Besonders ins Auge fallen eine Gruppe von Hunden im Hintergrund links, sowie eine Pferdeherde im rechten hinteren Quadranten. Sie erzählte, dass Pferde ihre Lieblingstiere seien und dass sie 1-mal pro Woche reite. Sie habe einen eigenen Hund, mit dem sie sich sehr gut verstehe. Auch liebe sie Kuscheltiere und erzählte die rührende Geschichte, wie sie ihren Lieblingsbären kurz vor dem Abflug in den Urlaub auf dem Flughafen verlor. Sie war sehr unglücklich, bis ihr Vater eine Woche später in den Urlaub nachflog. Er hatte den gesamten Flughafen abgesucht, ihren Bären gefunden, ihn in einem neuen Rucksack versteckt, den er seiner Tochter schenkte. Sie war so glücklich, als sie ihn wiedersah. Für ein so schüchternes, sozial ängstliches Kind hatte sie in der ersten Stunde viel erzählt.

Symbolisch fällt auf, dass im Gegensatz zu ihrer äußeren emotionalen Gehemmtheit das Bild sehr lebendig wirkt. Von den vielen Tiergruppen fallen zunächst die Hunde auf. Hunde sind Symbole von Treue, Anhänglichkeit, sie sind Wächter und Begleiter. Im übergeordneten Sinn begleiten Hunde einen durch innere und äußere Gefahren. Ihr eigener Hund war für Daniela ein Ort des Schutzes und der Zuflucht. Pferde dagegen sind Zeichen von Macht, Libido, Weisheit, Intellekt, Geschwindigkeit und dynamischer Kraft. Sie haben viel mit Instinkt und Sexualität zu tun, und haben eine magische Anziehungskraft für Mädchen im präpubertierenden Alter. Auch Daniela fühlt sich zu Pferden äußerlich hingezogen und

Abb. 6.7: Daniela Initialbild (1. Stunde): Das 1. Bild beeindruckt durch die Lebendigkeit und Farbenfreude. Neben Pflanzen sind viele verschiedene Tiere, meist in Gruppen oder in Familien zu sehen. Besonders auffällig sind die Gruppen von Hunden und von Pferden im Hintergrund. Im vorderen Bereich fallen die beiden mythologischen Tiere (Pfau und Einhorn) auf.

reitet jede Woche. Zuletzt finden sich im Vordergrund des Bildes ein Einhorn und ein Pfau, mythologische Tiere, die für Reinheit, Güte und Tugend (Einhorn) stehen, bzw. für Unsterblichkeit, Langlebigkeit und Liebe (Pfau). Als Initialbild weist dieses erste Sandbild auf die derzeitige Ist-Situation hin.

2. Stunde

Auch das zweite Bild hat sehr viel mit Danielas Grundsymptomatik zu tun und soll deshalb detailliert dargestellt werden. Im Vordergrund sieht man einen Kreis mit 9 Prinzessinnen, in dessen Mitte ein Prinz steht, der sich eine Prinzessin ausgesucht hat. Daniela erläuterte, dass er sie nach seinem Aussehen erwählt hat, weil sie nett ist und sie schon ein Kind miteinander haben. Es wird Hochzeit gefeiert, sie werden mit zwei Hochzeitskutschen, die links im Bild sichtbar sind, abgeholt. Die beiden Königinnen (Mütter des Prinzen und Prinzessin) sind im Hintergrund zu sehen, sowie Schwestern mit ihren eigenen Kindern. Es wird Musik gespielt. Rechts hinten steht eine Nonne vor einem Altar, im rechten Vordergrund eine Statue der griechischen Göttin Athene. Daniela erzählte in dieser Stunde sehr viel, von dem Märchen Aschenputtel und von der Hilfsbereitschaft ihres Hundes. Dabei errötete sie wiederholt.

In diesem Bild geht es thematisch um die innere und äußere Weiblichkeit. Während Daniela aufgrund ihres Syndroms auf den ersten Blick wenig attraktiv, für manche Menschen erschreckend hässlich erscheint, sind in diesem Bild 9 wunderschöne Prinzessinnen im Kreis arrangiert, wie in Abbildung 6.8b aus einer Perspektive von oben zu sehen ist. Eine der Prinzessinnen wurde ausgewählt, ein Erlebnis, dass Daniela in ihrem realen Leben mit Sicherheit nie erfahren hat. Damit weist dieses zweite „Initialbild" auf die zukünftige Entwicklung hin.

Es geht jedoch nicht nur um die äußere Erscheinung, sondern um eine Vereinigung von Weiblichem und Männlichem im Inneren. Der Prinz (möglicherweise ihr Animus) ist dabei der aktivere. Prinz und Prinzessin (möglicherweise ihre Anima) kennen sich, denn laut Daniela haben sie aus ihrer Vereinigung ein Kind hervorgebracht (Symbol der Hoffnung und des Neubeginns). Es handelt sich um einen Tag der Feier, der Hochzeit und des Bündnisses. Nicht von ungefähr erwähnt Daniela das Märchen von Aschenputtel, das auch als Hässliche und Verstoßene zuletzt vom Prinzen auserwählt wird. Die „heilige Hochzeit" ist Symbol für die Conjunctio (Wehr, 1998), die Vereinigung von Männlichem und Weiblichen, die C.G. Jung als Archetyp der Individuation sah. Die „heilige Hochzeit" wird selten in Therapien von Kindern thematisiert, dass sie dennoch auftaucht, verdeutlicht die ubiquitäre, nicht-altersgebunde Präsenz der Archetypen.

10. Stunde

Nach diesen symbolhaltigen, ausdruckskräftigen Initialbildern folgte eine ganze Reihe von starren, gehemmten und fast zwanghaft anmutenden Bildern. Als Beispiel wurde das Bild der 10. Stunde ausgewählt. In dieser Stunde schwieg Daniela lange und wirkte sehr traurig. In Stille baute sie $4\frac{1}{2}$ Reihen unterschiedlichster Tiere hintereinander auf, die z. T. nach vorne, z. T. zur Seite schauten. Sie waren nebeneinander platziert, ohne miteinander in Kontakt zu stehen. Der Sand wurde kaum berührt, die Tiere lediglich darauf gestellt. Daniela meinte, dies wären alles Tiere, die sie schon mal gestreichelt habe. Ohne auf ihre Widersprüche einzugehen, da sie manche wilden Tiere unmöglich hätte streicheln können, sprachen wir dar-

6 Sandspiel bei speziellen Störungsbildern

Abb. 6.8 a, b: Daniela 2. Stunde a) Übersicht b) Kreis der Prinzessinnen von oben: In dem Sandkasten ist eine Hochzeit dargestellt. Ein Prinz sucht aus 9 Prinzessinnen seine Braut heraus. Es wird Musik gespielt, Hochzeitskutschen kommen, die Familien sind anwesend, Nonne und Altar sind rechts hinten dargestellt. In diesem Bild geht es nicht nur um äußere Weiblichkeit und Erscheinung, sondern um die innere, unbewusste Weiblichkeit, die Daniela integrieren muss.

über, dass sie ein besonderes „Händchen" für Tiere hat. Durch dieses Gespräch löste sich ihre Angespanntheit und sie wirkte am Ende der Stunde sehr erleichtert. In dieser Stunde werden die emotionale Triebhemmung und der noch fehlende Kontakt zu eigenen Instinkten und Aggressionen sehr deutlich. Dennoch öffnet das Sandspiel die Möglichkeit, über das Symbol der Tiere näher mit ihren Emotionen

6.2 Emotionale Störung mit sozialer Ängstlichkeit

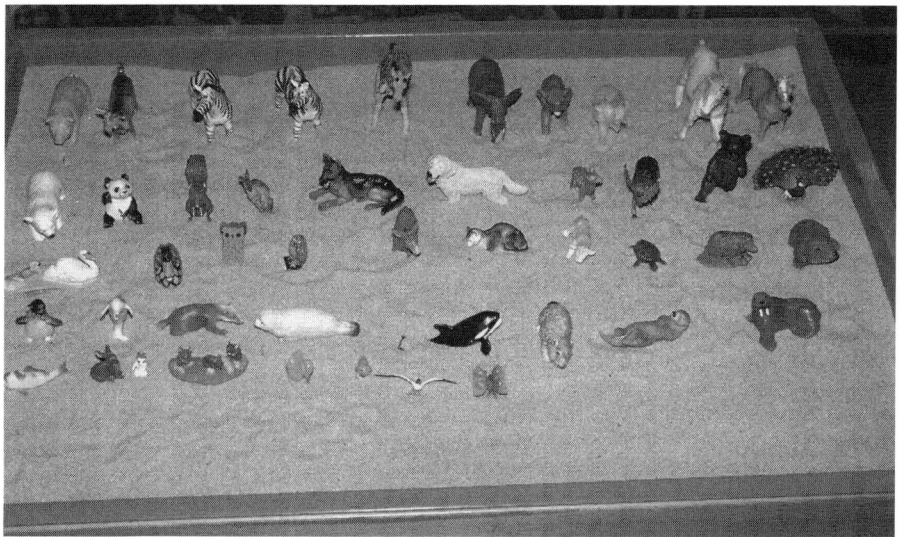

Abb. 6.9: Daniela 10. Stunde: In 4 ½ Reihen sind unterschiedlichste Tiere nebeneinander aufgereiht, ohne miteinander in Kontakt zu treten. Daniela erzählte, dass sie jedes dieser Tiere gestreichelt hätte. Die zwanghafte, starre Struktur des Bildes ist Ausdruck ihrer noch tiefen emotionalen Gehemmtheit.

in Kontakt zu treten, denn Tiere symbolisieren allgemein das Triebhafte, Fruchtbarkeit und Natur.

20. Stunde

Bis zur 20. Stunde wurde es für Daniela immer mehr möglich, auch aggressive Inhalte bildlich auszudrücken. Das Bild dieser Stunde ist für eine Sandspieltherapie von Mädchen sehr ungewöhnlich, dagegen sehr typisch bei der Therapie von Jungen. Man sieht links und rechts zwei Armeen mit Reitern dargestellt. Links sind es die Gallier, rechts die Römer. Daniela weiß nicht, um was sie kämpfen, aber „es ist Krieg". Die Römer werden besiegt, da die Gallier einen Zaubertrunk haben. Daniela erzählt ferner, dass es ihr gut geht und dass die anderen Kinder in der neuen Schule sie jetzt beachten.

Das Bild stellt einen bemerkenswerten Schritt nach vorne dar. Es sind nicht mehr die Tiere alleine, als symbolischer Ausdruck von Kraft und Libido, sondern die Pferde werden von Reitern (Ausdruck des Ichs) geritten. In dem Kampf der zivilisierten Römer zu den ursprünglicheren und naturverbundenen Galliern werden letztere gewinnen, da sie über einen Zaubertrunk verfügen. Symbolisch kann sie sich jetzt auf die eigenen, inneren „Zauberkräfte" des Unbewussten verlassen. Der jetzt zugelassene Ausdruck von Aggression deckt sich mit den zunehmenden sozialen Erfolgserlebnissen in der Schule.

23. Stunde

Nach mehreren Bildern mit aggressiven Inhalten kam es bei Daniela zu einem völlig neuen Ausdruck in ihren Sandbildern. Man sieht einen blühenden Garten, der

6 Sandspiel bei speziellen Störungsbildern

Abb. 6.10: Daniela 20. Stunde: In diesem Bild sind zwei Armeen dargestellt, links die Gallier, rechts die Römer. Dank eines Zaubertrunkes werden die Gallier gewinnen, Aggressionen können offen ausgedrückt werden.

Abb. 6.11: Daniela 23. Stunde: Man sieht einen blühenden Garten mit Bäumen, Büschen und Blumen. Es sind insgesamt sieben junge Pferde ohne Eltern zu sehen, eines steht auf einer Brücke im Vordergrund. Ein Einhorn im linken Hintergrund sitzt auf einer Zauberkugel und zaubert Möhren für die Pferde. Wasser fließt aus einem Brunnen, ein Leuchtturm im rechten Hintergrund weist den Weg. Das Bild ist voller Leben und Freude.

von Bäumen, Büschen und Blumen umrandet ist. Am Rand stehen sechs junge Pferde, in der Mitte ein weiteres weißes Fohlen, das über eine Brücke läuft. Im linken Hintergrund sitzt ein Einhorn vor einer Glaskugel, im mittleren Hintergrund sieht man einen Brunnen, im rechten Hintergrund einen Leuchtturm.

Daniela erzählt, dass alle Pferde sich untereinander gut verstehen. Das Einhorn ist eine Zauberin, die vor der Zauberkugel sitzt und Möhren und „Leckerlis" für die Pferde zaubert. Die Zauberin ist wie eine Mutter. Richtige Eltern sind nicht vorhanden, sondern nur Kinder sind da. Im Vergleich zu den früheren Stunden ist alles in Blüte und lebendig, wie sie es selber bemerkt. Die Brücke als Symbol des Übergangs und der Verbindung steht in der Mitte mit einem weißen Fohlen, das als „Selbstsymbol" interpretiert werden kann. Es geht in diesem Bild um eine Übergangs- und Transformationssituation. Im Hintergrund verkörpert das Einhorn das magisch-mütterliche, im rechten Hintergrund der Leuchtturm das väterlich-phallische Unbewusste. Zudem ermöglicht der Leuchtturm die Orientierung für Schiffe im Dunkeln und weist den Weg. Ferner fließt Wasser als mütterliches Urelement aus einem Brunnen und ermöglicht das fast paradiesische Leben untereinander. Zu diesem Zeitpunkt erzählt Daniela, dass sie richtig glücklich sei und von den Leistungen die Beste in der Klasse. Bild und reale Emotionen decken sich sehr gut.

27. Stunde

In dieser Stunde war Daniela zunächst stumm und zurückhaltend, baute dann ein sehr buntes, fröhliches Bild auf. Es fällt durch die Farbenfreude, sowie durch die ästhetische Platzierung der verschiedenen Figuren und Elemente auf. In jeder Ecke steht ein Baum oder eine Blume. In der Mitte sieht man Vegetation, verschiedenste Früchte, bunte Kugeln, Würfel, Pyramiden und Sterne. Dazwischen sind sechs Frauen aufgestellt, verbunden bilden sie ein weibliches Dreieck mit der Spitze nach

Abb. 6.12: Daniela 27. Stunde: In diesem farbenfrohen Bild ist ein Geburtstag dargestellt. Es blüht, Obst gibt es im Überfluss, Kugeln und andere Symbole sind sehr ästhetisch über das gesamte Bild verteilt. Man sieht sechs Frauen, von denen sich Daniela mit der Prinzessin im Vordergrund identifiziert.

vorne. Daniela erzählte, dass sie die Prinzessin mit dem gelben Kleid sei, die anderen fünf ihre Klassenkameradinnen. Es ist ihr Geburtstag auf dem Bild dargestellt, den sie mit ihren Freundinnen feiert. Sehr genau konnte sie die Eigenschaften der einzelnen Freundinnen benennen. Sie erzählte von den Plänen für ihren Geburtstag, und dass sie inzwischen Klassensprecherin geworden ist. Dies ist ein Erfolg, über den sie sich sehr freut.

Dieses Bild „schwappt" fast über vor Freude und Farbenpracht. Es ist bunt, es blüht und es ist Nahrung im Überfluss vorhanden. In diesem Bild geht es um Weiblichkeit in verschiedenster Ausprägung. Im Gegensatz zu dem zweiten Bild der „heiligen Hochzeit", in dem der Prinz eine Prinzessin auswählte, fühlt sich Daniela selber als die Prinzessin, die Auserwählte (ihr „Ich"). Das Aschenputtel Märchen hat sich symbolisch erfüllt. Das Thema Geburtstag signalisiert Neubeginn und eine Offenheit für die zukünftige Entwicklung. Sehr gut gibt das Bild ihre innere Stimmung und die Aussöhnung und Identifikation mit ihrer eigenen Weiblichkeit wider.

In der Zwischenzeit berichten die Eltern, dass Daniela wie umgewandelt sei, selbstbewusst und aktiv. Sie wirke reifer und jugendlicher. In der letzten Phase der Therapie folgten viele Bilder, die diese Lebensfreude ausdrückten. Exemplarisch soll eines der letzten Bilder besprochen werden.

35. Stunde

Daniela nannte dieses Bild „Zauberland". Man sieht nur Pferde, Mütter und Kinder. Ein Pferd schläft. Das Bild leuchtet mit zwei Blumen, bunten Steinen, Kugeln

Abb. 6.13: Daniela 35. Stunde: Im Zentrum des Bildes, durch eine Kette abgegrenzt, sieht man zwei Hütten, eine Feuerstelle und einen Brunnen. Eine Brücke verbindet den inneren und den äußeren Bereich. Außen stehen Mutter- und Kindpferde, ein Pferd schläft. Ansonsten sieht man bunte Steine, Blumen, Obst und Kugeln. Das Bild strahlt eine Zentrierung, Ausgeglichenheit und Selbstvertrauen aus. Das Ende der Therapie war erreicht.

und Früchten. In der Mitte sieht man einen durch eine Kette abgegrenzten inneren Bezirk, in den eine Treppe, auch ein Symbol der Verbindung und des Übergangs, hineinführt. Im Innenbereich stehen zwei Hütten, ein Brunnen und eine Feuerstelle mit Topf, es ist sehr häuslich dort eingerichtet.

Symbolisch kann das Bild so verstanden werden, dass Daniela nicht nur mit dem Weiblichen, Triebhaften in Kontakt getreten ist, sondern auch mit ihren mütterlichen Qualitäten (positiver Mutter-Archetyp): Das Bild wirkt zentriert mit einem zentralen inneren Ort, der Geborgenheit ausstrahlt. Neben Häusern als Zeichen des Schutzes findet man alles, was zum Leben notwendig ist: Wasser, Feuer und Nahrung. Der Übergang vom inneren zum äußeren Bereich ist offen und frei über eine Brücke zu erreichen. Wie in dem Bild mit dem kleinen weißen Fohlen, drückt dieses Bild mit der Brücke noch deutlicher aus, dass es sich um eine Zeit des Überganges und des Austausches handelt. Die Grenzen von innerem Gefühl nach äußerem Kontakt sind bei Daniela fließend. Auch der Übergang von der Therapie zu ihrem Leben nach der Therapie ist jetzt gut möglich. Nach dieser Stunde folgten noch zwei weitere Stunden. Daniela sagte selber, dass es eigentlich eine gute Zeit für sie sei, so dass der richtige Zeitpunkt für das Ende der Therapie erreicht war.

Enkopresis mit Retention und Obstipation – kinderpsychiatrische Sicht

Unter Enkopresis versteht man ein unwillkürliches Einkoten ab einem Alter von 4 Jahren nach Ausschluss organischer Ursachen (von Gontard, 2004). Es handelt sich um eine häufige Störung, von der 1–3 % der Schulkinder betroffen sind. Im Prinzip können zwei wichtige Grundformen der Enkopresis unterschieden werden: die Enkopresis mit und die ohne Obstipation.

Daniela hatte eine Enkopresis mit Obstipation. Pathogenetisch kann eine akute Obstipation, die im Kleinkindesalter sehr häufig ist, sowohl durch psychische Auslöser, als auch körperliche Faktoren, wie schmerzhafte Defäkation z. B. nach analen Rhagaden (Schleimhautrissen) ausgelöst werden. Falls die akute Obstipation sich nicht zurückbildet, kann sich eine chronische Obstipation mit Stuhlretention in einem typischen Teufelskreis entwickeln: Je mehr Stuhl zurückgehalten wird, umso mehr weitet sich der Darm aus. Die Peristaltik lässt nach, die Sensibilität wird vermindert. Es kommt zu einer weiteren Akkumulation von Stuhlmassen, die im Laufe der Zeit verhärten. Neuerer Stuhl tritt zwischen den alten Stuhlballen aus und führt zum Einkoten. Das Grundproblem bei dieser Form der Enkopresis ist tatsächlich die Stuhlretention. Diese zeigt sich in klinischen Symptomen wie Bauchschmerzen, Schmerzen bei Defäkation, reduziertem Appetit, tastbaren Skybala und erweitertem Rektum mit retrovesikalen Impressionen im Ultraschall.

Therapeutisch steht an erster Stelle eine Desimpaktion der Stuhlmassen (Entleerung des Enddarms) durch Klistiere. Wenn der Darm erst mal leer ist, sind weitere Klistiere oder orale Laxantien (Abführmittel) über längere Zeit notwendig, um eine erneute Stuhlretention zu vermeiden. Immer sollte die Laxantientherapie mit einem Stuhltraining kombiniert werden. Dabei werden Kinder 3-mal am Tag nach den Mahlzeiten auf die Toilette geschickt und aufgefordert, in einem entspannten Zustand mit Bodenkontakt der Füße mindestens 10 Minuten sitzen zu bleiben. Falls eine unausgewogene Diät eingenommen wird, können ballaststoffreiche Nahrungsmittel und vermehrte Flüssigkeitszufuhr die Ergebnisse verbessern. Korrekt durchgeführt werden etwa zwei Drittel der Kinder unter diesen Methoden sauber.

Noch mehr als beim Einnässen leiden viele Kinder mit Enkopresis unter weiteren psychischen Störungen. Nach den vorliegenden Untersuchungen weisen 30–50 % der Kinder weitere komorbide psychische Störungen auf. Es finden sich dabei sowohl introversive, als auch expansive Störungen. Eine enkopresisspezifische Psychopathologie findet sich dagegen nicht. Falls eine begleitende psychische Störung vorliegt, muss diese, wie bei Daniela, parallel zu der symptomorientierten Behandlung therapiert werden.

Enkopresis – analytische Sicht

Die wichtigsten Aspekte wurden von Krisch (1985) und von Gontard (2004) zusammengefasst. Nach der klassischen psychoanalytischen Entwicklungstheorie befindet sich ein Kind im zweiten Lebensjahr in der sogenannten „analsadistischen Phase". Typische Entwicklungsschritte für diese Zeit umfassen die willkürliche Kontrolle des Schließmuskels, sowohl zur Retention wie auch zum Ausstoßen. Das Körperprodukt Kot ist zunächst positiv mit Gefühlen von Lust und Wohlgefallen besetzt. Im übertragenen Sinne sind diese Fähigkeiten mit Macht und Kontrolle verbunden, bis hin zu Opposition und Sadismus.

Die Dynamik des Einkotens umfasst nach traditioneller, psychoanalytischer Sicht sechs Aspekte:
1. Den Aspekt der Aggression,
2. den Aspekt einer Angst als Abwehr der eigenen Anal-Erotik,
3. als Aspekt regressiver Wünsche von Geborgenheit und Umsorgtwerdens,
4. als Aspekt einer kindlichen Reaktion auf Objektverlust der Elternfigur,
5. als Aspekt einer auto-erotischen Befriedigung und
6. als Aspekt eines unbewussten Autonomiestrebens.

Nach einer neuen Übersicht (Schmid-Boß, 2005) gibt es keine einheitliche psychoanalytische Theorie der Enkopresis. Im Vordergrund stehen Hypothesen zur misslungenen Autonomieentwicklung. Andere neue psychoanalytische Untersuchungen konzentrierten sich auf den Aspekt der Anal-Erotik (Aruffo et al. 2000). Es werden in dieser Arbeit Fälle von Jungen beschrieben, die wiederholt die Kotsäule im Analkanal hin- und herbewegten und sich dabei stimulierten. Zum Einkoten kam es aus Versehen, wenn die Kotsäule dabei abbrach. Therapeutisch ist diese Situation besonders schwierig, da die Symptomatik als ich-synchron und lustvoll empfunden wird. Die Kinder wehren sich gegen Behandlungsversuche, so dass es erst nach Bearbeitung der Dynamik möglich ist, auf diese spezielle Befriedigung zu verzichten.

Neben der analytischen Sichtweise und den lerntheoretischen Modellen sind neuere familiendynamische Erklärungsmodelle von Interesse. Etwa die Hälfte aller Familien zeigen keinerlei Auffälligkeiten, d. h. Enkopresis ist nicht automatisch mit Familienpathologie assoziiert. So beschrieb Silver (1996) vier verschiedene Familientypen mit Kindern mit Enkopresis:

1. Familien mit ausgeprägten Problemen und Schwierigkeiten (einschließlich Missbrauch, Tod eines Elternteils, Ablehnung, elterliche Streitbeziehung),
2. Familien mit belastenden Lebensereignissen (wie Geburt eines Geschwisters, Schulanfang und Tod eines Großelternteils),
3. Familienfaktoren, die die Einkotsymptomatik aufrechterhielten (vor allem Eltern, die zu wenig Grenzen setzten und das infantile Verhalten ihrer Kinder zu sehr tolerierten) und schließlich
4. unauffällige Familien (51 von 104) mit keinerlei Belastungen, die im Gegenteil eher warm und unterstützend waren und sehr an dem Wohlergehen ihrer Kinder interessiert waren.

Diese Einsichten in die intrapsychische und intrafamiliäre Dynamik sind wichtig, um nicht Kind und Familien zu pathologisieren und die Vielfalt der möglichen psychischen Konstellationen zu verdeutlichen. Bei Daniela könnten verschiedene Aspekte der Enkopresisdynamik zutreffen, vor allem Punkt 1 (gehemmte Aggression), 3 (Regressionswünsche) und 6 (Autonomiestreben). Dagegen fanden sich keinerlei familienbezogenen Auffälligkeiten. Die Eltern verhielten sich ausgesprochen unterstützend, verständnisvoll und liebevoll ihrer Tochter gegenüber.

Harninkontinenz bei Miktionsaufschub – kinderpsychiatrische Sicht

Harninkontinenz bei Miktionsaufschub gehört zu den häufigen Formen des Einnässens tags (Übersicht von Gontard, 2001). Typisch ist ein seltener Toilettengang, das Aufschieben des Wasserlassens in typischen Situationen wie Schule, Spiel, Fernsehen unter Einsatz von Haltemanövern. Die Blase ist meist übervoll, so dass es zum Einnässen trotz der eingesetzten Haltemanöver kommt. Ätiologisch handelt es sich um eine erworbene Störung. In etwa 40 % der Fälle handelt es sich um ein rein erlerntes Verhalten, das dann – einmal automatisiert – trotz der Nachteile beibehalten wird. Bei den restlichen 60 % liegen weitere komorbide Störungen vor, vor allem externalisierende Störungen wie hyperkinetisches Syndrom und Störung des Sozialverhaltens. Viele Eltern berichten, dass ihre Kinder auch in anderen Situationen oppositionelles Verhalten zeigen: sie trödeln, kommen nicht rechtzeitig zur Schule, halten sich nicht an Regeln, räumen ihr Zimmer nicht auf, putzen die Zähne nicht und mäkeln an dem Essen herum. Ein interessantes Symptom ist, dass die Kinder nicht nur den Urin retinieren, sondern auch den Stuhl und auch Nasenflüssigkeit, in dem sie sich weigern, die Nase zu schnäuzen.

Die Harninkontinenz bei Miktionsaufschub wird zunächst symptomorientiert behandelt, in dem die Miktionsfrequenz auf 7-mal am Tag gesteigert wird. Die Kinder werden gebeten, jeden Toilettengang in einem Plan einzutragen. Dieses kann durch positive Verstärker mit einem einfachen Token-Plan verstärkt werden. Häufig sind jedoch weitergehende kinderpsychiatrische und psychotherapeutische Interventionen notwendig – je nach zugrundeliegender Problematik. Man wird eine Verhaltenstherapie bei überwiegend externalisierenden Störungen wählen, während eine tiefenpsychologisch-fundierte Therapie wie die Sandspieltherapie wie in dem Fall von Daniela wegen der emotionalen Störung indiziert war.

Harninkontinenz bei Miktionsaufschub – analytische Sicht
Trotz der offensichtlichen Dynamik, die mit Verweigerung, offener und unterdrückter Aggression zu tun hat, existiert kein plausibles, ausgearbeitetes analytisches Modell. Dies liegt darin, dass in den psychoanalytischen Arbeiten nicht genügend zwischen der Enuresis nocturna und der funktionellen Harninkontinenz mit ihren vielen verschiedenen Subformen differenziert wird (von Gontard, 2001). Von der Dynamik deckt sich die Harninkontinenz bei Miktionsaufschub weitgehend mit der Enkopresis, so dass die dort zusammengefassten Hypothesen für den therapeutischen Einzelfall durchaus nützlich sein können. Als generelle Erklärungsmodelle für alle Fälle sind sie jedoch nicht geeignet, da bei einem Großteil der Kinder es sich um ein rein erlerntes Verhalten ohne pathologische Psychodynamik handelt.

6.3 Depressive Störung[1]

(Verkürzte Version von „Der alte Weise in der Therapie einer kindlichen Depression", Zeitschrift für Sandspieltherapie, 2002b)

Martin: 10;4 Jahre

Diagnosen:
1. Leichte depressive Episode (F32.0),
2. Somatoforme Störung mit Kopf- und Bauchschmerzen (F45.3),
3. Legasthenie (F81.0),
4. Expressive Sprachstörung (F80.1),
5. Störung der Visuomotorik (F82).

Martin wurde wegen depressiven Symptomen und Kontaktschwierigkeiten vorgestellt. Seine Mutter berichtet, dass er zu nichts Lust habe, am liebsten vor dem Fernseher sitze und sich vor allen anderen verschließe. Er spielt meistens alleine, hat nur einen einzigen Freund und ist nicht im Verein integriert. Er traut sich wenig zu und wird hektisch, wenn die Dinge nicht so „klappen, wie er sich es vorstellt". Er ist häufig müde, traurig und grüblerisch und meint, dass andere Kinder ihn nicht mögen. Häufig weint er ohne erkennbaren Grund. Abends zeigt er Einschlafschwierigkeiten, so dass seine Mutter sich zu ihm ins Bett legt. Zusätzlich lei-

---
1 Die Abbildungen in diesem Kapitel sind entnommen aus: A. v. Gontard: Der alte Weise in der Therapie einer kindlichen Depression. Zeitschrift für Sandspiel-Therapie 12, S. 34–55, Verlag Linde von Keyserlingk, 2002.

det er unter häufigen, frontalen Kopfschmerzen ohne Übelkeit und Erbrechen, sowie wiederholten Bauchschmerzen. Martin wiederholt die 3. Klasse einer Schule für Sprachbehinderte. Wegen Problemen mit Motorik und Sprache hat er eine Logopädie und Ergotherapie erhalten.

Anamnese

Es handelte sich um eine Risikoschwangerschaft durch Gestose der Mutter. Martin wurde in der 37. Schwangerschaftswoche durch Sektio mit einem Geburtsgewicht von 2050 g geboren. Wegen der Medikation der Mutter konnte er nicht gestillt werden. Das 1. Lebensjahr war unauffällig, mit 12 Monaten lief er frei. Die Sprachentwicklung war verzögert, so dass er in einer Frühförderstelle vorgestellt wurde. Er besuchte einen Sprachheilkindergarten, wurde zunächst in eine Grundschule eingeschult und wechselte später auf eine Sprachheilschule.

Hinsichtlich der Familienanamnese ergab sich folgendes: Die 44-jährige Mutter arbeitet teilzeitmäßig als Sekretärin und leidet an Bluthochdruck und chronischer Polyarthritis. Der 48-jährige Vater, Rettungssanitäter bei der Feuerwehr, ist häufig beruflich sehr angespannt. Bei beiden Elternteilen handelt es sich um die 2. Ehe, Martin hat einen 16-jährigen Halbbruder und eine 24-jährige Halbschwester.

Diagnostik

In der Untersuchungssituation verhielt sich Martin überangepasst, scheu, unsicher, sozial zurückgezogen, misstrauisch, der Antrieb war leicht gesteigert, es fielen leichte soziale Ängste auf, er wirkte klagsam, die Stimmung war depressiv, traurig mit ausgeprägten Insuffizienzgefühlen, mangelndem Selbstvertrauen und innerer Unruhe, sprachlich zeigten sich vor allem multiple Dyslalien. Die Diagnose einer Legasthenie konnte testpsychologisch bestätigt werden. In einem eindimensionalen Intelligenztest (CFT 20) erreichte er ein durchschnittliches Ergebnis (IQ = 101), in einem Rechtschreibtest (WRT 4/5) erreichte er ein deutlich unterdurchschnittliches Ergebnis mit einem Prozentrang von 1.

Sandspieltherapie

Wie in Tabelle 6.7 sichtbar, litt Martin zunächst an multiplen Teilleistungsstörungen, an Legasthenie, expressiver Sprachstörung und Störung der Visuomotorik. Im Vorfeld hatte er deshalb schon eine Ergotherapie und logopädische Behandlung erhalten. Im Verlauf der tiefenpsychologisch fundierten Sandspieltherapie wurden parallel Nachhilfeunterricht und später ein spezifisches Lese-Rechtschreib-Training durchgeführt. Damit waren die Teilleistungsschwächen adäquat behandelt. Die Sandspieltherapie erfolgte ausschließlich wegen der psychiatrischen Problematik, nämlich der leichten depressiven Episode sowie der somatoformen Störung.

Die Sandspieltherapie wurde im Alter von 10;4–13;0 Jahren durchgeführt und umfasste 52 Stunden sowie zusätzliche, begleitende Elterngespräche. In 41 der 52 Stunden baute Martin ein Sandbild auf, häufig verwendete er 2 Kästen, oft spielte er nach dem Aufbauen mit dem Material.

Tab. 6.7: Übersicht über Sandspieltherapie von Martin im Alter 10;4–13;0 Jahren mit 52 Stunden

Alter (J;M)	Symptom-orientiert		Psychiatrisch-psychotherapeutisch
	Ergotherapie, Logopädie		
	↓		
10;4	Legasthenie, expressive Sprachstörung, Störung der Visuomotorik	→	Diagnose: Leichte depressive Episode, somatoforme Störung mit Kopf- und Bauchschmerzen
	↓		↓
	Nachhilfe		Sandspieltherapie
	↓		
			↓
	Legasthenie-Training		
	↓		↓
			↓
	↓		
			↓
13;0	Restsymptomatik		Ende der Therapie: keine emotionalen Symptome

1. Stunde

In der Initialstunde war Martin still und gehemmt. Auf der rechten Seite des Bildes sieht man die amerikanische Armee mit Fahnen und Verletzten, auf der linken Seite stehen die Feinde. Nach dem Aufbau kam es immer wieder zu wilden Kampfszenen mit Granateneinschlägen, bei denen er seine Finger in den Sand bohrte. Es gab große Verluste auf beiden Seiten, wobei nicht klar war, wer angriff und wer am Ende Sieger bleiben würde. Es handelte sich demnach um zwei gleichstarke Armeen, die sich ohne erkennbares Ziel gegenseitig zerstörten.

Dieses Initialbild kann als unbewusster Ausdruck von Martins depressiver Symptomatik verstanden werden. Seine Libido kann nicht fließen, sondern ist auto-aggressiv in einem ziellosen, zerstörerischen Kampf blockiert. Die Soldaten sind Symbole für moderne, allerdings in der Gruppe eingebundene Helden. Sie tragen Waffen, kämpfen bis zum Tod und müssen sich einem allgemeinen Ziel unterordnen, das nicht in Frage gestellt werden darf. Der individuelle Held, als Zeichen eines starken „Ichs" ist nicht sichtbar, sondern nur die Gruppe, das Heer. Der Held als Ausdruck des Ichs ist noch nicht differenziert, sondern geht im Kollektiv unter. Allerdings weist das Bild darauf hin, dass insgesamt genügend Energien (Libido) im Unbewussten vorhanden sind, die im weiteren Therapieprozess aus ihren Blockierungen gelöst werden müssen.

In der weiteren Eingangsphase der Therapie zeigte Martin weiterhin Bilder mit aggressiven Inhalten, zum Teil wirkten sie auch kleinkindhaft-regressiv. Im realen Leben berichteten die Eltern, dass er schon nach der ersten Stunde nicht mehr so

6.3 Depressive Störung

Abb. 6.14: Martin 1. Stunde: Martin stellt eine Kampfszene auf: auf der rechten Seite des Bildes sieht man die amerikanische Armee mit Fahnen und Verletzten, auf der linken Seite stehen die Feinde. Nach dem Kampf gab es keinen eindeutigen Sieger. Auch war ein Grund für den Krieg nicht erkennbar.

traurig gewesen sei, ein wenig offener wirkte und sich getraut habe, andere Kinder anzusprechen. Er habe sein Zimmer umgeräumt, wollte seine Spielsachen aus dem Zimmer haben und begann, sich für jugendliche Themen zu interessieren. So hätten drei Mädchen bei ihm angerufen. Der Mutter kam es vor, als ob er sich wie „über Nacht" verändert habe. Während die Einschlafschwierigkeiten und Kopfschmerzen persisierten, wirkte Martin sehr viel offener und zugänglicher.

8. Stunde

Wiederum stehen sich zwei gleichstarke Armeen links und rechts gegenüber, wobei die Soldaten akribisch nach Größe ausgewählt wurden. Der Kasten ist durch einen Fluss geteilt. Als er gefragt wurde, worum die Armeen diesmal kämpften, baute er einen Fluss und stellte zu seinem eigenen Erstaunen ein Ungeheuer (einen fleischfressenden Dinosaurier) in die Mitte des Bildes. Nach dem Aufbau des Bildes spielte er eine höchst aggressive Schlacht: das Ungeheuer fraß die Soldaten und wurde erstickt, indem Sand in seinen Rachen gefüllt wurde. Am Ende waren fast alle Figuren tot.

In der Mitte des Bildes wird Wasser sichtbar, das Ursymbol des Unbewussten und der Libido (Neumann, 1989). Aus dem Unbewussten taucht ungeplant ein Dinosaurier auf, ein altes, komplexes und universelles Symbol, das große Ähnlichkeit mit einem Drachen aufweist (Senges, 1998). Dieser Drache ist ein Wasserdrache, der durch den Schuppenpanzer einem Fisch gleicht, d. h. er ist dem Unbewussten sehr verbunden. Neben anderen Bedeutungen sind Drachen auch „Hüter von Schätzen und bewachen Pforten zu esoterischen Schätzen. Der Kampf mit dem Drachen symbolisiert die Schwierigkeiten, die zu überwinden sind, will man zu den Schätzen innerer Weisheit gelangen" (Cooper, 1986, S. 35). Psychologisch handelt es sich dabei um „ ... die Loslösung und Abhebung des Ichs und des Bewusstseins

6 Sandspiel bei speziellen Störungsbildern

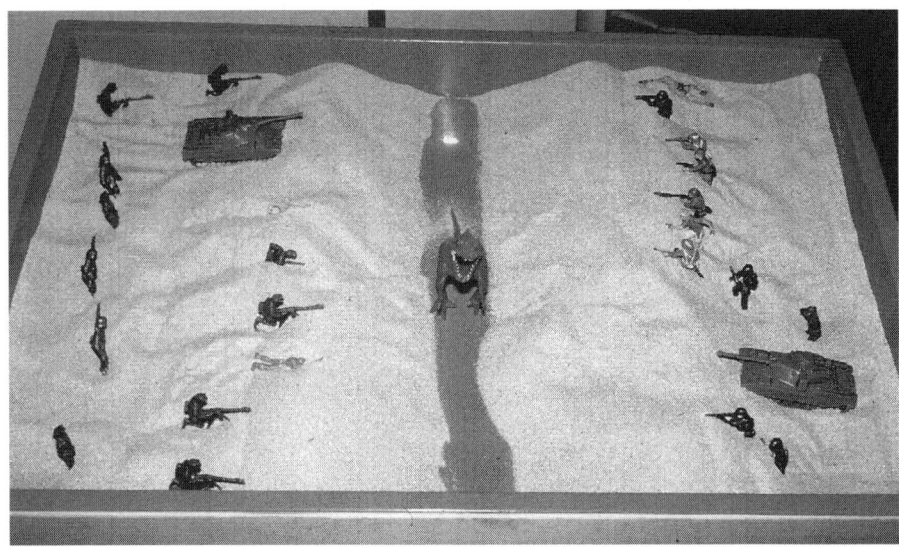

Abb. 6.15: Martin 8. Stunde: Zwei gleichstarke Armeen kämpfen miteinander. In der Mitte sieht man einen Fluss, in den er einen Dinosaurier stellte. Dieser wurde im Spiel getötet.

vom Unbewussten, die sich bei der Entwicklung des Ich-Bewusstseins des einzelnen Menschen vollzieht" (Senges, 1998, S 38). Nach Jung handelt es sich allgemein um einen Kampf gegen den Abstieg ins Unbewusste, also den Kampf des Ichs gegen regressive Kämpfe. Da Drachen mythologisch überwiegend weiblich, bedrohlich und damit negativ gesehen werden, wird in dem Drachenkampf eine Überwindung und Loslösung der Muttergebundenheit ausgedrückt. Die Bekämpfung des „negativen Mutterarchetyps" führt zu einer neu gewonnenen Männlichkeit. In diesem Bild gewinnt die Aggression eine neue Dimension. Obwohl sich die Armeen ursprünglich gegenseitig bekämpfen wollen, schließen sie sich doch zusammen in dem Kampf gegen das Ungeheuer, das besiegt wird.

In dieser Zeit wurde das Thema Aggression in verschiedenen Variationen ausgedrückt. Im weiteren Verlauf folgten Stunden, in denen der Gegensatz zwischen Gut und Böse dargestellt wurde. Die Auseinandersetzung mit dem „Bösen" verweist auf Verdrängtes und Unbewusstes, dem Schatten. Nach C.G. Jung handelt es sich bei dem Schatten um den „Ausdruck der eigenen Unvollkommenheit und Irdischheit, das Negative, das mit den absoluten Werten nicht übereinstimmt ... Der Schatten stellt die Einmaligkeit und Vergänglichkeit unserer Natur dar, ist die eigene Bedingtheit und Grenze, bildet aber auch ein Kernsystem unserer Individualität" (Neumann, 1990b, S. 26). Der Schatten kann nicht „besiegt" werden, sondern beides, das Gute und das Böse gehört zur wahren Persönlichkeit: „Das Annehmen des Schattens ist ein Teil des Entwicklungsprozesses, in dem eine Persönlichkeitsstruktur hergestellt wird, die ... die Systeme des Bewussten und Unbewussten in sich vereinigt." (Neumann, 1990b, S. 95).

In dieser Zeit berichten die Eltern, dass Martin überwiegend gut gelaunt sei, keine Ängste, Bauch- oder Kopfschmerzen zeige und eine enge Beziehung zu seinem Vater entwickele. Eine weitere Beschulung auf einer Hauptschule ist geplant.

6.3 Depressive Störung

28. Stunde (2 Kästen)

Im linken Kasten baute Martin eine Höhle, die er mit bunten Edelsteinen füllt und mit einem Feuer und einer weißen Muschel bedeckt. In dem Kasten stehen fünf Palmen, zwei Blumen und in der Mitte ein roter Busch. Neben einem Schatzgräber steht im rechten Vordergrund ein griechischer Tempel. Im rechten Kasten sieht

Abb. 6.16 a, b: Martin 28. Stunde: a) Im linken Kasten (oberes Bild) baute Martin eine Höhle, die er mit bunten Edelsteinen füllt und mit einem Feuer und einer weißen Muschel bedeckt. In dem Kasten stehen Pflanzen, ein Schatzgräber und ein griechischer Tempel. b) Im rechten Kasten (unteres Bild) sieht man ein Dorf mit verschiedenen bunten Häusern und einem Turm. In diesem Bild wird die Aufgabe der Individuation angedeutet.

man ein Dorf mit verschiedenen bunten Häusern. In der Mitte stehen ein weißer Turm und ein weißes Hügelhaus. Nach dem Aufbau erzählte Martin eine märchenhafte Geschichte: „Es lebte einmal ein alter Mann, der war sehr reich, baute das Dorf und wohnte in dem Hügelhaus mit dem Turm, zum Teil im Tempel. Er war sehr kinderlieb und weise. Er starb, als er sehr alt und herzkrank war und nicht mehr leben wollte. Er versteckte einen Schatz und hinterließ eine Schatzkarte mit Testament. Der Schatz wurde von einer Muschel bedeckt, die nachts leuchtete. Der Mann mit der Schaufel schlief in einer Höhle, nachts leuchtete die Muschel, so dass er am nächsten Tag an der richtigen Stelle grub und den Schatz fand." Anschließend grub Martin die Schätze aus, wusch die Steine im Wasser ab und sammelte sie in einem Glas. Er war selber sehr berührt von der Szene.

In diesem Bild tauchen überwiegend „archetypische" Symbole auf. Im linken Kasten stehen Bäume, die symbolisch weibliche und männliche Elemente vereinigen. Mit den Wurzeln ist der Baum in der Erde verankert, seine Äste tragen nährende Früchte und seine Blätter bieten Schutz. Andererseits ragt sein Stamm phallusförmig empor (Neumann, 1989). Der Baum stellt eine Synthese von Himmel, Erde und Wasser dar (Cooper, 1986). Auch der Tempel symbolisiert die religiöse Beziehung zwischen Göttlichem und Menschlichem (Cooper, 1986). Innerhalb der Erde, ein Symbol des „Mutterarchetyps", liegt unter einer Muschel, ebenfalls eine weibliches Symbol für Fruchtbarkeit und Sexualität, ein Schatz begraben. Die Muschel leuchtet in der Nacht und weist dem Schatzgräber (Symbol des Ichs) den Weg. Der Schatz symbolisiert das Zentrum, das Selbst, die eigene wahre Natur, die das Ich aus dem Bereich des Mutterarchetyps mit viel Mühe befreien muss. Dazu ist das väterliche Vermächtnis hilfreich, das im rechten Kasten dargestellt wird. In einer zivilisierten und belebten Stadt wohnte im Zentrum in einem „phallischen" Turm und einen (weiblichen) Hügelhaus der alte weise Mann (Symbol des Vaterarchetyps). Der Schatzgräber (das Ich) ist zwar Vollstrecker des väterlichen Testamentes, die Schatzsuche (die Individuation) bleibt ihm dennoch nicht erspart.

34. Stunde

Man sieht im Zentrum des Kastens eine Arena, die von Wasser umrandet ist. Am Rande des Kastens sind Zuschauer, im sicheren Abstand aufgereiht, nur eine Frau links hinten (Mutter?) schaut weg. In der Mitte ist ein Stier zu sehen, rechts auf einem Podest der Matador. Martin betont, dass es ein starkes Tier sei, mit den Nüstern schnaubt und bis zum Ende kämpfen wird. Es folgt ein Kampf, der Stier scheint tot zu sein und der Matador wird verletzt. Zur Rettung kommen fünf Soldaten, drei transportieren den Matador auf einer Bahre in eine Klinik und erschießen den Stier. Am Ende ruhen sich die Soldaten aus.

In dieser Stunde werden die Symbole Stierkampf, männliche Libido und verletzter Held thematisiert. Der Stier symbolisiert einerseits männliche Fruchtbarkeit, Zeugungskraft, animalische Natur und Königswürde (Cooper, 1986). Das Bild ist konzentrisch aufgebaut mit Stier und Stierkämpfer in der Mitte auf einer Insel. Beim Stierkampf handelt es sich symbolisch um ein Opfer, das nach Jung ein Verzicht des Bewusstseins darstellt: „Das Tier ist gewissermaßen nur ein Teil des Heros; er opfert nur sein Tier, gibt also symbolisch nur seine Triebhaftigkeit auf" (Jung, GW 5, § 665). Dieses Opfer ermöglicht, dass die Libido nicht regrediert, sondern im Geist in eine Bewusstwerdung des Ichs umgewandelt wird. Der Stierkämpfer ist in dieser Sequenz völlig alleine gelassen. Eine weibliche Gestalt, die

6.3 Depressive Störung

Abb. 6.17: Martin 34. Stunde: Das Bild stellt eine Stierkampfarena dar, die von Wasser umrandet ist. Menschen schauen zu, nur eine Frau schaut weg. Der Stier kann nicht vom Stierkämpfer alleine getötet werden, der verletzt wird. Dies ist symbolisch als noch fehlende Fähigkeit des Ich-Komplexes zu verstehen, die inneren Instinkte, d. h. die Triebhaftigkeit zu assimilieren.

Mutter oder Anima symbolisieren könnte, wendet sich ab. Auch ein schützender Vater ist nicht vorhanden. Da der Prozess noch nicht abgeschlossen ist, scheitert der Held jetzt an seiner Aufgabe. Beide sind verwundet, der Stier wird von einer Übermacht von Soldaten, aber nicht in einem fairen Kampf erledigt. In den nächsten (nicht dargestellten) Bildern gelingt es Martin, dieses Thema zu variieren und zu einem gerechten Sieg des Helden zu führen, so dass die folgenden Stunden auf eine Resolution des Konfliktes hinweisen.

41. Stunde

Im feuchten Sand baute Martin rundgeformte Inseln und Halbinseln auf, zwischen denen Kanäle fließen. Die mittlere Insel wirkt wie ein Fisch, bzw. wie ein Uterus, und ist mit einer Brücke verbunden. Links steht ein griechischer Tempel, rechts eine Kirche. Ansonsten finden sich Zeichen der Vegetation (Büsche, Palmen), ein Leuchtturm und zwei Boote mit Obstverkäuferinnen. Martin erzählt folgende Geschichte: „Es wohnte ein gütiger alter Mann in dem Palast (Kirche) und hatte viel Geld in der Schatzkammer (Tempel). Ein junger Mann kommt zu Besuch und bringt Essen mit." Im Spiel verteidigen die Soldaten den Schatz, ohne dass es zum Kampf kommt.

Wieder taucht in diesem Bild der alte weise Mann als Symbol des Vaterarchetyps auf – passend werden Wohnort und Schatzkammer als Kirche und Tempel dargestellt. Die Bäume blühen und das Wasser – als Symbol des Unbewussten und Libido – kann in Kanälen fließen. Eine Insel als Symbol für Sicherheit, Zuflucht und Bewusstsein (im Gegensatz zum Unbewussten) windet sich geschwungen

6 Sandspiel bei speziellen Störungsbildern

Abb. 6.18: Martin 41. Stunde: Man sieht Inseln, Halbinseln mit viel Vegetation und Kanäle mit Brücken. Links steht ein griechischer Tempel, rechts eine Kirche. Ansonsten sieht man einen Leuchtturm und zwei Boote. In seiner Geschichte wird der positive Vaterarchetyp thematisiert.

durch das Bild. Die Idylle signalisiert eine Zwischenstufe in der Entwicklung des Helden (Ichs), der zwar als Besucher an der Welt des alten Mannes teilnimmt, aber noch seinen eigenen Schatz zu erringen und zu verteidigen hat.

43. Stunde

Im linken Kasten sieht man links zwei Tempel, der indonesische Götterbote Garuda und zwei weitere indische Götter, sowie Athenae und Aphrodite. Im Zentrum stehen ein Brunnen, zwei Pyramiden, eine Palme und ein König. Vier weitere Palmen stehen in den Ecken. Die Pyramiden und die griechischen Statuen bilden wiederum ein Quadrat mit dem Brunnen in der Mitte. Im rechten Kasten, der nicht abgebildet ist, stehen Forscher auf zwei Traktoren. Martin erzählt folgende Geschichte: „Dies ist ein sehr heiliger Ort, eine Oase in der Wüste, in der früher Menschen gewohnt haben. Im Tempel ist ein Schatz aufbewahrt – ein ca. 80 cm großer, blauer, durchsichtiger Edelstein. Die Forscher im rechten Kasten haben Gewehre wegen der wilden Tiere und wollen den Stein in ein Museum holen." Im folgenden Spiel holen die Forscher den Stein, die Tempeltiere werden lebendig und laufen hinter ihnen her. Die Götter werden beschossen und sterben.

Die Symbole dieses Bildes bewirken eine religiöse Aura. In ihrer Anordnung tauchen die Zahlen fünf (Palmen) und vier (mehrere Quadrate) auf. Tempel und Kirche werden von Garuda, einem halbgottähnlichen Vogelmenschen bewacht. Im Hinduismus symbolisiert er als Herr der Lüfte Geschwindigkeit (so schnell wie Wind und Licht) und Transzendenz (als Götterbote gelangt er von einer Welt in die andere) (Schleberger, 1986). Auch griechische Göttinnen sind anwesend: Aphrodite, Göttin der Liebe und Athene, Göttin der Weisheit, der Ratio aber auch

6.3 Depressive Störung

Abb. 6.19: Martin 43. Stunde: Man sieht links zwei Tempel und asiatische und griechische Götter. Das Bild ist zentriert mit Brunnen, Pyramiden und Palmen. In dem Spiel geht es um die Bergung eines Schatzes, einem Selbstsymbol. Das Bild hat eine numinose Aura und drückt Martins Individuation aus.

des Kampfes. Gegen diese Übermacht gelingt es dem Helden, den blauen Stein zu erringen. Blau ist die Farbe der Transzendenz, der Stein ein Symbol für Stabilität, für das Dauerhafte, Ewige und für den Kosmos allgemein (Cooper, 1986). Der blaue Stein ist „ein altes, religiöses Symbol, das die ‚Himmelsverbundenheit' des Menschen ausdrückt und bis in unsere Zeit in Träumen und Imaginationen als Symbol für den Wesenskern des Menschen, für sein Selbst auftaucht ..." (Riedel, 1985a, S. 61). In diesem Individuationsbild musste das Ich (Forscher) aktiv gegen erhebliche Widerstände (die Natur des Unbewussten) sein Selbst (Stein) erlangen und stellt ihn der Öffentlichkeit (Museum) zur Verfügung.

In dieser Phase ging es Martin bis auf leichte Kopfschmerzen gut. Er ist jeden Nachmittag aktiv, trifft sich mit seiner Freundin und ist der Beste im Sport, so dass die Endphase der Therapie näher rückte.

50. Stunde

Martin baute akribisch eine Insel, die wie eine Stufenpyramide bzw. eine Stupa wirkt. Um die Insel schwimmen zwei Delphine und ein Fisch im Uhrzeigersinn. Auf der Insel sind zwei Papageien, drei Störche, zwei Schildkröten, eine Ente, ein Vogel, ein Otter, zwei Seehunde und ein Seelöwe. Der Sand wurde mehrfach genau platt gedrückt. Er erzählte, dass es eine Naturschutzinsel sei, auf der seltene Tiere, jedoch keine Menschen wohnen, so dass keine Gefahr besteht. Der Leuchtturm in der Mitte sendet rotes Licht aus, so dass die Menschen wegbleiben.

Das Bild ist zentriert durch die geometrischen Elemente (Quadrat und Kreis), wie es bei einem Stupa üblich ist. Der Stupa ist der wichtigste Kultbau des Buddhismus und bestand ursprünglich aus einem künstlich aufgeschütteten, mas-

6 Sandspiel bei speziellen Störungsbildern

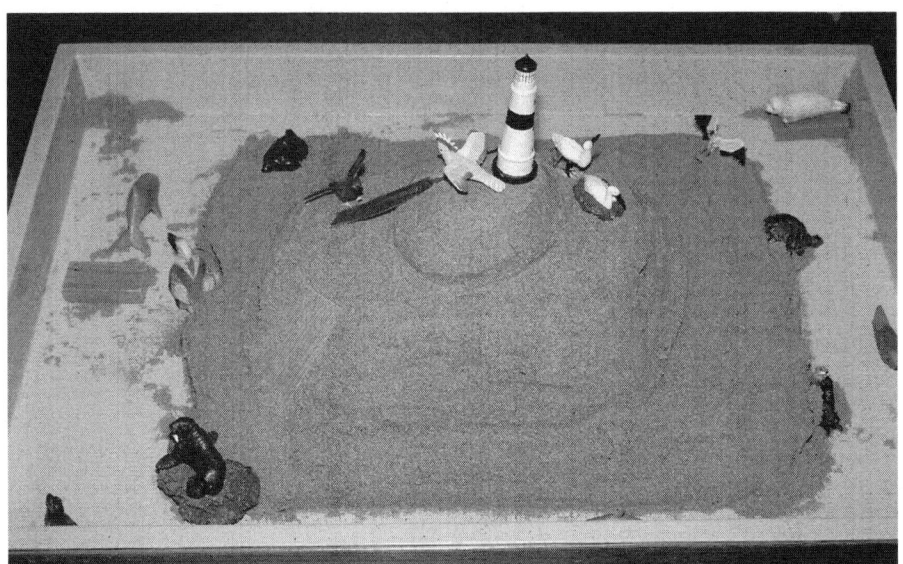

Abb. 6.20: Martin 50. Stunde: Dies ist ein Selbstbild in Form einer Stupa. Das Bild ist zentriert durch Quadrat und Kreis. Dargestellt ist eine Insel, um die zwei Delphine und ein Fisch schwimmen. Tiere, aber keine Menschen sind auf der Insel. Der Leuchtturm hält die Menschen fern.

siven Hügel aus Erde und Stein ohne benutzbaren Innenraum, d. h. er erfüllt einzig eine symbolische Funktion (Glauche, 1995). Seine drei wichtigsten Bestandteile sind: ein stabiler, würfelförmiger Sockel, der symbolisch für Erde steht; eine halbkugelförmige Kuppel als Symbol für Wasser; ein Mast als Symbol für Feuer; die Spitze des Mastes als Symbol für Luft und Äther. Der Stupa ist nach den vier Himmelsrichtungen ausgerichtet und hat ein eindeutiges Zentrum, eine Achse. Als Symbol für die Weltachse stellt sie ein Bindeglied zwischen göttlicher Sphäre und der Welt des Menschen dar. Der Stupa ist somit ein komprimiertes Bild des Kosmos und ein Sinnbild der Erleuchtung. Ein Mandala ist nichts anderes als die zweidimensionale Form eines Stupas und verbindet die Grundformen Kreis und Quadrat miteinander (Brauen, 1995). Das Erreichen des Zentrums ist aus buddhistischer Sicht Ausdruck der Erleuchtung, aus Jung'scher Sicht Individuation und Kontakt mit dem Selbst. Dies Bild ist somit Martins „Selbstbild". Der Stupa steht noch dazu auf einer viereckigen Insel, die sich aus dem Wasser, dem Unbewussten, erhebt. Fische und Schildkröte sind ebenfalls Selbstsymbole, Vögel Symbol der Spiritualität und Störche insbesondere der Fruchtbarkeit. Das rote Signallicht des Turms weist Menschen ab, was andeutet, dass die Natur auch ohne menschliche Einwirkung im Einklang steht. Nach diesem Bild war offensichtlich das Ende der Therapie erreicht, was in dem Abschlussbild verdeutlicht wurde.

51. Stunde (Abschlussbild)

In der Mitte steht eine Insel mit rotem Strauch, eine Hütte und Feuer. Im linken Vordergrund sieht man zwei Pinguine, die vermutlich gefressen werden; rechts drei

6.3 Depressive Störung

Abb. 6.21: Martin 51. Stunde (Abschlussbild): In der Mitte steht eine Insel mit zwei alten Männern, Symbole des alten Weisen. Tiere und Pflanzen sind vorhanden als Zeichen der Natur.

Haie, Delphine, Schildkröten und Goldfische. Zwei alte Männer wohnen gemütlich auf der Insel, die guten Tiere kommen zu ihnen wie zu Heiligen, die Haie werden von ihnen gejagt und geschlachtet. Martin erzählte, dass es bei den Fischen wie in der Natur zugeht, d. h. es geht um „fressen und gefressen werden".

In diesem letzten Sandbild steht wieder eine Insel als Ort der Zuflucht, der Sicherheit und des Bewusstseins im Zentrum. Fische als Ausdruck von Fruchtbarkeit, Heiligkeit und des Selbst „dominieren", doch die Natur (das Unbewusste) wird nicht idealisiert – auch das Überleben und die Aggression sind Teil der Natur. Zum ersten Mal wird das Symbol des „alten Weisen" nicht nur in Geschichten, sondern bildlich dargestellt. Es ist jedoch nicht mehr der entrückte, verstorbene weise Herrscher, sondern zwei einfache alte Fischer, die ihr Handwerk verrichten. Aus der archetypischen Einheit (der alte Weise) ist im Alltag eine Verdopplung des Symbols geworden. Fischen bedeutet im Chinesischen symbolisch „die Kunst des Herrschens", im Christlichen „zu bekehren" - so wurden die Apostel auch als „Menschenfischer" bezeichnet. (Cooper, 1986). Wenn also der Fisch ein Selbstsymbol darstellt, sind die Fischer „die Selbstfischer" ein Ausdruck eines gelungenen Flusses der Libido zwischen Ich und Selbst.

In der Endphase der Therapie ging es Martin sehr viel besser, er war mit Freunden sehr viel unterwegs und sozial gut integriert. Während er anfänglich dem Ende der Therapie sehr ambivalent gegenüberstand, war ab der 50. Stunde, dem Selbstbild, es sein ausdrücklicher Wunsch, die Therapie zu beenden.

In der letzten Stunde wünschte sich Martin, die Bilder der Therapie anzuschauen. Obwohl er sich genau an alle Stunden erinnern konnte, waren ihm die Stunden mit dem alten Weisen nicht mehr so wichtig – er war in den Hintergrund des Unbewussten zurückgetreten. Er sagte, er würde „total gerne" noch mal zu Besuch kommen und verabschiedete sich.

In diesem Fall wird die erfolgreiche Behandlung eines Kindes mit einer Depression aufgezeigt. Dabei bestätigte sich, dass die Sandspieltherapie, amplifiziert durch das spontane Erzählen von Geschichten, eine für Kinder sehr geeignete Form ist, Zugang zu ihrem Unbewussten zu gewinnen (Allan & Bertoia, 1992). Es soll zunächst die kinderpsychiatrische Sicht, anschließend die kinderanalytische Sicht diskutiert werden.

> ### Depressive Störungen – kinderpsychiatrische Sicht
>
> Depressive Störungen sind im Kindesalter keineswegs selten: je nach Definition sind 0,4–2,5 % der Kinder und 0,4–8,3 % der Jugendlichen betroffen, mit einer lebenslangen Prävalenz von 15–20 %. Nach epidemiologischen Untersuchungen sind depressive Störungen in den letzten Jahrzehnten häufiger geworden und beginnen zu einem früheren Alter (Birmaher et al., 1996a). Als introversive Störungen werden sie häufig übersehen und selbst von Eltern und Lehrern nicht wahrgenommen, sind aber für die Betroffenen mit einem hohen Leidensdruck verbunden. Depression wird nach ICD definiert nach der Trias (Hauptsymptome): depressiver Affekt mit gedrückter Stimmung; Verlust von Interesse und Freude; erhöhte Ermüdbarkeit mit Verminderung von Antrieb und Aktivität (WHO, 1993). Die Nebensymptome umfassen: verminderte Konzentration und Aufmerksamkeit, vermindertes Selbstwertgefühl und Selbstvertrauen, Schuldgefühle und Gefühle von Wertlosigkeit, negative und pessimistische Zukunftsperspektiven, Suizidgedanken und -handlungen, Schlafstörungen und verminderter Appetit. Die Ausprägung und Symptomatologie sind zwar entwicklungsabhängig, dennoch gelten auch im Kindes- und Jugendalter die diagnostischen Kriterien des Erwachsenenalters, d. h. die spezifischen depressiven Symptome müssen nachweisbar sein. Die Diagnose nach ICD-10 erfolgt ausschließlich phänomenologisch nach Art, Dauer und Schweregrad der Symptomatik. Annahmen wie die einer „lavierten oder maskierten Depression" lassen sich empirisch nicht bestätigen und die tiefenpsychologisch geprägte nosologische Einheit der „depressiven Neurose" ist verlassen worden.
>
> Ätiologisch spielen genetisch-biologische, aber auch Umweltfaktoren eine Rolle, die sich gegenseitig verstärken können (Birmaher, 1996a). So finden sich in den Familien vermehrt Konflikte, Kommunikationsstörungen und gegenseitige Ablehnung sowie weniger emotionaler Ausdruck und Unterstützung des Kindes. Auch ist die Rate von belastenden Lebensereignissen deutlich erhöht, vor allem Verluste, Trennung und Scheidung der Eltern. Bei den Kindern findet sich ein erniedrigtes Selbstwertgefühl, hohe Selbstkritik, Hoffnungslosigkeit und ein fehlendes Gefühl von Kontrolle. Diese Selbstwertprobleme persistieren oft nach Remission und stellen ein Risikofaktor für einen Rückfall dar.
>
> Bei Martin waren es weniger die familiären Risikofaktoren, die bei der Entstehung seiner depressiven Störung wirkten. So hatte er das Glück, von beiden Eltern sehr einfühlsam und aktiv unterstützt zu werden. Stattdessen sind es vor allem seine Teilleistungsschwierigkeiten, die vermutlich in der Genese der Depression die wesentlichste Rolle spielten. So ist bekannt, dass bei Kindern mit einer Legasthenie Störungen des Sozialverhaltens, wie auch emotio-

nale Störungen deutlich erhöht sind (Maugham & Yule, 1994). Bei Martin liegen sogar mehrere Teilleistungsstörungen vor: Legasthenie, eine expressive Sprachstörung und motorische Auffälligkeiten, die entscheidend zu einer Minderung seines Selbstwertgefühls beitrugen.

Therapeutisch ist die Psychotherapie bei der Depression des Kindes- und Jugendalters Mittel der ersten Wahl, da sich trizyklische Antidepressiva in diesem Alter als wenig effektiv erwiesen haben und die neueren Serotoninwiederaufnahmehemmer besonderen Indikationen wie Therapieresistenz vorbehalten sind (Birmaher, 1996b). Auch werden Antidepressiva vor allem im Jugendalter, und sehr selten im Kindesalter verschrieben. Von den psychotherapeutischen Zugängen werden vor allem die kognitiv-verhaltenstherapeutischen Methoden propagiert, die tatsächlich zu einer Reduktion der Symptomatik führen können (Birmaher, 1996b). Da sie überwiegend bewusste Kognitionen als Ziel haben, wird die zugrundeliegende unbewusste Dynamik nicht verändert. Dieses kann nur über tiefenpsychologisch fundierte Psychotherapien erreicht werden, die gerade bei emotionalen Störungen besonders indiziert sind.

Depressive Störungen – analytische Sicht

In der Therapie von Martin wird deutlich, wie durch den Kontakt mit unbewussten, archetypischen Elementen der Seele eine Lösung aus seiner depressiven Störung ermöglicht wurde. Die nichtverbale Methode der Sandspieltherapie wurde spontan durch das Geschichtenerzählen ergänzt. Symptomorientierte Therapien (Legasthenietraining, Nachhilfe) wurden ausschließlich wegen der Teilleistungsschwächen, nicht jedoch wegen der depressiven Störung eingesetzt. Von daher liefen beide Therapiestränge parallel nebeneinander her und wurden in den Elterngesprächen, nicht jedoch in der Einzeltherapie des Jungen thematisiert.

Das psychoanalytische Verständnis der Depression wurde prägnant von Hoffmann und Hochapfel (1984) zusammengefasst. Im Vordergrund steht das Erleben eines Verlustes. Im Gegensatz zur Trauer, bei der ein besetztes Objekt verloren wird, handelt es sich bei der Depression um einen Verlust des „Ichs", um eine „Ich-Verarmung". Das geschwächte „Ich" versucht diesen Verlust durch mehrere unbewusste Mechanismen zu kompensieren. So werden symbiotische Abhängigkeitsbeziehungen hergestellt mit dem unbewussten Wunsch, dass andere einem geben können, was man selber entbehrt. Ferner können unbewusste Größenphantasien ausgebildet werden. Durch ein rigides Gewissen und ein hohes Ich-Ideal können aggressive Impulse nach außen hin nicht toleriert werden, die dann als Autoaggression gegen die eigene Person gewendet werden. Diese Kompensationsversuche sind als neurotische Konfliktlösungen zum Scheitern verurteilt und verstärken dann die schon vorhandenen Selbstwertprobleme.

Im Gegensatz zur Psychoanalyse hat Jung „keine eigentliche Theorie über den psychologischen Hintergrund depressiver Erkrankungen entwickelt" (Jacoby, 1983). Aus Jung'scher Sicht wird nach Jacoby (1983) die psychische

Energie, Libido, durch das Unbewusste „verschluckt". Nach Jung verfügt das Unbewusste über „eine Attraktivkraft, welche im Stande ist, den bewussten Inhalten allen Wert zu nehmen, mit anderen Worten, die Libido von der bewussten Welt abzuziehen und dadurch eine Depression, ein ‚abaissement du niveau mental' zu erzeugen" (Jung, GW 7, § 344). Psychogenetisch wird eine gestörte Ur-Beziehung der Mutter gegenüber postuliert, was zu einem negativen „Mutterkomplex" führt. Erschwerend finden sich kaum positive Vaterbilder, die dieses negative Mutterbild kompensieren können (Jacoby, 1983). Viele Aspekte dieser depressiven Dynamik finden sich auch bei Martin.

In der Behandlung der Depression geht es nach Jung darum, die unbewusste Libido in Phantasiebildern an die Oberfläche gelangen zu lassen, so dass sie dem Ich zur Verfügung stehen (Jung, GW 7, § 345). Hierzu war die Sandspieltherapie für Martin optimal geeignet. Ab der ersten Stunde ließ er sich intensiv auf diesen Prozess ein und konnte im Sand seine inneren Bilder so ausdrücken, dass sie seinem Bewusstsein zugänglich wurden. Wie im Verlauf beschrieben, folgten nach den autoaggressiven Kämpfen ohne Sieger (Armeen) der Sieg über den negativen Mutterarchetyp (Drache) in vielen Schritten eine Differenzierung und Stärkung des Ich (Helden), so dass er sich seiner eigenen Aufgabe, der Bergung des Schatzes (des Selbst) stellen konnte. In dieser Suche spielte der Archetyp des alten Weisen eine katalytische Rolle. Als ubiquitäre Muster und potentielle Erlebnismöglichkeiten sind Archetypen in jedem Menschen, auch bei sehr jungen Kindern, angelegt und werden in Zeiten der Gefahr, Not und Konflikt aktiviert.

Während der alte Weise von Jung selber beschrieben wurde (Jung, GW 9), wurde das weibliche Pendant, die alte Weise von Riedel (1995) ausführlich bearbeitet. Während die alte Weise im weiteren Sinne dem positiven Mutterarchetypen zugeordnet werden kann, taucht der alte Weise meist als Figur eines alten Mannes auf, der als Repräsentant des Vaterarchetyps „Geist" und „Logos" symbolisiert (Jung, GW 9, § 396). Der alte Weise erscheint in ausweglosen Situationen, die das Ich-Bewusstsein mit seinen bisherigen Mitteln nicht lösen kann und somit in eine gewisse Regression gerät (Riedel, 1995, S. 117). Nach Jung erscheint der alte Weise „ ... in Träumen als Arzt, Magier, Priester, Lehrer, Professor, Großvater oder als irgendwelche Person, die Autorität besitzt. Der Archetypus des Geistes in Menschen-, Gnomen- oder Tiergestalt tritt jeweils in einer Situation auf, in welcher Einsicht, Verständnis, guter Rat, Entschluss usw. nötig werden, aber aus eigenen Mitteln nicht hervorgebracht werden können. Der Archetypus kompensiert diesen geistigen Mangelzustand durch Inhalte, welche die Lücke ausfüllen" (Jung, GW 9, § 398). Dabei ist der alte Weise niemals selbst der Held, sondern ermöglicht es dem Helden, die Gefahren zu überstehen und Aufgaben zu bewältigen – selbst in ausweglos erscheinenden Situationen. Der alte Weise ermöglicht, dass „in dem kritischen Moment, der alle geistigen und physischen Kräfte herausfordert, die ganze Persönlichkeit und ihren Besitz dann gewissermaßen zu versammeln und mit diesen gemeinsamen Kräften das Tor der Zukunft aufzustoßen" (Jung, GW 9, § 402). Dieser Prozess, wie alle Entwicklungsschritte, sind irreversibel: „Ein Zurück gibt es nicht mehr. Diese Einsicht wird seinem Handeln die nötige Entschiedenheit geben, in dem ihn der Alte zu dieser Realisierung veranlasst, nimmt er ihm die Mühe des eigenen Denkens ab. ... der Konzentrierung und

> Spannung der psychischen Kräfte eignet etwas, was immer wie Magie erscheint; sie entwickeln nämlich eine unerwartete Durchschlagkraft, welche der bewussten Willensleistung oft um ein vielfaches überlegen ist" (Jung, GW 9, § 402).
>
> In Martins Sandbildern verliert der Held ohne den alten Weisen den Stierkampf – mit dem Alten dagegen findet der Gräber den Schatz, erlangt der Held den blauen Stein gegenüber Macht von Dämonen und Göttern. Danach kann sich das Selbstbild in Form eines Stupas manifestieren. Zum Abschluss kann der alte Weise, der bisher entrückt in den Erzählungen wirkte, auch bildlich dargestellt werden: als zwei einfache, alte Fischer. Beim Durchschauen der Bilder waren die Stunden mit dem alten Weisen für Martin nicht mehr so wichtig. Der Archetyp hatte seine Wirkung entfaltet, die durch ihn „bewirkte Aufklärung und Entwirrung des Schicksalsknäuels hat oft etwas geradezu zauberhaftes an sich" (Jung, GW 9, § 404). Er konnte nun in den Hintergrund des kollektiven Unbewussten zurücktreten – und Martin konnte ohne depressive Blockierung die nächsten Entwicklungsschritte der Pubertät bewältigen.

6.4 Funktionelle Harninkontinenz

Franziska; 11;7–14;0 Jahre

Bei Franziska handelt es sich um eine Sandspieltherapie einer Jugendlichen mit folgenden Diagnosen:
1. Funktionelle Harninkontinenz (Detrusor-Sphinkter-Dyskoordination) (F98.0),
2. Emotionale Störung mit Schulversagen (F93.9).

Vorstellungsanlass

Franziska wurde von ihrer Mutter wegen einer Einnässproblematik tags sowie wegen einer Schulleistungsproblematik vorgestellt. Sie nässt 1- bis 3-mal pro Woche geringere Einnässmengen ein, die Unterhose ist feucht, aber nicht nass. Zum Teil wird das Einnässen nicht wahrgenommen, zum Teil setzt sie auch Haltemanöver wie Hock- und Fersensitz ein. Beim Wasserlassen ist der Harnfluss unterbrochen mit Stottern, z. T. nässt sie auch kurz nach einer vorherigen Miktion ein. Dagegen ist sie nachts komplett trocken. In der Vorgeschichte kam es zu rezidivierenden Harnwegsinfekten, z. T. auch mit einer Nierenbeckenentzündung. Sie wurde über lange Zeit antibiotisch behandelt, ein geringer vesiko-ureteraler Reflux Grad I bildete sich jedoch spontan zurück. Es wurde eine operative Harnröhrenerweiterung durchgeführt. Die Symptomatik besserte sich danach zunächst, um dann wieder verstärkt aufzutreten.

Ansonsten wird berichtet, dass Franziska Schulleistungsprobleme zeigt. Sie besucht die 6. Klasse eines sehr strengen Gymnasiums, arbeitet fleißig und gewissenhaft und erbringt dennoch die erwünschten Leistungen nicht. Darüber ist sie unglücklich, z. T. verzweifelt und stellt sich selbst in Frage. Ansonsten ist sie bei anderen Kindern beliebt und sozial gut integriert. Ihre bisherige Entwicklung war weitgehend unauffällig gewesen. Franziska hat einen 21-jährigen Bruder, der nicht mehr zu Hause wohnt. Latente Spannungen untereinander und implizite Leistungserwartungen Franziska gegenüber werden bei den Eltern geäußert.

Diagnostik und therapeutisches Vorgehen

Das therapeutische Vorgehen findet sich in der Tabelle. 6.8 zusammengefasst. Die Hauptdiagnostik konzentrierte sich auf die Einnässproblematik. Im Miktionsprotokoll zeigte Franziska fünf Miktionen am Tag mit Volumina bis 370 ml. Die Ultraschalluntersuchungen ergaben jeweils Resturinmengen nach Blasenentleerung von bis zu 25 ml.

In der Uroflowmetrie (Harnflussmessung) zeigte sie z. T. normale, glockenförmige Kurvenverläufe, z. T. war der Harnfluss jedoch unterbrochen mit begleitenden EMG-Kontraktionen (stakkato-förmige und fraktionierte Kurven) (s. Abb. 6.22).

Schließlich zeigte sich in einer Ultraschalluntersuchung hinter der Blase eine maximal gefüllte Vagina, die mit heftigen Schmerzgefühlen verbunden war

Tab. 6.8: Franziska; Diagnostik und Therapie der funktionellen Harninkontinenz; Sandspieltherapie der emotionalen Störung

Alter (J;M)	Symptom-orientiert		Psychiatrisch-psychotherapeutisch
11;07	Diagnose: Detrusor-Sphinkter-Dyskoordination Körperliche Untersuchungen	→	Schulversagen Gesamt-IQ: 106 (K-ABC) Emotionale Symptome
	↓		↓
11;10	Symptomorientierte Therapie: Relaxation, erhöhte Miktionsfrequenz		Keine Therapie
	↓		
	Symptome reduziert	→	Zunahme der emotionalen Symptome (Störung)
			↓
13;0			Sandspieltherapie (31 Stunden)
			↓
			Emotionale Symptome nicht vorhanden, aber noch schulische Probleme
			↓
14;4			Ende der Therapie
			↓
			Schulwechsel

6.4 Funktionelle Harninkontinenz

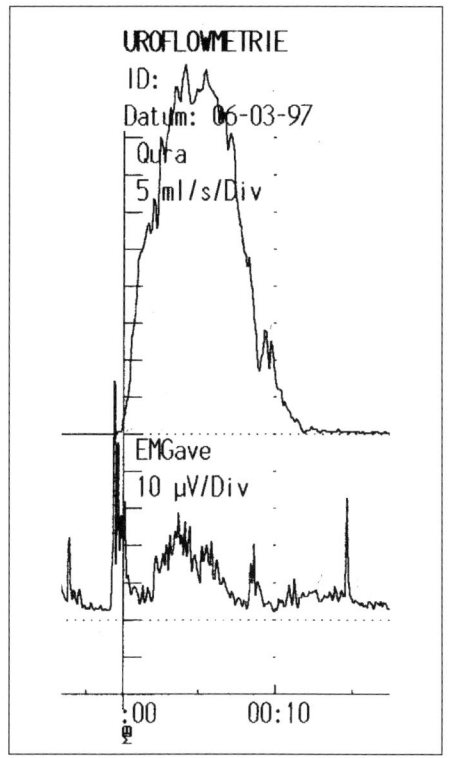 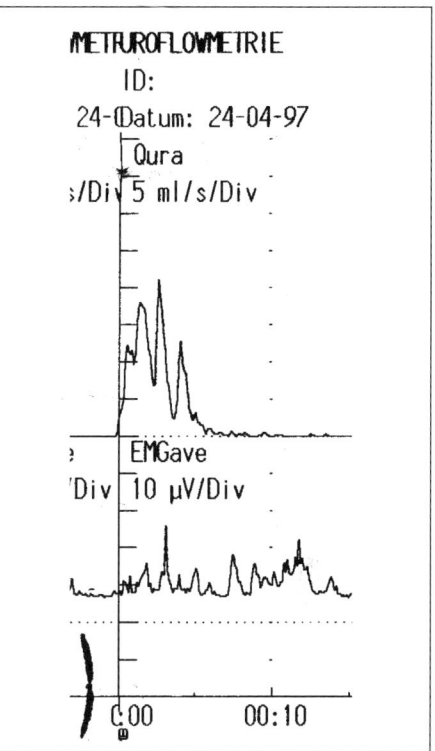

Abb. 6.22 a, b: Uroflow – In der Uroflowmetrie zeigte Franziska sowohl normale glockenförmige Kurven (Volumen 328 ml, max. Fluss 49,8 ml), als auch auffällige staccatoförmige Kurven (Volumen 60 ml, max. Fluss 20,9 ml). Der Beckenboden war angespannt (untere Linie) und sie brauchte lange, um die Miktion in Gang zu bringen. Ein spezifisches Biofeedbacktraining war nicht notwendig, da Änderungen ihrer Toilettengewohnheiten vollkommen ausreichten.

(s. Abb. 6.23). Nach Blasenentleerung bildete sich dieses vollkommen zurück. Mit dem Verdacht auf einen ektop mündenden Urether (ein Harnleiter, der nicht in die Blase, sondern z. B. in die Vagina mündet) wurde eine ausführliche urologische Diagnostik durchgeführt. Dabei konnte ein solcher ektoper Urether mit Sicherheit ausgeschlossen werden, d. h. der vaginale Reflux wurde als funktionelles Symptom diagnostiziert, dass sich im weiteren Verlauf der Therapie spontan zurückbildete.

Therapeutisch erfolgte zunächst eine symptomorientierte Therapie mit Anweisung zur Relaxation während des Wasserlassens und mit Plänen, in denen sie die Toilettengänge vermerken sollte. Unter diesen einfachen Maßnahmen besserte sich die Symptomatik, so dass eine spezifische Biofeedbackbehandlung, die bei schweren Formen der Detrusor-Sphinkter-Dyskoordination indiziert ist, nicht erforderlich wurde.

Bezüglich der psychischen Problematik wurde zunächst eine kinderpsychiatrische Diagnostik durchgeführt. Nach dem psychopathologischen Befund verhielt sich Franziska freundlich, offen, zugewandt, eher überangepasst, jedoch sehr un-

6 Sandspiel bei speziellen Störungsbildern

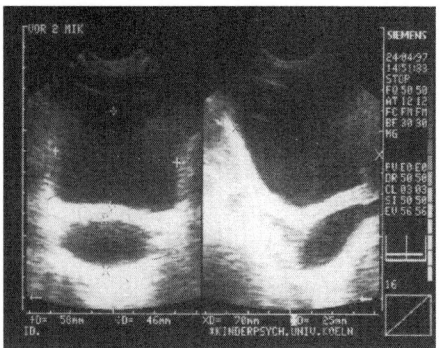 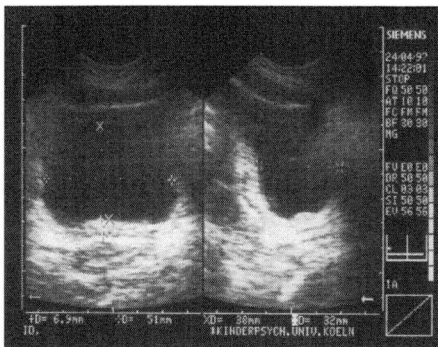

Abb. 6.23 a, b: Ultraschall vaginaler Reflux a) vorher: im Quer- (links) und im Längsschnitt (rechts) sieht man hinter der Blase die gefüllte Vagina. Dies ist durch ein funktionelles Zurückfließen des Urins bedingt, b) nachher: Nach Miktion verbleibt ein Resturin von 25 ml in der Blase. Die Vagina hat sich dagegen entleert.

sicher, sie wirkte emotional bedrückt mit deutlichem Leidensdruck, der Antrieb war nicht gesteigert, weitere psychopathologische Auffälligkeiten lagen nicht vor.

Wegen der Schulleistungsproblematik wurde eine ausführliche psychologische Diagnostik durchgeführt. Dabei wurde ein hoher Leistungsanspruch an sich selbst deutlich. Sie geriet sehr schnell unter Druck, wenn sie das Gefühl hatte, dass sie die Aufgabe nicht gut genug lösen konnte. In einem mehrdimensionalen Intelligenztest (Kaufman-ABC) erreichte Franziska einen Gesamtwert, der im Durchschnittsbereich liegt (IQ = 106). Das ganzheitliche Denken (IQ = 113) war stärker ausgeprägt als das einzelheitliche Denken (IQ = 96). Auch die Fertigkeiten, die erworbenes Wissen messen, lagen im durchschnittlichen Bereich (IQ = 110).

Wegen der emotionalen Symptomatik wurden projektive Verfahren eingesetzt. In einem Satz-Ergänzungs-Test wurde deutlich, dass Franziska im Rahmen ihrer Leistungsorientierung regressive Tendenzen zeigte und viele relativ banale Sätze bildete. In einem weiteren projektiven Verfahren, dem TAT (Thematic-Aperception-Test) ging sie sehr langsam und bedächtig vor. Die Vaterfigur erhielt eine überwiegend positive und unterstützende Rolle, auch das Thema Freunde zu finden war bedeutsam. Die Eltern gaben in einem Elternfragebogen (CBCL; Achenbach 1991) eher wenige Problembereiche an: sie meinten, Franziska könne nicht stillsitzen, sei unruhig und überaktiv, impulsiv, rede viel und zeige schulische Probleme. In anderen Worten, die emotionale Problematik wurde von den Eltern eher als gering ausgeprägt gesehen. Ein hyperkinetisches Syndrom lag natürlich nicht vor.

Sandspieltherapie

Nach der Diagnostik wurde zunächst keine spezifische Psychotherapie durchgeführt (s. Tabelle 6.8). Die symptomorientierte Behandlung führte zu einer Reduktion der Symptome. Zur gleichen Zeit nahmen die emotionalen Symptome nicht wie in anderen Fällen ab, sondern im Gegenteil weiter zu. Aus diesem Grund wurde deshalb eine Sandspieltherapie über 31 Stunden durchgeführt, wovon Franziska in 25 Stunden ein Sandbild aufbaute und in nur 6 Stunden bevorzugte, zu re-

6.4 Funktionelle Harninkontinenz

den. Die übergeordneten Themen der Psychotherapie betrafen die hohe eigene und elterliche Leistungserwartung, das fehlende Selbstwertgefühl, schulbezogene Ängste, Konflikte mit Eltern, Entwicklung der eigenen Identität, Zugang zu eigenen Emotionen zu finden und der eigenen Individuation Raum zu geben.

Trotz des jugendlichen Alters war sie von dem nichtverbalen Ansatz der Sandspieltherapie sehr angetan und hielt die Stunden pünktlich und akribisch ein. Sie war erleichtert, in den Stunden zu reden, wenn sie dieses wünschte, und in anderen Stunden zu schweigen und Sandbilder aufzubauen. Der „freie und geschützte Raum" der Therapie ermöglichte einen Kontakt mit eigenen, tiefen Emotionen in einer Art, wie es auf rein verbaler Ebene nicht möglich gewesen wäre. In den Elterngesprächen wurden parallel dazu Spannungen in der Familie, die Ablösung von elterlichen Normen, die Frage der elterlichen Kontrolle und das Bedürfnis nach eigenen Freiräumen besprochen. Die Mutter war über die Möglichkeit, die Konflikte mit ihrer eigenen Tochter und ihrer eigenen Biographie zu besprechen, sehr entlastet – und man hatte den Eindruck, dass sie am liebsten ebenfalls eine Sandspieltherapie gemacht hätte.

Initialbild (1. Stunde)

Nach einer kurzen Einführung baute Franziska das erste Bild schnell und zügig auf. Man sieht einen Urwald mit reicher Vegetation und einer Ansammlung von verschiedenen wilden Tieren, u. a. einer Giraffe, einem Zebra, einer Hyäne, einem Büffel, einem Leopard, einem Löwe, einem Känguru, einer Gämse und einem Elefant (hinter den Bäumen, nicht sichtbar). Im rechten hinteren Eck findet sich eine Futterkrippe.

Abb. 6.24: Franziska Initialbild (1. Stunde): In diesem ersten Bild sieht man eine Ansammlung von wilden Tieren in Afrika, sowie die üppige Vegetation des Urwaldes. Franziska identifiziert sich vor allem mit dem Leoparden, einem Symbol für Kraft, Stärke, aber auch Gerechtigkeit.

Franziska erzählte, dass das Bild in Afrika spielt. Am besten gefällt ihr der Leopard. Sie hat ein Leoparden-Kuscheltier, das sie zu den Klassenarbeiten mitnimmt. Insgesamt hat sie 40 Kuscheltiere zu Hause. Sie sei sehr fürsorglich gegenüber Tieren, habe ein Schwein durchgefüttert und esse kein Fleisch. Gerne schaue sie sich Tierreportagen im Fernsehen an. Ferner erzählte sie von einem Krebs, der sie mal gebissen habe und von einem Urlaub im Urwald in Borneo. Sie betonte, dass sie keine Angst vor wilden Tieren habe, da sie von ihrer Natur aus ja jagen müssen. Nur die Hyäne auf dem Bild fand sie gemein und „kriminell". Sie freute sich über den kraftvollen Ausdruck der Tiere in ihrem Bild.

Als Initialbild vermittelt die Szene ein hohes Maß von triebhaften, animalischen und auch aggressiven, unbewussten Energien, die unter Franziskas angepasstem, ängstlichen Verhalten schlummerten. Besonders identifizierte sie sich mit dem Leoparden, den sie als Glücksbringer mit in die Schule nahm. Wegen dieser Bedeutung soll das Symbol des Leoparden näher besprochen werden (s. Zerling & Bauer, 2003): „Der Leopard gehört, wie alle Großkatzen, zu den natureigenen Regulatoren aller Populationen. Zumeist erbeutet er nur altersschwache oder kranke Tiere. Beschreibungen seines Jagdverhaltens, des unvermittelt sicheren Sprunges auf das Opfer, häufig von einem Baum herab, klingen voller Bewunderung und Respekt der Beobachter. Wildheit, harsche Angriffslust und Schnelligkeit sagt man dem Tier nach, Furchtlosigkeit, Stolz und Mut." Und „in Süd- und Westafrika bezeichnet das Tüpfelfell höchste Autorität und Königswürde. Eine Leopardenfellkappe entspricht einer Krone; ein Leopardenfell drückt ferner das Gerechtigkeitsprinzip aus. Gelingt es, die Triebkräfte des Leoparden zu zähmen, so wird er in anderen Mythen zu einem wertvollen Helfer." Knapper und besser als in diesem Symbol kann das energiegeladene Unbewusste Franziskas nicht ausgedrückt werden.

14. Stunde

Die Thematik der Initialstunde wird in den folgenden Bildern immer wieder variiert, wie z. B. in der 14. Stunde ein halbes Jahr später. Wiederum sieht man einen Urwald mit jetzt noch dichterer Vegetation. Mit einem Pinsel erschuf Franziska einen Fluss, der durch den Urwald schlängelt. Sie holte viele wilde Tiere heraus, unter anderem ein Krokodil, ein Bär, einen Tiger, einen Löwen, einen Gorilla und (hinter den Büschen versteckt) einen Leoparden. Mit viel Mühe baute sie ein Haus aus Zweigen und Borkenresten. Sie stellte erst zwei Ureinwohner hinein, fand diese jedoch nicht passend und platzierte ein Wildschwein mit ihren Frischlingen hinein. In diesem Urwald haben Menschen keinen Platz. Nach dem Aufbau erzählte sie voller Begeisterung von ihrer Reise nach Borneo, von ihrer Faszination des Urwaldes, von Tieren und dem ursprünglichen Leben. So habe sie dort mit den Händen gegessen. Wiederholt redeten wir über Themen der Freiheit, Wildheit, Gefahren und all den Dingen, die in unserer Gesellschaft und Zivilisation keinen Raum mehr haben.

Das Bild fällt durch die üppige Vegetation auf sowie durch das Element des Wassers, das im Fluss durch das Bild schlängelt (als Ausdruck des Kontaktes zum Unbewussten). Die Vegetation ist fruchtbar und feucht – wie in einem Urwald. Wald ist ein Symbol von Gefahren, Initiation, Finsternis und dem Unbewussten allgemein. Der Urwald ist durch seine unbezähmte Natur und seine Fruchtbarkeit gekennzeichnet.

6.4 Funktionelle Harninkontinenz

Abb. 6.25: Franziska 14. Stunde: Man sieht einen dichten Urwald mit üppiger Vegetation und wilden Tieren. Der Leopard ist hinter Büschen versteckt. Ein Fluss als Ausdruck des Unbewussten fließt durch das Bild. Rechts findet sich ein Unterschlupf für Wildschwein und Frischlinge. Franziska war erleichtert, ihren Sehnsüchten nach einem ursprünglichen Leben Raum geben zu dürfen.

Eine Mutter mit ihren Frischlingen findet Unterschlupf in einem Haus, das sie für sie baut. Auch der Leopard, als ihr wichtigstes persönliches Symbol, ist vorhanden. Der Urwald ist überwiegend in der linken Seite des Kastens platziert, die häufig das Unbewusste ausdrückt. Franziska war in diesen Stunden einfach nur erleichtert, bei allen Anforderungen in ihrem Alltag, sich in ihren tiefen Sehnsüchten und Wünschen so zu zeigen, wie sie als Person wirklich ist.

15. Stunde

Eine Woche später erzählte Franziska von den Ungerechtigkeiten und Streitereien in ihrer Familie, die zum größten Teil unproduktiv verlaufen. Sie konnte ihren Wunsch nach Respekt und Gerechtigkeit äußern. Dieser Urwunsch nach „Individuation" wurde besprochen und verstärkt. Sie erzählte, dass sie zur Zeit ein sehr positives Selbstbild habe, sie sehe sich als freundliches, fröhliches, hilfsbereites, aber auch freches und stures Mädchen. Auch über diese Eigenschaften redeten wir lange, bis sie folgendes Bild aufbaute: In dem Bild ist ein Zoo dargestellt, unterteilt in Becken voller Wasser und dazwischen liegende Inseln. Auch die Vegetation ist wieder reichlich vorhanden. Im Vordergrund sieht man Schildkröten, Frösche und Spinnen. Nach hinten folgen Nilpferd, Pinguine und Otter, Seelöwe, weiter hinten Elefant, Giraffe und Affe. Wiederum sind keine Menschen, z. B. als Zuschauer vorhanden, wie es eigentlich in Zoos üblich ist. Sie erzählte, dass sie die Evolution aufgebaut habe: die Entwicklung der Tiere von Wassertieren zu Land- und Säugetieren. In diesem Bild sagte sie, dass sie am liebsten eine Giraffe wäre, die mit langen Hälsen, zierlich, schnell und stark sind. Besonders freute sie sich, dass in diesem Zoo-/Evolutionsbild keine Zäune zu sehen sind.

6 Sandspiel bei speziellen Störungsbildern

Abb. 6.26: Franziska 15. Stunde: In diesem hochkantigen Bild ist zunächst ein Zoo mit Wasserbecken, Landbereichen, aber keinen Zäunen dargestellt. Franziska versuchte, in diesem Bild das Prinzip der Evolution auszudrücken, beginnend mit Wassertieren im Vordergrund, und endend mit Säugetieren auf dem Land im Hintergrund. Wieder zeigte sie eine starke Identifikation mit den Tieren, vor allem mit der Giraffe.

Wieder drückt dieses Bild Animalisches, Instinkthaftes, wie auch Sehnsüchte nach ursprünglicher Freiheit aus. Als Jugendliche gibt sie diesem Bild ein übergeordnetes Thema, nämlich die Evolution – vielleicht symbolisch für die eigene Evolution, die sie zur Zeit durchläuft. Besonders identifiziert sie sich in diesem Bild mit der Giraffe, einem schnellen und zierlichen Tier, das mit dem langen Hals weit bis zu den Ästen der Bäume reicht. Wieder drückt das Bild eine für sie wichtige Kompensation zu den Konflikten und empfundenen Ungerechtigkeiten in ihrem realen Leben aus, wobei das Unbewusste in Form von Wasser noch mehr Raum erhält als zuvor.

28. Stunde

In den vergangenen Stunden war es möglich gewesen, mit Franziska über die noch vorhandenen Einnässprobleme zu sprechen. Wir hatten besprochen, dass sie wieder Pläne zur Dokumentation führt und sie konnte feststellen, dass sie umso weniger einnässte, je häufiger sie zur Toilette ging. Außer einer Erhöhung der Miktionsfrequenz wurden keine weiteren symptomorientierten Interventionen zu diesem Zeitpunkt vorgenommen.

Franziska berichtete, dass es ihr sehr gut ginge. Man sieht in der Mitte des Bildes einen breiten Fluss mit drei Schiffen. Sie erzählte, dass es sich dabei um den Rhein handele. Zu beiden Seiten sieht man wieder einen Urwald, der zu einer mitteleuropäischen Flusslandschaft nicht passt. Sie erzählte, dass der Rhein ihr

6.4 Funktionelle Harninkontinenz

Abb. 6.27: Franziska 28. Stunde: Ein breiter Fluss (der Rhein) fließt durch die Mitte des Bildes mit drei Schiffen darauf. Auf beiden Seiten sieht man Urwald – ohne Menschen und ohne Tiere. Zu diesem Zeitpunkt ging es Franziska sehr gut, das Unbewusste war in Fluss gekommen.

sehr gut gefiele, dass es wie im Urwald auf dem Bild aussähe, und dass man Menschen nicht brauche. Auch Tiere fehlen in diesem Bild. Symbolisch ist alles in Fluss gekommen, der anfängliche kleine Fluss ist ein breiter Strom geworden, der in der Mitte der Natur fließt, ebenso wie ihre Emotionen in Fluss gekommen waren.

In den folgenden Stunden erzählten die Eltern, dass Franziska sich gewandelt habe, ihre Ängste weniger geworden sind und sie sehr viel ausgeglichener geworden ist. In den Sommerferien war sie bei den anderen Jugendlichen im Urlaubsort sehr gut integriert und beliebt. Auch die Einnässproblematik hatte sich dort deutlich gebessert, so dass das Ende der Therapie absehbar wurde. Nur in der Schule erlebte sie immer wieder die Frustration, dass sie trotz Einsatz und Fleiß versagte. Das Thema eines Schulwechsels auf eine weniger leistungsorientierte und pädagogisch kompetentere Schule konnte nun erörtert und besprochen werden.

Abschlussbild (31. Stunde)

In der letzten Stunde erzählte Franziska, dass es ihr gut gehe, sie sei einverstanden mit dem Ende der Therapie. Es sei jetzt vieles anders, ohne dass sie genau benennen kann, was sich geändert habe. Sie erzählte von den Klassenarbeiten, die vermutlich wieder schlecht ausgefallen sind.

Zum ersten Mal nahm sie zwei Kästen, griff viele Tiere heraus und baute zügig und gezielt etwas auf, ohne es direkt zu verraten. Zum Schluss zeigte sie es mir und ich musste erraten, dass sie Buchstaben dargestellt hätte – die Buchstaben T I E R E – Tiere, das Symbol ihrer Therapie. Voller Begeisterung gingen wir die einzelnen Buchstaben und die verwendeten Tiere durch. Wir besprachen, dass sie in der ge-

6 Sandspiel bei speziellen Störungsbildern

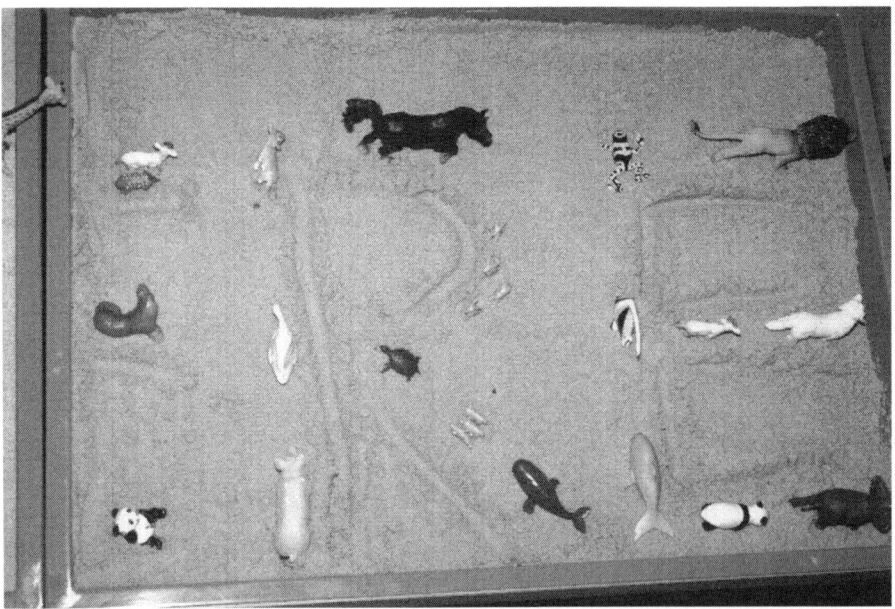

Abb. 6.28 a, b: Franziska Abschlussbild (31. Stunde): In den beiden Kästen sieht man die Buchstaben „T I E R E" mit Tiersymbolen dargestellt. Es befinden sich sowohl Haustiere als auch wilde Tiere – nur ihr Leopard wurde nicht mehr verwendet.

samten Therapie immer wieder Tiere verwendet hätte, sowohl Haustiere als auch wilde Tiere im Urwald. Wir sprachen darüber, wie wertvoll es sei, dass sie sich zur Natur so hingezogen fühle, worüber sie sehr stolz war. Sie erzählte, dass sie genau wisse, was Tiere brauchen, wie man sie versorgt und was man ihnen gibt. Es war ein sehr offener und entspannter Abschied. In dieser letzten Stunde stellte sie symbolisch in einer Art Rekapitulation jetzt auf einer bewusstseinsnaheren Form die Thematik der Therapie dar, nämlich Tiere, Triebhaftes und Ursprüngliches – ohne dass Themen der Aggression und Sexualität jedes Mal angesprochen werden mussten.

Am Ende der Sandspieltherapie war die emotionale Problematik nicht mehr vorhanden. Franziska wirkte offener, selbstbewusster und zufriedener, sie hatte eine intensive psychotherapeutische Arbeit über das Symbol der Tiere geleistet. Durch das symptomorientierte Vorgehen hatte sich die Einnässproblematik tagsüber deutlich reduziert. Da der Harnfluss nicht mehr unterbrochen war, war eine Biofeedback-Behandlung nicht indiziert, stattdessen kam sie mit einfachen Methoden, wie Entspannung beim Wasserlassen und Erhöhung der Miktionsfrequenz gut zurecht.

Nach Abschluss der Therapie zeigten sich weiter die schulischen Probleme mit wiederholten Frustrationserlebnissen. Es konnte jetzt, nachdem sich die emotionale Problematik zurückgebildet hatte, die Frage des Schulwechsels besprochen werden.

Nach mehreren Gesprächen waren die Eltern und Franziska bereit, auf eine mehr auf die Bedürfnisse der Kinder ausgerichtete Schule zu wechseln und von der Vorstellung, sie müsste unbedingt ein Elite-Gymnasium mit Höchstleistungen absolvieren, loszulassen. Franziska war über den Schulwechsel erleichtert und erbrachte in der neuen schulischen Umgebung die Leistungen, die sie sich wünschte, ohne unter Druck zu stehen.

Detrusor-Sphinkter-Dyskoordination – kinderpsychiatrische Sicht

Bei der Detrusor-Sphinkter-Dyskoordination handelt es sich um eine seltene Form des Einnässens tagsüber. Sie ist dadurch gekennzeichnet, dass während des Wasserlassens der Blasenschließmuskel sich nicht öffnet, sondern im Gegenteil paradoxerweise anspannt. Dadurch kommt es zu einem unterbrochenen Harnfluss und die Blasenentleerung kann nur mit erhöhtem intraabdominellen Druck erfolgen.

Ätiologisch handelt es sich um eine erworbene Störung, die sich bei einem Teil der Kinder als erlerntes Verhalten durch übermäßigen Einsatz von Beckenbodenmuskeln und Haltemanövern entwickelt. Bei der Hälfte der Kinder dagegen liegt eine z. T. schwere psychische Komorbidität vor, unter anderem schwere emotionale Störungen, wie auch Zustände nach Missbrauch und Misshandlung (Übersicht s. von Gontard, 2001). Durch die paradoxe Kontraktion des Blasenschließmuskels kann sich eine Reihe von z. T. medizinisch gefährlichen Komplikationen entwickeln. Der Blaseninnendruck steigt an, es entwickelt sich häufig ein Reflux zu den Nieren, Harnwegsinfekte und Resturin sind häufig. Diese typischen Symptome zeigten sich auch bei Franziska, wobei der Harnfluss an sich bei ihr z. T. unterbrochen, z. T. jedoch unauffällig in einem Strahl erfolgte.

Therapeutisch ist bei der Detrusor-Sphinkter-Dyskoordination ein Biofeedback-Verfahren indiziert, falls der unterbrochene Harnfluss persistiert. In diesem Biofeedback-Training wird die Harnflusskurve (Uroflow-Kurve) und die Anspannung des Beckenbodens (EMG) als optisches und akustisches Signal rückgekoppelt. Die Trainingssitzungen werden so lange durchgeführt, bis eine Koordination erreicht ist. Da sich bei Franziska die Harnflusskurven spontan zurückbildeten, war ein Biofeedbackverfahren nicht notwendig. Stattdessen wurde darauf geachtet, dass sie regelmäßig auf die Toilette ging, die Häufigkeit des Toilettengangs erhöhte und beim Wasserlassen sich Zeit ließ. Eine besondere Komplikation zeigte sich bei Franziska in einem vaginalen Reflux, d. h. vor der Blasenentleerung floss Urin in die Vagina. Zum Ausschluss eines ektopisch (untypischen mündenden) Ureters musste eine nochmalige urologische Diagnostik durchgeführt werden, die jedoch einen unauffälligen Befund ergab. Das Einnässen wurde während der Therapie immer wieder thematisiert und mit Plänen verstärkt. Wegen ihrer guten Mitarbeit traten z. B. im gesamten Verlauf keine Harnwegsinfekte auf.

Detrusor-Sphinkter-Dyskoordination – analytische Aspekte

Spezifische analytische Erklärungsmodelle zu dieser Störung liegen nicht vor. Von verschiedenen Autoren wurde jedoch immer wieder darauf hingewiesen, dass die psychische Begleitsymptomatik ausgeprägt sei. So wurde die Störung von dem Erstbeschreiber Hinman (1986) als „eine schlechte Angewohnheit, die sich in bestimmten Persönlichkeitsformen in ungünstigen Familienbedingungen entwickelt", bezeichnet. Bei den Kindern wurde ein ängstliches, depressives, ruhiges und scheues Verhalten, z. T. auch mit Verweigerungstendenzen und Misserfolgsorientierung, beobachtet. In Einzelfällen wurden auch hypnotherapeutische Behandlungen mit Suggestion durchgeführt. In einer Kasuistik (Anders et al., 1993/1994) wurde ein 12-jähriges Mädchen beschrieben, die im Rahmen der durchgeführten Psychotherapie „die gefüllte Blase als schwangeren Uterus betrachtete". Im Rahmen der Therapie lernte sie, den Inhalt mit einer Kombination von autogenem Training und Entspannungsübungen zu einer „schmerzfreien Geburt" zu verhelfen. Auch Varlam und Dippel (1995), beschrieben bei 5 von 9 ausländischen Mädchen extrem belastende Ereignisse, z. T. auch Missbraucherfahrungen.

Obwohl keine expliziten analytischen Modelle vorliegen, spielt bei vielen Kindern eine unbewusste Dynamik mit Sicherheit eine wesentliche Rolle. Wie bei Franziska sind es Themen der Macht und Hemmung, Triebhaftigkeit und Unterdrückung dieser Wünsche, die sich möglicherweise in dem Symptom der fehlenden Relaxation des Blasenschließmuskels zeigen. Auch die Nähe zu psychosexuellen Inhalten liegt bei der anatomisch engen Verbindung von Blase und Vagina (s. auch vaginaler Reflux bei Franziska) nahe – eine Thematik, die auch in der Erwachsenenurologie bisher nur selten aus psychodynamischen Gesichtspunkten betrachtet wurde (Bass, 1994).

6.5 Organische Harninkontinenz

Lena; 4;8–8;0 Jahre

Lena wurde im Alter von 4;8 Jahren vorgestellt. Es lagen folgende Diagnosen vor:
1. Emotionale Störung mit Trennungsangst, Depressivität und Affektlabilität (F93.9),
2. Komplexe Ano-genitale Fehlbildung mit organischer Stuhl- und Harninkontinenz (Q 64.8).

Vorstellungsanlass

Lena wurde von ihrer Mutter wegen extrem auffälligen Verhaltens vorgestellt. Sie berichtet, dass sie vom Affekt her sehr wechselnd und labil sei; zum Teil sei sie traurig und zurückgezogen und weine sehr viel, zum Teil wirke sie apathisch. Sie zeigt Trennungsprobleme und klammert sich an die Mutter, wenn diese weggehen möchte. Sie zeigt eine ausgeprägte Geschwisterrivalität gegenüber ihrer zwei Jahre jüngeren Schwester und ihrem Bruder im Säuglingsalter. Sie fühle sich unsicher und habe eine ausgeprägte Selbstwertproblematik. Sie ist eher verschlossen, eine echte Fröhlichkeit zeigt sie eher selten. Gegenüber Fremden zeigt sie soziale Ängste. Im häuslichen Rahmen kann sie sich auch oppositionell verhalten. Sie verweigert das Essen und kooperiert nicht bei der notwendigen Pflege wegen ihrer Grunderkrankung. Auch gestaltet sich das Schlafengehen zunehmend schwierig. Sie möchte mit Licht schlafen, habe wiederholt von Wölfen und Hyänen geträumt, wacht nachts auf, ruft nach der Mutter und weint vor Angst. Auch mit Worten kann sie sich aggressiv der Mutter gegenüber verhalten.

Anamnese

Lena wurde als Frühgeborenes in der 34. Schwangerschaftswoche mit einer schweren ano-genitalen Fehlbildung geboren. Sie musste im ersten Lebensjahr zwei Mal operiert werden, anschließend erfolgten mehrere Nachkorrekturen. Sie hat nur eine Niere links, eine Atresie des Analkanals und eine Fehlbildung der Urethra und Vagina. Zum Teil musste vorübergehend ein Anus praeter gelegt werden. Wegen rezidivierenden Harnwegsinfekten erhielt sie immer wieder Antibiotika. Wegen der organischen Fehlbildung kommt es zu einer Stuhl- und Harninkontinenz, die wiederum die Infektionsgefahr erhöhen. Eine endgültige operative Revision ist noch vor der Einschulung geplant. Lena besucht einen Kindergarten, hat einen sehr guten Freund. Am liebsten spielt sie mit Barbies und Puppen, mag aber auch Bewegungsspiele im Garten. Vor kurzem trennten sich die Eltern. Diese Trennung war für Lena extrem schwer zu verarbeiten. Sie vermisst den Vater und wünscht sich ein erneutes Zusammenkommen der Eltern. Nach den Wochenendbesuchen bei dem Vater ist sie besonders aufgedreht und aufsässig.

Diagnostik und therapeutisches Vorgehen

Der Therapieverlauf ist wieder in der Übersichtstabelle 6.9 ersichtlich. Wegen der schweren organischen Grunderkrankung wurde bei Lena die gesamte medizinische

Tab. 6.9: Lena: medizinische Behandlung wegen der organischen Grunderkrankung; parallel Sandspieltherapie wegen der emotionalen Störung

Alter (J;M)	Symptom-orientiert	Psychiatrisch-psychotherapeutisch
4;8	Kinderchirurgische Diagnose	Diagnose: Emotionale Störung
	↓	↓
	Medizinische Therapie	Sandspieltherapie
	↓	
		↓
7;8	Diagnostik	
	↓	↓
7;10	Operation	
		↓
	↓	
		↓
8;0	Restsymptomatik	Ende der Therapie: keine emotionalen Symptome

Therapie von den behandelnden Kinderchirurgen und Kinderärzten übernommen. Wiederholt mussten Eingriffe durchgeführt werden, wegen der Stuhlinkontinenz erhielt sie im Verlauf eine sehr wirksame Stuhltamponade. Kurz vor Ende der Therapie wurden eine erneute Diagnostik und eine Revisionsoperation mit einer Verbesserung der Inkontinenzproblematik durchgeführt.

Parallel zu den fortlaufenden medizinischen Interventionen und Behandlungen, die für Lena zum Teil sehr belastend waren, wurde zunächst eine psychiatrisch-psychotherapeutische Diagnostik gemacht. Im psychopathologischen Befund verhielt sich Lena unglücklich, traurig, zum Teil affektlabil, mit deutlichen Insuffizienzgefühlen, sie war scheu, zurückhaltend und ängstlich, der Antrieb war eher vermindert.

Auch wurde eine psychologische Testung durchgeführt. In der Untersuchung verhielt sie sich zunächst locker und offen, neigte dazu, bei erhöhten Schwierigkeiten vorzeitig aufzugeben und musste wiederholt motiviert werden. Sie ist insgesamt leicht frustrierbar, wirkt von sich sehr enttäuscht und pessimistisch. In einem mehrdimensionalen Intelligenztest (Kaufman-ABC) erreichte Lena eine Gesamtintelligenz im Durchschnittsbereich (IQ = 99). Dabei fanden sich keine Unterschiede zwischen ganzheitlichem Denken (IQ = 105), einzelheitlichem Denken (IQ = 97) und ihren Fertigkeiten (IQ = 97).

Sandspieltherapie

Aufgrund der schweren emotionalen Störung mit unterschiedlichsten Symptomen von Trennungsängsten, über Depression bis zur Geschwisterrivalität, sowie der

6.5 Organische Harninkontinenz

noch nicht verarbeiteten Trennung der Eltern, wurde eine Sandspieltherapie begonnen. Diese dauerte insgesamt 3;2 Jahre und bestand aus 62 Einzelstunden und Elterngesprächen. In 38 Stunden baute Lena ein Sandspielbild auf, von denen exemplarisch nur einige gezeigt werden können. Die übergeordneten Themen betrafen die Trennung der Eltern, ihre eigene Körper- und Geschlechtsproblematik und der Auseinandersetzung mit traumatischen Erfahrungen durch ihre Erkrankung. Auch die Integration von Aggression und eigener Weiblichkeit spielte eine große Rolle.

Initialbild (1. Stunde)

Im Vordergrund links sieht man eine große Rakete. Daneben stehen um das Jesus-Baby in der Krippe Maria, eine Braut, ein Engel, sowie vier Prinzessinnen. Im rechten Vordergrund finden sich ein Einhorn, ein Reh, eine Prinzessin, ein Schmetterling, sowie ein Storch mit einem Baby. Im Hintergrund sieht man zwei Häuser mit Bus davor, im weiteren Hintergrund links eine quadratische Burg und einen Turm, im Hintergrund rechts einen Tunnel.

Lena war in der ersten Stunde zunächst schüchtern, erzählte mir von ihren Barbies und anderen Puppen, wollte sich zunächst nicht von ihrer Mutter trennen, konnte sich dann aber gut auf die Stunde einlassen. Zunehmend wurde sie sehr zutraulich. Obwohl es sich nicht um die Weihnachtszeit handelte, baute sie die Weihnachtsszene mit der Geburt des Jesus-Kindes auf. Symbolisch geht es um Neu-

Abb. 6.29: Lena 1. Stunde: Im Vordergrund links sieht man eine große Rakete, im Hintergrund eine quadratische Burg und einen Tunnel. Davor stehen zwei Häuser. Im Vordergrund ist eine Gruppe von Figuren um das neu geborene Jesus-Kind arrangiert, einschließlich Maria und fünf Prinzessinnen, eine Braut, ein Engel und ein Storch mit Baby. Das Bild enthält viele Gegensätze, aber auch sehr viel Kraft und Energie und weist auf die zukünftige Integrationsarbeit.

anfang und Neubeginn. Auch weitere Zeichen von Fruchtbarkeit und Weiblichkeit zeigen sich in der Wahl der Prinzessinnen, dem Storch mit Baby, sowie der Braut. Die beiden Häuser könnten die jetzt voneinander getrennten Eltern mit jeweils eigenem Wohnort symbolisieren. In dem Bild sind männliche, phallische Symbole wie Burg, Turm und vor allem Rakete abgebildet, wie auch mütterliche, weibliche, wie der Tunnel. Die Gegensätze, Zerrissenheit, aber auch Auseinandersetzung mit weiblichen und männlichen Symbolen sprechen für eine spannungsreiche Therapie, in der viele Gegensätze integriert werden müssen.

2. Stunde

Das zweite Bild wurde aufgebaut, nachdem Lena wieder stationär behandelt wurde. Es mussten mehrfache Untersuchungen durchgeführt werden, die leider durch eine Sepsis kompliziert wurden. Lena sagte: „Es war nicht so schön."

Im Gegensatz zum ersten Bild wirkt dieses eher übervoll. Der Tunnel steht an gleicher Stelle, auch sieht man im Vordergrund das Jesus-Baby, Maria, sowie eine Vielzahl anderer Babies. Häuser, Tiere, Bäume und Fahrzeuge sind wild durcheinander aufgebaut. Auffällig ist die Karawane von Krankenwagen, die in den Tunnel hineinfährt, sowie der große, phallische Leuchtturm. Das Bild ist vor dem Hintergrund der aktuellen körperlichen Bedrohung zu sehen, wofür der Krankenwagen symbolisch steht. Familiäre Konflikte werden überdeutlich in weiblichen

Abb. 6.30: Lena 2. Stunde: Dieses Bild ist übervoll gefüllt mit Figuren, Tieren, Fahrzeugen, Babies und Häusern. Im Vordergrund sieht man wie im Vordergrund der Abb. 6.29 die Geburtsszene des Jesus-Babies sowie andere Säuglinge herumgestellt. Auffallend ist der große Leuchtturm und der Tunnel, in den die Krankenwagen hineinfahren. Das Bild ist Ausdruck der Bedrohung durch ihre Grundkrankheit und des inneren Chaos.

6.5 Organische Harninkontinenz

und männlichen Symbolen. Auch wird Aggressivität mit dem Symbol der Tiere ausgedrückt. Andererseits drückt der Leuchtturm Licht und Hoffnung aus und die Geburt Jesu kann als Symbol des Neubeginns verstanden werden. Trotz mehrfacher Hinweise überzog sie ihre Zeit und hätte noch lange weiter aufgebaut. Das innere Chaos suchte Ausdruck im Bild, eine klare Richtung war nicht erkennbar. Man sieht jedoch, wie die Themen der ersten Stunde weiterwirken und sie beschäftigen.

Im ersten Teil der Therapie war Lena oft sehr müde. Wegen ihrer Inkontinenzprobleme wurden anale Tampons eingesetzt, zum Teil musste der Enddarm gespült werden. In den Stunden zeigte sie sehr regressives, kleinkindhaftes Verhalten, zum Teil auch ausgeprägte, negative Übertragungen dem Therapeuten gegenüber. In den Elterngesprächen wurde oft über klare Grenzen und Absprachen gesprochen. Insbesondere musste Lena die Irreversibilität der Trennung ihrer Eltern verarbeiten. Unterstützung fand sie dabei in der Hilfe und Zuwendung ihrer Großeltern. Eine entscheidende Wende zeigte sich in der 18. Stunde.

18. Stunde

In der Mitte des Bildes baute sie eine Wasserstelle für die wilden Tiere, die sie mit Schätzen in Form von Kugeln und Sternen füllte. Ringsherum standen wilde, aggressive Raubtiere und Dinosaurier, die über den Rand in die Wasserstelle hineinschauten. Im linken vorderen Eck sieht man Prinzessinnen und Feen, sowie einen

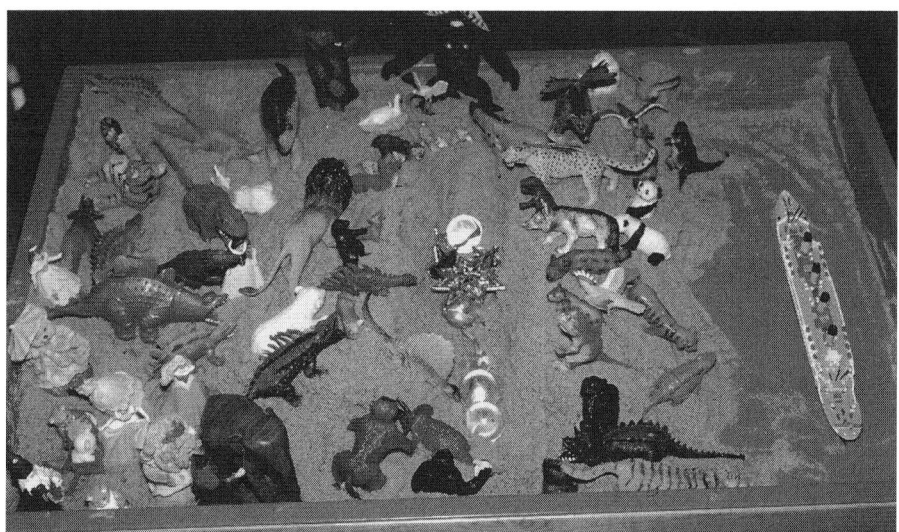

Abb. 6.31: Lena 18. Stunde: In der Mitte sieht man eine Wasserstelle, die mit Schätzen gefüllt ist. Das Bild ist voll mit z. T. aggressiven Raubtieren und Dinosauriern, die sich über die Wasserstelle, die sie auch zum Leben benötigen, beugen. Im linken unteren Eck sieht man Prinzessinnen und einen Zauberer, die Titanic im rechten Bildrand symbolisiert einerseits Progression und Aufbruch, andererseits eben auch Katastrophe. Das Bild ist Ausdruck der Auseinandersetzung mit der eigenen körperlichen Verehrtheit, vor allem im Genitalbereich. Es geht somit um die Integration ihrer eigenen Weiblichkeit.

Zauberer, der „alles gut machen wird". Im Kontrast zu der Szene sieht man rechts das Meer mit der Titanic, die losfährt.

Lena war von der Szene sehr berührt, wollte noch weitere Tiere aufstellen und war kaum zu bremsen. Sie bestand darauf, das Bild ihren Großeltern zu zeigen. In diesem Bild wird symbolisch das Wilde, Aggressive und Böse in massiver Form symbolisch gezeigt. Die Tiere beugen sich über eine Wasserstelle, wobei Wasser das

Abb. 6.32 a, b: Lena 42. Stunde a) Übersicht b) Detailansicht Arielle: Im Vordergrund links sieht man einen großen Gorilla, der sternförmig von anderen, z. T. wilden Tieren umringt wird. Neben der übrigen Vegetation sind drei weibliche Figuren dargestellt, zwei Prinzessinnen und Arielle, die Meerjungfrau. Eine beginnende Integration wird deutlich.

Symbol des Unbewussten darstellt. Die Wasserstelle weist die Form einer Mandel oder Mandorla auf – ein Ursymbol für das weibliche Genital (Bolen, 1994). Die Mandorla ist mit Schätzen gefüllt, symbolisiert ihre eigene körperlich verletzte Weiblichkeit. Neben den Prinzessinnen im linken Eck wacht der gute Zauberer als Ausdruck des Vaterarchetyps über das Geschehen. Im Kontrast dazu symbolisiert die Titanic die Bewegung und Fahrt – nur endete die erste Fahrt der Titanic im Untergang und wurde zu einem der Hauptmythen des 20. Jahrhunderts. Symbolisch mag sie damit ausdrücken, dass die Grundproblematik bewusst nicht zu lösen ist. In dieser Stunde stellte sich das junge Kind mutig seinem Unbewussten in einer Art, wie es Erwachsenen nur schwer möglich ist. Sie war sehr bewegt und mitgenommen über diese Erfahrung.

Die Themen von Triebhaftigkeit und Aggression wurden in den Stunden mit und ohne Sandbilder durchgearbeitet und tauchten auch in späteren Stunden, wie beispielsweise in der 42. Stunde wieder auf.

42. Stunde

Man sieht im linken Vordergrund einen Gorilla, der kreisförmig von anderen wilden Tieren umringt wird. Rechts sieht man einen dichten Urwald mit verschiedenen Tieren. Einzelne weibliche Figuren sind sichtbar, eine Prinzessin mit rosa Kleid im Hintergrund, mit blauem Kleid im Vordergrund und Arielle, die Meerjungfrau in einem Teich. In dieser Stunde erzählte sie von Afrika, es sei dort sehr heiß und es leben viele wilde Tiere dort. Sie sind aber alle Freunde, auch die Raubtiere.

Wir sprachen lange über Natur, über die Zeiten, bevor es Menschen gab. In der einzigen Wasserstelle sitzt Arielle, eine Figur, die für Lena von besonderer Bedeutung war und die Verbindung zwischen Unbewusstem (Wasser) und Bewusstsein (Land) verkörpert. In diesem Bild scheint eine beginnende Integration von Weiblichkeit und Aggressivität ausgedrückt zu werden. Sie war ganz erschöpft, aber erleichtert nach der Stunde.

In der Zwischenzeit wurde Lena eingeschult, war mit ihrer Mutter in ein neues Haus im gleichen Wohnort umgezogen und auch die Wechsel zwischen beiden Elternteilen wurden einfacher. Sie hatte über die Irreversibilität der Trennung ihrer Eltern getrauert und gelernt, von nicht erfüllbaren Wünschen loszulassen. Sie wirkte ausgeglichener und zufriedener. Als Ausdruck des neu gewonnenen Gleichgewichts kann die 54. Stunde gesehen werden.

54. Stunde

Im Vordergrund links sieht man einen Baum, auf den sich über und über Schmetterlinge niedergelassen haben. Auf den Büschen daneben sind es Marienkäfer, auf den Bäumen im Hintergrund Vögel. Im rechten Vordergrund steht eine Herde von Pferden, die zur Wasserstelle schauen. Ein großer Fluss fließt quer über das ganze Bild, beide Hälften werden durch eine Brücke verbunden. Eine Prinzessin steht auf der Brücke und schaut ins Wasser. Auf der anderen Seite sieht man Prinzessinnen, Zauberinnen und Zauberer und wiederum Maria und das Jesus-Baby aus den ersten beiden Stunden.

Das Bild ist farbenfroh gestaltet und enthält viele Motive aus ihrer Therapie. Die Schmetterlinge symbolisieren Metamorphose, Übergang und Veränderung. Die Vögel auf den Bäumen Kontakt mit dem Geistigen, Spirituellen. Neben den Pferden als Ausdruck von Kraft, Geschwindigkeit und Energie strahlen die ande-

6 Sandspiel bei speziellen Störungsbildern

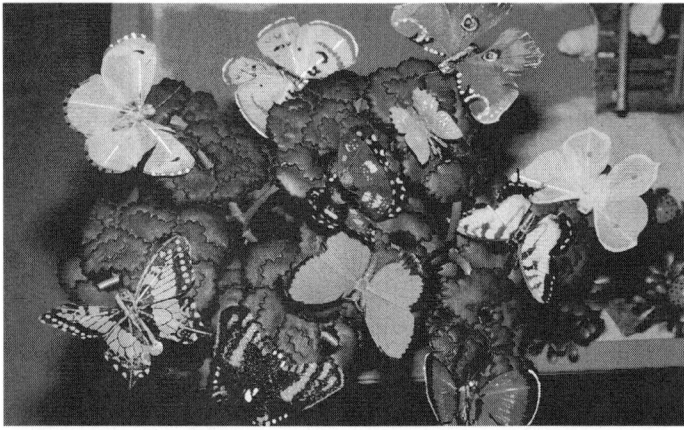

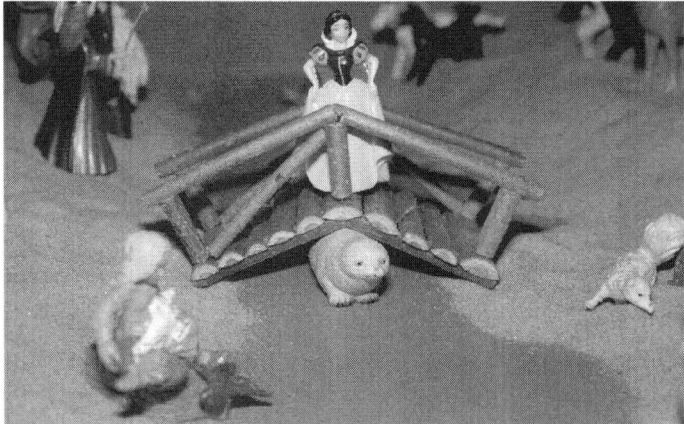

Abb. 6.33 a–c: Lena 54. Stunde a) Übersicht, b) Detailansicht Baum mit Schmetterlingen, c) Detailansicht Brücke mit Prinzessin: In diesem farbenfrohen Bild fließt ein Fluss in der Mitte. Beide Hälften sind miteinander verbunden. Im Vordergrund sieht man Schmetterlinge, Pferde, im Hintergrund ebenfalls Tiere, Zauberinnen und Prinzessinnen. Das Bild ist Ausdruck der neu gewonnenen, inneren Integration und Harmonie.

6.5 Organische Harninkontinenz

ren Tiere Ruhe und Zufriedenheit aus. Neben Prinzessinnen als Ausdruck der eigenen Weiblichkeit werden Zauberer und Zauberinnen als symbolischer Ausdruck der Elternarchetypen dargestellt. Der Neubeginn hat tatsächlich stattgefunden, wie wieder mit dem Jesus-Kind ausgedrückt. Alles ist über die Brücke in Verbindung und nicht voneinander getrennt. Als verbindende Person steht auf der Brücke eine Prinzessin (möglicherweise Symbol ihres „Ich").

Abb. 6.34 a, b: Lena 57. Stunde a) Oase Variante I, b) Oase Variante II: In der Mitte des ersten Sandbildes sieht man eine große Wasserstelle, auf der Lotusblüte schwimmt eine kleine Elfe. Das Bild ist ausgeglichen mit Vegetation, Tieren, die um die Wasserstelle herum arrangiert sind. Das Bild drückt Harmonie, Zentrierung und Ausgeglichenheit aus. Die Zentrierung wird verdoppelt in einem zweiten Bild, in dem ein Frosch in der Mitte des Sees auf einer Lotusblüte schwimmt.

57. Stunde

Diese Themen zeigten sich in den späteren Stunden, z. B. in der 57. Stunde. Sie baute eine Oase auf, mit einem großen See in der Mitte. Eine Lotusblüte mit einer Elfe schwimmt in der Mitte. Wiederum sind Bäume, Blumen, Schmetterlinge, Tiere um die Wasserstelle herum arrangiert, so wie ein Bauer mit einem Ochsengespann. Die Zentrierung wird verdoppelt in einem zweiten Bild, in dem ein Frosch in der Mitte des Sees auf einer Lotusblüte schwimmt. In dem letzten Teil der Stunde spielten wir mit ihrer Puppe, die gefüttert wurde. Lena war in dieser Stunde sehr ausgeglichen, das Bild drückt eine Zentrierung, engen Kontakt mit dem Unbewussten und Harmonie aus.

Abb. 6.35 a, b: Lena 66. Stunde: a) Im oberen Kasten sieht man eine Halbinsel mit übervoller Vegetation auf der eine Barbiepuppe auf einem schönen Bett liegt. Alles blüht, sie schläft wie in einem Nest. b) Im unteren Kasten bettete sie den Prinz in einem eigenen Bett. Die Bilder entstanden kurz vor ihrer letzten Operation in einem psychisch sehr stabilen Zustand.

66. Stunde

Die letzten Bilder fanden am Ende der Therapie statt, kurz bevor der letzte große medizinische Eingriff mit einer grundlegenden Revision ihrer Fehlbildung geplant war. Es war gut, dass Lena in dieser Zeit die Gelegenheit hatte, in einem psychisch stabilen Zustand auf die Operation zuzugehen. In dieser Stunde baute sie zwei Bilder auf, zum Teil mit Spielmaterial, das sie von zu Hause mitbrachte. In dem linken Bild sieht man eine Halbinsel mit einem großen Bett und ihrer Lieblings-Barbiepuppe darauf. Das Bild ist voll gestellt mit Bäumen, Büschen und Blumen, auf den Bäumen wächst Obst. Eine Brücke weist darauf hin, dass die Insel erreichbar ist. Lena erzählt, dass sie Blumen liebt. Die Barbie ist alleine im Bett, ruht sich aus und ist glücklich. Alles blüht und ist in Harmonie. In dem zweiten Bild, auch als Ausdruck ihres zunehmenden Humors, liegt der Prinz, fein gebettet in einem königlichen Bett und mit einer Bettdecke bedeckt. Weiblich und männlich sind zwar vereint, aber auch nicht zu nah.

Nach diesen Bildern erfolgte die Revisions-Operation, die insgesamt sehr gut verlief. Lena hatte große Angst davor, z. T. waren die Eingriffe auch schmerzhaft. Durch die erfolgreiche Operation kam es zu einer Besserung der Symptomatik und zu einer langfristigen Korrektur der Fehlbildung. In den letzten Stunden wirkte Lena ernster, reifer, aber nicht unbedingt trauriger. In den letzten Stunden wurden Themen der vorherigen Therapie rekapituliert und wiederholt, z. T. spielte sie Versteck- und Symbolspiele, die sie noch als ganz junges Kind mit vier Jahren gespielt hatte. Inzwischen war sie zu einem reifen, stabilen Schulkind geworden. Im letzten Elterngespräch berichteten die Eltern, dass es Lena emotional sehr gut gehe. Sie ginge gerne in die Schule, habe viele Freundinnen, wirke selbstständig und ausgeglichen, so dass das Ende der Therapie somit zu einem günstigen Zeitpunkt – nach der letzten Operation – kommen konnte.

Chronisch kranke Kinder – kinderpsychiatrische Sicht

Lena litt unter einer chronischen Fehlbildung im analen und urogenitalen Bereich – einer Krankheit, die mit wiederholten medizinischen Eingriffen, Operationen und Komplikationen verbunden war. Etwa 1–2 % aller Kinder leiden unter chronischen Erkrankungen mit täglicher Beeinträchtigung wie Lena. Man weiß, dass Kinder mit chronischen Erkrankungen ein etwas zwei- bis dreifach höheres Risiko für eine manifeste psychische Störung tragen. In einer großen epidemiologischen Studie betrug die Rate von psychischen Störungen bei chronisch kranken Kindern 20–31 %, bei gesunden nur 14 % (Cadman, Boyle & Offord, 1988). Es finden sich mehr internalisierende, als externalisierende Störungen, vor allem depressiver Art. Ältere Kinder sind häufiger betroffen als jüngere. Entscheidend ist nicht der Schweregrad und die Art der Erkrankung sondern die subjektive Wahrnehmung und Bewältigung der Störung. Dabei spielen entscheidend umweltbedingte Faktoren eine Rolle, wie die Unterstützung durch die Familie, sowie bedrohliche lebensgeschichtliche Ereignisse und Belastungen. Lena hatte zusätzlich zu ihrer schweren Grunderkrankung noch eines der schwierigsten Lebensereignisse zu bewältigen, die Kinder überhaupt treffen können: nämlich Trennung und Scheidung der Eltern. Trotz Unterstützung ihrer Eltern und Großeltern und trotz sehr positiver Grundtemperamentseigenschaften fiel es ihr sehr schwer, mit allen Pro-

> blemen fertig zu werden. Eine tiefenpsychologisch fundierte Therapie war unbedingt indiziert und konnte ihr über die schwere Zeit hinweg zu einer Integration verhelfen. Besonders günstig war es, dass sie kurz vor der letzten Revisions-Operation in einem so ausgeglichenen psychischen Zustand war, dass sie diesen Schritt bewältigen konnte.

> **Chronische Erkrankungen – analytische Sicht**
>
> Bei der Vielzahl von chronischen Erkrankungen und der geringen psychischen Komorbiditätsrate, kann eine allgemeine analytische Theorie nicht sinnvoll sein. Gerade bei angeborenen Störungen, die den analen Genitalbereich betreffen, ist im Einzelfall, wie bei Lena, ein analytisches Verständnis unbedingt erforderlich. Zum einen wurde die ödipale Problematik mit Ablösung und Verzicht auf den Vater durchgearbeitet. Zum anderen musste sie sich mit der eigenen körperlichen Versehrtheit und Verstümmelung auseinandersetzen, wie z. B. in dem beeindruckenden Bild der wilden Tiere, die sich um die Wasserstelle ranken. In diesem Fall war die Sandspieltherapie mit ihren vielfältigen symbolischen Ausdrucksmöglichkeiten besonders gut geeignet, die eigene Weiblichkeit in ihrem körperlichen Ausdruck zu erleben und zu integrieren.

6.6 Atypische Essstörung

Anna: 10;6–12;7 Jahre

Diagnosen:
1. Atypische Essstörung: Emotionale Störung mit Nahrungsvermeidung (F 50.8),
2. Somatoforme Störung des Gastrointestinaltraktes (F 45.32).

Vorstellungsanlass

Anna wurde im Alter von 10;6 Jahren im Rahmen eines Konsils vorgestellt, da sie wegen einer Essstörung stationär in eine Kinderklinik aufgenommen wurde. Bei ihr lag eine atypische Essstörung im Sinne einer emotionalen Störung mit Nahrungsverweigerung vor.

Es wird berichtet, dass sie vor zwei Monaten an einem gastrointestinalen Infekt mit Durchfall und Übelkeit erkrankte. Dieser wurde zunächst diätetisch behandelt, jedoch nahm Anna insgesamt 4 kg an Gewicht ab. Sie schränkte die Nahrung ein, konnte vor allem keine Milchprodukte vertragen. Im weiteren Verlauf kam es immer wieder zu Bauchschmerzen und Übelkeit, die nicht zeitlich gebunden auftraten, jedoch im Zusammenhang mit emotionalen Belastungen zu sehen waren. So reagierte sie zum Teil mit Bauchschmerzen während der Schule und musste zu Hause bleiben. Der Gewichtsverlust wurde von ihr nicht selbst herbeigeführt, Anna gab sogar an, dass sie sich zu dünn fühle und gerne zunehmen möchte. Im

Tab. 6.10: Anna; symptomorientierte Behandlung der Essstörung; Sandspieltherapie der emotionalen Störung

Alter (J;M)	Symptom-orientiert		Psychiatrisch-psychotherapeutisch
10;6	Diagnose: Ausschluss organische Essstörung	→	Diagnose: Emotionale Störung mit Nahrungsverweigerung (Ausschluss Anorexia nervosa)
	↓		↓
	Beratung, Diät	←	Keine Therapie
	↓		
11;3	Rückfall während des Urlaubs	→	Sandspieltherapie (52 Stunden)
	↓		↓
	Pläne, Diät, Essens- und Gewichtskontrolle		
	↓		↓
	Gewichtszunahme, Normalisieren des Essverhaltens		Keine emotionale Störung
	↓		↓
12;7	Fast normales Essverhalten		Ende der Therapie

Verlauf änderte sich ihre Stimmung, sie war häufig erschöpft, müde, wurde zunehmend ernsthaft und weniger humorvoll. Sie schränkte ihre sozialen Interessen und Kontakte ein. Beide Eltern waren sehr besorgt über ihre Erkrankung.

Anamnese

Anna wurde per Sectio bei einem Geburtsgewicht von 4500 g geboren. Ihre Entwicklung war weitgehend unauffällig, insbesondere zeigte sie keine vorhergehenden Störungen bei der Nahrungsaufnahme. Während der Kindergartenzeit reagierte sie mit Trennungsängsten. Sie besuchte die 4. Klasse Grundschule und war sozial gut integriert, obwohl sie keinen großen Freundeskreis hatte.

Es handelt sich um das einzige Kind von Eltern, die zum Zeitpunkt ihrer Geburt über 40 Jahre alt waren. Die Mutter hatte als Jugendliche ebenfalls Essprobleme.

Diagnostik und therapeutisches Vorgehen

Der therapeutische Verlauf ist in Tabelle 6.10 dargestellt. Wie in der ersten Spalte sichtbar, erfolgte zunächst eine ausführliche organische Diagnostik in der Kinderklinik. Insbesondere konnten chronisch-entzündliche und infektiöse Erkrankungen, sowie eine Maldigestion und Malabsorption ausgeschlossen werden. In anderen Worten, eine somatische Ursache lag mit Sicherheit nicht vor.

Als Nächstes erfolgte die psychiatrische Diagnostik. Im psychopathologischen Befund verhielt sich Anna scheu, war unsicher, zurückgezogen, mit deutlichen sozialen Ängsten. Der Affekt war gereizt, dysphorisch, klagsam, depressiv und affektlabil. Bei emotional belastenden Themen wie ihrem Essverhalten, fing sie an zu weinen, klammerte sich an ihre Mutter und reagierte mit heftigsten abdominellen Beschwerden. Dagegen lagen eine Körperschemastörung und eine Gewichtsphobie mit Sicherheit nicht vor, so dass eine Anorexia nervosa ausgeschlossen werden konnte.

Mit der Diagnose einer atypischen Essstörung sowie einer somatoformen Störung des Gastrointestinaltraktes wurde mit der symptomorientierten Behandlung begonnen. Mit Anna und ihren Eltern wurde besprochen, dass sie regelmäßig mit sechs Mahlzeiten am Tag eine ausgeglichene Diät zu sich nehmen sollte. Eine Diätberatung wurde vereinbart. Die eingenommenen Nahrungsmengen und -mittel sollten in einem Plan dokumentiert, das Gewicht sollte regelmäßig kontrolliert werden.

Nach anfänglicher Normalisierung des Essverhaltens kam es zu einem deutlichen Rückfall während des Urlaubs. Anna wurde mit Freunden auf ihren eigenen Wunsch hin in den Urlaub geschickt, die Eltern wollten nachreisen. Während dieser Zeit ohne ihre Eltern weigerte sie sich weitgehend, zu essen und vor allem Flüssigkeit zu sich zu nehmen. In großer Aufregung reisten die Eltern ihr nach und brachten sie nach Hause. Ab diesem Zeitpunkt war klar, dass neben dem symptomorientierten Vorgehen, eine weitergehende Psychotherapie erforderlich war. Falls sie unter ambulanten Maßnahmen nicht zunehmen und ihr Essverhalten normalisieren sollte, wurde die Notwendigkeit einer stationären Maßnahme besprochen. Unter diesen Bedingungen, mit einer möglichen stationären Aufnahme im Hintergrund, konnte das ambulante Vorgehen vertreten werden.

Insgesamt wurde eine Sandspieltherapie über 52 Stunden und insgesamt 2;1 Jahren mit begleitenden Elterngesprächen durchgeführt. In jeder der Stunden baute Anna ein Sandbild auf. Parallel dazu erfolgte eine konstante Essens- und Gewichtskontrolle durch die Mutter. Unter diesen Maßnahmen kam es zu einer allmählichen Gewichtszunahme und einer Normalisierung des Essverhaltens, das sich bis zum Ende der Therapie fast komplett normalisiert hatte. Im Rahmen der Sandspieltherapie bildeten sich die emotionalen Symptome ebenfalls vollständig zurück, so dass die Behandlung im Alter von 12;7 Jahren beendet werden konnte.

Initialbild (1. Bild)

Das erste Bild wird von Anna bedächtig und in Stille aufgebaut. Man sieht Fische, Wale, Delphine und Schildkröten, die alle von rechts nach links schwimmen. Dazwischen sieht man Korallen und andere Unterwasservegetation. Während der größte Teil des Bildes Leben unter Wasser darstellt, sieht man in den Ecken und am linken Rand Inseln, die sich aus dem Wasser erheben. Darauf stehen Bäume wie auch einzelne Tiere.

Das Hauptsymbol des ersten Bildes ist Wasser und Meer, Ausdruck des Unbewussten. Um dieses noch weiter zu verdeutlichen, schwimmen die Tiere nach links, symbolisch gesehen vom Bewusstsein zum Unbewussten hin. Es handelt sich fast ausschließlich um Meerestiere. Der Fisch ist ein besonderes Symbol, das für Leben, Fruchtbarkeit und Vitalität steht. Es ist auch ein heiliges Symbol und kann das „Selbst" repräsentieren. Aus dem Unbewussten erheben sich „Bewusstseinsinseln", auf denen ebenfalls Tiere leben.

Anna lachte über das Bild, das so lebendig wirkte und erzählte, dass sie Tiere gerne hat. Sie erzählte, dass alle zwar zu einer Versammlung schwimmen, aber alle

6.6 Atypische Essstörung

Abb. 6.36: Anna 1. Stunde: Das Bild spielt unter Wasser im Meer. Ein Schwarm von Fischen, Walen, Haien und Schildkröten schwimmt von rechts nach links, dazwischen ist Vegetation zu sehen – und aus dem Meer erheben sich „Bewusstseinsinseln" mit Bäumen und Vögeln. Als Initialbild verspricht das Bild, dass Anna tief in ihr eigenes Unbewusstes eintauchen wird.

alleine sind. Sie war sehr ruhig und entspannt und freute sich, dass auch gefährliche Haie und Wale dabei waren. Wale können symbolisch Wiedergeburt und Veränderung, die in ihrer Therapie ansteht, ausdrücken. Beim Abschied erzählten die Eltern kurz, dass sie an Gewicht zugenommen habe, fröhlicher wirke und die Bauchschmerzen nachgelassen haben.

3. Stunde

In der dritten Stunde baute sie sehr still und bedächtig ein hochsymbolisches „heiliges" Bild auf. Die Figuren wurden mehrfach umgestellt, was in den Abdrücken des Sandes zu sehen ist, bis die für sie exakte, symmetrische Form erreicht wurde. Im mittleren Vordergrund sieht man eine Brücke mit drei Zauberern, die etwas anbeten. In den vorderen Ecken ist links der Mond, rechts die Sonne dargestellt. Auf der linken Seite sieht man einen gläsernen Bär, im Hintergrund Symbole überwiegend der asiatischen Kultur wie Garuda, Buddha und indische Figuren. In der Mitte stehen drei Figuren, Kreuz, Kirchen und Altar, rechts hinten ein griechischer Tempel, Romulus und Remus und griechische Göttinnen. Auch Musik ist dargestellt.

Das Bild drückte eine tiefe, numinose Qualität aus. Wir standen lange schweigend davor. Zu den Figuren sagte sie wenig, es wäre etwas Chinesisches, etwas Katholisches und etwas Römisches dabei. Schließlich sagte sie, dies sei das Universum, links ist die Nacht mit Mond und Sternen dargestellt, rechts der Tag mit Sonne und der gläserne Bär – der stellt das Sternenbild des großen Bären dar. Das Bild hat eine hoch „archetypische" Qualität und drückt in der numinosen Ausstrahlung aus, dass Anna schon früh am Anfang der Therapie einen engen und di-

6 Sandspiel bei speziellen Störungsbildern

Abb. 6.37: Anna 3. Stunde: Dieses „heilige" Bild hat eine besondere Aura durch die symmetrische Anordnung sowie die vielen Symbole. In der Mitte steht eine Brücke mit drei Zauberern, im Hintergrund von links nach rechts religiöse Symbole des asiatischen, christlichen und römisch-griechischen Kulturkreises. Ansonsten ist das Universum dargestellt mit Mond in der linken vorderen Ecke, Sonne in der rechten vorderen Ecke, Sterne und dem Sternzeichen des großen Bären.

rekten Kontakt zu ihrem „Selbst" gefunden hat. Es ist immer wieder erstaunlich, wie gerade Kinder ohne Umwege einen direkten Zugang zu solch tiefer Symbolik haben und sie ausdrücken können. Bei solchen Bildern ist es nicht notwendig, sie detailliert zu interpretieren, das gemeinsame Erleben und Verständnis sowie Anerkennung dessen, was sich manifestiert, ist völlig ausreichend.

7. Stunde

Ganz anders wirkt das siebte Bild, das einen Aufbruch zur Reise darstellt. Im linken vorderen Eck sieht man einen Tunnel, in den ein Schiff hineinfährt. Im rechten vorderen Eck steht ein hoher Leuchtturm, der den Schiffen den Weg durch den Tunnel zum Meer zeigt. Im Tunnel lebt eine böse Wasserschlange. Die Menschen warten auf die Abfahrt, Autos sind geparkt, Flugzeuge können nicht starten.

In dem Bild sind thematisch Aufbruch, Veränderung und Geschwindigkeit dargestellt. Der Gegensatz von einem phallischen Turm und einem weiblichen Tunnel beherrschen das vordere Bild. Die Reise, der Aufbruch kann nur erfolgen, wenn durch den Tunnel hindurch die Gefahren der bösen Schlange überwunden werden, in anderen Worten, wenn Anna sich aus den elterlichen Einflüssen lösen kann – eine Aufgabe, die als Teil der Individuation nicht übersprungen werden kann.

In den nächsten Stunden stellte Anna zunehmend die Auseinandersetzung mit wilden Tieren und Natur dar. Sie nahm an Gewicht zu, wog schon über 39 kg, musste aber weiter bezüglich des Essens kontrolliert werden. Wie die Eltern es ausdrücken, isst und trinkt sie eher aus Pflichtgefühl als aus eigenem Bedürfnis. Sie sei

6.6 Atypische Essstörung

Abb. 6.38: Anna 7. Stunde: Das Bild stellt einen Aufbruch zur Reise dar. Im linken vorderen Kasten sieht man einen Tunnel, in dem eine böse Schlange wohnt. Im rechten vorderen Kasten steht ein großer Turm. Das Schiff muss den Weg durch den Tunnel hindurch, d. h. durch das Unbewusste hindurch finden. Autos sind geparkt, Flugzeuge können nicht starten. Die Reise beginnt mit Hindernissen.

sehr lieb und anhänglich, zum Teil noch ängstlich. Die Eltern äußerten immer wieder Sorgen, dass sie aus dieser Essstörung eine richtige Anorexie entwickeln könnte. Die Erinnerung an die eigene Essstörung während ihrer Pubertät konnte von der Mutter geäußert und besprochen werden. Ein Durchbruch zeigte sich in der 13. Stunde.

13. Stunde

In der Mitte sitzt ein Häschen in einem Pokal zwischen Früchten auf einem Podest. Es hat soeben ein Wettrennen gewonnen. Das Häschen ist umringt von Tieren, die spiralförmig um das Podest herumstehen. Im Hintergrund sieht man Bäume mit Vögeln, im vorderen linken Eck eine Brücke, Wasser und einen Felsen. Anna erläuterte, dass die Häschen einen bestimmten Slalom laufen müssen, über die Brücke an den Tieren vorbei, zwischen den Bäumen über die Treppe und dem einen Baum wieder zurück. Das Häschen links vorne ist der Schiedsrichter. Das Häschen in der Mitte hat den ersten Preis gewonnen, Stein und Stern sind jeweils zweiter und dritter Preis.

Das Bild zeigt eine Siegerehrung und eine Feier. Anna baute es still auf, hatte sich aber viele witzige Anekdoten dazu ausgedacht, die sie erzählte. Es geht um orale Themen wie Essen (Obst), wie auch Trinken, was in den beiden Krügen am rechten vorderen Bildrand dargestellt ist. Auch Unbewusstes wird in der Wasserquelle links vorne ausgedrückt. Menschen sind nicht notwendig. Sie freute sich über das Bild, identifizierte sich mit dem Sieger, Interpretationen waren nicht notwendig.

6 Sandspiel bei speziellen Störungsbildern

Abb. 6.39: Anna 13. Stunde: In diesem Bild ist eine Siegerehrung dargestellt, in der Mitte sieht man ein Häschen innerhalb eines Pokals auf einem Podest, das von spiralförmig angeordneten Tieren umringt wird. Die Häschen haben einen Wettlauf hinter sich, das Häschen ist Sieger geworden. Es steht ganz im Mittelpunkt und ist ein treffendes Symbol für Annas gegenwärtige Situation.

Das Bild fällt durch die Zentrierung auf. Das Häschen, mit dem sie sich identifiziert, steht nun eindeutig im Mittelpunkt. Es war umringt von Tieren, die das Instinkthafte und Triebhafte ausdrücken. Das Hauptsymbol ist der Hase, ein mehrdeutiges Symbol (Cooper, 1986). Der Hase verkörpert Wiedergeburt, Verjüngung und Auferstehung, aber auch Intuition. Er ist ein universelles Fruchtbarkeitssymbol, kaum ein Tier produziert so reichliche Nachkommenschaft. Von daher wurde er in christlichen Gesellschaften mit Fruchtbarkeit, Sinneslust, Lüsternheit und Sexualität assoziiert. Andererseits drückt der Hase auch Ängstlichkeit und Wehrlosigkeit aus. Andere Aspekte umfassen Verschlagenheit, Schlauheit, Witz und Symbol von Neubeginn, wie z. B. beim Osterhasen. Eine Hasenpfote soll magisch wirken und Hexen abweisen. Nach Zerling und Bauer (2003) sollte der Aspekt der Weisheit nicht unterschätzt werden, so dass Anna sich ein sehr passendes Symbol für ihre gegenwärtige Situation in der Präpubertät, in der Themen wie Fruchtbarkeit, Sexualität und Nahrung anstanden, ausgesucht hatte.

Nach diesen positiven Schritten kam es zu einem Rückfall. Anna wog inzwischen 43 kg, so dass die Eltern einen ersten Wochenendausflug in eine andere Stadt unternahmen. Während dieses Städteurlaubes zeigte sie bei den Mahlzeiten zunehmende Schluckbeschwerden, sie zögerte die Mahlzeiten immer weiter hinaus, bis sie sogar bei einem Essen erbrach. Die Eltern waren wütend, verzweifelt und enttäuscht. Es wurden wieder Ängste wach, dass sie eine Magersucht entwickeln und daran sterben könnte. Die Hoffnungslosigkeit nach den Mühen des letzten Jahres trat wieder hervor, die Eltern mussten intensiv gestützt und beraten werden. Nach weiteren Elterngesprächen konnten die Eltern ermutigt werden, trotz ihrer Gewichtsängste Anna auf einen Schulausflug zu lassen, den sie gut bewältigte.

6.6 Atypische Essstörung

29. Stunde

Im weiteren Verlauf zeigten sich in Annas Sandspielprozess zwei Tendenzen: eine zunehmende Zentrierung der Bilder, sowie eine zunehmende Verwendung des Symbols des Hasens und der Nahrung. Als Beispiel kann die 29. Stunde gelten. Sie erzählte, dass in dem Bild ein Freizeitpark für Tiere dargestellt ist. In der Mitte sieht

Abb. 6.40 a, b: Anna 29. Stunde a) Übersicht, b) Detailansicht Becken: In der Mitte sieht man zentriert ein rundes Wasserbecken, das von Steinen umrandet ist und mit Wasser gefüllt ist. Im Hintergrund sind Bäume und verschiedene Tiere aufgestellt. Die Häschen klettern die Leiter hinauf und springen in das Wasser, andere Tiere plantschen dort herum. Anna freute sich sehr über den direkten Kontakt mit dem Wasser.

6 Sandspiel bei speziellen Störungsbildern

Abb. 6.41 a, b: 30. Stunde a) Übersicht, b) Detailansicht Hasen mit Muscheln: Es ist ein Unterwasserbild dargestellt mit Fischen und anderen Meereslebewesen. Die Meerhäschen leben in Muscheln unter Wasser, es gibt einen König und eine Königin. In diesem Bild ist das Unbewusste sowie das Sinnliche durch Häschen- und Muschelsymbole verstärkt.

man ein rundes Becken, das sie sehr sorgfältig mit Ziegelsteinen abgrenzte und anschließend mit Wasser füllte. Im Hintergrund sieht man Bäume und reiche Vegetation, am Rand sind verschiedene Tiere versammelt. Im Becken selbst schwimmen Schildkröten, Fische, zwei Pinguine, während eine Giraffe im Wasser herumplanscht. Dazu hatte sie sich wieder eine witzige Geschichte ausgedacht: die Häschen klettern die Leiter hoch auf den Baum und springen dann von oben in das Wasser hinab.

Dieses Bild wirkt sehr zentriert mit einem runden Becken in der Mitte. Wasser ist nicht nur symbolisch durch blaue Farbe, sondern real dargestellt. Anna spielte lange mit dem Sand, drückte das Wasser aus und freute sich über den innigen Kontakt mit dem Wasser. Die Häschen, witzig, schlau und spielerisch, klettern die Treppe hoch und springen in hohem Bogen in das Wasser herab – ganz so wie es Kinder gerne täten.

30. Stunde

Anna baute zum ersten Mal seit der Initialstunde ein „Unterwasserbild" auf. Fische schwimmen umher, jedoch nicht mehr wie früher in eine Richtung nach links. Man sieht Unterwasservegetation, Wege und viele Muscheln. In den Muscheln wohnen die „Meereshäschen", die sehr fleißig sind und Bäume wieder aufrichten. In der Detaildarstellung sieht man, wie die „königlichen" Häschen aus ihrer Muschel herausschauen. Anna ist in diesem Bild wieder intensiv im Unbewussten, unter Wasser. Die Häschen leben ebenfalls unter Wasser, das Symbol von Fruchtbarkeit und Sexualität wird symbolisch durch Häschen und Muscheln, das Symbol der weiblichen Sexualität, treffend ausgedrückt.

36. Stunde

Wiederum werden die Grundthemen in zentrierter Form verstärkt. In der Mitte eine viereckige Burg mit herabgelassener Zugbrücke, die von einem Wassergraben umringt ist. In der Burg sieht man Häuser, sowie eine Ecke mit Essensvorräten für

Abb. 6.42: Anna 36. Stunde: In der Mitte sieht man eine viereckige Burg, die von einem Wasserwall umringt ist (von oben aufgenommen). Die wilden Tiere beschützen die Bewohner der Burg. Neben Häusern gibt es eine reich gefüllte Vorratsecke mit Nahrungsmitteln.

die Häschen. Außerhalb der Burg stehen helfende Tiere, die den Wall um die Burg bauen und die Häschen beschützen. Im Notfall kann die Zugbrücke hochgezogen werden.

In diesem Bild ist ein zentrales Mandala mit Kreis und Viereck angedeutet. Helfende Tiere als Zeichen eines verlässlichen Kontaktes zu den Instinkten schützen die Burg. In der Burg sind Themen von Gemütlichkeit, Sicherheit und Schutz, aber auch von Essen und Nahrung präsent, Themen, die Annas Grunderkrankung berühren.

43. Stunde

In dieser wichtigen Stunde wurde nicht nur ein Bild, sondern eine Sequenz durchgespielt. Man sieht im Vordergrund einen Drachen, der eingesperrt ist. In der Mitte eine Feuerstelle mit Häschen ringsherum. Im Hintergrund sieht man einen Stein mit Obst, auf dem ein blaues Häschen, das „heilige Häschen", sitzt. In der Sequenz spielte sie, dass ein Drache die Stadt angreift, die Häschen verteidigen ihre Stadt mit Kanonen. Der Drache wird gefangen, hinter Gittern gesteckt und speit Pflanzen und Früchte. Die Häschen feiern ein großes Fest, das „heilige Häschen" ist stolz. In diesem Bild ist das Symbol des Drachen, das Ur-Symbol des Mutterarchetyps, präsent. Er wird nicht getötet, sondern eingefangen und speit Blumen und Obst aus. Anschließend feiern die Häschen ausführlich mit ausgeprägtem oralem Genuss.

In den folgenden Elterngesprächen wurde geäußert, dass es Anna inzwischen sehr viel besser gehe. Die Mutter meinte, dass sie zu 90 % aus der Krise sei, sie sich trotzdem wegen eines Rückfalles Sorgen mache. Das Ende der Therapie wurde an-

Abb. 6.43: Anna 43. Stunde: In diesem Bild wird die Siegesfeier der Häschen über einen Drachen dargestellt. Sie sitzen um die Feuerstelle, das heilige Häschen auf dem Stein im Hintergrund schaut zu und ist stolz. Nahrung gibt es im Überfluss, da der Drache statt Feuer jetzt Obst und Blumen speit.

6.6 Atypische Essstörung

gesprochen. Anna zeigt keine Essstörungen mehr, sucht sich selber die benötigten Nahrungsmengen aus und isst verantwortlich. Sie organisiert ihre Freundschaften zunehmend aktiv und ist ausgeglichen.

46. Stunde

Man sieht eine Burg oder Fort mit Häusern, Häschen und einer Ecke mit viel Obst. Die Pferde kehren von einer Wanderung in die Stadt der Häschen zurück. Sie werden von dem Eichhörnchen begrüßt, es gibt in der Stadt genügend zu trinken und zu essen. Die Speisekammer kann über einen Geheimgang erreicht werden. Zum Abschluss der Therapie wird hier die orale Thematik in den Vordergrund gestellt, und alle fühlen sich sicher, geborgen und rundherum zufrieden. Die Pferde, Symbol der Triebe, kehrten zurück, Nahrung gibt es genug. Anna sagte selber, dass es ihr rundherum gut gehe, sie verstehe sich mit Freunden und Eltern gut.

Abschlussbild (51. Stunde)

Die Tiere fahren in den Urlaub. Man sieht Autos, auf denen jeweils ein Tier steht, die von einem Zauberer im linken vorderen Eck und einer Zauberin im rechten hinteren Eck dirigiert werden. Die Straßen sind durch eine Brücke und Bäume voneinander getrennt. Symbolisch geht es um das Thema Reise, Aufbruch vor den Ferien, im übertragenen Sinne um einen Aufbruch aus der Therapie in das Leben ohne Therapie. Im Vergleich zur früheren Reise sind keine Hindernisse mehr zu überwinden.

Abb. 6.44: Anna 46. Stunde: In einem umrandeten Fort sieht man eine Stadt, Häschen, sowie reichliche Nahrungsmittel in einem Eck. Die Pferde kehren von der Wanderung heim und werden von den Häschen bewirtet. Nahrung ist im Überfluss vorhanden.

6 Sandspiel bei speziellen Störungsbildern

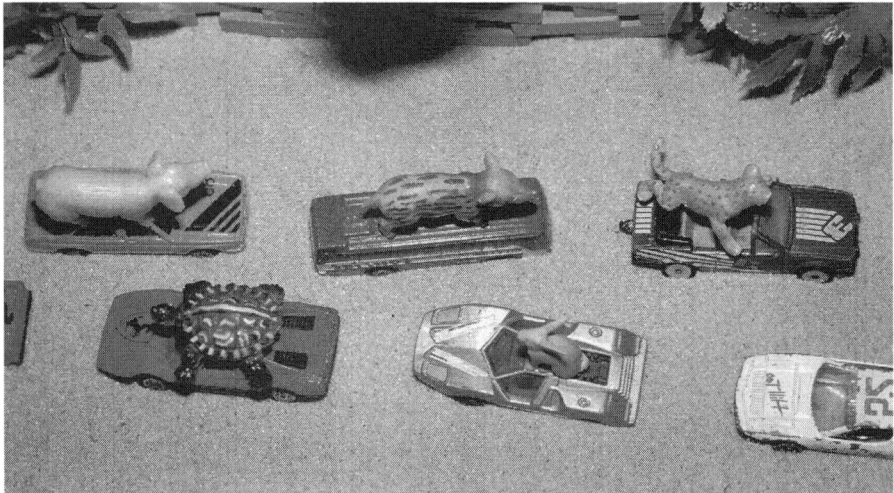

Abb. 6.45 a, b: Anna Abschlussbild (51. Stunde) a) Übersicht b) Detailansicht rechte obere Ecke umgekehrt dargestellt: Man sieht Tiere, die in Urlaub fahren – auf jedem Auto steht ein Tier. Ein Zauberer und eine Zauberin dirigieren den Verkehr. Der Aufbruch steht symbolisch für ihre „Lebensreise" nach der Therapie.

Anna erzählte, dass sie es am Anfang blöd fand, zur Therapie zu kommen, dann war es für sie normal. Alle waren sich einig, dass die Therapie zu einem guten Abschluss gekommen war, nachdem sich die Essstörung und die emotionale Problematik zurückgebildet hatten. Im weiteren Verlauf, in Telefongesprächen mit der Mutter, gab es keinen Rückfall bezüglich der Essstörungen mehr und auch emotionale Krisen lernte Anna bis zur Pubertät gut zu meistern.

Essstörungen – kinderpsychiatrische Sicht

Bei Schulkindern vor der Pubertät kann durchaus eine Anorexia nervosa auftreten, wie von den Eltern von Anna befürchtet. Eine Anorexie ist definiert durch einen selbst herbeigeführten Gewichtsverlust oder in der Vorpubertät durch ein Ausbleiben der Gewichtszunahme. Dieser Gewichtsverlust wird durch Nahrungseinschränkung, Erbrechen, Abführen, erhöhte körperliche Aktivität oder medikamentös herbeigeführt. Ein Leitsymptom der Anorexia nervosa ist die Körperschemastörung, eine unrealistische Einschätzung des tatsächlichen Gewichtes und eine Gewichtsphobie, d. h. eine Angst und Sorge vor Gewichtszunahme. Ferner sind endokrine Störungen, wie das Ausbleiben der Regel, oder die Verzögerung der pubertären Entwicklungsschritte typisch. Klinisch ist es entscheidend, eine Anorexie rechtzeitig zu erkennen und eine gezielte Behandlung einzuleiten, ohne dass eine Chronifizierung entsteht. Die Anorexie gehört leider zu den Störungen mit einer erhöhten Mortalität und einer Tendenz zur Persistenz oder zu Rückfällen. Die Behandlung ist auf drei Ziele ausgerichtet:

1. Die Normalisierung des Gewichtes mit einem definierten Endgewicht, durch das die Rückfallwahrscheinlichkeit verringert wird,
2. eine Normalisierung des Essverhaltens und
3. eine Behandlung der intrapsychischen und intrafamiliären Konflikte. Je jünger das Kind ist, umso stärker muss die familiäre Komponente beachtet werden.

Bei Daniela konnte eine Anorexia nervosa eindeutig ausgeschlossen werden, eine Gewichtsphobie und Körperschemastörung lag nicht vor. Auch um eine organische Essstörung handelt es sich nicht. Doch an welcher Form von Essstörung litt sie dann? Global werden Essstörungen, die nicht einer Anorexia oder Bulimia nervosa (die übrigens im Kindesalter nicht vorkommt) als atypische Essstörung bezeichnet. Die englische Forschergruppe um Lask und Bryant-Waugh (2000) haben mit viel Akribie und guter klinischer Beobachtung die Gruppe der atypischen Essstörungen näher differenziert, wie in der nächsten Tabelle 6.11 dargestellt.

Tab. 6.11: Essstörungen nach Lask und Bryant-Waugh (2000)

Essstörung	Typische Symptome
Anorexia nervosa	• Selbst herbeigeführter Gewichtsverlust • Körperschemastörung • Gewichtsphobie
Bulimia nervosa	• Essattacken und Erbrechen • Kontrollverlust • Körperschemastörung
Emotionale Störung mit Nahrungsvermeidung	• Nahrungsvermeidung • Gewichtsverlust • Emotionale Störung

	• Keine abnorme Beschäftigung mit Gewicht und Körperschema • Keine Erkrankung des ZNS, Psychose oder Medikamentenabusus
Selektive Essstörung	• Eingeschränkte, einseitige Auswahl von Nahrungsmitteln (für mindestens zwei Jahre) • Verweigerung, neue Nahrungsmittel auszuprobieren • Keine abnorme Beschäftigung mit Gewicht und Körperschema • Gewicht kann normal, erniedrigt oder erhöht sein
Eingeschränktes Essen	• Kleine Nahrungsmengen • Nahrung ausgewogen, aber nicht ausreichend • Keine abnorme Beschäftigung mit Gewicht und Körperschema • Gewicht und Länge reduziert
Nahrungsverweigerung	• Episodische, intermittierende oder situationsabhängige Nahrungsverweigerung • Keine abnorme Beschäftigung mit Gewicht und Körperschema
Funktionelle Dysphagie	• Nahrungsvermeidung • Angst vor Schlucken, Würgen oder Erbrechen • Keine abnorme Beschäftigung mit Gewicht und Körperschema
Durchgängiges Verweigerungssyndrom (Pervasive refusal syndrome)	• Schwerwiegende Verweigerung von Essen, Trinken, Laufen, Sprechen, Hygiene • Ablehnung von Hilfestellungen

Bei Anna handelt es sich um eine emotionale Störung mit Nahrungsvermeidung. Das typische Zeichen ist die Nahrungsvermeidung, der Gewichtsverlust, kombiniert mit Zeichen einer emotionalen Störung. Es liegt keine abnorme Beschäftigung mit Gewicht und Körperschema vor, ebenso können eine organische Grundlage und eine Psychose ausgeschlossen werden. Das therapeutische Vorgehen umfasst sowohl eine Normalisierung des Essverhaltens und das Erreichen eines Endgewichtes als auch die Bearbeitung der psychischen Grundproblematik. Da die Eltern gut kooperierten und auf die Nahrungsmenge und Gewichtszunahme achteten, konnte die Therapie im ambulanten Rahmen durchgeführt werden. In anderen Fällen wäre eine stationäre Aufnahme unvermeidlich gewesen. Der Fall zeigt sehr gut, wie in einer Kombination von symptomorientierter Therapie und Sandspieltherapie mit begleitender Elternarbeit, auch schwere psychische Störungen wie Essstörungen erfolgreich behandelt werden können.

Essstörungen – analytische Sicht

Die Ausführungen psychoanalytischer Autoren beschränken sich meist auf die beiden „typischen" Essstörungen: Anorexia nervosa und Bulimia nervosa. Die „atypischen" Essstörungen werden nicht als separate Störungen behandelt.

Da die Problematik von Anna am ehesten der Anorexia gleicht, sollen die psychoanalytischen Theorien dieser Störungen zusammengefasst werden. Nach Heinemann und Hopf (2004) und du Bois und Resch (2005) gelten als typisch für die Psychodynamik:

1. das Misslingen einer positiven Identifikation mit der Mutterfigur; 2. ein nicht gelöster Ödipuskonflikt mit unbewusster Bindung an den Vater, der in der Pubertät wieder belebt wird; 3. eine Hemmung der sexuellen Entwicklung durch eine mangelnde Integration des sexuellen Erlebens in ein positives Selbstbild; 4. Abwehr sexueller Triebgefühle durch Askese, verbunden mit Selbstwert- und Schuldgefühlen; 5. ein missglückter Autonomieversuch mit Kontrolle von Affekten und Bedürfnissen über die orale Ebene.

Im Gegensatz zu anderen Störungen sind die Hypothesen differenziert ausgearbeitet und in der therapeutischen Arbeit hilfreich und leitend. Auch bei Anna finden sich Aspekte, vor allem die Punkte 1. die fehlende positive Mutterbild (negative Mutterkomplex), 4. die Askese und 5. die Autonomieproblematik, die über die orale Ebene ausgetragen wird. In der Sandspieltherapie wurde die sexuelle und orale Problematik über das vieldeutige Symbol des Hasen ausgedrückt und bearbeitet – zuletzt mit viel Humor und Witz.

7 Zusammenfassung und Ausblick

Das Ziel dieses Buches war es, einen aktuellen Überblick über die Sandspieltherapie im Kontext aktueller kinderpsychiatrischer Grundlagen, Erkenntnisse und Vorgehensweisen als wirksame Psychotherapiemethode bei emotionalen Störungen zu geben.

Speziell sollte gezeigt werden:
- dass bei Kindern nicht-verbale Psychotherapien mit dem Medium des Spiels besonders geeignet sind,
- dass es eine Vielzahl von verschiedenen Spieltherapieformen gibt,
- dass eine differentielle Therapieindikation nach ausführlicher Diagnostik notwendig ist,
- dass selbst bei demselben Störungsbild möglicherweise mehrere Ansätze ähnlich wirksam sein können,
- dass bei komorbiden Störungen verschiedene Ansätze sinnvoll sein können,
- dass die Auswahl nach der empirischen Befundlage erfolgen sollte,
- dass die Wirksamkeit der Sandspieltherapie (und anderen Psychotherapien) in kontrollierten Studien nachgewiesen werden muss,
- dass die Sandspieltherapie gerade bei emotionalen Störungen indiziert ist,
- dass hermeneutische Zugänge unbedingt gebraucht werden, um die subjektive Sicht des Kindes zu verstehen,
- dass die analytische Psychologie C.G. Jungs durch die Betonung des Symbolverständnisses, der aktuellen unbewussten Dynamik und der Individuation als Aufgabe jedes Menschen gerade bei Kindern ein tiefes Verständnis ermöglicht,
- das die spirituelle Ebene essentiell zur Psychotherapie gehört.

Im Sinne der Vereinigung der Gegensätze wäre zu wünschen, dass die Sandspieltherapie aktuelle Erkenntnisse und bewährte Prinzipien der Kinderpsychiatrie rezipiert und überholte Annahmen revidiert. Für die Kinderpsychiatrie wäre eine Rückbesinnung auf und Weiterentwicklung ihrer hermeneutischen Traditionen dringend notwendig, da Ausgrenzungen selten förderlich sind. C.G. Jung hat wiederholt gezeigt, dass gerade eine aktive Auseinandersetzung mit Gegensätzen Ursprung kreativer Neulösungen sein kann, wie z. B. anhand der Symbolbildung verdeutlicht: „Damit diese Zusammenwirkung gegensätzlicher Zustände überhaupt möglich wird, müssen sie beide in vollem Gegensatz bewusst nebeneinander stehen. Dieser Zustand muss eine heftigste Entzweiung mit sich selbst sein, und zwar in dem Maße, dass sich Thesis und Antithesis negieren, und das Ich doch seine unbedingte Anteilnahme an Thesis und Antithesis anerkennen muss ... . Da das Leben niemals einen Stillstand erträgt, so entsteht eine Stauung der Lebensenergie, die zu einem unerträglichen Zustand führen würde, wenn nicht aus der Gegensatzspannung eine neue vereinigende Funktion entstünde, welche über die Gegensätze hinausführt" (Jung, GW 6, § 829).

Literatur

Achenbach, T.M.: Manual for the child behavior checklist/4-18 and 1991 profile. Burlington, University of Vermont, 1991

Adam, K.-U.: Therapeutisches Arbeiten mit dem Ich: Denken, Fühlen, Empfinden, Intuieren – die vier Ich-Funktionen. Düsseldorf Zürich, Walter Verlag, 2003

Allan, J.: Jungian play psychotherapy. In: O'Connor, K., Braverman, L.M. (eds.): Play therapy theory and practice – a comparative presentation. New York, John Wiley & Sons, pp. 100–130, 1997

Allan, L.: Inscapes of the child's world – Jungian counselling in schools and clinics. Dallas, Spring Publications, 1988

Allan, J., Bertoia, J.: Written paths to healing – education and Jungian child counselling. Dallas, Spring Publications, 1992

Allister, I., Hauke, C.: Contemporary Jungian Analysis – Post-Jungian perspectives from the Society of Analytical Psychology. London, Routledge, 1998

Allmen, F. von: Die Freiheit entdecken – Vipassana Meditation im Westen. Zürich München, Theseus Verlag, 1990

Allmen, F. von: Mit Buddhas Augen sehen. Berlin, Theseus Verlag, 1997

Ammann, R.: Heilende Bilder der Seele. München, Kösel-Verlag, 1989

American Academy of Child and Adolescent Psychiatry: Practise parameters for the assessment and treatment of children, adolescents, and adults with attention-deficit/hyperactivity disorder. Journal of the American Academy of Child and Adolescent Psychiatry 36, Supplement: 85S–121S, 1997

American Academy of Child and Adolescent Psychiatry: Practice parameters for the use of stimulant medications in the treatment of children, adolescents and adults. Journal of the American Academy of Child and Adolescent Psychiatry 41: 26S–49S, 2002

Anders, D., Gahlen, K., Hess, H., Klingmüller, V.: Entstehung und Spätfolgen der Blasenfunktionsstörung im Kindesalter. in: Kentenich, H., Rauchfuß, M., Diederichs, P. (eds). Psychosomatische Gynäkologie und Geburtshilfe. Berlin Heidelberg New York Tokio, Springer Verlag, S. 59–72, 1993/94

Anderson, W.: Der grüne Mann – ein Archetyp der Erdverbundenheit. Solothurn Düsseldorf, Walter Verlag, 1993

Angold, A., Erkanli, A., Egger, H., Costello, J.: Stimulant treatment for children: a community perspective. Journal of the American Academy of Child and Adolescent Psychiatry 39: 975–983, 2000

APA (American Psychiatric Association): Diagnostic and statistical manual of mental disorders (DSM-IV). Washington D.C., 1994

Arbeitsgruppe Deutsche Child Behavior Checklist: Deutsche Bearbeitung der Child Behavior Checklist (CBCL/4-18) – Einführung und Anleitung zur Handauswertung, 2. Auflage mit deutschen Normen. Köln, Arbeitsgruppe Kinder-, Jugend- und Familiendiagnostik, 1999

Arbeitskreis OPD-KJ (Hrsg.): Operationalisierte Psychodynamische Diagnostik im Kindes- und Jugendalter. Bern, Verlag Hans Huber, 2003

Ariel, S.: Strategic family play therapy. In: O'Connor, K., Braverman, L.M. (eds.): Play therapy theory and practice – a comparative presentation. New York, John Wiley & Sons, pp. 368–395, 1997
Aronson, H.B.: Buddhist practice on western ground – reconcling eastern ideals and western psychology. Boston London, Shambhala, 2004
Aruffo, R.N., Ibarra, S., Strupp, K.R.: Encopresis and anal masturbation. Journal of the American Psychoanalytical Association 48: 1327–1354, 2000
Axline, V.M.: Play Therapy. Edinburgh, Churchill Livingstone, 1989
Axline, V.M.: Kinder-Spieltherapie im nicht-direktiven Verfahren. München Basel, Ernst Reinhardt Verlag, 1993
Bade, H.: Wodurch wirkt die Kinderpsychotherapie? Überlegungen zum Therapieprozess. Zeitschrift für Individualpsychologie 22: 252–265, 1997
Bally, G.: Die Bedeutung des Spiels für das Reifen der menschlichen Persönlichkeit. In: Biermann, G. (Hrsg.): Handbuch der Kinderpsychotherapie (Band 1). München Basel, Ernst Reinhardt Verlag, S. 40–45, 1969
Bass, A.: Aspects of urethrality in women. Psychoanalytic Quarterly 63: 491–517, 1994
Batchelor, M.: Mediation for life. Somerville, Wisdom Publications, 2001
Batchelor, S.: The faith to doubt. Berkeley, Parallax Press, 1990
Batchelor, S.: The awakening of the west – the encounter of buddhism and western culture. Berkeley, Parallax Press, 1994
Batchelor, S.: Buddhism without beliefs. New York, Riverhead Books, 1997
Batchelor, S.: Living with the devil – a meditation on good and evil. New York, Riverhead Books, 2004
Baudler, G.: Das Kreuz – Geschichte und Bedeutung. Düsseldorf, Patmos Verlag, 1997
Bauer, W., Dümotz, I., Golowin, S.: Lexikon der Symbole. Wiesbaden, Fourier Verlag, 1982
Baum, N., Weinberg, B. (Hrsg.): In the hands of creation: sandplay images of birth and rebirth. Toronto, Muki Baum Association, 2002
Bechert, H., Gombrich, R.(Hrsg.): Die Welt des Buddhismus. München, Beck Verlag, 1984
Beebe, J.: Can there be a science of the symbolic? Journal of Analytical Psychology 49: 177–191, 2004
Berna, J.: Die Verbalisierung in Erziehung und Kinderanalyse. In: Biermann G. (Hrsg.): Handbuch der Kinderpsychotherapie (Ergänzungsband). München Basel, Ernst Reinhardt Verlag, S. 344–358, 1976
Bessler, G: Von Nixen und Wasserfrauen. Köln, DuMont Buchverlag, 1995
Betz, O.: Das Geheimnis der Zahlen. Stuttgart, Kreuz Verlag, 1989
Biedermann, H.: Knaurs Lexikon der Symbole. München, Knaur Verlag, 1998
Biermann-Ratjen E.-M.: Entwicklungspsychologie und Störungslehre. In: Boeck-Singelmann C., Ehlers B., Hensel T. et al. (Hrsg.): Personenzentrierte Psychotherapie mit Kindern und Jugendlichen (Band 1). Göttingen, Hogrefe Verlag, S. 9–28, 1996
Bikkhu Nanmoli, Bikkhu Bodhi: The middle length discourses of the Buddha. Boston, Wisdom Publications, 1995
Birmaher, B., Ryan, N.D., Williamson, D.E. et al.: Childhood and adolescent depression: a review of the past 10 years. Part I. Journal of the American Academy of Child and Adolescent Psychiatry 35: 1427–1439, 1996a
Birmaher, B., Ryan, N.D., Williamson, D.E. et al.: Childhood and adolescent depression: a review of the past 10 years. Part II. Journal of the American Academy of Child and Adolescent Psychiatry 35: 1575–1583, 1996b
Bloch, W.: Ganz werden – eine praktische Einführung in die Psychologie von C.G. Jung. Basel, Sphinx Verlag, 1993
Boeck-Singelmann, C., Ehlers, B., Hensel, T. et al. (Hrsg.): Personenzentrierte Psychotherapie mit Kindern und Jugendlichen (Band 1). Göttingen, Hogrefe Verlag, 1996
Boeck-Singelmann, C., Ehlers, B., Hensel, T. et al. (Hrsg.): Personenzentrierte Psychotherapie mit Kindern und Jugendlichen (Band 2). Göttingen, Hogrefe Verlag, 1997
Boik, B.L., Goodwin, E.A.: Sandplay therapy. New York London, W.W. Norton, 2000

Bois, R. du, Resch, F.: Klinische Psychotherapie des Jugendalters. Stuttgart, Kohlhammer Verlag, 2005
Bolen, J.S.: Goddesses in Everywoman – a new psychology of women. New York, Harper Perennial, 1984
Bolen, J.S.: Gods in Everyman – a new psychology of men's lives and loves. New York, Harper and Row, 1989
Bolen, J.S.: Crossing to Avalon. San Francisco, Harper, 1994
Bolland, J., Sandler, J.: Die Hampstead Methode. München, Kindler Verlag, 1977
Boorstein, S. (Hrsg.): Transpersonale Psychotherapie. München, Scherz Verlag, 1988
Botheroyd, S., Botheroyd, P.: Lexikon der keltischen Mythologie. München, Eugen Diederichs Verlag, 1992
Bovensiepen, G., Sidoli, M.: Inzestphantasien und selbstdestruktives Handeln. Frankfurt/M, Brandes und Apsel, 1999
Bradway, K., McCoard, B.: Sandplay – silent workshop of the psyche. London New York, Routledge, 1997
Bradway, K., Chambers, L., Chiaia, M.E.: Sandplay in three voices – images, relationships and the numinous. Hove, Routledge, 2005
Bradway, K., Signell, K.A., Spare, G.H. et al.: Sandplay Studies – origins, theory and practise. Boston, Sigo Press, 1990
Brauen, M.: Das Mandala – der heilige Kreis im tantrischen Buddhismus (3. Auflage). Köln, Du Mont, 1995
Brazier, D.: Zen therapy. London, Constable, 1995
Brazier, C.: Buddhist Psychology. London, Robinson, 2003
Brody, V.A.: The dialogue of touch – Developmental play therapy. Northvale, Jason Aronson, 1997a
Brody, V.A.: Developmental play therapy. In: O'Connor, K., Braverman, L.M. (Hrsg.): Play therapy theory and practice – a comparative presentation. New York, John Wiley & Sons, pp. 160–183, 1997b
Brosse, J.: Mythologie der Bäume. Solothurn Düsseldorf, Walter Verlag, 1994
Brosse, J.: Magie der Pflanzen. Olten Freiburg, Walter Verlag, 1992
Buddhadasa Bikkhu: Heartwood of the bodhi tree – the buddha's teaching on voidness. Boston, Wisdom Publications, 1994
Cadman, D., Boyle, M., Offord, D.: The Ontario Child Health study: social adjustment and mental health of siblings of children with chronic health problems. Journal of Developmental and Behavioral Pediatrics 9: 117–121, 1988
Carey, L.J.: Family sandplay therapy. In: Schaefer, C.E., Carey, L.J. (eds.): Family play therapy. Northvale London, Jason Aronson, pp. 205–219, 1994
Carey, L.J.: Sandplay therapy with children and families. Northvale London, Jason Aronson, 1999
Carroll, F., Oaklander, V.: Gestalt play therapy. In: O'Connor K., Braverman L.M. (eds.): Play therapy theory and practice – a comparative presentation. New York, John Wiley & Sons, pp. 184–203, 1997
Carus, I.: Opfer, Ritus, Wandlung – eine Wanderung durch Kulturen und Mythen. Düsseldorf, Patmos Verlag, 2000
Casati, R.: Die Entdeckung des Schattens – die faszinierende Karriere einer rätselhaften Erscheinung. Berlin, Berlin Verlag, 2000
Cattanach, A.: Play therapy with abused children. London Philadelphia, Jessica Kingsley, 1992
Chah, A.: Everything arises, everything falls away – teachings on impermanence and the end of suffering. Boston London, Shambhala, 2005
Chambless, D.L., Hollon, S.D.: Defining empirically supported therapies. Journal of Consulting and Clinical Psychology 66: 7–18, 1998
Christoffel, J.: Neue Strömungen in der Psychologie von Freud und Jung – Impulse von Frauen. Olten Freiburg, Walter Verlag, 1989

Christopher, E., McFarland Solomon, H. (eds.): Jungian thought in the modern world. London New York, Free Association Books, 2000

Cittione, R.A., Madonna, J.M.: Play therapy with sexually abused children – a synergistic clinical-developmental approach. Northvale, Jason Aronson, 1996

Clarke, J.J.: Jung and Eastern thought – a dialogue with the orient. London, Routledge, 1994

Conze, E.: Eine kurze Geschichte des Buddhismus. Frankfurt, Insel Verlag, 1984

Cooper, J.C.: Illustriertes Lexikon der traditionellen Symbole. Wiesbaden, Drei Lilien Verlag, 1986

Corbett, L.: The religious function of the psyche. London, Routledge, 1996

Corneau, G.: Abwesende Väter – verlorene Söhne – die Suche nach der männlichen Identität. Solothurn Düsseldorf, Walter Verlag, 1993

Cotte, R.: Die Symbolik der Musik und ihrer Instrumente. München, Eugen Diederichs Verlag, 1992

Dalai Lama: Das Buch der Freiheit – die Autobiographie des Friedensnobelpreisträgers. Bergisch Gladbach, Lübbe Verlag, 1990

Daniel, R.: Archetypische Signaturen im unbewussten Malprozess. Waiblingen, Bonz, 1993

Danielou, A.: Der Phallus. München, Eugen Diederichs Verlag, 1998

Davis, M., Wallbridge, D.: Boundary and space – an introduction to the work of D.W. Winnicott. Harmondsworth, Penguin Books, 1981

Davy, M.M.: Geschöpfe der Sehnsucht - die Symbolik des Vogels. Olten Freiburg, Walter Verlag, 1994

Dekkers, M.: An allem nagt der Zahn der Zeit – vom Reiz des Vergänglichen. München, Goldmann Verlag, 2001

Dieckmann, H.: Komplexe – Diagnostik und Therapie in der analytischen Psychologie. Berlin Heidelberg New York Tokio, Springer Verlag, 1991

Dornes, M.: Der kompetente Säugling – die präverbale Entwicklung des Menschen. Frankfurt/M., Fischer Taschenbuch Verlag, 1993

Döpfner, M., Berner, W., Flechtner, H. et al.: Psychopathologische Befund-Dokumentation für Kinder und Jugendliche (CASCAP-D): Befundbogen, Glossar und Explorationsleitfaden. Göttingen, Hogrefe, 1999

Dundas, E.T.: Symbols come alive in the sand. London, Coventure, 1990

Eckstein, R.: Die Bedeutung des Spiels in der Kinderpsychotherapie. In: Biermann G. (Hrsg.): Handbuch der Kinderpsychotherapie (Ergänzungsband). München Basel: Ernst Reinhardt Verlag, S. 162–168, 1976

Edinger, E.F.: Ego and Archetype. Boston, Shambhala Publications, 1972

Edinger, E.F.: Encounter with the Self: A Jungian commentary on William Blake's "Illustrations of the book of Job". Toronto, Inner City Books, 1986

Edinger, E.F.: Der Weg der Seele – der psychotherapeutische Prozess im Spiegel der Alchemie. München, Kösel Verlag, 1990

Egli, H.: Das Schlangen Symbol. Solothurn Düsseldorf, Walter Verlag, 1994

Endres, F.C., Schimmel, A.: Das Mysterium der Zahl – Zahlensymbolik im Kulturvergleich. München, Eugen Diederichs Verlag, 1998

Enomiya-Lasalle, H.M.: Zen und christliche Mystik. Freiburg, Aurum Verlag, 1986

Epstein, M.: Gedanken ohne den Denker – das Wechselspiel von Buddhismus und Psychotherapie. Frankfurt/M, Krüger Verlag, 1996

Epstein, M.: Going to pieces without falling apart – a Buddhist perspective on wholeness – lessons from meditation and psychotherapy. New York, Broadway Books, 1998

Epstein, M.: Going on being. New York, Broadway Books, 2000

Epstein, M.: Open to desire. New York, Gotham Books, 2005

Eschenbach, U.G.: Das Symbol im therapeutischen Prozess bei Kindern und Jugendlichen. Waiblingen, Bonz Verlag, 1978

Eschenbach, U.G.: Der Ich-Komplex und sein Arbeitsteam. Waiblingen, Bonz Verlag, 1996

Fahrig, H.: Die Heidelberger Studie zur Analytischen Kinder- und Jugendlichen-Psychotherapie: die angewandte Behandlungstechnik. Praxis der Kinderpsychologie und Kinderpsychiatrie 48: 694–710, 1999
Fischle, W.H.: Das Geheimnis der Schlange – Deutung eines Symbols. Fellbach-Oeffingen, Bonz, 1989
Fonagy, P., Target, M.: The efficacy of psychoanalysis for children with disruptive disorders. Journal of the American Academy of Child and Adolescent Psychiatry 33: 45–55, 1994
Fontana, D.: Die verborgene Sprache der Symbole. Gütersloh München, Bertelsmann Lexikon Verlag, 1994
Fordham, F.: An introduction to Jung's psychology. Harmondsworth, Penguin Books, 1972
Fordham, M.: Das Kind als Individuum – Kinderpsychotherapie aus Sicht der Analytischen Psychologie C.G. Jungs. München Basel, Ernst Reinhardt Verlag, 1974
Frankel, R.: The adolescent psyche – Jungian and Winnicottian perspectives. London and New York, Routledge, 1998
Franz, M.L. von: Der Schatten und das Böse im Märchen. München, Knaur Verlag, 1991
Franz, M.L. von: Der ewige Jüngling. München, Kösel Verlag, 1992
Franz, M.L. von: C.G. Jung – sein Mythos in unserer Zeit. Solothurn Düsseldorf, Walter Verlag, 1996
Franz, M.L. von: Das Weibliche im Märchen. Leinfelden-Echterdingen, Bonz Verlag, 1997
Franz, M.L. von, Hillman, J.: Zur Typologie C.G. Jungs – die inferiore und die Fühlfunktion. Fellbach, Verlag Adolf Bonz, 1980
Freud, A.: Einführung in die Technik der Kinderanalyse. München, Kindler Taschenbücher, 1973
Freud, S.: Studienausgabe in 11 Bänden. Frankfurt, Fischer Verlag, 1975
Friedrich, S., Friebel, V.: Entspannung für Kinder. Reinbek, Rowohlt Taschenbuch, 1991
Fromm, E., Suzuki, D.T., de Martino, R.: Zen-Buddhismus und Psychoanalyse. Frankfurt, Suhrkamp, 1971
Frutinger, A.: Der Mensch und seine Zeichen. Wiesbaden, Fourier Verlag, 1991
Galuska, J. (Hrsg.): Den Horizont erweitern – die transpersonale Dimension in der Psychotherapie. Berlin, Ulrich Leutner Verlag, 2003
Geissmann, C., Geissmann, P.: A history of child psychoanalysis. London New York, Routledge, 1998
Giannoni, M.: Psychoanalysis and empirical research. Journal of Analytical Psychology 48: 643–658, 2003
Gil, E.: Play in family therapy. New York, The Guilford Press, 1994
Glauche, J.W.: Der Stupa: Kultbau des Buddhismus. Köln, Du Mont, 1995
Goetze, H.: Handbuch der personenzentrierten Spieltherapie. Göttingen, Hogrefe Verlag, 2002
Goetze, H.; Jaede, W.: Die nicht-direktive Spieltherapie (3. Auflage). Frankfurt/M, Fischer Taschenbuch Verlag, 1988
Goldstein, J.: Insight Meditation – the practice of feedom. Boston London, Shambhala, 1993
Goldstein, J.: One Dharma. New York, Harper Collins, 2002
Gontard, A. von: Einnässen im Kindesalter: Erscheinungsformen – Diagnostik – Therapie. Thieme Verlag, Stuttgart, 2001
Gontard, A. von: Enuresis and parental separation in a 6-year old girl. In: Baum, N., Weinberg, B. (eds.): In the hands of creation: sandplay images of birth and rebirth. Muki Baum Association, Toronto, pp. 169–178, 2002a
Gontard, A. von: Der alte Weise in der Therapie der kindlichen Depression. Zeitschrift für Sandspieltherapie 12: 34–55, 2002b
Gontard, A. von: Enkopresis: Erscheinungsformen – Diagnostik – Therapie. Stuttgart, Kohlhammer Verlag, 2004
Gontard, A. von, Lehmkuhl, G.: Leitfaden Enuresis. Göttingen, Hogrefe Verlag, 2002

Gontard, A. von, Lehmkuhl, G.: Spieltherapien – Psychotherapien mit dem Medium des Spiels. I. Allgemeine Einführung und traditionelle Zugänge. Praxis der Kinderpsychologie und Kinderpsychiatrie 52: 18–27, 2003a

Gontard, A. von, Lehmkuhl, G.: Spieltherapien – Psychotherapien mit dem Medium des Spiels. II. Neue Entwicklungen. Praxis der Kinderpsychologie und Kinderpsychiatrie 52: 88–97, 2003b

Gontard, A. von, Löwen-Seifert, S., Senges, C.: SAT study: a controlled, prospective outcome study of Sandplay Therapy in children and adolescents. ISST conference, Rom, 14.–17.7.2005 (abstract book)

Gontard, A. von, Neveus, T.: Management of disorders of bladder and bowel control in childhood. London, Mac Keith Press, 2006

Griffiths, B.: Rückkehr zur Mitte – das Gemeinsame östlicher und westlicher Sprirtualität. München, Kösel Verlag, 1987

Gruber, H.: Kursbuch Vipassana – Wege und Lehrer der Einsichtsmeditation. Frankfurt, Fischer Taschenbuch, 1999

Grubbs, G.A.: An abused child's use of sandplay in the healing process. Clinical Social Work Journal 22: 193–209, 1994

Gubelmann-Krull, S.: Ein Ich wächst aus Bewusstseinsinseln – Reifungsschritte in der Sandspieltherapie. Solothurn Düsseldorf, Walter Verlag, 1995

Guerney, L.: Filial therapy. In: O'Connor, K., Braverman, L.M. (eds): Play therapy theory and practice – a comparative presentation. New York: John Wiley & Sons, pp. 131–159, 1997

Guggenbühl-Craig, A.: Die Ehe ist tot – lang lebe die Ehe. München, Kösel Verlag, 1990

Guzie, T., Guzie, N.: Archetypisch Mann und Frau – wie verborgene Urbilder unser Schicksal gestalten und Beziehungen prägen. Interlaken, Ansata-Verlag, 1987

Hamann, P.: Kinderanalyse – zur Theorie und Technik. Frankfurt/M, Fischer Taschenbuch, 1993

Hanh, T.N.: Alter Pfad weiße Wolken – Leben und Werk des Gautama Buddha. Zürich, Theseus Verlag, 1992

Hardaway, T.G.: Family play therapy as an effective tool in child psychiatry. In: Schaefer, C.E., Carey, L.J. (eds.): Family play therapy. Northvale London, Jason Aronson, pp. 139–145, 1994

Hark, H., Pouplier, M., Riedel, I., Sauer, G.: Tier-Träume – von der Klugheit unserer Instinkte. Zürich Düsseldorf, Walter Verlag, 1998

Hart, T.: Spiritual experiences and capacities in children and youth. In: Roelkepartain, E.C., King, P.E., Wagener, L., Benson, P.L. (eds.): The handbook of spiritual development in childhood and adolescence. Thousand Oaks, Sage Publications, pp. 163–177, 2005

Harvey, S.: Dynamic play therapy: a creative arts approach. In: O'Connor, K., Braverman, L.M. (eds.): Play therapy theory and practice – a comparative presentation. New York, John Wiley & Sons, 341–367, 1997

Hayman, R.: A life of Jung. London, Blomsbury, 1999

Hehlmann, W.: Wörterbuch der Psychologie. Kröner Verlag, Stuttgart, 1974

Heinemann, E., Hopf, H.: Psychische Störungen in Kindheit und Jugend (2. Auflage). Stuttgart, Kohlhammer Verlag, 2004

Heinz-Mohr, G.: Lexikon der Symbole – Bilder und Zeichen der christlichen Kunst. München, Eugen Diederichs Verlag, 1998

Heisig, D.: Die Anima – der Archetyp des Lebendigen. Zürich Düsseldorf, Walter Verlag, 1996

Hembree-Kigin, T.L., McNeil, C.B.: Parent-Child Interaction Therapy. New York London, Plenum Press, 1995

Hillman, J.: Die Heilung erfinden – eine psychotherapeutische Poetik. Zürich, Schweizer Spiegel Verlag, 1986

Hillman, J.: A terrible love of war. New York, Penguin Press, 2004

Hinman, F.: Non-neurogenic neurogenic bladder (the Hinman Syndrome) – 15 years later. Journal of Urology 136: 769–777, 1986
Hoeppe, G.: Blau – die Farbe des Himmels. Heidelberg Berlin, Spektrum Akademischer Verlag, 1999
Hoffmann, S.O., Hochapfel, G.: Einführung in die Neurosenlehre und Psychosomatische Medizin (2. Auflage). Stuttgart New York, Schattauer Verlag, 1984
Holder, A.: Psychoanalytische Kindertherapie. In: Petzold, H., Ramin, G. (Hrsg.): Schulen der Kinderpsychotherapie. Paderborn, Junfermann-Verlag, S. 11–29, 1991
Holm-Hadulla, R.M.: Die psychotherapeutische Kunst – Hermeneutik als Basis therapeutischen Handelns. Göttingen, Vandenhoeck & Ruprecht, 1997
Hopke, R.H.: Persona – where sacred meets profane. Boston, Shambhala Publications, 1995
Houts, A.C.; Berman, J.S.; Abramson, H.: Effectiveness of psychological and pharmacological treatments for nocturnal enuresis. Journal of Consulting and Clinical Psychology 62: 737–745, 1994
Jacobi, J.: Die Psychologie C.G. Jungs. Frankfurt/M, Fischer Taschenbuch Verlag, 1996
Jacoby, M.: Psychotherapeutische Gesichtspunkte zum Phänomen der Depression. In: Eschenbach, U.: Die Behandlung in der Analytischen Psychologie III: Probleme in der Psychotherapie. Stuttgart, Bonz Verlag, S. 83–107, 1983
Jacoby, M., Kast, V., Riedel, I.: Das Böse im Märchen. Fellbach-Offing, Bonz, 1990
Jacoby, M.: Übertragung und Beziehung in der Jungschen Praxis. Solothurn Düsseldorf, Walter Verlag, 1993
Jacoby, M.: Grundformen seelischer Austauschprozesse – Jungsche Therapie und neuere Kleinkindforschung. Zürich Düsseldorf, Walter Verlag, 1998
Jäger, W.: Die Welle ist das Meer – mystische Spiritualität. Freiburg, Herder Verlag, 2000
Jaffe, A.: C.G. Jung – Bild und Wort. Olten Freiburg, Walter Verlag, 1983
Jaskolski, H.: Das Labyrinth – Symbol für Angst, Wiedergeburt und Befreiung. Stuttgart, Kreuz Verlag, 1994
Jennings, S.: Playtherapy with children: a practitioner's guide. Oxford, Blackwell Scientific Publications, 1993
Jensen, P., Kettle, L., Roper, M. et al.: Are stimulants overprescribed? Treatment of ADHD in four communities. Journal of the American Academy od Child and Adolescent Psychiatry 38: 797–804, 1999
Jernberg, A.M., Booth, P.B.: Theraplay (2. Edition) – helping parents and children build better relationships through attachment-based play. San Francisco, Jossey-Bass Publishers, 1999
Johnson, B.: Die Große Mutter in ihren Tieren – Göttinnen alter Kulturen. Olten Freiburg, Walter Verlag, 1990
Johnson, R.A.: Owning your own shadow – understanding the dark side of the psyche. San Francisco, Harper, 1993
Jung C.G. (Hrsg.): Man and his symbols. London, Aldus Books, 1964
Jung C.G.: Erinnerungen, Träume, Gedanken. Olten Freiburg, Walter Verlag, 1984
Jung C.G.: Seminar „Kinderträume". Olten Freiburg, Walter Verlag, 1987
Jung C.G.: Gesammelte Werke. Solothurn Düsseldorf, Walter Verlag, 1995
Jung C.G.: Modern man in search of a soul. London, Kegan Paul, Trench, Trubner, 1934
Jung, E.: Animus und Anima. Leinfelden-Echterdingen, Bonz Verlag, 5. Aufl. 1996
Jung, M.: Hermeneutik zur Einführung. Hamburg, Junius Verlag, 2001
Kabat-Zinn, J.: Full catastrophe living. New York, Delta Publishing, 1991
Kabat-Zinn, J.: Wherever you go there you are – mindfulness meditation in everyday life. New York, Hyperion, 1994
Kaduson, H.G., Cangelosi, D., Schaefer, C.E.: The playing cure – individualized play therapy for specific childhood problems. Northvale, Jason Aronson, 1997
Kahr, B.: D.W. Winnicott – a biographical portrait. London, Karnac Books, 1996
Kalff, D.M.: Sandspiel – seine therapeutische Wirkung auf die Psyche (3. Auflage). München Basel, Ernst Reinhardt Verlag, 1996a

Kalff, M.: Zwanzig Punkte zur Interpretation des Sandspiels. Zeitschrift für Sandspieltherapie 5: 43–55, 1996b
Kast, V.: Die Dynamik der Symbole – Grundlagen der Jungschen Psychotherapie. Olten Freiburg, Walter Verlag, 1992
Kast, V.: Vater-Töchter, Mutter-Söhne – Wege zur eigenen Identität aus Vater- und Mutterkomplexen. Stuttgart, Kreuz Verlag, 1994
Kawai, H.: Buddhism and the art of psychotherapy. College Station, Texas University Press, 1996
Kazantzakis, N.: Mein Franz von Assisi. Frankfurt/M. Berlin, Ullstein Taschenbuch, 1990
Kazdin, A.: Psychotherapy for children and adolescents – directions for research and practice. New York Oxford, Oxford University Press, 2000
Keller, H. (Hrsg.): Lehrbuch Etwicklungspsychologie. Bern, Verlag Hans Huber, 1998
Keller, H. (Hrsg.): Handbuch der Kleinkindforschung (3. Auflage). Bern, Verlag Hans Huber, 2003
Kennedy, A.: Was ist Buddhismus? München, O.W. Barth Verlag, 1990
Kern, H.: Labyrinthe. München, Prestel Verlag, 1999
Kiepenheuer, K.: Geh über die Brücke – die Suche nach dem eigenen Weg am Beispiele der Pubertät. Zürich, Kreuz Verlag, 1988
Kissel, S.: Play therapy – a strategic approach. Springfield: Charles Thomas, 1990
Klein, M.: Die Psychoanalytische Spieltechnik, ihre Geschichte und Bedeutung. In: Biermann G. (Hrsg.): Handbuch der Kinderpsychotherapie (Band 1). München Basel, Ernst Reinhardt Verlag, 151–167, 1969
Klein, M.: Ein Kind entwickelt sich – Methode und Technik der Kinderpsychoanalyse. München, Kindler Taschenbücher, 1981
Klosinski, G.: Psychokulte – was Sekten für Jugendliche so attraktiv macht. Müchen, Beck Verlag, 1996
Klosinski, G.: Pubertät heute – Lebenssituationen, Konflikte, Herausforderungen. München, Kösel Verlag, 2004
Kopp, S.B.: Trifft Du Buddha unterwegs – Psychotherapie und Selbsterfahrung. Frankfurt, Fischer Taschenbuch, 1983
Knell, S.M.: Cognitive-behavioral play therapy. Northvale, Jason Aronson, 1993
Knell, S.M.: Cognitive-behavioral play therapy. In: O'Connor, K., Braverman L.M. (eds.): Play therapy theory and practice – a comparative presentation. New York, John Wiley & Sons, pp. 79–99, 1997
Knox, J.: Archetype, attachment, analysis – Jungian psychology and the emergent mind. Hove, Brunner-Routledge, 2003
Köppler, P.H.: Auf den Spuren des Buddha – die schönsten Legenden aus seinem Leben. München, O.W. Barth Verlag, 2001
Köppler, P.H.: So spricht der Buddha – die schönsten und wichtigsten Lehrreden des Erwachten. München, O.W. Barth Verlag, 2004
Koller, T.J.; Booth, P.: Fostering attachment through family theraplay. In: O'Connor, K., Braverman, L.M. (eds.): Play therapy theory and practice – a comparative presentation. New York, John Wiley & Sons, pp. 204–233, 1997
Kornfield, J.: Frag den Buddha und geh den Weg des Herzens. München, Kösel-Verlag, 1995
Kornfield, J.: After the ecstasy, the laundry – how the heart grows wise on the spiritual path. London, Rider, 2000
Kottman, T.: Adlerian play therapy. In: O'Connor, K., Braverman, L.M. (eds.): Play therapy theory and practice – a comparative presentation. New York, John Wiley & Sons, pp. 310–340, 1997
Krisch, K.: Enkopresis: Ursachen und Behandlung des Einkotens. Bern, Hans Huber Verlag, 1985
Landreth, G.L., Sweeney, D.S.: Child-centered play therapy. In: O'Connor, K., Braverman, L.M. (eds): Play therapy theory and practice – a comparative presentation. New York, John Wiley & Sons, pp. 17–45, 1997

Landreth, G.L., Homeyer, L.E., Glover, G., Sweeney, D.S.: Play therapy interventions with children's problems. Northvale London, Jason Aronson, 1996
Lask, B., Bryant-Waugh, R.: Anorexia nervosa and related eating disorders in childhood and adolescence (2nd ed.). Hove, Psychology Press, 2000
Lanyado, M., Horne, A.: The handbook of child and adolescent psychotherapy – psychoanalytic approaches. London New York, Routledge, 1999
Lee, A.C.: Psychoanalytic play therapy. In: O'Connor, K., Braverman, L.M. (eds.): Play therapy theory and practice – a comparative presentation. New York, John Wiley & Sons, pp. 46–78, 1997
Lippman, L.H., Keith, J.D.: The demographics of spirituality among youth: international perspectives. In: Roelkepartain, E.C., King, P.E., Wagener, L., Benson, P.L. (eds.): The handbook of spiritual development in childhood and adolescence. Thousand Oaks, Sage Publications, pp. 109–123, 2005
Longstaffe, S., Moffat, M., Whalen, J.: Behavioral and self-concept changes after six months of enuresis treatment: a randomized, controlled trial. Pediatrics 105: 935–940, 2000
Loomis, M.E.: Tanz des Typenrades – Indianische Weisheiten und Jungsche Psychologie. Solothurn Düsseldorf, Walter Verlag, 1994
Lorenzer, A.: Die Sprache, der Sinn, das Unbewußte – psychoanalytisches Grundverständnis der Neurowissenschaften. Klett-Kotta, Stuttgart, 2002
Lutz, C.: Das Männliche im Märchen: Entwicklung – Beziehung – Macht und Weisheit. Leinfelden-Echterdingen, Bonz Verlag, 1996
Mark, B.S., Incorvaia, J.A.: The handbook of infant, child and adolescent psychotherapy – a guide to diagnosis and treatment. Northvale London, Jason Aronson, 1995
Markell, M.J.: Sand, water, silence – the embodiment of spirit. London, Jessica Kingsley, 2002
Marvasti, J.A.: Ericksonian Play Therapy. In: O'Connor, K., Braverman, L.M. (eds.): Play therapy theory and practice – a comparative presentation. New York, John Wiley & Sons, pp. 285–309, 1997
Masis, K.V.: American Zen and psychotherapy – an ongoing dialogue. In: Eisendrath-Young, P., Muramoto, S. (eds.): Awakening and insight – Zen Budhhism and psychotherapy. Hove, Brunner-Routledge, pp. 149–171, 2002
Maugham, B., Yule, W.: Reading and other learning disabilities. In: Rutter, M., Taylor, E., Hersov, L.: Child and adolescent psychiatry – modern approaches. Oxford, Blackwell, pp. 647–665, 1994
McMahon, L.: The handbook of play therapy. London New York, Tavistock/Routledge, 1992
Mecacci, L.: Der Fall Marilyn Monroe und andere Desaster der Psychoanalyse. München, Bertelsmann Taschenbuch, 2004
Meltzer, B., Porat, R.: New perspectives in transference and countertransference. In: Baum, N., Weinberg, B. (eds.): In the hands of creation: sandplay images of birth and rebirth. Toronto, Muki Baum Association, pp. 301–315, 2002
Mertens, W., Waldvogel, B. (Hrsg.): Handbuch der psychoanalytischen Grundbegriffe. Stuttgart, Kohlhammer Verlag, 2000
Messer, M.: Der Buddhismus im Westen – von der Antike bis heute. München, Kösel Verlag, 1997
Mieth, D.: Meister Eckhart – Mystik und Lebenskunst. Düsseldorf, Patmos Verlag, 2004
Miller, L., Kelley, B.: Spirituality oriented psychotherapy with youth: a child-centered approach. In: Roelkepartain, E.C., King, P.E., Wagener, L., Benson, P.L. (Hrsg.): The handbook of spiritual development in childhood and adolescence. Thousand Oaks, Sage Publications, 2005, pp. 421–434
Mitchell, R.R., Friedman, H.S.: Sandplay – past, present and future. London New York, Routledge, 1994
Moacanin, R.: The essence of Jung's psychology and Tibetan buddhism – western and eastern paths to the heart (2nd ed.). Somerville, Wisdom Publications, 2003

Moffat, E.K.M., Kato, C., Pless, I.B.: Improvements in self-concept after treatment of nocturnal enuresis: randomized controlled trial. Journal of Pediatrics 110: 647–652, 1987
Moffat, M.: Nocturnal enuresis: psychologic implications of treatment and nontreatment. Journal of Pediatrics 114: 697, 1989
Molino, A. (Hrsg.): The couch and the tree – dialogues in psychoanalysis and Buddhism. New York, North Point Press, 1998
Montecchi, F.: The self and family archetypes in children. In: Zoja, E.P. (ed.) : Sandplay therapy – treatment of psychopathologies. Einsiedeln, Daimon Verlag, pp. 107–148, 2004
Mowrer, O.H., Mowrer, W.M.: Enuresis: a method für its study and treatment. American Journal of Orthopsychiatry 8: pp. 436–459, 1938
Mrochen, S., Holtz, K.-L., Trenkle, B.: Die Pupille des Bettnässers – Hypnotherapeutische Arbeit mit Kindern und Jugendlichen. Heidelberg, Carl Auer Verlag, 1993
Müller, L., Knoll, D.: Ins Innere der Dinge schauen – mit Symbolen schöpferisch leben. Zürich Düsseldorf, Walter Verlag, 1998
Müller, L., Müller, A.: Wörterbuch der analytischen Psychologie. Düsseldorf Zürich, Walter Verlag, 2003
Naranjo, C., Ornstein, R.E.: Psychologie der Meditation. Frankfurt, Fischer Taschenbuch, 1980
Neumann, E.: Die große Mutter. Olten Freiburg, Walter Verlag, 1989
Neumann, E.: Das Kind – Struktur und Dynamik der werdenden Persönlichkeit. Fellbach, Bonz, 1990a
Neumann, E.: Tiefenpsychologie und neue Ethik. Frankfurt/M, Fischer Taschenbuch Verlag, 1990b
Neumann, E.: Ursprungsgeschichte des Bewusstseins. Düsseldorf Zürich, Walter, 2004
O'Connor, K.: The play therapy primer – an integration of theories and techniques. New York, John Wiley & Sons, 1991
O'Connor, K.: Ecosystemic play therapy. In: O'Connor, K., Braverman, L.M. (eds.): Play therapy theory and practice – a comparative presentation. New York, John Wiley & Sons, pp. 234–284, 1997
O'Connor, K., Braverman, L.M.: Play therapy theory and practice – a comparative presentation. New York, John Wiley & Sons, 1997
Oaklander, V.: Gestalttherapie mit Kindern und Jugendlichen. Stuttgart, Klett Verlag, 1981
Pearson, G.H.J.: Handbuch der Kinder-Psychoanalyse – Einführung in die Psychoanalyse von Kindern und Jugendlichen nach den Grundsätzen der Anna-Freud-Schule. Frankfurt/M., Fischer Taschenbuch Verlag, 1983
Pennington, Y.V.: The sandtray assessment of development: a refinement of Bowyer's research into Lewin's theory of development: a preliminary investigation of the instrument. Dissertation, Georgia State University, Atlanta, 1996
Perera, A.B.: Der Sündenbock Komplex. Interlaken, Ansata Verlag, 1987
Pouplier, M.: Fischträume. In: Hark, H. (Hrsg.): Tier-Träume. Zürich Düsseldorf, Walter Verlag, S. 119–165, 1998
Petzold, H., Ramin, G. (Hrsg.): Schulen der Kinderpsychotherapie. Paderborn, Junfermann-Verlag, 1991
Porzolt, F., Sellenthin, C., Thim, A.: Klinische Ökonomik für die Praxis. Folge 13: Wie sinnvoll ist der „Grad der Evidence?" Ärzteblatt Baden- Württemberg 11: 444–445, 2000
Rambert, M.: Das Puppenspiel in der Kinderpsychotherapie. München Basel, Ernst Reinhardt Verlag, 1977
Rasche, J.: Das therapeutische Sandspiel in Diagnostik und Psychotherapie. Stuttgart, Opus magnum, 2002
Rasche, J.: Das Lied des grünen Löwen – Musik als Spiegel der Seele. Düsseldorf Zürich, Patmos Verlag, 2004
Remmler, H.: Das Geheimnis der Sphinx –Archetyp für Mann und Frau. Göttingen Zürich, Vandenhoeck & Ruprecht, 1995

Remschmidt, H., Schmidt, M.H., Poustka, F. (Hrsg.): Multiaxiales Klassifikationsschema für psychische Störungen des Kindes- und Jugendalters nach ICD-10 der WHO (4. Auflage). Bern, Verlag Hans Huber, 2001
Riedel, I.: Farben in Religion, Gesellschaft, Kunst und Psychotherapie. Stuttgart, Kreuz Verlag, 1985a
Riedel, I.: Formen: Kreis, Kreuz, Dreieck, Quadrat, Spirale. Stuttgart, Kreuz Verlag, 1985b
Riedel, I.: Die weise Frau in uralt-neuen Erfahrungen. Solothurn Düsseldorf, Walter Verlag, 1995
Riedel, I.: Maltherapie. Stuttgart, Kreuz Verlag, 1992
Roelkepartain, E.C., King, P.E., Wagener, L., Benson, P.L. (eds.): The handbook of spiritual development in childhood and adolescence. Thousand Oaks, Sage Publications, 2005
Romankiewicz, B.: Die schwarze Madonna – Hintergründe einer Symbolgestalt. Düsseldorf, Patmos Verlag, 2004
Roth, W.: Einführung in die Psychologie C.G. Jungs. Düsseldorf, Walter Verlag, 2003
Rubner, E.: Ein Vergleich zwischen Kinderanalyse und Erwachsenenanalyse. In: Studien zur Kinderanalyse, Jahrbuch 7. Wien, Verlag der Wissenschaftlichen Gesellschaften Österreichs, S. 105–121, 1988
Rutter, M., Taylor, E. (eds.): Child and Adolescent Psychiatry (4th ed.). Oxford, Blackwell Science, 2002
Ryan, V., Wilson, K.: Case studies in non-directive play therapy. London, Balliere Tindall, 1996
Ryce-Menuhin, J.: The self in early childhod. London, Free Association Books, 1988
Ryce-Menuhin, J.: Jungian Sandplay – the wonderful therapy. London New York, Routledge, 1992
Saddhatissa, H.: Des Buddha Weg. Zürich, Theseus Verlag, 1976
Salomonsson, B.: Some psychoanalytic viewpoints on neuropsychiatric disorders in children. International Journal of Psychoanalysis 85: 117–136, 2004
Samuels, A.: Jung und seine Nachfolger. Stuttgart, Klett-Cotta, 1989
Samuels, A., Shorter, B.; Plaut, F.: Wörterbuch Jungscher Psychologie. München, Deutscher Taschenbuch Verlag, 1991
Sandler, J. , Kennedy, H., Tyson, R.L.: Kinderanalyse – Gespräche mit Anna Freud. Frankfurt/M., S. Fischer Verlag, 1982
Sanford, J.A.: Unsere unsichtbaren Partner – von den verborgenen Quellen des Verliebtseins und der Liebe. Interlaken, Ansata-Verlag, 1991
Schaefer, C.E., Carey, L.J. (eds.): Family play therapy. Northvale London, Jason Aronson, 1994
Scharff, D.E.: Young children and play in object relations family therapy. In: Schaefer, C.E., Carey, L.J. (eds.): Family play therapy. Northvale London, Jason Aronson, pp. 79–86, 1994
Scharma, S.: Der Traum von der Wildnis – Natur als Imagination. München, Kindler, 1996
Schleberger, E.: Die indische Götterwelt. München, Eugen Diederichs Verlag, 1986
Schmid-Boß, S.: Enuresis und Enkopresis – eine Übersicht. Analytische Kinder- und Jugendlichen-Psychotherapie 26: 311–348, 2005
Schmidt, M.H., Poustka, F.: Leitlinien zur Diagnostik und Therapie von psychischen Störungen im Säuglings-, Kindes- und Jugendalter. Köln, Deutscher Ärzteverlag, 2002
Schmidtchen, S.: Practice and research in play theray. In: van der Kooij, R., Hellendoorn, J. (eds.): Play- play therapy – play research. Lisse, Swets and Zeitlinger, pp. 169–195, 1986
Schmidtchen, S.: Kinderpsychotherapie. Stuttgart, Kohlhammer Verlag, 1989
Schmidtchen, S.: Klientenzentrierte Kindertherapie. In: Petzold, H., Ramin, G. (Hrsg.): Schulen der Kinderpsychotherapie. Paderborn, Junfermann-Verlag, S. 205–226, 1991
Schmidtchen, S.: Klienten-zentrierte Spiel- und Familientherapie. Weinheim, Psychologie Verlags Union, 1991
Schöpf, A.: Hermeneutik. In Mertens, W., Waldvogel, B. (Hrsg.): Handbuch psychoanalytischer Grundbegriffe. Stuttgart, Kohlhammer Verlag, S. 278–280, 2000

Schon, L.: Sehnsucht nach dem Vater – die Dynamik der Vater-Sohn-Beziehung. Stuttgart, Klett-Cotta, 2000

Schüssler, K.: Die ägyptischen Pyramiden – Erforschung, Baugeschichte und Bedeutung. Köln, DuMont Buchverlag, 1983

Schumann, H.W.: Buddhismus – Stifter, Schulen und Systeme. München, Diederichs, 1998

Schumann, H. W.: Buddhabildnisse – Ihre Symbolik und Geschichte. Heidelberg, Werner Kristkeitz Verlag, 2003

Schwartz-Salant, N.: The mystery of human relationship – alchemy and the transformation of self. London, Routledge, 1998

Schwarzenau, P.: Das göttliche Kind – der Mythos vom Neubeginn. Stuttgart, Kreuz Verlag, 1988

Seiffert, H.: Einführung in die Hermeneutik – die Lehre von der Interpretation in den Fachwissenschaften. Tübingen, Francke Verlag, 1992

Segall, S.R. (Hrsg): Encountering Buddhism – Western psychology and Buddhist teachings. Albany, State University of New York, 2003

Senges, C.: Das Symbol des Drachen als Ausdruck einer Konfliktgestaltung in der Sandspieltherapie. Frankfurt /M., Peter Lang, 1998

Senges, C.: Therapieleitfaden der Sandspielstudie bei Kindern und Jugendlichen. Heidelberg, unveröffentlichtes Manuskript 2001

Shamdasani, S.: Jung and the making of modern psychology – a dream of a science. Cambridge, Cambridge University Press, 2003

Shamdasani, S.: Jung stripped bare by his biographers, even. London, Karnac, 2005

Sidoli, M.: Die Entfaltung des Selbst – Erfahrungen aus der Kinderanalyse. München, Kösel Verlag, 1994

Sidoli, M.: When the body speaks – archetypes in the body. London Philadelphia, Routledge, 2000

Siebenthal, A. von: Kleinsche Kinderpsychoanalyse. In: Petzold, H., Ramin, G. (Hrsg.): Schulen der Kinderpsychotherapie. Paderborn, Junfermann-Verlag, S. 31–57, 1991

Silver, E.: Family therapy and soiling. Journal of Family Therapy 18: 415–432, 1996

Solms, M., Turnbull, O.: Das Gehirn und die innere Welt – Neurowissenschaften und Psychoanalyse. Düsseldorf Zürich, Walter Verlag, 2004

Stadler, A.-E.: Die analytische Kinder- und Jugendlichentherapie in der Individualpsychologie. In: Witte, K.H. (Hrsg.): Praxis und Theorie der Individualpsychologie heute: aus der analytischen Psychotherapie mit Kindern, Jugendlichen und Erwachsenen. München Basel, Ernst Reinhardt Verlag, S. 94–102, 1992

Stadler, A.-E., Witte, K.H.: Analytische Kinder- und Jugendlichenpsychotherapie in der Individualpsychologie Alfred Adlers. In: Petzold, H., Ramin, G. (Hrsg.): Schulen der Kinderpsychotherapie. Paderborn, Junfermann-Verlag, S. 83–117, 1991

Steffen, U.: Drachenkampf – der Mythos vom Bösen. Stuttgart, Kreuz Verlag, 1989

Steinhardt, L.: Foundation and form in Jungian Sandplay. London Philadelphia, Jessica Kingsley Publishers, 2000

Steinhausen, H.-C.: Psychische Störungen bei Kindern und Jugendlichen Lehrbuch der Kinder- und Jugendpsychiatrie (5. Auflage). München, Urban & Fischer, 2002

Stern, D.N.: Die Lebenserfahrung des Säuglings. Stuttgart, Klett-Cotta, 1993

Stern, D.N.: The present moment in psychotherapy and everyday life. New York London, W.W. Norton, 2005

Stevens, A.: Das Phänomen Jung: Biographische Wurzeln einer Lehre. Solothurn Düsseldorf, Walter-Verlag, 1993

Stork, J.: Probleme der Technik der Kinderanalyse. In: Biermann, G. (Hrsg.): Handbuch der Kinderpsychotherapie (Ergänzungsband). München Basel, Ernst Reinhardt Verlag, S. 308–316, 1976

Suzuki, D.T.: Karuna – Zen und der Weg der tätigen Liebe. Wien, Otto Wilhelm Barth Verlag, 1989

Szonn, G.: Mein Kind ist Bettnässer – Was Tun? Waiblingen, Bonz Verlag, 1992

Target, M., Fonagy, P.: The efficacy of psychoanalysis for children with emotional disorders. Journal of the American Academy of Child and Adolescent Psychiatry 33: 361–371, 1994a
Target, M., Fonagy, P.: The efficacy of psychoanalysis for children: prediction of outcome in a developmental context. Journal of the American Academy of Child and Adolescent Psychiatry 33: 1134–1144, 1994b
Teichert, W.: Gärten – paradiesische Kulturen. Stuttgart, Kreuz Verlag, 1986
Titmuss, C.: Spirit for change. London, Green Print, 1989
Titmuss, C.: Freedom of the spirit. London, Green Print, 1991
Titmuss, C.: The profound and the profane. Totness, Insight Books, 1993
Titmuss, C.: Light on enlightenment. London, Rider, 1998
Titmuss, C.: An awakened life. London, Rider, 1999a
Titmuss, C.: The power of meditation. New York, Sterling Publishing, 1999b
Titmuss, C.: Buddhist wisdom for daily living. Old Alresford, Godsfield Press, 2001
Titmuss, C.: Transforming our terror – a spiritual approach to making sense of a senseless tragedy. Hauppage, Baron's Educational Series, 2002
Tress, W., Junkert-Tress, B.: Erkenntnistheoretische Grundlagen und Probleme der psychotherapeutischen Medizin. In: Ahrens, S. (Hrsg.): Lehrbuch der psychotherapeutischen Medizin. Stuttgart, Schattauer Verlag, S. 71–76, 1997
Tulku, T. (ed.): Reflections of mind – Western Psychology meets Tibetan Buddhism. Emeryville, Dharma Press, 1975
Turner, B.A.: The handbook of sandplay therapy. Cloverdale, Temenos Press, 2005
Utsch, M.: Religiöse Fragen in der Psychotherapie – psychologische Zugänge zu Religiosität und Spiritualität. Stuttgart, Kohlhammer Verlag, 2005
Varlam, D.E., Dippel, J.: Non-neurogenic bladder and chronic renal insufficiency in childhood. Pediatric Nephrology 9: 1–5, 1995
Vedder, B.: Was ist Hermeneutik? Ein Weg von der Textdeutung zur Interpretation der Wirklichkeit. Stuttgart, Kohlhammer Verlag, 2000
Wachtel, E.F.: An integrative approach to working with troubled children and their families. In: Schaefer, C.E., Carey, L.J. (eds.): Family play therapy. Northvale London, Jason Aronson, pp. 147–164, 1994
Wagenmann, S., Schönhammer, R.: Mädchen und Pferde: Psychologie einer Jugendliebe. Quintessenz Verlag, München, 1994
Walker, B.G.: Das Geheime Wissen der Frauen. Frankfurt/M., Zweitausendeins, 1993
Wallace, A.: Tibetan Buddhism from the ground up. Boston, Wisdom Publications, 1993
Warnke, A., Lehmkuhl, G. (Hrsg.): Kinder- und Jugendpsychiatrie in der Bundesrepublik Deutschland (3. Auflage). Stuttgart, Schattauer Verlag, 2003
Waskönig, D.D. (Hrsg.): Mein Weg zum Buddhismus – deutsche Buddhisten erzählen ihre Geschichte. München, O.W. Barth, 2003
Watts, A.: Psychotherapie und östliche Befreiungswege. München, Kösel Verlag, 1980
Wegener-Stratmann, M.: C.G. Jung und die östliche Weisheit – Perspektiven heute. Olten Freiburg, Walter Verlag, 1990
Wehr, G.: C.G. Jung in Selbstzeugnissen und Bilddokumenten. Reinbek, Rowohlt Taschenbuch, 1969
Wehr, G.: Die deutsche Mystik. München, Heyne Verlag, 1991
Wehr, G.: Heilige Hochzeit – Symbol und Erfahrung menschlicher Reifung. München, Eugen Diederichs Verlag, 1998
Welte, B.: Meister Eckhart – Gedanken zu seinen Gedanken. Freiburg, Herder Verlag, 1992
Welwood, J.: Toward a psychology of awakening – Buddhism, psychotherapy, and the path of personal and spiritual awakening. Boston London, Shambhala, 2000
Weinrib, E.: Images of the self – the sandplay therapy process. Boston, Sigo Press, 1983
Weisz, J.R., Weiss, B., Han, S.S. et al.: Effects of psychotherapy with children and adolescents revisited: a meta-analysis of treatment outcome studies. Psychological Bulletin 117: 450–468, 1995a

Weisz, J.R., Donenberg, G.R., Han, S.S., Kauneckis, D.: Child and adolescent psychotherapy outcomes in experiments versus clinics: why the disparity? Journal of Abnormal Child Psychology 23: 83–106, 1995b

West, J.: Child centered play therapy (2nd ed.). London, Arnold, 1996

Wilson, J., Kendrick, P., Ryan, V.: Play therapy: a non-directive approach for children and adolescents. London, Bailliere Tindall, 1992

Windaus, E.: Wirksamkeitsstudien zur tiefenpsychologisch fundierten und analytischen Kinder- und Jugendlichenpsychotherapie. Praxis der Kinderpsychologie und Kinderpsychiatrie 54: 530–558, 2005

Winnicott, D.W.: Vom Spiel zur Kreativität. Stuttgart, Klett-Kotta, 1979

Wissenschaftlicher Beirat Psychotherapie: Anwendungsbereiche von Psychotherapie bei Kindern und Jugendlichen Deutsches Ärzteblatt 97: B1865, 2000

World Health Organisation: The ICD-10 classification of mental and behavioural disorders - diagnostic criteria for research. Genf, 1993

Young-Eisendrath, P., Miller, M.E. (Hrsg.): The psychology of mature spirituality. London und Philadelphia, 2000

Young-Eisendrath, P., Muramoto, S. (Hrsg.): Awakening and insight – Zen Budhhism and psychotherapy. Hove, Brunner-Routledge, 2002

Zeanah, C.H.(Hrsg.): Handbook of infant mental health. New York London, Guilford Press, 1993

Zerling, C., Bauer, W.: Lexikon der Tiersymbolik. München, Kösel Verlag, 2003

Zero to Three/National Center for Clinical Infant Programs: Diagnostic Classification of Mental Health and Developmental Disorders of Infancy and Early Childhood: 0–3. Arlington, 1995

Zinni, V.R.: Differential aspects of sandplay with 10- and 11-year-old children. Child Abuse and Neglect 21: 657–668, 1997

Zoja, E.P. (Hrsg.): Sandplay therapy – treatment of psychopathologies. Einsiedeln, Daimon Verlag, 2004

Zoja, E.P.: Understanding with the hands. In: Zoja, E.P. (eds.) : Sandplay therapy – treatment of psychopathologies. Einsiedeln, Daimon Verlag, S. 13–29, 2004

Zoja, L.: The father – historical, psychological and cultural perspectives. Hove, Brunner-Routledge, 2001

Zweig, C., Abrams, J.: Die Schattenseite der Seele. Bern München Wien, Scherz Verlag, 1993

Anhang

Sandspieltherapie Erhebungsbogen: Verkürzte Version nach SAT-Studie

Name
Vorname
Geburtsdatum   Datum der Untersuchung
Einzelstunde Nr. ___   Sandgestaltung Nr. ____
Diagnosen nach   F _____
ICD-10   F _____
                    F _____
Thema (Patient)   _____
Thema (Therapeut)   _____

Bildaufbau	☐ sandbetont	☐ figurenbetont		
Wahl des Sandes	☐ trocken	☐ feucht		
Behandlung des Sandes	☐ unberührt	☐ glätten	☐ formen	☐ sonstige
Spieleinstellung	☐ motiviert	☐ angepasst/ pflichterfüllt	☐ lustlos	☐ ablehnend
	☐ ängstlich	☐ sonstiges		
Spielverhalten	☐ ausgeglichen/ ruhig	☐ hastig	☐ verlangsamt	☐ konzentriert
	☐ unkonzentriert	☐ sonstiges		
Verbalisierung	☐ spontan	☐ auf Ansprache	☐ spielbegleitend	☐ mitteilsam
	☐ schweigend	☐ sonstiges		
Interaktion zum Therapeuten	☐ lebhaft	☐ verweigernd	☐ distanzlos	☐ dominant
	☐ spielbegleitend	☐ sonstiges		
Gesamtaufbau	☐ strukturiert	☐ unstrukturiert	☐ rahmensprengend	☐ zentriert
	☐ randbetont	☐ eckenbetont	☐ aufgereiht	☐ vorne (subjektnah)
	☐ hinten (subjektfern)	☐ diagonal	☐ ohne Berühren des Sandes	☐ Umgrenzungen
	☐ rechts Betonung	☐ links Betonung	☐ horizontal	☐ vertikal
	☐ sonstiges			
Bildthema	☐ Natur	☐ Familie	☐ Alltag/Arbeit	☐ Freizeit/Sport
	☐ Katastrophe/ Unfall	☐ Kampf	☐ Urwelt	☐ Märchen/ Phantasiewelt
	☐ sonstiges			
Gesamteindruck	☐ ausgeglichen	☐ heiter	☐ ernst	☐ traurig
	☐ friedlich	☐ bedrohlich	☐ chaotisch/ überfüllt	☐ leer
	☐ sonstiges			

Stichwortverzeichnis

A

abaissement du niveau mental 208
ADHD 178
Adler, Alfred 25
Amplifikation 154
Analytische Psychologie 105, 107
– Jugendliche 108
– Kinder und Jugendliche 107
Analytische Psychotherapie 26
Anamnese 135
Anhaften 133
Anima 26, 118, 158, 185
Animus 26, 118, 158, 185
Annata 131
Annica 131
Anorexia nervosa 245, 247
Antidepressiva 207
apparative Verhaltenstherapie 167, 176
Arbeitsphase 156
Archetypen 117, 127
– der alte Weise 208
– die alte Weise 208
– Definition 117
– Familienarchetyp 118
– Mutterarchetyp 117
– Vaterarchetyp 117
Atypische Essstörung 232
Ausgangsphase 157
Axline, Virginia 19

B

Bewusstseinsfunktion 52
– inferiore Funktion 52, 112
– irrationale Funktion 52, 111
– rationale Funktion 52, 111
– superiore Funktion 52, 112
Biofeedback 220
Biofeedbackbehandlung 211
Buddhismus 123, 124, 125, 126
– Beziehung zur analytischen Psychologie C.G. Jungs 126
– Beziehung zur Psychotherapie 123, 125
– formale Wahrnehmung 125
– Geschichte 123
– Schulen 124
– Theravada- 124
– tibetischer Buddhismus 124
– westliche Industrieländer 124
– Zen- 124
Bulimia nervosa 245

C

Child Behavior Checklist 62, 135
Chronische Erkrankung 231
Circum-Ambulatio 154
Co-Beziehung 109
Co-Übertragung 109, 131
Cognitive-Behavioral Play Therapy (CBPT) 32
– Kognitive Interventionen 33
– Verhaltenstherapeutische Interventionen 32

D

Daseinsmerkmal 131
Denken 111
Depression 194, 206 f.
– analytische Psychologie 207
– Jung, C.G. 207
– Psychoanalyse 207
Desmopressin 176
Detrusor-Sphinkter-Dyskoordination 209, 219
Deutung 138 ff.
– formale Interpretation 141
– inhaltliche Interpretation 148
– Kalff, M. 149

– raumsymbolisch 139
– vierstufig 138
Developmental Play Therapy 39
Diagnostik 135, 137
 – Kinderpsychiatrie 135
 – operationalisierte 137
 – psychoanalytische 137
Dukha 131

E

Ecosystem Play Therapy 30
Eingangsphase 155
Einsichtsmeditation 124
Einstellungstypen 52, 110
Emotionale Störung 165, 180, 209, 232
Emotionale Störung mit Nahrungsvermeidung 245
Empfinden 111
Enkopresis 180, 191, 192
 – Familiendynamik 193
 – Psychoanalyse 192
Enuresis nocturna 165, 166, 176
 – Komorbidität 176
 – Therapie 176
Epstein, Mark 128
Erickson, Erik 25
Erleuchtung 129
Essstörungen 245
Extraversion 52, 110

F

Familien-Spieltherapie 37
 – andere 37
 – dynamische 37
 – strategische 37
Figuren 148
Filialtherapie 38
Fixierung 132
Fokussierte Spieltherapien 31
Fordham, Michael 107
Fragebögen 135
Freud, Anna 24
Freud, Sigmund 23
Fühlen 111
Funktionelle Harninkontinenz 209

G

Gegensätze 248
Gegenübertragung 109
Gestalttherapie 29
Grad der Evidenz 54

H

Harninkontinenz bei Miktionsaufschub 180, 193
Harnwegsinfekte 209
heilige Hochzeit 185
Hermeneutik 42, 44, 45
Hermeneutischer Zirkel 45
Hyperkinetisches Syndrom 165, 178

I

Ich 26, 112
Ich-Funktionen 111
Ich-Komplex 112
Ich-Selbst-Achse 27, 119
Individuation 27, 108, 129, 134
Initialbild 156, 159
Inter-being 134
Introversion 52, 110
Intuition 112

J

Jung, C.G. 67, 106
 – Autobiographie 106
 – Biographien 106
 – Buddhismus 127
 – Indien 126
 – Kindheit und Jugend 106
 – Spiel 106

K

Kabat-Zinn, 130
Kalff, Dora 67, 80
Kalff, Martin 67
Kausalwissenschaftliche Analyse 42, 44
Klassifikation 136
 – DSM-IV 136
 – ICD-10 136
 – multiaxial 136
Klein, Melanie 24
Klistiere 182, 191
kollektives Unbewusstes 26, 109
Komorbidität 163
Kompensation 108
Komplexe 116, 132
 – Definition 116
 – Elternkomplexe 116
 – Geschwisterkomplexe 116
 – Mutterkomplex 116
 – Vaterkomplex 116
Kornfield, Jack 129
Kunsttherapien 30

L

Laktulose 182
Laxantien 191
Leere 133, 134
Legasthenie 194
Leitlinien 137
Libido 27, 110, 132, 187, 196, 208
Lowenfeld, Margaret 68

M

Mandala 204
Meditation 129, 130, 131
Mindfulness-Based Stress Reduction Program 130
Mutterarchetyp 191, 198
Mutterkomplex 208

N

Nahrungsvermeidung 232
Neumann, Erich 81, 107, 115, 119
Nicht-Selbst 133, 134
Numinoses 109, 119, 127, 130, 143, 154, 235

O

Objektstufe 138
Obstipation 180, 191

P

Parent-Child Interaction Therapy 34
  - Spiel und Beziehung 35
  - Verhaltenstherapie 35
Persona 26, 53, 113
Personenzentrierte Spieltherapie 19
  - Indikationen 20
  - Kontraindikationen 21
persönliches Unbewusstes 26, 109
Probestunden 151
Prozessverlauf 155, 158, 159
  - Allan, J. 155
  - Bradway und McCoard 159
  - Kalff, D. 159
  - Weinrib, E. 158
psychoanalytische Spieltherapie 23
psychologische Testung 135
psychopathologischer Befund 135
Psychotherapieforschung 54
  - analytische Psychotherapie 59
  - Effektstärken 58
  - emotionalen Störungen 59
  - externalisierende Störungen 59
  - Metaanalyse 58
  - Sandspieltherapie 60
  - SAT-Studie 62

Q

Quadranten 139

R

Religiosität 120, 121

S

Sandspieltherapie 63, 67, 69, 161
  - Ausbildung 80
  - Dokumentation 78
  - Fotografie 79
  - Geschichte 67
  - Gründe 63
  - Indikation 161
  - Kästen 69
  - Kombination von Therapien 161
  - Literaturüberblick 80
  - Methode 69
  - Miniaturfiguren 74, 148
  - Sand 71
  - Skizzen 79
  - Spieltherapiezimmer 76
  - Verlauf 76, 151
Schatten 26, 53, 114, 115, 158, 198
  - Kompensation 115
  - Projektion 115
Selbst 26, 81, 107, 118, 127, 130, 134, 158, 204
  - Definition 118
  - Manifestation 119
Somatoforme Störung 194, 232
soziale Ängste 180
Spieltherapie 15
  - Alter 15
  - Definition 15
  - Differenzen 16
Spiritualität 120, 121, 122
  - Abwehrmechanismen 130
  - Beziehung zur Psychotherapie 122
  - Sandspieltherapie 130
Spirituelle Entwicklung 121
Stille 152
Stimulanzien 167, 179
Subjektstufe 139

Symbol 88, 150, 189
- Adler 95
- Baum 200
- blauer Stein 203
- Brücke 189
- Definition 91
- Domino 171
- Drache 197, 242
- Einhorn 185
- Elster 97
- Eule 97
- Evolution 216
- Falke 96
- Fisch 234
- Fischer 205
- Fliegen 93
- Flugzeug 93
- Fluss 217
- Garuda 202
- Geld 173
- Göttin 202
- Hahn 97
- Hase 238, 241, 242
- Held 196
- Hunde 184
- Insel 201, 205
- Kranich 99
- Kuckuck 99
- Leopard 214
- Lerche 99
- Leuchtturm 189
- Licht 92
- Mandorla 227
- Muschel 200, 241
- Nachtigall 99
- Pelikan 99
- Pfau 99, 185
- Pferd 184
- Phönix 101
- Prinz 185
- Prinzessin 185
- Pyramide 171
- Rabe 101
- Reise 236, 243
- Schatz 200
- Schmetterling 94, 227
- Schwalbe 102
- Schwan 103
- Selbst 189
- Soldat 196
- Sonne 91
- Stierkampf 200
- Storch 103
- Stupa 203
- Taube 105
- Tempel 200, 202
- Tiere 170, 217
- Urwald 214
- Vogel 91, 94
- Wald 214
- Wasser 169, 189, 197, 201
- Weihnachten 223
Symbolbücher 89
Symbolische Einstellung 105
Symptomverschiebung 161

T

Therapie 152, 153, 154
- Beginn 152
- empirisch gestützte 55
- Schutz 153
- Stundenabschluss 154
- Verlauf 153
Therapieende 157
Therapieindikation 136, 151
Theraplay 40
Theravada Buddhismus 128
- Psychotherapie 128
Tibetischer Buddhismus 128
- Psychologie 128
Time-out 35
Titmuss, Christopher 129
Transpersonale Psychotherapien 121
transzendente Funktion 88

U

Übergangsobjekt 109
Übertragung 109
Uroflowmetrie 210

V

Vater 175
Vaterarchetyp 175, 208
Vaterkomplex 175
Vergänglichkeit 133
Vipassana 124, 130

W

Wells, H.G. 68
Welttechnik 68
Winnicott, D.W. 25

Z

Zen-Buddhismus 127
- Psychotherapie 127
Zentrierung 143, 239, 241

2013. 160 Seiten mit 38 Abb.
und 2 Tab. Kart.
€ 39,90
ISBN 978-3-17-021706-5

Alexander von Gontard

Spiritualität von Kindern und Jugendlichen

Allgemeine und psychotherapeutische Aspekte

Spirituelle Erfahrungen sind bei Kindern und Jugendlichen häufig und haben eine hohe persönliche emotionale Bedeutung. Oft wird Spiritualität bei jungen Menschen jedoch übersehen – im Leben wie auch in der Psychotherapie. Anhand klinischer Beispiele, Studien, historischer Dokumente und Autobiografien zeigt der Autor die Bedeutung von Spiritualität in der Entwicklung von Kindern und Jugendlichen allgemein sowie gezielt in der Psychotherapie auf. Das Buch richtet sich ebenso an Mitarbeiter aus sozialen, pädagogischen, psychotherapeutischen, psychologischen und ärztlichen Berufen wie an Eltern und interessierte Laien.

▶ www.kohlhammer.de

W. Kohlhammer GmbH · 70549 Stuttgart
Tel. 0711/7863 - 7280 · Fax 0711/7863 - 8430